高等学校技术应用型本科规划教材

Qiche Wenhua
汽车文化

安　军　主　编
李世红　副主编
吴　钢[长沙理工大学]　主　审

人民交通出版社股份有限公司
China Communications Press Co.,Ltd.

内 容 提 要

本书讲述了现代汽车基本知识、汽车发展史与汽车工业、世界汽车公司与汽车名人、汽车运动与军事、汽车花絮、汽车对社会的伤害以及汽车科技与发展趋势等内容。全书充分体现了汽车的历史性、知识性和趣味性，读者从中可以了解汽车的过去、现在和未来，了解我国汽车工业的历史和现状。能使汽车及相关专业的学生扩大知识面，培养和提高综合素质，也能让汽车爱好者全面了解汽车文化。

本书为高等学校技术应用型本科规划教材，也可供高等职业教育、中等职业教育汽车及相关专业师生学习使用，还可以作为广大汽车爱好者了解汽车知识的参考读物。

图书在版编目（CIP）数据

汽车文化／安军主编. — 北京：人民交通出版社
股份有限公司，2014.8
高等学校技术应用型本科规划教材
ISBN 978-7-114-11599-8

Ⅰ.①汽…　Ⅱ.①安…　Ⅲ.①汽车—文化—高等学校
—教材　Ⅳ.①U46-05

中国版本图书馆 CIP 数据核字（2014）第 184235 号

高等学校技术应用型本科规划教材

书　　名：	汽车文化	
著 作 者：	安　军	
责任编辑：	刘　倩　薛　民	
出版发行：	人民交通出版社股份有限公司	
地　　址：	（100011）北京市朝阳区安定门外外馆斜街 3 号	
网　　址：	http://www.ccpress.com.cn	
销售电话：	（010）59757973	
总 经 销：	人民交通出版社股份有限公司发行部	
经　　销：	各地新华书店	
印　　刷：	北京市密东印刷有限公司	
开　　本：	787×1092　1/16	
印　　张：	15	
字　　数：	364 千	
版　　次：	2014 年 8 月　第 1 版	
印　　次：	2018 年 8 月　第 2 次印刷	
书　　号：	ISBN 978-7-114-11599-8	
定　　价：	42.00 元	

前　　言

　　1886 年,世界上诞生了第一辆汽车,标志着人类社会结束了最原始的依靠人力、畜力以及借助有限的工具的运输方式。汽车发展至今已有 100 多年的历史,它给人类带来了追求速度及力量的文化知识和物质财富,同样也带来了污染和交通事故。

　　1956 年 7 月,我国第一辆解放牌载货汽车(解放 CA10B 型)在第一汽车制造厂下线,结束了我国不能生产汽车的历史。在此后的近 60 年的发展中,我国汽车工业在世界汽车工业发展的长河中取得了举世瞩目的成就。

　　汽车是人类最重要的发明之一,也是人类现代文明的重要标志,它的诞生,意味着人类进入了现代化的时代。汽车是财富、地位、个性以及审美能力的象征,它改变了和正在改变着世界;汽车在给人类创造了崭新文化的同时又给人类带来了不可忽视的社会问题——能源问题、环境污染、交通拥挤以及交通安全等;汽车已经成为人类不可缺少的生活必需品,它遍布世界的每一个角落。

　　汽车给人类生活方式带来了深刻的影响。汽车进入家庭之后,人们纷纷离开拥挤的城市,住到郊外,改善了人们的居住条件;汽车改变了人们的生活方式,将人们的距离拉得更近。随着汽车的不断普及,它不再是达官贵人的标志。汽车早已渗透到人们的文化生活中扮演着重要角色,对人类生活产生了深刻影响。

　　汽车文化是在汽车发明和发展中所创造出来的物质财富和精神财富的积累,它内涵丰富、内容广泛。我们选择了车史文化、名人文化、名车文化、车标文化、赛车文化、技术文化以及汽车美学文化等相关内容编入教材中。在编写时,既注重"文化"的深刻内涵,又体现了教材的特点;既注重汽车文化与专业课的衔接,又体现广泛性、趣味性和大众化的特点。因此,我们将汽车的基本结构、汽车运动及汽车与军事也编入本教材。为增强教材本身的趣味性,我们适量地选编了与汽车有关的史话、传说等趣味性极强的内容。

　　本教材主要内容包括:现代汽车基本知识,汽车发展史与汽车工业,世界汽车公司与汽车名人,汽车运动与军事,汽车花絮,汽车对社会的伤害,汽车科技与发展趋势等内容。

　　本教材由贵州交通职业技术学院安军、李敏、刘焰、曾广燚、霍志刚和李世红编写,具体分工如下:安军任主编,统稿并承担第六章的编写任务;李敏承担第一章的编写任务;刘焰承担第二章的编写任务;曾广燚承担第三章的编写任务;霍志刚承担第四、第五章的编写任务;李世红承担第七章和附录的编写任务。

　　本书为高等学校技术应用型本科规划教材,也可供高等职业教育、中等职业教育汽车及相关专业师生学习使用，还可以作为广大汽车爱好者了解汽车知识的参考读物。

　　除教材后列出的参考文献以外，本书在编写过程中还参阅了大量国内外文献资料，未能一一列出，借此，向这些著作和文献资料的原作者表示衷心的感谢！

　　《汽车文化》内涵丰富，涉及知识面广，笔者才疏学浅，书中不妥和谬误在所难免，诚望广大读者不吝教正。

编　者

2014 年 7 月

目　　录

第一章 现代汽车基本知识

第一节 汽车概述

最初 1895 年法国科学院把汽车定名为"Automobile"其中"Auto"是希腊文"自己"的意思，"Mobile"是拉丁文"运动"的意思，合起来是"自己运动的车子"，日本人翻译成"自动车"，我国对"汽车"的称呼则因为最初汽车是由蒸汽机驱动而得名，如图 1-1 所示。

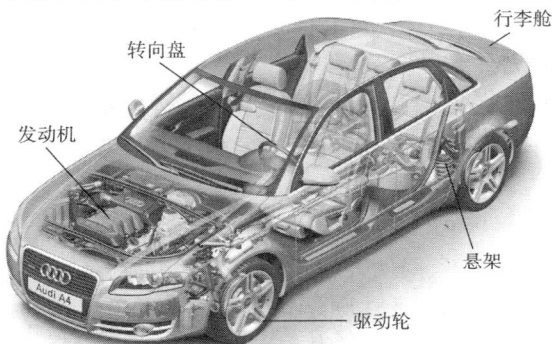

图 1-1 汽车结构透视图

一、汽车的概念

汽车的概念与科学技术的发展有着密切的联系，在不同时期和不同国家其含义不同。

1. 国外对"汽车"的理解

世界上最早的汽车是蒸汽汽车、电动汽车。以内燃机作动力装置，装备齐全、性能较高的现代汽车的出现至今只有 100 多年，但其所表现出来的优良性能淘汰了蒸汽汽车和蓄电池汽车。因此，通常人们所说的汽车一般都是指内燃机汽车。但从广义上讲，汽车应包括蒸汽汽车、电动汽车、内燃机汽车和其他燃料汽车。

美国汽车工程师学会标准 SAE J687C 中对汽车的定义是：由本身动力驱动，装有驾驶装置，能在固定轨道以外的道路或地域上运送客、货或牵引车辆的车辆。日本工业标准 JISK0101 中对汽车的定义是：自身装有发动机和操纵装置，不依靠固定轨道和架线能在陆上行驶的车辆。以上两种定义的"汽车"范围都比我国定义的"汽车"范围广，它们可以包括二轮摩托车和三轮摩托车，接近于我国道路机动车所指范围。

2. 我国对"汽车"的理解

我国国家标准 GB 3730.1—88《汽车和挂车类型的术语和定义 车辆类型》❶中对汽车的定义是：由动力装置驱动，具有 4 个和 4 个以上车轮的非轨道无架线车辆。主要用于载送人员

---

❶ 2002 年 3 月 1 日我国实施《汽车和挂车类型的术语和定义》(GB/T 3730.1—2001)，替代 GB 3730.1—88。

和(或)货物,牵引载送人员和(或)货物的车辆以及其他特殊用途。

根据上述的汽车定义,我国"汽车"产品应具有以下特征。

(1)车辆自身带有动力装置并依靠动力装置驱动运行。

(2)具有4个或4个以上车轮,但车轮不得依靠轨道运行。

(3)动力能源应随车携带,不是在运行途中依靠地面轨道或架空线取得。

(4)车辆的主要用途是载送人员或货物,或者牵引载送人员和货物的车辆,或是其他特殊的用途。但一般不包括自行式作业机械。

按照汽车的上述定义,我国二轮摩托车和三轮机动车都不属于"汽车"的范畴,不带动力装置的全挂车和半挂车不能算是"汽车",但当它们与牵引车组合成汽车列车后应属于汽车。至于一些从事特别作业的自走式轮式机械(如轮式推土机等)和主要从事农田作业的轮式拖拉机等,虽然也具有汽车的某些特征,但由于主要用途不是运输,因此,我国将它们列入工程机械和农业机械的范畴。

3. 汽车工业在国民经济中的地位

随着世界汽车工业的不断发展壮大,汽车工业在世界经济发展中的地位越来越突出,汽车工业逐渐成为各主要汽车生产国的支柱产业,并对世界经济发展和社会的进步产生巨大的作用和深远的影响。

1)优化交通结构

现代交通由火车、汽车、飞机、船舶等现代交通工具组成,各自在交通结构中发挥着重要作用。其中汽车所具有的普遍性和灵活性则是其他现代交通工具无法相比的。

(1)普遍性。火车、飞机、轮船只适于作为公共交通工具,并要求有与之相适应的客、货运输量。而汽车既适于作为公共交通工具,又适于作为家庭和个人的交通工具;既适于大批量客、货运输,也适于小批量客、货运输。

(2)灵活性。火车、飞机、轮船均属于线性交通工具,火车只能沿铁路运行,飞机只能沿航线飞行,船舶只能沿江河湖海航行。而汽车只要有道路就能行驶,它既可通向各个城市,又可通向广大农村,实现"门对门"的服务。

由于汽车所具有的普遍性和灵活性,才使得现代交通结构实现了公共交通与个人或家庭相结合;大批量客、货运输与小批量客、货运输相结合。火车、飞机、船舶运输也需要与汽车运输相结合,以汽车作为其终端运输工具,才能完成现代运输的全过程,从而使现代交通结构更加完善。

2)创造巨大产值

汽车既是高价值产品,又是批量大的产品,因而它能够创造巨大的产值。

日本在1955—1970年的15年间,国民生产总值增长了6倍,而汽车工业的产值却增长了57倍。美国、德国、法国、意大利和英国的汽车工业在国民生产总值中占4%～9%的比重。

目前,全球汽车工业在国民生产中的比重增加,对促进产业结构由粗放型向深加工型及高附加值型转变,具有重大的战略意义。

3)创造较高的就业机会

汽车工业提供的就业机会不仅数量较大,而且面广,技术含量也较高。

目前,世界主要汽车生产国汽车工业和相关产业提供的就业机会,约占该国总就业机会的10%～20%。中国汽车年产量和保有量相对还比较小,但是汽车工业和相关产业的就业人数已达到相当规模。德国、日本、中国的总就业人数分别为2940万人、6450万人、62388万人,其汽车产业及相关产业就业人数分别为490万人、698.4万人、2180.9万人,分别占总就业人数的 16.7%、10.8%、3.5%。

4）促进相关产业的发展

一辆汽车的组成零件用"万"为单位进行计算，它涉及的行业有机械制造、石油、钢铁、有色金属、橡胶、电子、塑料、玻璃、油漆、道路建设、运输、汽车维修、汽车销售等，汽车工业的发展将会带动这些相关行业的发展。

汽车是高新技术的结晶。汽车工业所涉及的新技术范围之广、数量之多，是其他一般产业难以相比的。

为发展新材料、新设备、新型配套产品，均需要应用和发展新技术。电子技术、信息技术在汽车上越来越获得广泛的应用，汽车电子产品占整车价值的比重已由 20 世纪 80 年代末期的5% 上升到目前的 25%，并且中高档轿车已占 30% 以上。

5）增加出口、提高外汇收入

汽车工业是资金和技术密集的大批量产品生产产业，不是任何国家都有条件发展汽车工业的。但是，世界上所有国家都需要大量汽车，这就决定了汽车工业成为强大的出口产业的地位。

目前，美国汽车工业年产值达 4000 亿美元以上，日本汽车总产值达 395613 亿日元，中国已提高到 2500 亿元以上。

汽车工业是世界制造业中创汇最高的产业之一。

6）获得巨额税收

汽车不仅在生产过程中有巨额税收，在销售、使用过程中也有巨额税收，而且后者显著高于前者。以 1991—2001 年为例，这是中国汽车工业发展史上最快、最好的 10 年，汽车行业固定资产从 355 亿元增加到 2743 亿元，工业总产值从 700 亿元增加到 4400 亿元，利税从 73 亿元增加到 300 亿元，汽车产销量年均增长 15%。

二、汽车的分类

汽车根据不同的分类方法可以分为许多种，我们选择以下两种较常用的分类方法进行介绍。

1. 按汽车的动力装置分类

根据汽车动力装置的不同，可分为汽油发动机汽车、柴油发动机汽车、混合动力汽车和纯电动汽车等。

2. 按汽车的用途分类

2002 年 3 月 1 日我国正式实施《汽车和挂车类型的术语和定义》（GB/T 3730.1—2001）新标准，将汽车按用途分为乘用车和商用车。

乘用车是指在其设计和技术特性上主要用于载运乘客及其随身行李和/或临时物品的汽车，包括驾驶员座位在内最多不超过 9 个座位。它也可以牵引一辆挂车。

商用车是指在设计和技术特性上用于运送人员和货物的汽车，并且可以牵引挂车（乘用车不包括在内）。

乘用车和商用车的详细分类如图 1-2 所示。

三、汽车的铭牌和车辆识别代码（VIN）

1. 汽车的铭牌

车辆铭牌是标明车辆基本特征的标牌，其主要内容包括车型型号、发动机排量、发动机功

3

率、车辆识别代号、总质量、载质量或载客人数、出厂编号、制造年月、制造国及厂名等。如图1-3、图1-4所示。每辆汽车都必须在汽车较显著的位置装置铭牌，可以使用两种标记方式，一种是直接标记在车辆主要部件上，另一种是将标记永久固定在车辆主要部件的标牌上，如图1-5所示。

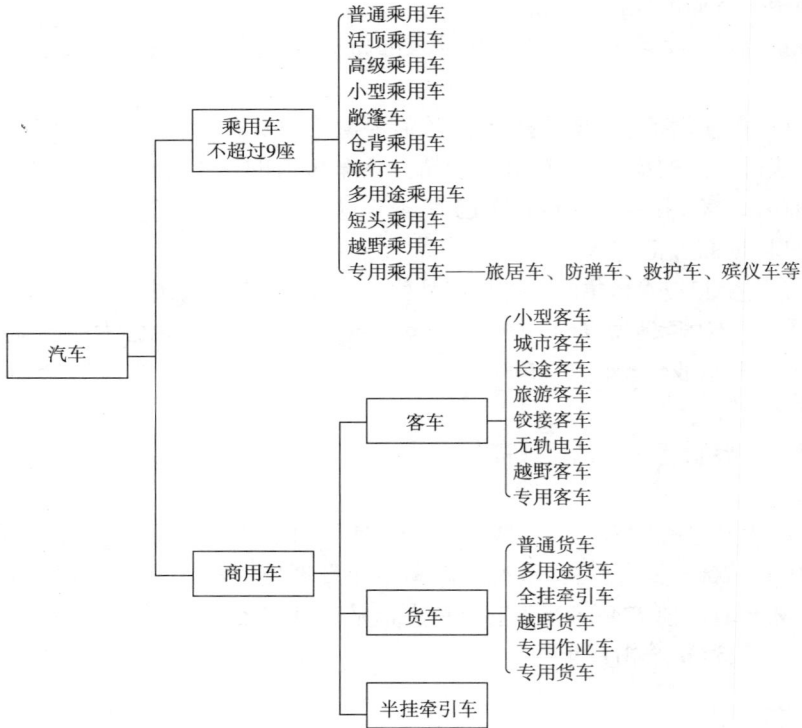

图 1-2　汽车的分类

2. 车辆识别代号（VIN）

车辆识别代号（Vehicle Identification Number）是为识别车辆而指定的一组由字码组成的代号，由制造厂根据本厂的实际情况按照一定的规则制定。其基本的目的是识别每一辆车，具有对车辆的唯一识别性，是"汽车身份证"，也可以用于数据统计和计算机检索，比如车辆管理、车辆检测、车辆防盗、车辆维修、二手车交易、汽车召回等方面。

我国的国家标准《道路车辆 车辆识别代号（VIN）》（GB 16735—2004）对车辆识别代号进行了规定，这个标准参照了国际标准 ISO 3779:1983《道路车辆 车辆识别代号（VIN）内容与构成》（英文版）、ISO 4030:1983《道路车辆 车辆识别代号（VIN）位置与固定》（英文版）和美国联邦法典第49卷 CFR49 的部分技术内容和规定，同时根据我国

注：产品标牌上包括了备件组号信息，在发动机舱内右侧。

图 1-3　汽车铭牌的内容

车辆制造厂的车辆识别代号实际使用情况，对技术要求和管理要求进行了补充和删改，实现与国际标准的接轨。美国、加拿大的车辆识别代号如图1-6所示。

车辆识别代码由3个部分组成：第1部分是世界制造厂识别代号（WMI）；第2部分是车辆说明部分（VDS）；第3部分是车辆指示部分（VIS），如图1-7所示。

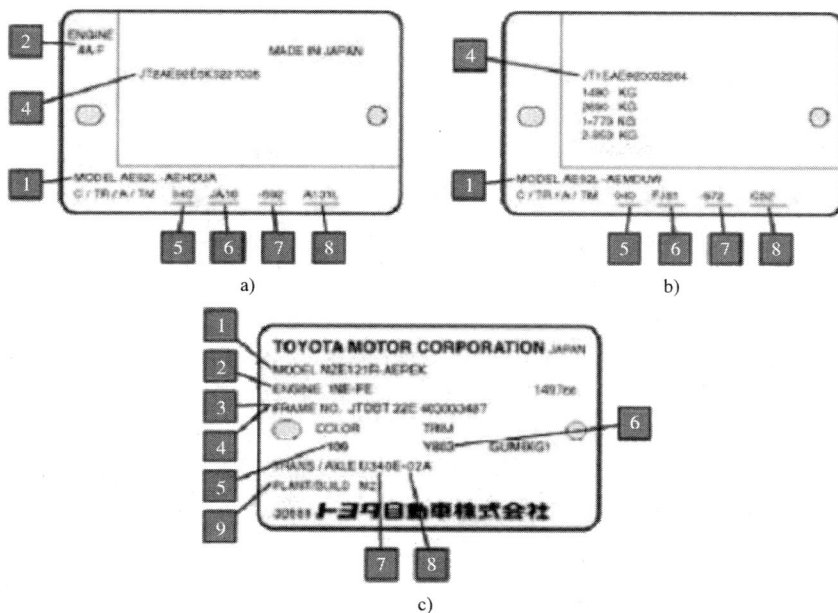

图 1-4 国外汽车铭牌的内容

a)美国和加拿大;b)欧洲国家;c)其他国家

1-车型代号;2-发动机型号及总排气量;3-底盘号;4-车辆识别代码;5-车身颜色代码;6-装饰颜色代码;7-变速器型号;8-车轴代号;9-厂名代码

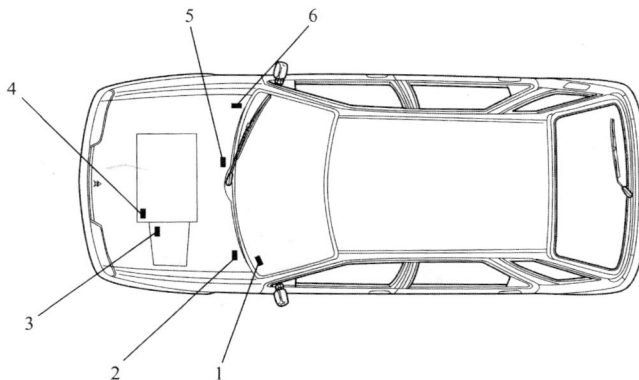

图 1-5 汽车铭牌的一般位置

1-VIN 标牌;2-油漆代号;3-变速器标识号;4-发动机号;5-VIN 打印号;6-产品标牌

图 1-6 美国、加拿大的车辆识别代号

1-车身型号、传动系统等;2-发动机类型;3-系列;4-约束保护系统类型、等级;5-车型名称;6-检查数字、样品;7-车型年份;8-工厂或装配线;9-车辆指示部分和车架号的系列号相同,并包含生产时间

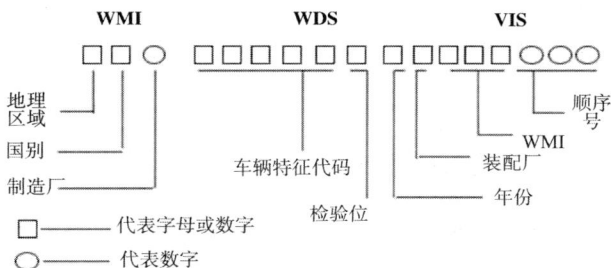

图 1-7 车辆识别代号(VIN)示意图

WMI 是指世界制造厂识别号,由第 1~第 3 位 3 个字码组成,由国际标准化组织(ISO)的国际代理机构美国汽车工程师协会(SAE)分配给世界各个地区和国家。第 1 位字码是标明一

个地理区域的数字或字母,第 2 位字码是标明一个特定地区的一个国家的数字或字母,第 3 位字码是标明一个特定的制造厂的数字或字母。

VDS 是指车辆说明部分,由第 4 ~ 第 8 位 5 个字码组成,用于说明和反映车辆的一般特征,如品牌、种类、系列、车身类型、发动机类型、底盘类型、制动系统、额定总质量等。第 9 位字码是检验位,用以检验 VIN 编码的正确性,用一个数字或字母 X 来表示。

VIS 是指车辆指示部分,由第 10 ~ 第 17 位 8 个字码组成,是表示车辆个性特征的。

车辆识别代号由 17 位数字和字母组成,又称"汽车 17 位编码"。通过 VIN 可以了解汽车的产地、制造厂商、种类形式、品牌、系列、装载质量、轴距、驱动方式、生产日期、出厂日期,车身及驾驶室的种类、结构、形式,发动机种类、型号及排量,变速器种类、型号,以及汽车生产出厂顺序号码等。如图 1-4 所示为车辆识别代号的组成实例,其中图 1-4a)所示为美国和加拿大的车辆识别代号。

根据《中华人民共和国进出口商品检验法》和《中华人民共和国道路交通安全法》的有关规定,对于进口机动车实施车辆识别代号(VIN)入境验证管理,机动车必须有车辆识别代号(VIN)才能进口。进口车的车辆识别代号(VIN)必须符合国家强制性标准《道路车辆识别代号(VIN)》的要求,否则将禁止进口,公安机关不予办理注册登记手续。国家特殊需要并经批准的,以及常驻我国的境外人员、我国驻外使领馆人员自带的车辆除外。

第二节　汽车基础知识

汽车是由数百个总成,上万个零部件组装而成。不同的车型结构千差万别,但基本上都是由发动机、底盘、车身及其附件和电气设备 4 部分组成,如图 1-8 所示。

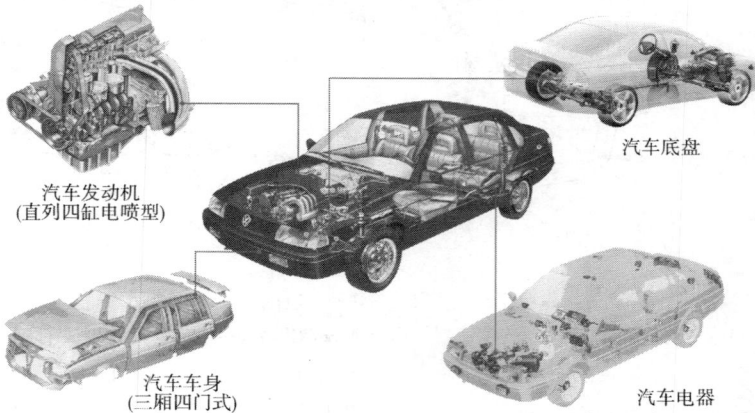

图 1-8　汽车的总体构造

一、汽车的发动机

发动机是汽车的动力源,其功用使供入其中的燃料燃烧而发出动力。现代汽车发动机主要采用的是往复活塞式内燃机,它一般由曲柄连杆机构、配气机构、燃料供给系统、冷却系统、润滑系统等组成。

发动机(图 1-9)是将某一种形式的能量转换为机械能的机器,它是汽车的心脏,是汽车的动力源。汽车发动机一般是将液体燃料或气体燃料和空气混合后直接输入汽缸内部燃烧产生

6

热能,热能再转变为机械能,因此又叫内燃机。现代汽车用发动机应用最广、数量最多的是水冷式四冲程往复活塞式内燃机。

常见的车用发动机有汽油发动机和柴油发动机两种。

汽车发动机在工作过程中,依靠发动机的两大机构(曲柄连杆机构、配气机构)和燃料供给系统、冷却系统、润滑系统等完成发动机将燃料燃烧的热能转换成推动汽车行驶的机械能。

1. 发动机的基本工作原理

汽车发动机由多个汽缸组成,现在较多见的有三缸、四缸、六缸、八缸和十二缸发动机。单缸四冲程汽油机的基本结构,如图1-10所示。汽缸体内圆柱形腔体称为汽缸,内装有活塞。活塞通过连杆与曲轴相连接。活塞在汽缸内做往复直线运动,通过连杆推动曲轴做旋转运动。在汽缸盖上装有进、排气门,通过凸轮轴控制进、排气门开启和关闭,实现向汽缸内充入新鲜可燃混合气并将燃烧后的废气排出汽缸。表1-1是汽车发动机涉及的基本术语及含义。

图1-9 直列发动机

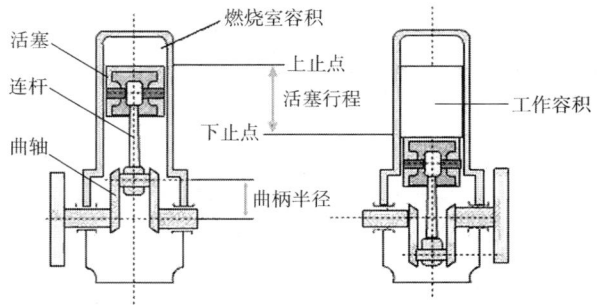

图1-10 单缸发动机的基本结构

汽车发动机涉及的基本术语及含义　　　　　　　　　　表1-1

基本术语	含义
上止点	上止点是指活塞离曲轴回转中心最远处,即活塞的最高位置
下止点	下止点是指活塞离曲轴回转中心最近处,即活塞的最低位置
活塞行程(S)	上止点与下止点之间的距离称为活塞行程
曲柄半径(R)	曲轴与连杆下端的连接中心至曲轴中心的距离(即曲轴的回转半径)称为曲柄半径。活塞行程为曲柄半径的两倍,即 $S=2R$
汽缸工作容积(V_h,L)	活塞从一个止点运动到另一个止点所扫过的容积称为汽缸工作容积或汽缸排量
燃烧室容积(V_c,L)	活塞在上止点时,活塞顶与汽缸盖之间的容积称为燃烧室容积
汽缸总容积(V_a,L)	活塞在下止点时,活塞顶上方的容积称为汽缸总容积。显然,汽缸总容积是汽缸工作容积与燃烧室容积之和
发动机排量(V_L,L)	多缸发动机各汽缸工作容积的总和称为发动机排量
压缩比(ε)	汽缸总容积与燃烧室容积之比称为压缩比
工作循环	在汽缸内进行的每一次将燃料燃烧的热能转变成机械能的一系列连续过程(进气、压缩、做功、排气)称为发动机的一个工作循环

以四冲程汽油机为例,说明汽车发动机的工作原理。四冲程汽油机每一个工作循环包括4个活塞行程,即进气行程、压缩行程、作功行程和排气行程,如图1-11所示。

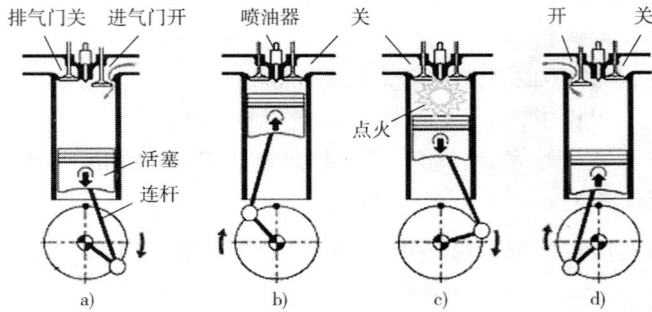

图 1-11　四冲程汽油机工作原理示意图
a)进气行程；b)压缩行程；c)做功行程；d)排气行程

（1）进气行程。在进气行程中，活塞在曲轴和连杆的带动下由上止点向下止点运行，这时进气门开启，排气门关闭。在活塞由上止点向下止点运动过程中，由于活塞上方汽缸容积逐渐增大，形成一定的真空度。这样，可燃混合气通过进气门被吸入汽缸，直到活塞到达下止点时，进气行程结束。

（2）压缩行程。活塞在曲轴和连杆的带动下由下止点向上止点运动，此时进排气门处于关闭状态。由于活塞上方汽缸容积逐渐减小，进入汽缸内的可燃混合气被压缩，温度和压力不断升高，直到活塞到达上止点时，压缩行程结束。

（3）做功行程。当活塞运动到接近压缩行程上止点附近时，火花塞跳火点燃汽缸内的可燃混合气。这时由于进气门和排气门均处于关闭状态，使缸内气体温度和压力同时升高，高温高压的气体膨胀，推动活塞由上止点向下止点运动，并通过连杆带动曲轴旋转输出机械能，直到活塞到达下止点时，做功行程结束。

（4）排气行程。在作功行程结束后，汽缸内的可燃混合气通过燃烧转变为废气。此时排气门开启，进气门处于关闭状态，活塞在曲轴和连杆的带动下由下止点向上止点运动，汽缸内的废气经排气门排出，直到活塞到达上止点时，排气行程结束。

排气行程结束后，进气门再次开启，又开始下一个工作循环。如此周而复始，发动机就能够连续运转。

2. 汽车发动机各组成及功用

汽车发动机在工作过程中，依靠发动机的两大机构(曲柄连杆机构、配气机构)和燃料供给系统、冷却系统、润滑系统等完成发动机将燃料燃烧的热能转换成推动汽车行驶的机械能。下面简要介绍发动机各组成及功用。

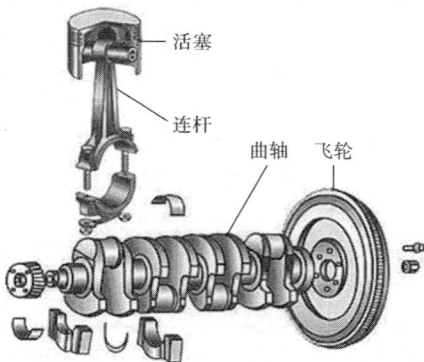

图 1-12　曲柄连杆机构

1）曲柄连杆机构

曲柄连杆机构是往复活塞式内燃机将热能转变为机械能的主要机构，其功用是在做功行程中，活塞承受燃气压力在汽缸内做直线运动，通过连杆将活塞的直线运动转换成曲轴的旋转运动，并从曲轴对外输出动力，而在进气、压缩和排气行程中，飞轮释放能量又把曲轴的旋转运动转化成活塞的直线运动。

曲柄连杆机构（图 1-12）由机体组、活塞连杆组、曲轴飞轮组等组成。

2）配气机构

配气机构的功用是按照发动机每一汽缸内所进行的工作循环或发火次序的要求,定时开启和关闭各汽缸的进、排气门,使新鲜可燃混合气(汽油机)或空气(柴油机)得以及时进入汽缸,废气得以及时从汽缸中排出。进入汽缸内的可燃混合气或空气对发动机性能的影响很大。进气量越多,发动机的转矩越大、功率越高。

配气机构(图1-13)由气门组和气门传动组组成。气门组包括气门、气门座、气门导管和气门弹簧等部件。气门传动组主要包括凸轮轴、凸轮轴正时带轮、正时齿形带、张紧轮、液压挺柱等部件。

3）汽油机燃料供给系统

汽油机燃料供给系统的功用是根据发动机各工况的不同要求,配制一定数量和浓度的可燃混合气并将其供给汽缸,使之在压缩终了时点火、燃烧而膨胀做功,最后将燃烧后的废气排入大气中。

如图1-14所示为汽油机燃料供给系统结构图。

4）冷却系统

发动机冷却系统的功用使工作中的发动机得到适度的冷却,从而保持发动机在最适宜的温度范围内工作。另外,冷却系统还为空调暖风系统提供热源。

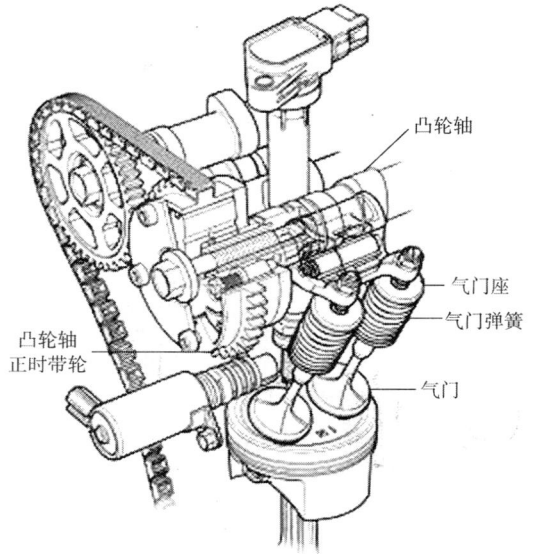

图 1-13　配气机构

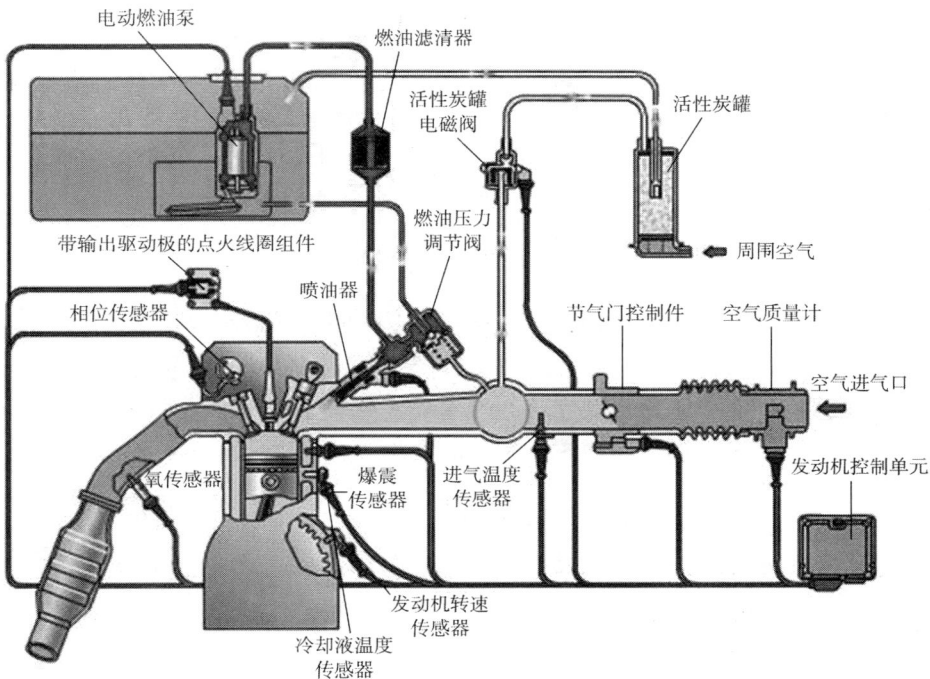

图 1-14　汽油机燃油供给系统

现代汽车多采用封闭式强制循环水冷却系统,即用水泵强制地使冷却水在冷却系统中进行循环流动,使发动机中高温零件的热量先传给冷却液,然后散发到大气中。

冷却系统(图 1-15)一般由水泵、散热器、节温器、冷却风扇、风扇控制机构、缸体水套、膨胀水箱、温度指示器及报警灯等组成。

5)润滑系统

当发动机工作时,各运动部件都必须用发动机润滑油(也称为机油)来润滑。润滑系统的功用就是将机油输送到发动机各个需要润滑的部位,以达到提高发动机工作可靠性和耐久性的目的。

润滑系统(图 1-16)主要由机油泵、机油滤清器、集滤器、油道等组成,另外包括机油压力开关、机油指示灯(在仪表板上)、机油冷却器等。

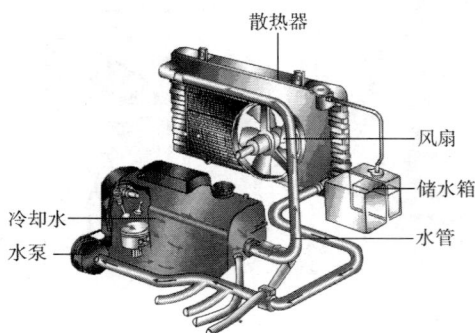

图 1-15　发动机冷却系统构造　　　　　图 1-16　发动机润滑系统的组成

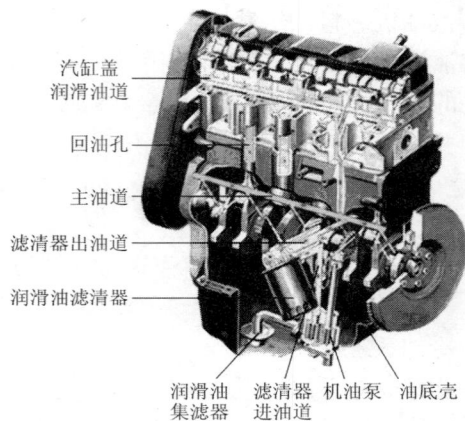

二、汽车的底盘

底盘的功用是支撑、安装汽车发动机及其各部件、总成,形成汽车的整体造型,并接受发动机的动力,使汽车产生运动,保证正常行驶。底盘由传动系统、行驶系统、转向系统和制动系统等组成。

1.传动系统

传动系统的基本功用是将发动机的转矩传递给驱动车轮,同时还必须适应行驶条件的需要,改变转矩的大小。

普通的机械式传动系统如图 1-17 所示,发动机发出的动力依次经过离合器、变速器和由万向节与传动轴组成的万向传动装置,以及安装在驱动桥中的主减速器、差速器和半轴,最后传到驱动车轮。现在轿车中采用自动变速器的越来越多,现代轿车传动系统包括自动变速器、万向传动装置、驱动桥等,即用自动变速器取代了离合器和手动变速器。

1)离合器的功用

离合器安装在发动机与变速器之间,其功用有如下几点:

(1)使发动机与传动系逐渐接合,保证汽车平稳起步。

(2)暂时切断发动机的动力传输,保证变速器换挡平顺。

(3)限制所传递的转矩,防止传动系过载。

2)变速器的功用

(1)实现变速、变距。改变传动比,扩大驱动轮转速和转矩的变化范围,以适应汽车不同工况下所需的牵引力和合适的行驶速度,并使发动机尽量在最佳的工况下工作。变速器是通过不同的挡位变换实现这一功用。

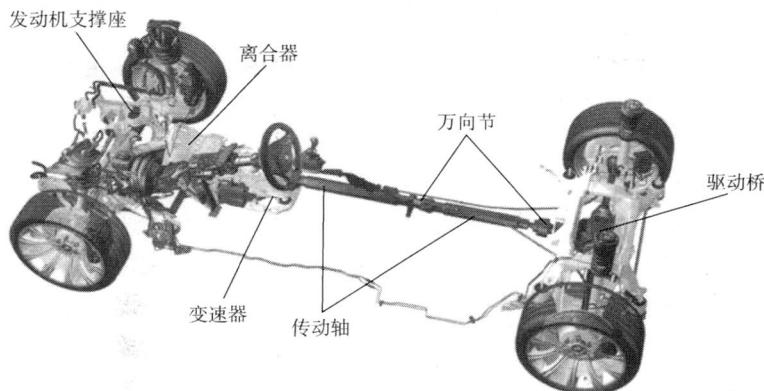

图 1-17 普通机械式传动系统结构

(2)实现倒车。发动机的旋转方向从前往后看为顺时针方向,且不能改变,为了实现汽车的倒向行驶,变速器中设置了倒挡。

(3)实现中断动力传动。在发动机起动和怠速运转、变速器换挡、汽车滑行和暂时停车等情况下,都需要中断发动机的动力传动,因此,变速器中设有空挡。

现代汽车上所采用的变速器有多种结构形式,分类的方法也很多,目前,现代汽车上常用的变速器按操纵方式的不同分为:手动变速器和自动变速器两种。

手动变速器是通过各种大小不同的齿轮组合,获得不同的传动比,其传动比的变化不是连续的,是分级变速,驾驶员通过操纵变速器换挡机构,选择不同挡位的传动齿轮进行变速。

自动变速器是指汽车驾驶中离合器的操纵和变速器的操纵都实现了自动化,简称AT(Automatic Transmission)。目前自动变速器的自动换挡等过程都是由自动变速器的电子控制单元(英文缩写为 ECU,俗称电脑)控制的,因此,自动变速器又可简称为 EAT、ECAT、ECT等。驾驶员只需通过操纵加速踏板即可控制车速。

3)万向传动装置

万向传动装置主要包括万向节和传动轴,其功用是在轴线相交且相互位置经常发生变化的两转轴之间传递动力。万向传动装置在汽车上的应用主要有以下 5 个方面:

(1)变速器与驱动桥之间(图 1-18)。

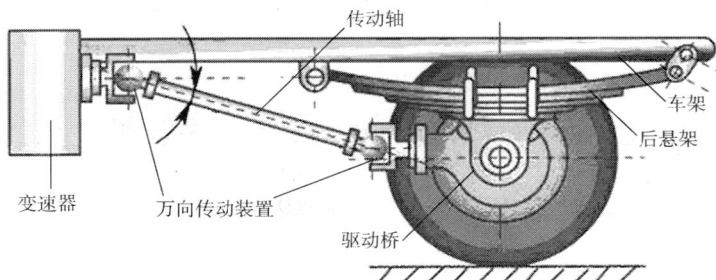

图 1-18 变速器与驱动桥之间的万向传动装置

(2)变速器与分动器、分动器与驱动桥之间(越野汽车)。

(3)转向驱动桥的内、外半轴之间。

11

（4）断开式驱动桥的半轴之间。

（5）转向机构的转向轴和转向器之间等。

4）驱动桥

驱动桥的功用是将由万向传动装置传来的发动机转矩传给驱动车轮，并经降速增矩、改变动力传动方向，使汽车行驶，而且允许左右驱动车轮以不同的转速旋转。

驱动桥是传动系的最后一个总成，一般由主减速器、差速器、半轴和桥壳等组成，驱动桥的主要零部件都装在驱动桥的桥壳中。

主减速器在传动系统中起降低转速，增大转矩作用的主要部件，当发动机纵置时还具有改变转矩旋转方向的作用，它是依靠齿数少的主动齿轮带动齿数多的从动齿轮来实现减速的，采用圆锥齿轮传动则可以改变转矩旋转方向。一般微、轻、中型车辆基本采用单级主减速器，而一些要求大传动比的中、重型车辆采用双级主减速器。

汽车差速器的作用就是在向两边半轴传递动力的同时，允许两边半轴以不同的转速旋转，满足两边车轮尽可能以纯滚动的形式作不等距行驶，减少轮胎与地面的摩擦。

2. 行驶系统

1）行驶系统概述

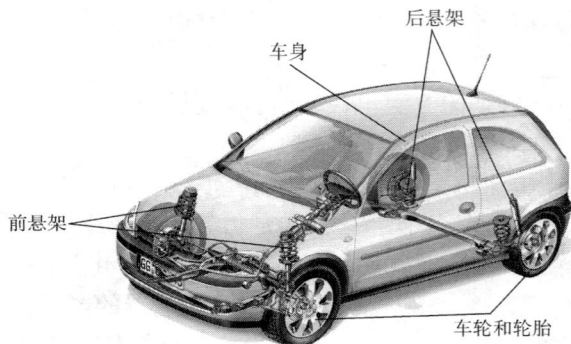

图 1-19　汽车行驶系的组成

汽车行驶系统的主要功用如下：

（1）将传动系统传来的转矩转化为汽车行驶的驱动力。

（2）支撑汽车的总质量。

（3）承受并传递路面作用于车轮上的力和力矩。

（4）减少振动，缓和冲击，保证汽车的平稳行驶。

汽车行驶系（图 1-19）一般由车架（或车身）、悬架、车桥和车轮等组成。

2）车桥

车桥位于悬架与车轮之间，其两端安装车轮，通过悬架与车架（或车身）相连，其功用是传递车架（或车身）与车轮之间各种载荷的作用。

按车桥上车轮的功用不同，车桥分为转向桥、驱动桥、转向驱动桥和支持桥，其中转向桥和支持桥都属于从动桥。只起支撑作用的车桥称为支持桥。支持桥除不能转向外，其他功能和结构与转向桥相同。

3）悬架

悬架是车架（或车身）与车桥（或车轮）之间一切传力连接装置的总称。悬架具有的功用如下：

（1）连接车架（或车身）和车轮，把路面作用到车轮的各种力传给车架（或车身）。

（2）缓和冲击、衰减振动，使乘坐舒适，具有良好的平顺性。

（3）保证汽车具有良好的操纵稳定性。

4）车轮与轮胎

汽车车轮总成（图 1-20）是由车轮和轮胎两大部分组成，它是汽车行驶系中及其重要的部件之一，它处于车轴和地面之间，具有以下基本功用：

（1）支撑整车质量，包括在汽车质量上下运动时产生的惯性动载荷。

（2）缓和由路面传递来的冲击载荷。

（3）通过轮胎和路面之间的附着作用，产生驱动和阻止汽车运动的外力，即为汽车提供驱动力和制动力。

（4）产生平衡汽车转向离心力的侧向力，以便顺利转向，并通过轮胎产生的自动回正力矩，使车轮具有保持直线行驶的能力。

（5）承担跨越障碍的作用，保证汽车的通过性。

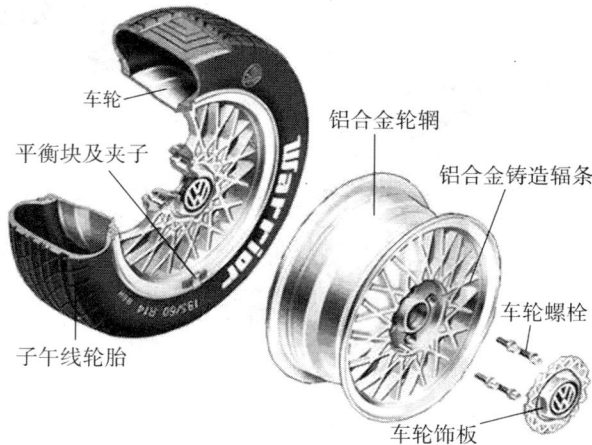

图 1-20　车轮总成

5）车架

车架俗称"大梁"，它是跨接在前后车轮上的桥梁式结构，是构成整个汽车的骨架，是整个汽车的装配基体，汽车绝大多数的零部件、总成都要安装在车架上。

汽车上采用的车架有 4 种类型：边梁式车架、中梁式车架、综合式车架和无梁式车架。目前汽车上多采用边梁式车架和无梁式车架。

部分轿车和客车为减轻自身质量，以车身代替车架，这种车身又称为承载式车身（图 1-21）或无梁式车架。采用承载式车身的特点是没有车架（大梁），车身就作为发动机和底盘各总成的安装基础，各种载荷全部由车身承受。

轿车车身总成结构主要包括：车身壳体、车门、车窗、车身前后钣金件、车身内外装饰件、车身附件、座椅以及通风装置等。车身壳体是一切车身部件和零件的安装基础，由纵、横梁支柱

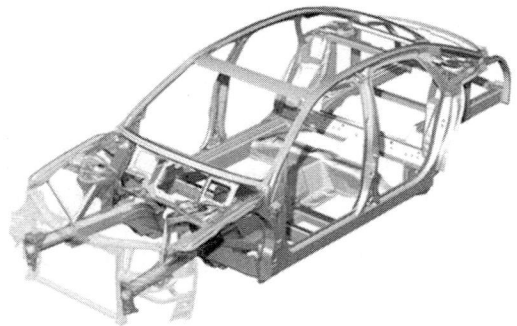

图 1-21　铝质车身

等主要承力元件，以及与它们相连接的钣金件经焊接而共同组成的刚性空间结构。车前后钣金件，包括散热器框架前后围板、发动机罩、前后翼子板、挡泥板等。这些钣金件与车身形成了容纳发动机、乘客舱、车轮等部件的空间。

3.转向系统

转向系统是指由驾驶员操纵，能实现转向轮偏转和回位的一套机构。转向系的功用是按照驾驶员的意愿改变汽车的行驶方向和保持汽车稳定的直线行驶。

汽车转向系按转向动力源的不同分为机械转向系和动力转向系两大类。

1）机械转向系统

机械转向系统以驾驶员的体力作转向动力源,系统的所有传动件都是机械的。

汽车机械转向系统(图1-22)由转向操纵机构、机械转向器和转向传动机构组成。转向器是转向系中的降速增矩的装置,其功用是增大由转向盘传到转向节的力,并改变力的传动方向。

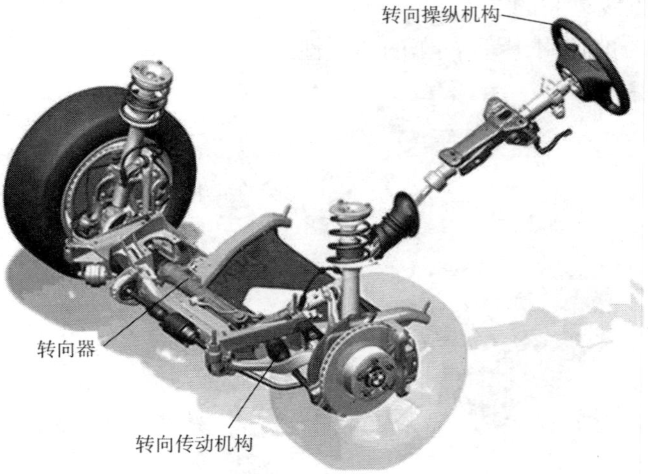

图 1-22　机械转向系统的组成

2）动力转向系统

动力转向系统是兼用驾驶员体力和发动机(或电动机)的动力作为转向能源的转向系统。动力转向系统是在机械转向系统的基础上加设一套转向加力装置而形成的,如图1-23所示。

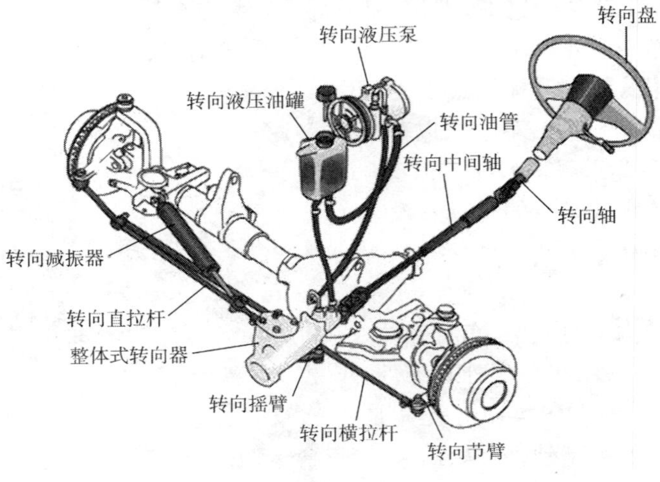

图 1-23　动力转向系统的组成

4. 制动系统

汽车制动系统的功用如下:

(1)按照需要使汽车减速或在最短距离内停车。

(2)下坡行驶时保持车速稳定。

(3)使停驶的汽车可靠驻停。

汽车制动系统(图1-24)包括行车制动和驻车制动两大部分。行车制动系统用于使行驶

14

中的车辆减速或停车,通常由驾驶员用脚操纵,一般包含制动踏板、制动主缸、制动轮缸、制动管路、车轮制动器等;驻车制动系统用于使停驶的汽车驻留原地,通常由驾驶员用手操纵,一般包含驻车制动手柄、拉索(或拉杆)、制动器。另外,较为完善的制动系统还包括制动力调节装置以及报警装置、压力保护装置等。

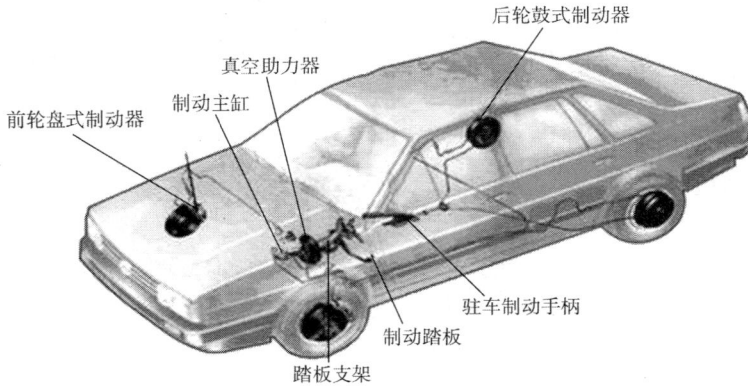

图 1-24　制动系统的组成

行车制动系统的工作原理是将汽车的动能通过轮胎与路面的摩擦转换成热能,并释放到大气中。制动时,踩下制动踏板,制动主缸向各制动轮缸提供液压油,轮缸活塞在油压的作用下把摩擦材料压向制动盘实现制动。

驻车制动器的功用是在车辆停驶后防止滑溜;使车辆在坡道上能顺利起步;行车制动系统失效后临时使用或配合行车制动器进行紧急制动。

驻车制动装置(图 1-25)主要由驻车制动杆、制动拉索及后轮制动器中的驻车制动器等组成,它作用于后轮,主要是在坡路或平路上停车时使用或在紧迫情况下作紧急制动。

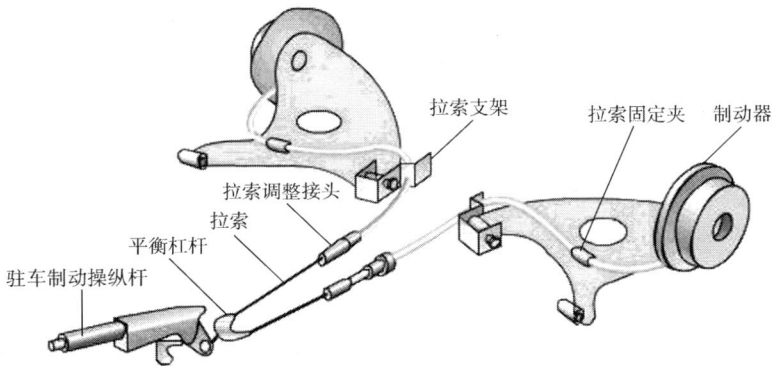

图 1-25　驻车制动系统

三、汽车的电气设备

电气设备包括发动机电气设备(蓄电池、充电系统、起动系统和点火系统等组成)、照明与信号系统、刮水器和洗涤器系统、组合仪表与报警装置、空调系统以及音响、安全气囊等。在现代汽车上,汽车电子化、智能化的程度也越来越高。现代汽车电子控制已从单一项目的控制,发展到多项内容复合的集中控制,逐渐形成一个整车电子控制。

1. 发动机电气设备
发动机电气设备由蓄电池、充电系统、起动系统和发动机点火系统等组成。

1）蓄电池

汽车蓄电池是一种储能装置,是低压直流电源,它并不是直接储存电能,而是将电能转变成化学能储存起来,当蓄电池连接外部电路时,化学能才变成电能,从蓄电池的正极流出经导线到负荷,再经导线流回蓄电池负极完成回路放电。

当发动机运转时,使用小部分动力驱动发电机以产生电能,再充入蓄电池,把电能变成化学能储存。现代汽车一般使用12V的蓄电池,大型柴油车则常用两个12V蓄电池串联而成24V系统。

汽车蓄电池的功用如下:

(1)起动发动机时供给起动机驱动发动机所需的大量电流。

(2)当发电机发出的电压低于蓄电池电压时或发电机不工作时,供给全车电器所需的电流。

(3)当汽车上电器的用电量超过发电机的输出量时,帮助发电机提供电器所需的电流。

(4)平衡汽车电系的电压,不使电压过高或过低。

2）充电系统

起动发动机时需利用蓄电池供应起动机及点火系统等各种电器所需的电流,发动机起动后,必须由充电系统来提供点火系统及其他电器的用电,并补充蓄电池在起动发动机时所消耗的电能,这样发动机才能维持运转,熄火后才能再起动。

充电系统(图1-26)就是将发动机一部分机械能转变为电能的装置。充电系统最重要的部件是产生电能的发电机,其次为控制发电机最高输出的调节器,另外还需有指示充电系统工作是否正常的指示灯或电流表,以及连接各电器间的导电线等。

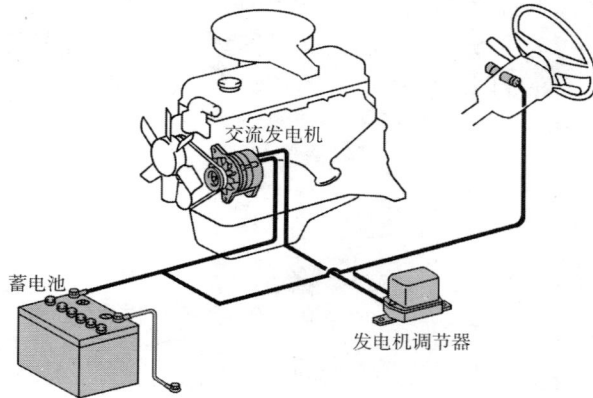

图1-26　充电系统示意图

交流发电机的功能如下:

(1)在车辆行驶时,供应点火系统、空调、音响及其他电器用电;

(2)补充蓄电池在起动时损耗的电能(即对蓄电池充电)。

3）起动系统

汽车起动系统(图1-27)是由蓄电池、点火开关、电磁开关、起动机和导线等元件组成。

起动机(图1-25)是起动系统中的主要组成部分,起动机由直流串励式电动机、离合机构和控制装置组成。起动机的功能是利用起动机小齿轮与发动机飞轮啮合,以摇转发动机使其能起动;发动机发后,小齿轮与飞轮必须立刻分离,以免起动机受损。

4）点火系统

点火系统的功用是将汽车电源提供的低压电转变为高压电,并按照发动机各缸的点火顺序和点火时刻的要求,适时准确地将高压电送至各缸的火花塞,使火花塞跳火,点燃汽缸内的可燃混合气体。

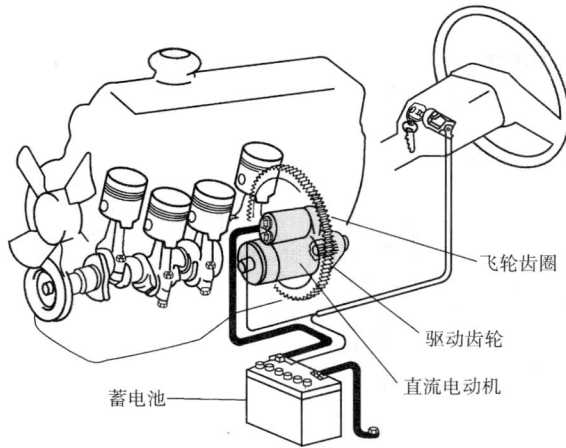

图 1-27 起动机系统

现代汽车电控燃油喷射式发动机均已采用微型计算机控制点火系统,与电子点火系统不同之处为利用微型计算机接收各传感器信号(主要为曲轴位置传感器或凸轮轴位置传感器信号),以进行点火正时、点火提前及发动机在各种运转状况时的点火时间修正。

2. 照明与信号系统

为了保证汽车行驶安全,现代汽车上都装备照明与信号系统。照明系统用于提供车辆夜间安全行驶必要的照明,包括车外照明和车内照明等,信号系统用于提供安全行车所必需的灯光信号。汽车喇叭是用来警告路上车辆或行人的警报装置。

3. 刮水器和洗涤器系统

刮水器的功用是用来清除风窗玻璃上的雨水、雪或尘土,以确保驾驶员有良好的视野。在行驶中,由于泥土的飞溅或其他原因污染风窗玻璃,所以,刮水器还设有洗涤装置。刮水器和洗涤器系统在车上的布置如图 1-28 所示。

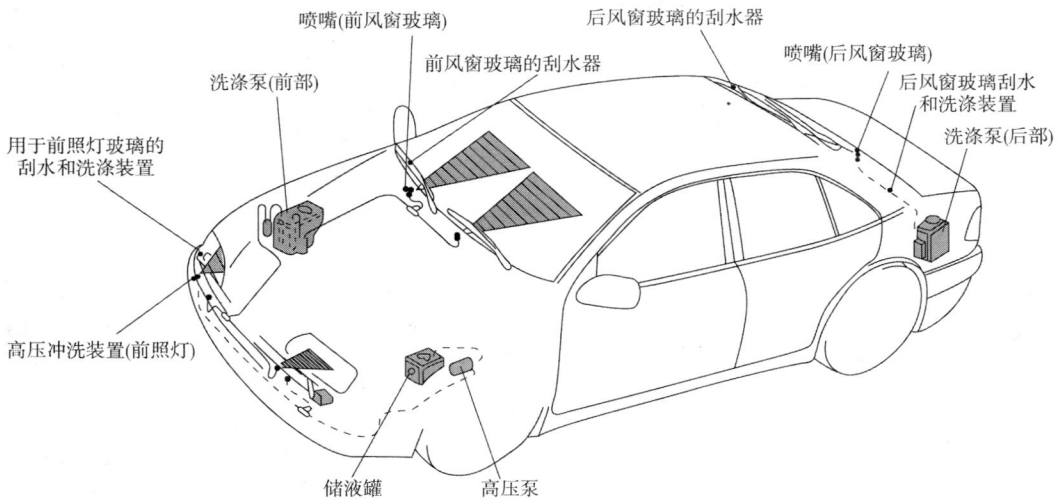

图 1-28 刮水器和洗涤器系统在车上的布置

现代汽车均使用电动机驱动刮水器,这样可以保持一定速度摆动,不受发动机转速与负荷变动的影响,且可以随驾驶员需要,视雨势大小调整动作速度。电动刮水器更可以做 1 次/s ~ 1 次/30s 间歇动作的变速调整。

4．组合仪表与报警装置

1）组合仪表

为了使驾驶员随时观察与掌握汽车各系统的工作状态,在驾驶室仪表板上装有组合仪表、指示灯和报警装置。

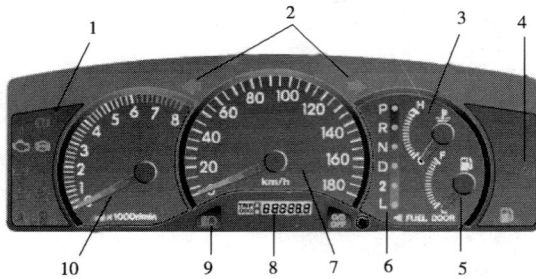

图 1-29　轿车组合仪表的组成

1、4-报警指示灯；2-转向指示灯；3-冷却液温度表；5-燃油表；6-变速挡位指示灯；7-车速表；8-显示屏；9-灯光指示器；10-发动机转速表

汽车组合仪表分为传统组合仪表和电子组合仪表。传统组合仪表是机械式或电器机械式,它们都是通过指针和刻度来实现模拟显示的。随着电子及计算机技术在汽车上的广泛应用,以及新型传感器和电子显示器的出现,电子组合仪表已被越来越多的汽车所采用。

传统组合仪表（图 1-29）主要包括冷却液温度表、发动机转速表、燃油表、机油压力报警灯、充电指示灯等,这些仪表通常都组装在仪表板上。

电子组合仪表是以数字显示、字母数字混合显示、曲线图或柱状图表等形式向驾驶员显示汽车各种工作状态的信号和报警信号,具有高精度和高可靠性,可为驾驶员提供高精度的数据信息,具有一"表"多用的功能。

电子组合仪表的结构,如图 1-30 所示,主要有电子式燃油表、发动机电子转速表、车速表、里程表和冷却液温度表等。

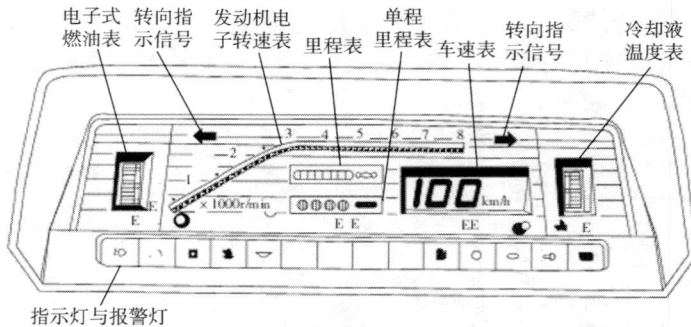

图 1-30　轿车电子组合仪表的结构

2）报警装置

现代汽车为保证行车安全和提高车辆的可靠性,安装了许多报警装置。报警装置一般由传感器、报警灯（或蜂鸣器）等组成。报警指示灯,如图 1-31 所示。

5．空调系统

汽车空调系统即车内空气调节装置,是指对车内空气的温度、湿度及清洁度进行调节控制的装置。汽车空调系统功用是在各种气候和行驶条件下,为乘员提供舒适的车内环境,并能预防或除去附着在风窗玻璃上的雾、霜或冰雪,以确保驾驶员的视野清晰与行车安全。

汽车空调系统在车上布置,如图 1-32 所示,它主要由制冷系统、采暖系统、通风装置、加湿装置、空气净化装置和控制装置等组成。

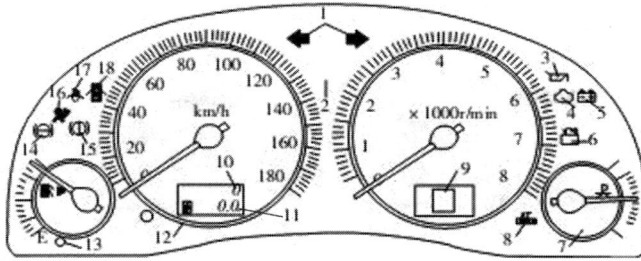

图 1-31　组合仪表报警装置

1-转向指示灯;2-SLIP(滑动)报警灯;3-油压报警灯;4-发动机报警灯;5-充电指示灯;6-VDC(车辆动态控制)OFF 指示灯、VDC
报警灯;7-冷却液温度表;8-A/T(自动变速器)电子控制装置报警灯;9-挡位指示灯;10-车速表;11-里程表;12-车速里程表;
13-燃油低油面报警灯;14-ABS 报警灯;15-制动报警灯;16-SRS(安全气囊)报警灯;17-安全带报警灯;18-未关车门报警灯

四、汽车的车身

车身是驾驶员工作的场所,也是装载乘客和货物的场所,如图 1-33 所示。汽车车身不仅
要为驾驶员提供方便的操作条件、为乘客提供舒适安全的环境或保证货物完好无损,还要求其
外形精致,减少风阻且给人以美的享受。

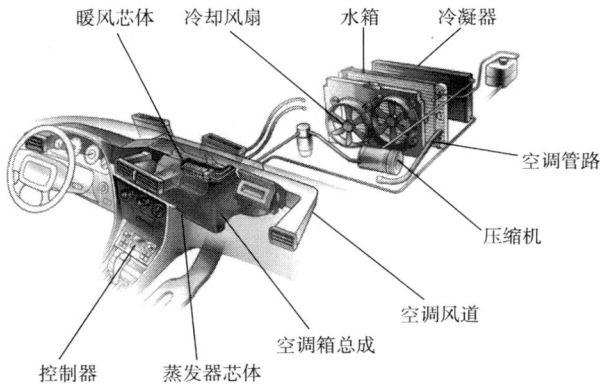

图 1-32　空调系统在车上布置图

图 1-33　汽车车身

第三节　汽车的参数和性能指标

一、汽车的参数

1.汽车的外形尺寸

汽车的外形尺寸一般主要有车长、车宽、车高、轴距、前轮轮距、后轮轴距、前悬、后悬等重
要尺寸。图 1-34 所示为雪铁龙爱丽舍汽车外形尺寸。

1)车身长度(mm)

车身长度的定义是指从汽车前保险杠最凸出的位置量起,直到后保险杠最凸出的位置,这
两点之间的距离(如图 1-34 所示尺寸 B)。

2)车身宽度(mm)

绝大多数车型的车宽数据,都是车身左、右最凸出位置的距离,但是不包含左、右后视镜伸出的宽度,即后视镜折叠后的宽度(如图1-34所示尺寸G)。

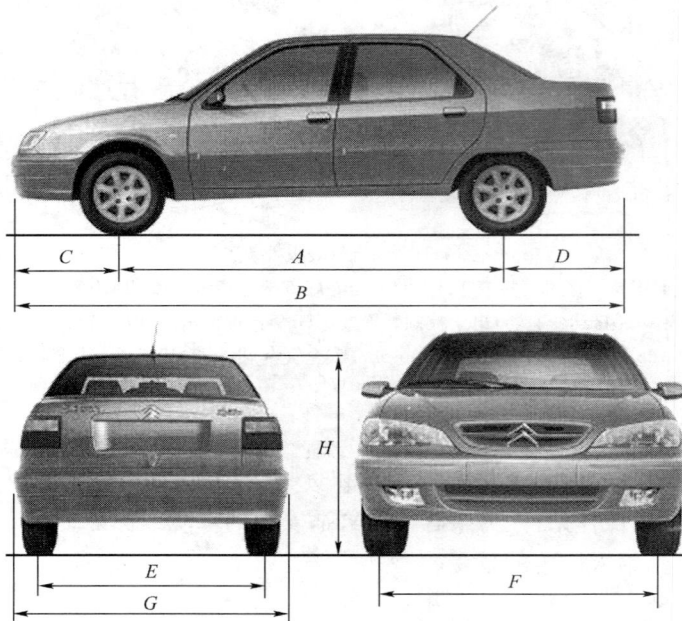

图1-34 雪铁龙爱丽舍汽车外形尺寸
A-轴距;B-车长;C-前悬;D-后悬;E-后轮距;F-前轮距;G-车宽;H-车高

车身长度及宽度较大的车型可以获得较为宽敞的车内空间,给乘客提供较好的乘坐舒适性,但也有降低在狭窄巷道中的行驶灵活性的缺陷。

3)车身高度(mm)

车身高度是从地面算起,一直到车身顶部最高的位置,但不包括天线的长度(如图1-34所示尺寸H)。

车身高度会影响到座位的头部空间以及乘坐姿态。头部空间大则不易有压迫感;稍挺的坐姿较适合长时间的乘坐。近年来SUV、VAN这一类高车身的车型大为流行,较高的车内高度有利乘员在车内的活动;但是过高的车身却不利车辆进出地下停车场。而强调运动性的跑车,为了提升过弯稳定性,通常车身高度较低。

4)轴距(mm)

从前轮中心点到后轮中心点之间的距离,也就是前轮轴与后轮轴之间的距离,称为轴距(如图1-34所示尺寸G)。

较长的轴距可以使汽车获得较好的直线行驶稳定性,而短轴距则提供更好的灵活性。对于车内空间来说,轴距代表前轮与后轮之间的距离,轴距越长,车内纵向空间就越大,膝部及脚部空间也因此而较宽敞。然而后轮驱动车因发动机纵向排列的关系,为了达到相同的车内空间,通常轴距会比同级前轮驱动车要长。

5)轮距(mm)

左、右车轮中心的距离。较宽的轮距有助于横向的稳定性与较佳的操纵性能。轮距和轴距搭配之后,即显示4个车轮着地的位置;车轮着地位置越宽大的车型,其行驶的稳定度越好,因此越野车辆的轮距都比一般车型要宽(如图1-34所示尺寸F为前轮轮距)。

6）前悬（mm）

前悬是指前轮中心与车前端的水平距离。前悬的长度应足以固定和安装发动机、散热器、转向器等。但也不宜过长，否则汽车的接近角过小，上坡时容易发生触头现象，影响汽车的通过性（如图 1-34 所示尺寸 C）。

7）后悬（mm）

汽车后悬是指汽车最后端至后轴中心的距离（如图 1-34 所示尺寸 D）。

汽车除了以上外形的重要尺寸外，还有几个重要参数影响汽车的使用性能，特别是汽车的通过性。

2. 汽车的主要技术参数

为了说明汽车的主要技术性能，经常用以下参数表示。

1）汽车整备质量（kg）

汽车整备质量也就是汽车完全装备好的质量，包括润滑油、燃料、随车工具、备胎等所有装置的质量。汽车的整备质量也就是人们常说的一辆汽车的自身质量，它规范的定义是指汽车的净质量加上冷却液、燃料（不少于油箱容量的 90%）及备用车轮和随车附件的总质量。

其实通俗地说整备质量就是汽车在正常条件下准备行驶时，尚未载人（包括驾驶员）、载物时的空车质量。

汽车的整备质量是影响汽车油耗的一个重要参数。因为车辆的耗油量与汽车整备质量有成正比关系的，即整备质量越大的汽车越耗油。当然，汽车的整备质量大的汽车稳定性好，特别是急转弯和紧急制动的时候，优势很明显。

2）汽车最大总质量（kg）

汽车最大总质量是指汽车满载时的总质量。

3）汽车最大装载质量（kg）

汽车最大装载质量是指汽车在道路上行驶时的最大装载质量。

4）最小离地间隙（mm）

汽车的最小离地间距，就是在水平面上汽车满载静止时，底盘的最低点与地面的间距，通常单位为毫米（mm），不同车型其离地间距也是不同的，离地间距越大，车辆的通过性就越好。所以通常越野车的离地间隙要比轿车要大，如图 1-35 所示。

5）最小转弯半径（mm）

最小转弯半径是指当转向盘转到极限位置，汽车以最低稳定车速转向行驶时，外侧转向轮的中心平面在支撑平面上滚过的轨迹圆半径。它在很大程度上表明汽车能够通过狭窄弯曲地带或绕过不可越过的障碍物的能力。转弯半径越小，汽车的机动性能越好，如图 1-36 所示。

最小离地间隙

图 1-35　汽车的最小离地间隙

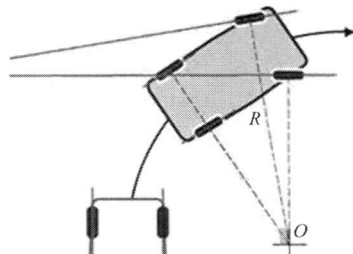

图 1-36　汽车的最小转弯半径 R

6）接近角（°）

接近角是指在汽车满载静止时,汽车前端突出点向前轮所引切线与地面的夹角。即水平面与切于前轮轮胎外缘（静载）的平面之间的最大夹角,通常单位为度（°）,前轴前面任何固定在车辆上的刚性部件不得在此平面的下方,如图1-37所示。

7）离去角（°）

离去角是指汽车满载静止时,自车身后端突出点向后车轮引切线与路面之间的夹角,即是水平面与切于车辆最后车轮轮胎外缘（静载）的平面之间的最大夹角,通常单位为度（°）。位于最后车轮后面的任何固定在车辆上的刚性部件不得在此平面的下方。它表明汽车离开障碍物（如小丘、沟洼地等）时,不发生碰撞的能力。离去角越大,则汽车的通过性越好,如图1-37所示。

8）通过角（°）

通过角指的是汽车满载静止时,分别通过前、后车轮外缘做切线交于车体下部较低部位所形成的夹角,通常单位为度（°）,如图1-37所示。

9）爬坡度（%）

爬坡度用坡度的角度值（以度数表示）或以坡度起止点的高度差与其水平距离的比值（正切值）的百分数来表示,通常用百分比来表示（%）,如图1-38所示。

图1-37　汽车的接近角、离去角与通过角

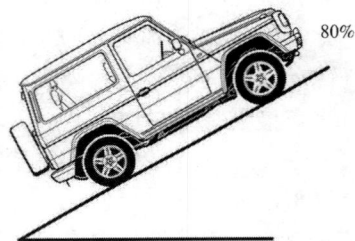

图1-38　汽车的爬坡度示意图

二、汽车的性能指标

汽车的使用性能是指汽车能适应各种使用条件而发挥最大工作效率的能力。汽车的使用性能主要有动力性、燃油经济性、制动性、操纵性和稳定性、行驶平顺性、通过性等几个方面。

1. 汽车的动力性

汽车动力性是汽车首要的使用性能。汽车必须有足够的平均速度才能正常行驶。汽车还必须有足够的牵引力才能克服各种行驶阻力,正常行驶。这些都取决于动力性的好坏。汽车动力性可从以下三项指标进行评价。

1）汽车的最高车速

汽车的最高车速是指汽车满载在良好水平路面上能达到的最高行驶速度。

2）汽车的加速能力

汽车的加速能力是指汽车在各种使用条件下迅速增加汽车行驶速度的能力。加速过程中加速用的时间越短、加速度越大和加速距离越短的汽车,加速性能就越好。

3）汽车的上坡能力

上坡能力用汽车满载时以最低挡位在坚硬路面上等速行驶所能克服的最大坡度来表示,称为最大爬坡度。它表示汽车最大牵引力的大小。

不同类型的汽车对上述三项指标要求各有不同。轿车与客车偏重于最高车速和加速能力，载重汽车和越野汽车对最大爬坡度要求较严。但不论何种汽车，为在公路上能正常行驶，必须具备一定的平均速度和加速能力。

2. 汽车的燃料经济性

为降低汽车运输成本，要求汽车以最少的燃料消耗，完成尽量多的运输量。汽车以最少的燃料消耗量完成单位运输工作量的能力，称为燃料经济性，评价指标为每行驶 100km 消耗掉的燃料量（L）。

3. 汽车的制动性

汽车具有良好的制动性是安全行驶的保证，也是汽车动力性得以很好发挥的前提。汽车制动性的评价指标有以下几点：

1）制动效能

汽车迅速减速直至停车的能力。常用制动过程中的制动时间、制动减速度和制动距离来评价。汽车的制动效能除与汽车技术状况有关外，还与汽车制动时的速度以及轮胎和路面的情况有关。

2）制动效能的恒定性

在短时间内连续制动后，制动器温度升高导致制动效能下降，称之为制动器的热衰退，连续制动后制动效能的稳定程度称为制动效能的恒定性。

3）制动时方向的稳定性

汽车制动时的方向稳定性是指汽车在制动过程中不发生跑偏、侧滑和失去转向的能力。当左右侧车轮制动动力不一样时，容易发生跑偏；当车轮"抱死"时，易发生侧滑或者失去转向能力。为防止上述现象发生，现代汽车有电子防抱死装置，防止紧急制动时车轮抱死而发生危险。

4. 汽车的操纵性和稳定性

汽车的操纵性是指汽车对驾驶员转向指令的响应能力，直接影响到行车安全。轮胎的气压和弹性，悬架装置的刚度以及汽车重心的位置都对该性能有重要影响。

汽车的稳定性是汽车在受到外界扰动后恢复原来运动状态的能力，以及抵御发生倾覆和侧滑的能力。对于汽车来说，侧向稳定性尤为重要。当汽车在横向坡道上行驶、转弯以及受其他侧向力时，容易发生侧滑或者侧翻。汽车重心的高度越低，稳定性越好。合适的前轮定位角度使汽车具有自动回正和保持直线行驶的能力，提高了汽车直线行驶的稳定性。如果装载超高、超载，转弯时车速过快，横向坡道角过大以及偏载等，容易造成汽车侧滑及侧翻。

5. 汽车的行驶平顺性

汽车在行驶过程中由于路面不平的冲击，会造成汽车的振动，使乘客感到疲劳和不舒适，货物易损坏。为防止上述现象的发生，不得不降低车速，同时振动还会影响汽车的使用寿命。汽车在行驶中对路面不平的降振程度，称为汽车的行驶平顺性。

汽车行驶平顺性的物理量评价指标，客车和轿车采用"舒适降低界限"车速特性。当汽车速度超过此界限时，就会降低乘坐舒适性，使人感到疲劳不舒服。该界限值越高，说明平顺性越好。货车采用"疲劳—降低工效界限"车速特性。

汽车车身的固有频率也可作为平顺性的评价指标。从舒适性出发，车身的固有频率在 $600 \sim 850 Hz$ 较好。

高速汽车尤其是轿车要求具有优良的行驶平顺性。轮胎的弹性、性能优越的悬架装置、座椅的降振性能以及尽量小的非悬架质量,都可以提高汽车的行驶平顺性。

6.汽车的通过性

汽车在一定的载质量下能以较高的平均速度通过各种坏路及无路地带和克服各种障碍物的能力,称之为汽车的通过性。各种汽车的通过能力是不一样的。轿车和客车由于经常在市内行驶,对汽车通过能力的要求不高。而越野汽车、军用车辆、自卸汽车和载货汽车,就必须有较强的通过能力。

采用宽断面轮胎、多胎可以减小滚动阻力;较深的轮胎花纹可以增加附着系数而不容易打滑,全轮驱动的方式可使汽车的动力性得以充分的发挥;结构参数的合理选择,可以使汽车具有优良的克服障碍的能力,如较大的最小离地间隙、接近角、离去角、车轮半径和较小的转弯半径、横向和纵向通过半径等,都可提高汽车的通过能力。

7.其他使用性能

1)操纵轻便性

使用驾驶汽车时需要根据操作的次数、操作时所需要的力、操作时的方便情况以及视野、照明、信号等来评价。汽车具有良好的操纵轻便性,不但可以减轻驾驶员劳动强度和紧张程度,也是安全行驶的保证。采用动力转向、制动助力装置、自动变速器以及膜片离合器等,使操纵轻便性得以明显改善。

2)机动性

市区内行驶的汽车,经常行驶于狭窄多弯的道路,机动性显得尤为重要。机动性主要用最小转弯半径来评价。转弯半径越小,机动性越好。

3)装卸方便性

与车厢的高度、可翻倒的栏板数目以及车门的数目和尺寸有关。

8.容量

容量表示汽车能同时运输的货物数量或者乘客人数。货车用载质量和载货容积来表示。客车用载客数表示。质量利用系数反映汽车结构的合理程度。

$$质量利用系数 = 额定载质量/空车质量$$

第四节　汽车行驶的基本原理

汽车能够向前行驶,必须对汽车施加一个驱动力以克服各种阻力。汽车的驱动力来源于发动机输出的动力,汽车动力的传递路线是:发动机→离合器→变速器→传动轴→主减速器→差速器→半轴→驱动轮。

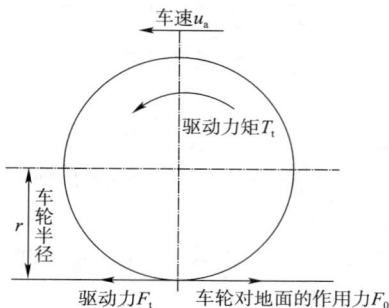

图1-39　驱动力的产生

一、汽车驱动力的产生

发动机输出的动力以力矩的形式经传动系传递给驱动轮后,产生驱动力矩 T_t,驱动轮在驱动力矩的作用下给地面作用一圆周力 F_0,地面对驱动轮的反作用力 F_t 就是汽车的驱动力,如图1-39所示。

二、汽车的行驶阻力

汽车在道路上向前行驶,必须克服汽车遇到的各种行驶阻力。汽车的行驶阻力主要有滚动阻力、空气阻力、上坡阻力和加速阻力组成。在汽车等速行驶的时候，其行驶阻力由滚动阻力、空气阻力和上坡阻力组成。

1. 汽车的滚动阻力

汽车的滚动阻力主要是由于车轮滚动时轮胎与路面变形而产生。弹性车轮沿硬路面滚动，路面变形很小，轮胎变形是主要的；车轮沿软路面（如松软土路、沙地、雪地等）滚动，轮胎变形较小，路面变形较大。

此外，轮胎与路面以及车轮轴承内都存在着摩擦。车轮滚动时产生的这些变形与摩擦都要消耗发动机一定的输出动力，因而形成滚动阻力，以 F_f 表示，其数值与汽车的总质量、轮胎的结构和气压以及路面性质有关。

2. 汽车的空气阻力

汽车行驶时，需要挤开其周围的空气，汽车前面受气流压力并且后面形成真空，产生车辆前后空气压力差，此外还存在着各层空气之间以及空气与汽车表面的摩擦，再加上冷却发动机、室内通风以及汽车表面外凸零件引起的气流干扰等，就形成空气阻力，以 F_w 表示。空气阻力与汽车的形状、汽车的正面投影面积有关，特别是与汽车相对空气的速度的平方成正比。当汽车高速行驶时，空气阻力的数值将显著增加，汽车行驶中的空气阻力，如图 1-40 所示。

3. 汽车的上坡阻力

汽车上坡时，其总重力沿路面方向的分力形成的阻力称为上坡阻力，以 F_i 表示。其数值取决于汽车的总重力和路面的纵向坡度，如图 1-41 所示。上坡阻力只是在汽车上坡时才存在，但汽车克服坡度所做的功并未白白地耗掉，而是以位能的形式被储存。当汽车下坡时，所储存的位能又转变为汽车的功能，促使汽车行驶。

图 1-40　汽车行驶中的空气阻力　　　　　图 1-41　汽车的上坡阻力

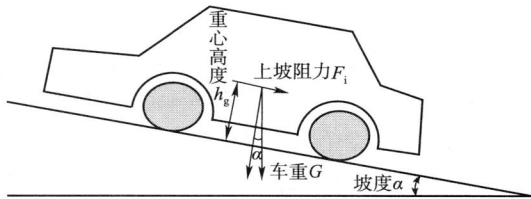

4. 汽车的加速阻力

汽车的质量分为平移质量和旋转质量两部分，汽车在加速行驶的时候，为克服汽车的平移质量和旋转质量的旋转惯性而产生的阻力称为加速阻力。

三、汽车行驶的基本原理

汽车的行驶就是汽车车轮在地面提供足够的附着力作用下，当汽车的驱动力增大到足以克服汽车静止时所受的阻力之和时，汽车开始起步行驶。汽车起步后，其行驶情况取决于驱动力与总行驶阻力之间的关系。总行驶阻力等于上述各项阻力之和：$\sum F = F_f + F_w + F_i$，当总行驶阻力 $\sum F$ 等于驱动力 F_t 时，汽车将匀速行驶。

当总行驶阻力 $\sum F$ 小于驱动力 F_t 时，汽车将加速行驶。然而，随着车速增加，总行驶阻力也随空气阻力而急剧增加，所以，汽车行驶速度只能增大到驱动力与总行驶阻力达到新的平衡为止。此后，汽车便以较高的速度匀速行驶。

使汽车加速所做的功转变成动能,可随时被利用,如此时将发动机与传动系脱开或使发动机熄火,汽车将依靠惯性克服行驶阻力而继续行驶(滑行)并逐渐消耗所储存的动能。

当总行驶阻力超过驱动力时,汽车将减速以至于停车。这时如欲维持原车速就需要加大节气门开度或将变速器换入低挡以便相应地增大驱动力。但是,汽车并不是在任何情况下都能发出足够的驱动力。比如汽车在很滑的(冰雪或泥泞)路面上行驶时,加大节气门开度可能只会使驱动车轮加速滑转,而驱动力却不能增大。驱动力的最大值固然取决于发动机的最大转矩和传动系的传动比,但实际发出的驱动力还受到轮胎与路面之间的附着性能的限制。

当汽车在较平整的干硬路面上行驶时,附着性能的好坏决定于轮胎与路面的摩擦力的大小,由物理学可知,在一定正压力作用下,两物体之间的静摩擦力有一个最大值,当推动力超过此值时,两物体便会相对滑动。对汽车行驶而言,当驱动圆周力大于轮胎与路面间的最大静摩擦力时,即出现驱动车轮的滑转。因此,在较平整的干硬路面上汽车所能获得的最大驱动力不可能超过轮胎与路面的最大静摩擦力。

当汽车行驶在松软路面上时,除了上述车轮与路面的摩擦阻碍车轮打滑外,还有嵌入轮胎花纹凹处的路面凸起部所起的抗滑作用。车轮打滑现象只有在克服了轮胎与路面的摩擦以及路面凸起部在轮胎施加的剪力作用下断裂时才会发生。

在汽车技术中,把车轮与路面的相互摩擦以及轮胎花纹与路面凸起部的相互作用综合在一起,称为附着作用。由附着作用所决定的阻碍车轮打滑的路面反力的最大值就称为附着力。

在积雪和泥泞路面上,因雪和泥的抗剪强度很低,被轮胎花纹切下的雪、泥又将花纹凹处填满,使得轮胎表面和雪、泥的摩擦更小,因而附着系数的数值很小。如果附着重力相同,积雪或泥泞路面的附着力比干硬路面要小得多,车轮也就更容易打滑。在这种条件下,尽管行驶阻力有时并不大,但受到附着力限制的驱动力却不能进一步增大到足以克服行驶阻力,汽车不得不减速以至停车。

普通货车在冰雪路面上行驶时,往往在驱动轮上缠绕防滑链,链条深嵌入冰雪中能使附着系数和附着力增加。但是,普通货车因只能利用分配到驱动轮上的那部分汽车总重力作为附着重力,故附着力可能仍不够大。

全轮驱动的越野汽车则可利用汽车的全部重力作为附着重力,并可利用其轮胎上的特殊花纹获得较大的附着系数,因而能使附着力显著增加。

所以,汽车的行驶状态就是在附着力保证的情况下,由汽车驱动力和行驶的总阻力来决定。

复习思考题

1. 试分析比较我国汽车和国外汽车的概念。

2. 试运用汽车发动机的专业术语描述发动机的工作原理。

3. 试讨论汽油发动机的两大机构和五大系统是如何参与发动机的工作的。

4. 试讨论汽车的哪些外形尺寸会影响汽车的哪些性能?

5. 试运用汽车行驶的原理讨论汽车在起步、匀速行驶、上坡行驶、下坡行驶以及加速行驶几种运行状态下驱动力与行驶阻力是如何参与工作的。

第二章　汽车发展史与汽车工业

从远古至今，我们一直希望使用人体之外的物体帮助我们工作；希望发明一种工具代替我们劳作；希望制造一种机械可以利用自然界的资源把人类自身或其他东西从 A 处运送到 B 处；希望我们能方便而可控的使用这种机械；希望我们可以拥有使用更少的资源成本，可以更舒适的达到目的工具；希望该系统能够更自动、智能、安全。于是，汽车按照这种渐进的逻辑诞生，至今仍然发展着。

第一节　汽车的诞生与发展

道路运输工具随着人类文明的进步而不断发展，经历了漫长的历史发展过程。

原始道路运输工具在远古时代，人类从事采集和狩猎活动就要搬运收获物。但真正的运输活动要从创造和使用运输工具的时候算起。最早的运输工具是木棒或在木棒的一端束缚重物，由一人背负，或在棒的中部放置重物，由两人抬行。

人类早期发明的另一种重要运输工具是橇。橇可用于雪地、土地或草地。用于土地的橇是在地面上拖曳的木板。

一、车轮的发现与汽车的远祖

1. 车轮的发现

车轮是人类在搬运东西的劳动过程中逐渐地发现的。人们在生活中发现，山上滚下来的石头形状越圆则滚得越快且越远。逐渐的人们发明了一种简单的工具，将圆木置于重物的下面，然后拖着走，重物即可由一个地方移到另外一个地方。这被称作为早期的木轮运输。后来人们发现用直径大的木轮运输速度较快，于是木轮的直径越来越大，逐渐演变为带轴的轮子，这便形成了最早的车轮雏形。

2. 汽车的远祖

在所有的历史变迁中，车的变迁可谓与人们生活息息相关，都具有时代个性，代表着一种文化背景和品位。从它的由简到繁、由人（畜）力到机械、由慢到快……现已无法考证其"车"的沧桑巨变，据说在我国已有几千年的历史。

在中国古代神话中，有黄帝造车之说，故黄帝又号称轩辕氏。轩是古代一种有围棚的车，辕是车的基本构件。所以，车辆应当是黄帝首先发明的。

据史料记载：公元前 2000 多年的夏初大禹时代，有一位管车的大夫奚仲，是中国车子的创造者，也是世界上第一辆车子的发明者（图 2-1）。另据史料记载：公元前 1600 年的商代，我国的车工技术已达到了相当高的水平，能制造出相当高级的两轮车，采用辐条做车轮，外形结构精致华美，做工也不十分复杂。到西周时期（公元前 771 年），马车已经很盛行了。春秋战国时期（公元前 221—770 年），各诸侯国之间由于频繁的战争，马车便纳入了战争的行列，对于当时来说，这便是代表一个国家强盛的极明显标志。陕西临潼秦始皇帝陵出土的战车式样——彩绘铜质车马，代表了 2000 年前车辆的制造水平，如图 2-2 所示。

奚仲造车是我国有文字记载的最早的关于车的记录,虽然这些记载的真实性难以考证,但这足以说明一点,那就是我们的祖先对车的强烈渴望与探寻冲动由来已久。

图 2-1　奚仲

图 2-2　彩绘铜质车马

据说 1700 多年前,三国时蜀汉丞相诸葛亮发明了"木牛流马",可是,木牛流马究竟是一种什么样的运输工具,直到现在人们提出各种各样的看法,仍争论不休。

可能没有任何一个物品会像独轮车(图 2-3)那样让我们如此依恋,以至在 2000 年后我们还能看到它的身影。

图 2-3　独轮车

独轮车,在北方汉族与排子大车相比身形较小,俗称"小车",在西南汉族,用它行驶时"叽咯叽咯"响个不停,俗称"鸡公车"。江南汉族因它前头尖,后头两个推把如同羊角,俗称"羊角车"。

独轮车,不论在山地或者平原,宽路还是小道都可使用,是一种经济实用的运输工具。成为在相当长的一段时间内使用最广也最经济的交通工具。

中世纪的欧洲,大量地发展了双轴四轮马车,最初汽车的发明者便在这种马车安装有转向盘和发动机。车身方面,出现了活动车门和封闭式结构,并且在车身和车轴之间,实现了弹簧连接,使乘坐之人感觉极为舒适。

进入 20 世纪,马车采用橡胶轮胎和滚珠轴承,同近代运输工具铁路列车和汽车并存。但马车的长途运输,逐渐为铁路运输所代替,而短途运输又遇到汽车运输的竞争。第一次世界大战结束后,在发达国家,马车逐渐被淘汰,但在发展中国家,尤其是在农村,仍然在使用。

二、汽车的诞生

1. 汽车动力的起源

1)蒸汽机的出现

1757 年,木匠出身的技工詹姆斯·瓦特被英国格拉斯哥大学聘为实验技师,有机会接触纽科门蒸汽机,并对纽科门蒸汽机产生了兴趣。1769 年,瓦特与博尔顿合作,发明了装有冷凝器的蒸汽机。1774 年 11 月,他俩又合作研制出世界上第一台真正意义上的动力机械——蒸汽机,如图 2-4 所示。

2)内燃机的发明

活塞式内燃机起源于荷兰物理学家惠更斯用火药爆炸获取动力的研究,但因火药燃烧难以控制而未获成功。1794年,英国人斯特里特提出从燃料的燃烧中获取动力,并且第一次提出了燃料与空气混合的概念。1862年,法国科学家罗沙对内燃机热力过程进行理论分析之后,提出提高内燃机效率的要求,这就是最早的四冲程工作循环内燃机。

1876年,德国发明家奥托运用罗沙的原理,试制成功第一台往复活塞式、单缸、卧式、3.2kW(4.4ps)[1]的四冲程内燃机,仍以煤气为燃料,采用火焰点火,转速为156.7r/min,压缩比为2.66,热效率达到14%,运转平稳。这台内燃机被称为奥托内燃机而闻名于世,如图2-5所示。奥托于1877年8月4日获得专利。后来,人们一直将四冲程循环称为奥托循环。奥托以内燃机奠基人载入史册,其发明为汽车的发明奠定了基础。

图2-4　瓦特发明的蒸汽机　　　　　图2-5　奥托的内燃机

1883年,德国的戴姆勒和迈巴赫创制成功第一台立式汽油机,它的特点是轻型和高速。当时其他内燃机的转速不超过200r/min,它却一跃而达到750r/min,特别适应交通运输机械的要求。

1885—1886年,汽油机作为汽车动力运行成功,大大推动了汽车的发展。同时,汽车的发展又促进了汽油机的改进和提高。

1892年,德国工程师鲁道夫·狄塞尔受面粉厂粉尘爆炸的启发,设想将吸入汽缸的空气高度压缩,使其温度超过燃料的自燃温度,再用高压空气将燃料吹入汽缸,使之着火燃烧。他首创的压缩点火式内燃机(柴油机)于1897年研制成功,为内燃机的发展开拓了新途径。第一台柴油机如图2-6所示。

压缩点火式内燃机的问世,引起了世界机械业的极大兴趣,压缩点火式内燃机也以发明者而命名为狄塞尔发动机。

这种内燃机以后大多以柴油为燃料,故又称为柴油机。1898年,柴油机首先用于固定式发电机组,1903年用作商船动力,1904年装于舰艇,1913年第一台以柴油机为动力的内燃机车制成,1920年左右,开始用于汽车和农业机械。鲁道夫·狄塞尔的发明改变了整个世界。人们为了纪念他,就把柴油机称作狄塞尔柴油机。

1957年2月1日联邦德国工程师汪克尔成功地做出第一个原型机DKM 54旋转活塞式发动机,被称为汪克尔发动机,如图2-7所示。它具有近似三角形的旋转活塞,在特定型面的汽缸内做旋转运动,按奥托循环工作。这种发动机功率高、体积小、振动小、运转平稳、结构简单、维修方便,但由于它燃料经济性较差、低速转矩低、排气性能不理想,所以,还只是在个别型号

---

[1]　ps:马力,非法定计量单位,1ps=0.735kW。

的轿车上得到采用。

图 2-6　鲁道夫·狄塞尔和他发明的第一台柴油机

图 2-7　德国波昂博物馆展出的 DKM54 型发动机

2. 现代汽车的诞生

蒸汽机、内燃机和电机的出现为运输工具的改革准备了必要条件。以动力机械驱动的各种机动车辆的出现，是道路运输工具发展的重要里程碑。

1）风力车和发条车

世界上最早的一辆汽车"风帆车"，是 1600 年由荷兰人西蒙·斯蒂芬发明制造，顺风时速可达 30km/h。无风时不能行使，没有使用价值，如图 2-8 所示。

1649 年，德国一个钟表匠汉斯·郝丘根据钟表的原理，制造了一台发条式的汽车。但是这台发条车的速度不到 1.6km/h，而且每前进 230m，就必须把钢制发条卷紧一次，这个工作的强度太大了，所以发条车也没有能够得到发展，如图 2-9 所示。

图 2-8　"风帆车"　　　　　　　　　　　图 2-9　发条车

2）蒸汽汽车

世界上最早的一辆蒸汽汽车，如图 2-10 所示。1769 年法国陆军技术军官居诺花了 6 年时间制成，时速为 3.6km/h。无须人畜推拉、使用蒸汽机作动力驱动车辆的三轮车，它是汽车发展史上的一个里程碑。由一个硕大的铜制锅炉为动力，放置在前轮的前方。蒸汽依靠燃用木柴产生，然后进入两个汽缸，使两个活塞交替运动。由于没有曲轴，故活塞的作用力通过车爪传给前轮。因为锅炉、汽缸等机件的质量都加在前轮上，使得方向操纵十分困难。该车只行驶了 1km 左右就发生锅炉爆炸，汽车则失去了控制。尽管如此，这毕竟使汽车朝实用化方向迈出了第一步，开创了轮式车辆用自备动力装置进行驱动的新纪元。第二年，即 1770 年，这辆车经过修整作为世界上第一辆汽车，至今珍藏在巴黎的国家技术及机械品博物馆内。

1825 年,英国人嘉内制造了一辆蒸汽公共汽车,如图 2-11 所示。该车 18 座,车速为 19km/h,开始了世界上最早的公共汽车运营。

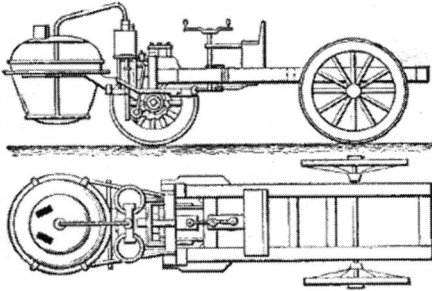

图 2-10 蒸汽汽车

图 2-11 嘉内研制的蒸汽公共汽车

但因蒸汽客车噪声大,黑烟多,破坏路面,而且不安全,引起公众反对而停止行驶。1865 年,英国议会通过《红旗法案》,限制行车速度,市内不得超过 3km/h,乡间不得超过 6km/h,使英国的汽车发展受到了限制。

世界上最早的一辆汽油汽车是 1885 年德国工程师卡尔·本茨(1844—1929)在曼海姆制成的一辆装有 0.85ps 二冲程汽油机的三轮车,如图 2-12 所示,并与 1886 年 1 月 29 日注册专利。

1886 年,德国另一位工程师戈特利布·戴姆勒(1834—1900)也同时发明出了一辆用 1.1ps 汽油发动机作动力的四轮汽车,这便是现代意义上的汽车,如图 2-13 所示。他俩被公认为以内燃机为动力的现代汽车的发明者,1886 年 1 月 29 日也被公认为汽车的诞生日。

图 2-12 卡尔·本茨和他发明的汽油汽车

图 2-13 戈特利布·戴姆勒和他发明的四轮汽车

汽车的诞生,极大地缩短了时间和空间,改变了人们的日常生活,有效地提高了劳动生产率。

3)电动车汽车(英文缩写为 EV,即 Electric Vehicle)

如今的电动汽车产业的出现不是偶然而是必然,研究与制造更不是近来的新发明,电动汽车的发展史可以追溯到 19 世纪后叶。

1873 年,英国人罗伯特·戴维森制作了世界上最初的可供实用的电动汽车。使用铁、锌、汞合金与硫酸进行反应的一次蓄电池。1880 年开始,应用了可以充放电的二次蓄电池。从一次蓄电池发展到二次蓄电池,这对于当时电动汽车来讲是一次重大的技术变革,由此,电动汽车需求量有了很大提高。

早期蓄电池电力汽车的发展速度高于汽油机汽车。19 世纪末至 20 世纪初,美国的汽车保有量中,蓄电池汽车占 38%(蒸汽汽车占 40%、汽油机汽车占 22%)。1912 年,蓄电池汽车达到发展的顶峰,当时在美国登记的有 33842 辆。但蓄电池汽车速度低,一次充电后的行驶距离小,需要经常充电。在汽油机汽车逐渐完善后,蓄电池汽车很快即被取代,但短程的搬运车辆仍较多采用蓄电池——电动机驱动系统。

1990 年后,石油资源的日益减少、大气环境的污染严重,让人们重新关注到电动车。

4)未来汽车

电脑被广泛地运用在汽车上,将是未来汽车的重要标志。汽车装上电脑指挥系统,可以把驾驶员的意志和外界行驶条件结合起来转化成电信号,然后,集中输送到微处理器,经过分析计算后,向车辆的各个部分发出指令,使汽车更为安全可靠。现在很多发达国家开始进行无人驾驶的"智能"汽车研究,在可行性和实用性方面都取得了突破性的进展。

将来定会出现更多造型奇特、性能卓越的汽车。总之,未来汽车比我们现在想象要丰富得多。

第二节　世界汽车工业及其发展

100 年来,汽车业经历了三次变革:1914 年美国福特汽车公司安装汽车装配流水线,带来了汽车工业史上的第一次变革;20 世纪 50 年代二战后的经济繁荣使汽车工业形成了由汽车产品单一到多样化的变革。针对美国车型单一、体积庞大、油耗高等弱点。欧洲开发了多姿多彩的新型车,给汽车带来了第二次变革;到 20 世纪 60 年代末,日本汽车工业出现奇迹,物美价廉的汽车使汽车工业发生了第三次变革。

一、世界汽车工业的起源

汽车工业的发展经历了漫长的萌芽和发育时期,汽车的诞生在欧洲,但是,以大规模生产为标志的汽车工业的形成是在美国,以后又扩展到欧洲、日本直至全世界。

19 世纪末 20 世纪初,欧美一些主要资本主义国家都相继完成了工业革命,随着生产力大幅度的增长,要求用于交通运输的工具也要有相应的发展。

从德国人本茨和戴姆勒于 1886 年制造的第一辆汽车开始,1889 年,法国人罗杰尔买下了奔驰公司制作的第三辆汽车,并成为奔驰公司在法国的代理商。以此为标志,汽车开始成为商品。

法国制成第一辆汽车的时间是 1890 年,美国是 1893 年,英国是 1896 年,日本是 1907 年,俄罗斯是 1910 年。

对于汽车工业的形成,美国汽车大王亨利·福特作出了突出贡献。福特首先提出并实现了"让汽车成为广大群众的需要"。1908 年 10 月,福特汽车公司正式投产廉价 T 型汽车。

图 2-14　福特 T 型汽车生产流水线

1913 年,福特汽车公司创建世界上第一条汽车装配生产流水线,如图 2-14 所示,并实行了工业大生产管理方式,实现了产品系列化和零件标准化。1914 年,福特汽车公司年产量达到 30 万辆,1926 年达到 200 万辆。而每辆汽车售价由首批的 850 美元降到 1923 年的 265 美元。到 1929 年 T 型车停产时,总共生产了 1500 万辆。福特 T 型车使汽车在美国得到了普及,让汽车进入了普通的美国家庭。福特生产 T 型车的经验不仅为美国,甚至为世界汽车工业的发展奠定了基础,因此,福特汽车公司被誉为"汽车现代化的先驱"。

二、世界汽车工业的基本状况

1. 全球汽车市场总体增长放缓

在 20 世纪 90 年代,世界汽车产业经历了近 10 年的持续增长。进入 21 世纪后,全球汽车产业的增长速度开始趋缓。在经济全球化和技术进步不断加快的背景下,当前世界汽车产业呈现出了一系列不同于以往的发展特点。汽车产业仍有发展空间,依然是世界经济发展的主导产业。

伴随国际经济逐步回暖,2010 年上半年,美国、日本、德国等传统汽车市场销量同比增幅均在 10% 以上;巴西、俄罗斯、南非等新兴汽车制造也出现不同程度的增长。而中国正处在迅速崛起中,世界未来汽车生产的重心将逐渐移往中国。2011—2012 年世界各国及地区汽车销量明细见表 2-1。

2011—2012 年世界各国及地区汽车销量明细表　　　　表 2-1

国　　家	2012 年销量(辆)	2011 年销量(辆)	增长率(%)
法国	2331731	2687052	-13.22
德国	3394002	3508454	-3.26
美国	14785936	13040613	13.38
巴西	3802071	3633253	4.65
英国	2333763	2249483	3.75
中国	19306435	18505114	4.33
印度	3576756	3287737	8.79
日本	5369721	4210224	27.54
韩国	1530585	1579320	-3.09
俄罗斯	3141551	2901612	8.27

2. 汽车产业链日益全球性配置

随着经济全球化进程显著加快,互联网与信息技术的运用和发展使汽车产业链包括投资、生产、采购、销售及售后服务、研发等主要环节日益全球性配置成为可能。由此而导致了新的专业化分工协作模式的出现,特别是整车装配与零部件企业之间呈现分离趋势,零部件的跨国公司越来越多,零部件企业与整车装配企业之间以合同为纽带的网络型组织结构日趋明显。整车制造企业零部件的全球采购以及零部件工业的国际化,模糊了汽车产品的"国家特征",使其成了典型的全球化产品。

3. 产业链中低端进一步向发展中国家集聚

全球汽车生产和消费总体上形成的两大特征如下:

(1)美国、日本和欧洲等发达国家及地区,汽车生产和消费量均达到了一定的饱和状态,他们现在与今后所面临的问题都是如何来提高性能,包括汽车的整体性能,如轻量化、节能、安全舒适和多功能以及从低污染到无污染的环保质量这两方面。因此,发达国家的汽车已进入了一个品质换代升级的新时代。

(2)广大发展中国家汽车生产和消费尚处于规模扩张阶段。这两大特征表明了全球汽车生产和开发的两个不同层次,发达国家对国内汽车开发生产进行结构调整,压缩一般汽车的产量,研发生产新一代汽车产品,向高档次汽车发展。他们将一般汽车的生产设备和生产基地转移到发展中国家进行生产并不断扩大产量,以适应一些国家和地区的消费需求,从而形成了一个中低档汽车的层次。汽车价格随着产业的转移和升级换代不断下降。作为经济正在崛起的一个世界人口大国,中国在诸多国家中的经济实力最强,消费群体最庞大,市场需求最为强劲。

三、全球汽车产业发展特征

随着调整步伐的加快,全球汽车产业结构呈现出新的特征:

1. 全球范围内汽车集团兼并与重组趋势加剧

1964年,全世界独立的较大规模的汽车公司有52家,到1980年减少为30家。进入20世纪90年代以来,由于全球汽车生产能力普遍过剩(年过剩约1000万辆),加之各国对安全、排放、节能法规日趋严格,促使汽车产业全球性结构调整步伐明显加快,许多发达国家的汽车公司通过扩张、合并、兼并等手段增强自身竞争力。产业链的全球化和大规模的跨国重组,从根本上改变了汽车产业的传统资源配置方式、企业的竞争模式和企业的组织结构。

2. 零部件制造在汽车产业链中的地位加强

市场竞争的加剧,促使世界各大汽车公司纷纷改革供应体制,实行全球生产、全球采购策略。整车企业改变了只局限于采用本集团公司零部件产品的做法,由单个汽车零件采购转变为模块采购;由实行国内采购转变为全球采购;而零部件企业也将其产品面向全球销售,不再局限于仅仅供给本集团的整车企业。这种整车企业与零部件企业之间的剥离、相互独立,提高了彼此的专业化分工程度。前者致力于整车开发、装配技术、动力总成的开发和生产。后者接替了由整车企业剥离出来的零部件生产和研发任务,在专业化生产的基础上实现大规模生产,满足全球同类企业的需要。如德尔福从通用、伟世通从福特整车企业中剥离出去,实施整车与零部件的相对分离,成为独立的汽车零部件巨头。同时,也使两者的关系更加紧密,即零部件企业在整车的开发和生产过程中的介入程度越来越深,汽车产业链的技术与研发重心逐渐开始向零部件制造商倾斜。

3. 国际竞争由制造链向服务链加速延伸

目前,全球主要汽车生产国生产能力过剩、行业利润率不断下降,汽车制造商们已经无法单纯从生产制造中获取汽车产业的最高利润。而经济全球化趋势的日益加深,也促进了以市场营销全球化、售后服务全球化和服务贸易全球化为核心内容的汽车服务业的全球化进程。汽车金融、电子商务等新型服务贸易方式的广泛应用,加快了国际竞争由制造业向贸易与服务领域延伸的步伐。

2003年10月,欧盟针对汽车制造商及经销商的新法规出台,制造商不能再无故解除与经销商的合同,汽车经销商将可以代理多家汽车制造公司的销售,而独立的汽车行也可以从事售后服务和汽车维修业务。新规则促使欧洲各国的汽车售价及维修价格向中等价位趋同,现在在欧洲一些物价较低的国家,尤其是在丹麦,汽车价格已经开始上涨。同时,新规则改变了以往欧洲汽车制造商通过销售合同严格控制经销商的格局。以前避开竞争法约束、享受特殊待遇的德国、法国、英国等大型汽车制造商们,将失去控制分销渠道的主要手段,失去阻止经销商之间购并的权利,利润随之由制造商流向经销商、服务商,并最终将导致汽车经销商与制造商之间的力量此消彼长,直至形成相抗衡的联盟。

4. 节能减排向产业发展提出挑战

目前在国际上具有权威的欧洲排放标准,自1992年开始实施欧 I 排放标准以来已有21

年的历程。伴随着环境保护呼声高涨与各国政府在环境保护上的决心日益坚定，排放标准的更新速度不断加快，要求也更加严格。

随着排放标准的不断升级，而且石油资源储量逐渐减少且不可再生，新能源汽车产业在全球受到高度重视，各国均在新能源汽车研发上投入大量的人力、物力、财力，使得新能源汽车技术出现较大进步。中国汽车企业在电动汽车技术上也有突破，目前磷酸铁锂电池技术已在全球处于领先地位。

四、全球汽车产业发展趋势

促使汽车产业发生重大变革的原因除了成本和市场竞争压力外，还有用户对汽车产品的安全性、舒适性和个性化提出的越来越高的要求。另外，社会对环保也更加关注，现有的原材料资源日益匮乏和与此有关的法规要求越来越严格，对这种变革也产生了重要影响。这些影响因素共同影响了全球汽车产业的发展趋势。

1. 新能源汽车刚刚起步，传统汽车仍是主流

新能源汽车这一崭新的领域尚处于起步阶段，准入、认证、检测等标准尚需制订并统一。充电站等相关配套设施尚需完善，电池稳定性与可靠性上仍待加强。虽然新能源汽车代表汽车业的发展趋势，但技术上的局限将使得较长一段时间市场上仍以内燃机汽车为主。提升内燃机性能、降低排放、降低制造成本仍然是产品的发展方向。

2. 信息技术成为汽车产业的核心技术

目前，电子装备及其软件价值已占发达国家汽车生产成本的 22% 左右。汽车业从产品设计、生产制造、认证检测、实际使用到最终报废回收，都已经与计算机、软件、信息产业建立了密切关系。大规模计算技术的应用将使汽车设计与实验检测的仿真模拟更加接近现实，信息处理平台将在生产中进一步提高效率，降低次品率以及数字化交通将进一步改善城市的交通状况等。因此，计算机、软件、信息产业的实力将对汽车业的高效、可持续发展产生重要影响。

现代汽车产品已经从单纯的机械部件集合逐步转变为信息载体和生活娱乐终端，各种智能配置得到广泛的应用和推广。从最初阶段的车载数字音响、电子钥匙、一键启动，到当下逐步普及的车载电脑、行车导航、自动泊车技术，智能化、信息化理念逐步嵌入汽车产品的整体设计之中。智能系统成为汽车制造商的研发重点，信息化手段将越来越多地在汽车上实现。

3. 新的汽车生产方式开始形成

世界汽车生产经历了单件定制生产、福特大规模方式生产、精益生产等阶段。目前，国外汽车产业已经广泛采用平台化战略、模块化生产、全球采购等方式。平台化战略实际上是将汽车的开发从单车型化转向系列化、多样化、共用化。如大众集团以 A0 级、A 级（如高尔夫）、B 级（如帕萨特）、C 级（如奥迪 A6）、D 级（如奥迪 A8）5 个底盘规格统一了全部产品系列，在公司内部共同使用这 5 个平台，如帕萨特、奥迪 A4 就共同使用 B 级平台。所谓模块就是指通过将独立配件整合起来形成一个更大的单位。通过对几大总成的模块化管理，使原来的生产线得以缩短。

五、我国汽车产业的基本走向

作为最大的新兴市场——中国经过 20 多年的发展已初步形成完整的产业配套体系，具备承接产业转移的基本条件，为中国汽车业的发展带来巨大的机遇。

1. 组建大型汽车集团,形成核心竞争力

目前我国汽车生产企业数目过多,主要原因是地方政策保护,阻碍市场规律作用的发挥,企业自由竞争受阻。应使企业通过兼并、联合、重组等方式产生几家具有强大竞争力的汽车集团,提高产业集中度和专业化水平。大企业要做大做强,要突出主营业务,通过主辅分离,精于主体,增强竞争优势。而一些小企业要走"专、精、特"的道路,形成自己的竞争优势,同大企业建立密切的协作关系,提高生产的社会化水平,而那些长期亏损,资不抵债的企业应依法破产,让其退出汽车市场。通过市场机制优胜劣汰作用的发挥,我国必将形成少数的几家大型汽车集团,就能更充分地利用资源,形成国际上的核心竞争力。

2. 坚持自主创新,打造民族品牌

中国汽车要发展,不搞自主开发、自主品牌,可持续发展会遇到很大障碍。我国汽车工业既要实现技术创新,又要进行制度创新,一方面搞好对国外先进产品和新产品开发技术的消化、吸收。另一方面通过与国内高等院校、科研机构建开放的、稳定的联盟合作关系,增加技术开发投入,形成自主开发能力。研究开发具有自主知识产权的核心技术和制造更多核心的零部件,真正形成汽车工业的核心竞争力。

3. 完善政府角色定位,制定合理政策措施

在汽车工业发展中,政府应该对自己的角色进行合理的定位。政府要介入的地方主要就是制定合理的政策措施,比如针对现在汽车企业数目过多,要强行关闭一些小企业,加大对企业研究与开发的投入,同时放宽在汽车产品设计开发方面的政策。政府的政策制定必须要从中国的实际出发,要符合中国的国情,做到既能支持中国汽车工业的发展,又能引入市场机制促进中国汽车工业竞争力水平的提高。

4. 加快产业配套,形成规模发展

汽车产业的发展还需要相关配套产业的发展,首先要加快汽车零部件工业的发展,制定有效的扶持政策,大力推进零部件工业的发展,促使其跃上一个新台阶,要加快零部件生产企业重组步伐,强化研究开发能力,大力调整产品结构,形成零部件工业生产和科研的核心,集中力量扶持重点零部件企业,促其更强、更优,并向规模化方向发展。对重点零部件产品,在政策、资金、管理上要予以重点支持。其次还要加快我国原材料和基础工业及其他相关产业发展,做好企业的配套改革,为企业发展提供稳定的环境,为企业参与国际竞争提供更强大的支持力量。

第三节　中国汽车工业及其发展

中国已成为世界汽车生产大国,但和汽车强国还是有差距。

新中国成立之初,中国汽车工业几乎是空白。1953 年 7 月 15 日,在第一汽车制造厂的厂址(吉林省长春市郊)平地上举行了隆重的奠基典礼。毛主席为第一汽车制造厂奠基题字,如图 2-15 所示,从此新中国汽车工业正式起步,这一天后来被公认为中国汽车工业的起点。

1956 年 7 月投产,1957 年 7 月 13 日我国生产出第一辆载货的解放牌汽车,结束了我国不能生产汽车的历史,中国的汽车工业实现了从无到有的历史跨越。

1958 年 5 月,我国第一汽车制造厂自行研制设计生产了第一辆与当时政治风云起伏颠簸、荣辱与共的红旗牌轿车,被誉为"东方神韵"。几十年来,我国汽车工业得到了快速的发展。特别是改革开放以来,汽车生产采用了各种高科技、人性化的安全和便利设施及国外汽

车科研之精华。不仅秉承了传统的坚固造型,更具时尚汽车的柔媚风貌,线条流畅,驾乘舒适的汽车不断诞生。

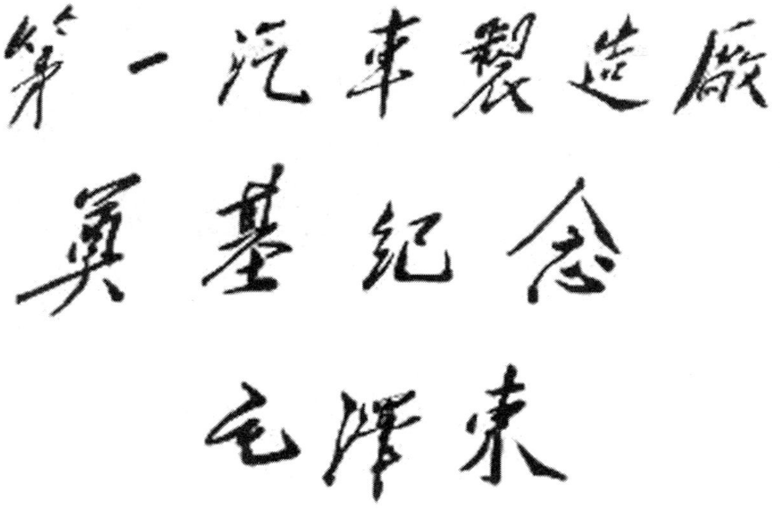

图2-15　毛主席题词

一、旧中国的"汽车梦"

1901年,一个叫李恩思的匈牙利人将两辆美国生产的奥兹莫比尔汽车从香港运到上海,从此中国开始出现汽车。此后每年都有汽车进口到中国,多在沿海大城市行驶。当时中国经济落后,既无石油,又几乎无行车之路,汽车只是达官贵人的玩物,数量很少。

我国现在保存最早的汽车——存放在颐和园的慈禧太后的座驾,如图2-16所示,被人冠以"中国第一车"的美名。这是袁世凯1902年从香港购买赠给慈禧的厚礼,当时距世界第一辆汽车诞生已过去16年。

尽管袁世凯为这件供品费尽心思,但慈禧并不喜欢这件供品将它打入冷宫。因为宫廷内到处是高大的门槛使汽车无法行驶,而在宫廷外这辆车也远不如前呼后拥的16抬大轿显得威风凛凛。更令慈禧不能容忍的是驾驶员竟然大模大样地坐在她前面,感到有失体面。这辆车虽然是文物,但也反映了当时历史的一面镜子。

1903年以后,上海已陆续出现了从事汽车或零部件销售、汽车出租的洋行。1929年汽车进口量已达8781辆,世界各国汽车蜂拥而入,1930年中国汽车保有量为38484辆,却没有一辆国产汽车,不少有知之士都想制造中国的汽车,可是限于当时的情况,都没能实现。

历史上最先提出要建立民族汽车工业这一想法的是孙中山先生,1920年,他把这一想法写进了《建国方略》中,他还邀请亨利·福特来华发展汽车工业。但因战乱、国难和民不聊生,孙中山这一想法未能实现。

1928年,张学良在东北易帜后,化兵为工,在辽宁迫击炮厂成立了民用工业制造处,后改称为辽宁民生工厂,试制汽车。1929年3月,民生工厂引进了一辆美国"瑞雷号"汽车进行装配实验,并以该车为样板,于1931年试制成功了一辆命名为"民生牌"75型汽车,如图2-17所示,它开辟了中国人试制汽车的先河。可惜第二辆汽车还没制造出来,"九一八"事件爆发,东北三省被日本占领。

民生工厂为日寇占领,所有半成品都落入日军手中,只有那孤零零的一辆民生汽车漂泊江

37

南,再也没有回到自己的故乡。

图2-16 袁世凯赠给慈禧的汽车

图2-17 "民生牌"75型汽车

日寇占领了民生工厂,1934年将其改名为同和自动车工业株式会社,到1938年形成了年产3600辆轿车和480辆货车的能力。此后又在哈尔滨、长春等地建立了货车生产厂,到1940年,日本资本在东北地区的汽车生产能力达到5000辆。此外,在东北地区还有一些日本人开办的私营汽车工厂,总的年产能力也有1800辆。

1945年8月,日寇从东北败退,他们运走了一切可以运走的东西,毁坏了一切带不走的东西,东北的汽车工业在一夜之间被拆走、毁掉,只留下了一片残垣断壁、衰草斜阳,没有任何可以利用的生产条件。"中国汽车"命途多舛,终成南柯一梦。

旧中国的造车梦毁于统治者的腐败无能,毁于帝国主义的硝烟战火。新中国成立后,才开始建立和发展中国的汽车工业。

二、新中国的汽车工业发展过程

1949年10月1日,中华人民共和国的成立,为中国汽车工业开辟了新的道路。经过60多年的艰苦努力,形成了一个产品种类齐全、生产能力较大的汽车工业体系。我国汽车工业的发展可概括为初创、成长、全面发展3个阶段。

1. 初创阶段(1949—1965)

1)汽车工业筹划

1949年,中华人民共和国成立后,就开始了建立我国汽车工业的筹划工作。

1949年10月,在中央重工业部机器工业局内设置了汽车工业筹备组,着手筹建新中国的汽车工业。

1951年3月,政务院财经委员会批准第一汽车制造厂在长春兴建。

1952年秋,党中央任命饶斌为第一汽车制造厂厂长。

1953年6月6日,毛主席签发了《中共中央关于力争三年建设长春汽车厂的指示》。

2)第一汽车制造厂的建立

1953年7月,第一汽车制造厂隆重举行奠基典礼。毛泽东主席题词"第一汽车制造厂奠基纪念"的汉白玉基石放置在厂区中心广场。第一汽车制造厂破土动工。

1956年7月第一辆"解放"CA10型载货汽车(如图2-18所示)在第一汽车制造厂诞生。在经过两万多名建设者3年来夜以继日的艰苦奋斗,一汽人结束了中国不能制造汽车的历史,圆了中国人自己生产国产汽车之梦。从此,960万平方公里的祖国大地上开始驰骋我们自己的光荣与骄傲。至今,"老解放"仍然保持着一项纪录,当时奔驰在马路上的汽车,每两辆就有一辆是解放牌。直至1986年,"解放"创造了1281502辆产量的历史,这个数字几乎是当时全国汽车产量的一半。而"解放"这个由毛主席提写的名字也一时间传遍了祖国大地。

　　1957 年 5 月，一汽开始仿照国外样车自行设计轿车；1958 年先后试制成功 CA71 型"东风牌"轿车（图 2-19、图 2-20）和 CA72 型红旗牌高级轿车（图 2-21）。"红旗牌"高级轿车被列为国家礼宾用车，并用作国家领导人乘坐的庆典检阅车。

图 2-18　"解放"CA10 型载货汽车

图 2-19　东风 CA71 型轿车

图 2-20　毛泽东主席在中南海观看中国第一辆轿车

图 2-21　红旗 CA72 型轿车

　　同年 9 月，又一辆国产"凤凰牌"轿车在上海汽车装配厂（上海汽车装修厂）诞生。"凤凰牌"轿车参加了 1959 年国庆 10 周年的献礼活动。

　　1966 年红旗 CA770 投入批量生产，开始全面取代我国引进的苏联轿车。红旗轿车也因为其所包含的自力更生、奋发图强、赶超世界先进水平的精神，一直被视为中国汽车走自主品牌的精神象征。

　　3）5 个汽车生产基地的形成

　　1958 年以后，由于国家实行企业下放，各省市纷纷利用汽车配件厂和修理厂仿制和拼装汽车，建成了一批汽车制造厂、汽车制配厂和改装车厂。丰富了中国汽车产品的构成，使中国汽车不但有了中型车，而且有了轻型车和重型车，还有各种改装车，满足了国民经济的需要。

　　南京汽车制造厂成立于 1958 年 3 月 10 日，南汽成功地制造出我国第一辆轻型载货汽车，如图 2-22 所示，国家命名为跃进牌汽车，同时批准成立南京汽车制造厂。

　　上海汽车制造厂的前身是上海汽车装修厂。1957 年，上海汽车装修厂试制成功第一辆 58 型越野车和第一辆 58－I 型三轮汽车。1958 年 9 月，上海汽车装配厂试制成功第一辆轿车，命名"凤凰牌"。1964 年 2 月，凤凰牌轿车改名为上海牌轿车，图 2-23 所示为上海牌 SH760 型轿车。

　　1964 年 12 月，上海牌 SH760 型轿车开始成批生产，年产量为 50 辆。同时，上海一批零部件厂和附配件厂也随着汽车工业的发展而相继成长。1991 年 11 月，为集中力量发展桑塔纳轿车，上海牌轿车停产。

图 2-22　跃进 NJ130 型轻型载货汽车

图 2-23　上海牌 SH760 型轿车

济南汽车制造厂的前身是随军枪炮修理厂,1947 年 3 月 27 日诞生在硝烟弥漫的山东战场。1959 年,济南汽车制造厂参照捷克的斯柯达 706RT8t 载货汽车设计出我国的载货重型汽车。1960 年 4 月,试制成功了黄河 JN150 重型载货汽车,如图 2-24 所示。

图 2-24　黄河 JN150 重型载货汽车

北京汽车制造厂创建于 1958 年。解放初期,我军战术指挥车除在战争中缴获的美式吉普车外,一直依靠苏联提供的嘎斯 69 型越野汽车。20 世纪 60 年代中苏关系破裂,我军指挥车失去了供应来源,军委指示一定要尽快开发部队装备用车。1961 年,国防科委批准了关于以北京汽车制造厂作为生产轻型越野汽车的基地。1962 年 6 月,北汽试制出 BJ210C 轻型越野汽车。

BJ212 诞生于 1965 年,在 20 世纪 60 年代至 80 年代的十几年间,该车“绿军装”遍布全国。

在初创阶段 16 年间,汽车工业共投资 11 亿元,形成一大四小 5 个汽车制造厂。年生产能力近 6 万辆、9 个车型品种。1965 年底,全国民用汽车保有量近 29 万辆,其中:国产汽车 17 万辆(一汽累计生产 15 万辆)。

中国汽车工业从无到有,从小到大,但其发展速度却相当缓慢。

2. 成长阶段(1966—1980 年)

成长阶段的特征是:先后兴建了第二汽车制造厂、四川汽车制造厂和陕西汽车制造厂 3 个主要生产军用越野汽车的“三线”汽车制造厂;开发矿用自卸车和重型汽车。汽车重、中、轻型生产分散局面形成。

1)第二汽车制造厂的建立

1964 年,国家确定在三线建设以生产越野汽车为主的第二汽车制造厂。

1965 年 12 月,中国汽车工业公司决定成立第二汽车制造厂筹备处。

二汽是我国汽车工业第二个生产基地,与一汽不同,二汽是依靠我国自己的力量创建起来的工厂(由国内自行设计、自己提供装备),采取了“包建”(专业对口老厂包建新厂、小厂包建大厂)和“聚宝”(国内的先进成果移植到二汽)的方法,同时在湖北省内外安排新建、扩建 26 个重点协作配套厂。一个崭新的大型汽车制造厂在湖北省十堰市兴建和投产,当时主要生产中型载货汽车和越野汽车。二汽拥有约 2 万台设备,100 多条自动生产线,只有 1% 的关键设备是引进的,如图 2-25 所示。

二汽的建成,开创了中国汽车工业以自己的力量设计产品、确定工艺、制造设备、兴建工厂的纪录,检验了整个中国汽车工业和相关工业的水平,标志着中国汽车工业上了一个新台阶。

2)四川和陕西汽车制造厂的建立

四川和陕西汽车制造厂分别在重庆市大足县和陕西省宝鸡市(现已迁西安)兴建和投产,主要生产重型载货汽车和越野汽车。20世纪60年代中后期,国家提出"大打矿山之仗"的决策,矿用自卸车成为其重点装备,上海32t矿用自卸车(图2-26)试制成功投产之后,天津15t、常州15t、北京20t、一汽60t(后转本溪)和甘肃白银42t电动轮矿用自卸车也相继试制成功投产,缓解了冶金行业采矿生产装备需要。

| 图 2-25 二汽生产线 | 图 2-26 上海 32t 矿用自卸车 |

1969年10月,我国第一台32t矿用自卸车在沪问世。

1978年的党的十一届三中全会召开以后,确立了改革开放的路线,其中提出了要注意解决好国民经济重大比例严重的失调的要求。中国汽车工业也随之揭开了新的一页。这一阶段的特征是:汽车工业作为支柱产业发展;产量提高同时,加快产品结构调整,形成比较完整的汽车产品系列;引进国外先进技术和资本;轿车工业迅猛发展;生产集中度有所提高。

中国迎来改革开放,国外的先进技术也猛烈地冲击了国内汽车市场,为后来30多年中国汽车事业的发展注入了新的活力。

3. 全面发展(1981年至今)

进入20世纪80年代,中国汽车工业进入调整、提高和快速发展阶段。1984年中德双方在北京人民大会堂隆重举行合营合同签字仪式,上海大众汽车有限公司在改革开放大潮中应运而生。与此同时,为适应市场需求的变化,中国汽车工业及时调整了产品结构,主流汽车制造企业的经营管理体制也发生了重大变化,中国汽车工业正不断向市场化方向迈进。

1)发展汽车工业的政策陆续出台

中共十四大和人大八届四次会议确定将汽车工业列为国民经济支柱产业,1994年3月12日,国务院批准中国第一部产业政策——《汽车工业产业政策》。

这部《汽车工业产业政策》的主要目标是为把我国汽车工业(含摩托车工业)尽快建设成为国民经济的支柱产业,改变目前投资分散、生产规模过小、产品落后的状况,增强企业开发能力,提高产品质量和技术装备水平,促进产业组织的合理化,实现规模经济,特制定汽车工业产业政策。

2)汽车产品结构调整步伐加快

20世纪80年代,1984年1月15日,中国汽车的第一个中外合资企业—北京汽车制造厂与美国汽车公司(AMC)合资经营的北京吉普汽车有限公司开业。随后在1984年10月,中德双方签署上海大众汽车有限公司合营合同。合同规定固定资产总投资3.87亿元人民币,注册资金1.6亿元人民币,中德各占50%。上海大众的成立为之后的合资创造了新的模式,包括中外企业各占50%股份比;1985年,南京汽车工业联营公司与意大利菲亚特集团依维柯公司签署引进S系列轻型汽车许可证转让和技术援助合同;1986年,关于天津汽车工业公司引进日本大发公司夏利轿车技术许可证转让的合同在天津顺利签订。兴起我国轿车的第一轮合资热潮。

20世纪90年代,中国汽车生产能力比70年代末增长了几乎10倍,汽车工业驶入飞速发展的快车道。轿车已经逐渐成为国内百姓生活中密不可分的一部分,中国也逐渐步入到汽车时代,并对中国经济增长有较大的带动作用。然而当时国内的汽车行业还处于朦胧阶段,品牌车型非常单一,选择余地不大,桑塔纳、富康和夏利等"老三样"是这一阶段的主打产品。

到了1998年,中国汽车的总产量达到了162.8万辆,从而成为世界上第十大汽车制造国。就在这一年,中国轿车开始了第二轮合资热潮,上海通用、广州本田破土动工,而后别克、雅阁的问世,使国产汽车的词典里又多了个"中高档轿车"的名词。

1999年至2002年,中国汽车的产销量分别从1998年的163万辆和160万辆,跃升到2002年的320万辆和322万辆,几乎翻了一番。年平均增长率分别为18.4%和19.1%;私人汽车保有量2001年达到770.78万辆,比1998年增长82%;其中私人客车保有量2001年达到470万辆,比1998年增长103.7%。摩托车产量则连续4年超过千万辆,年出口超过20%,成为世界第一大摩托车生产国。难怪中汽协一位负责人感慨地把这4年称之为"是我国汽车工业快速健康发展的4年;也是我国汽车工业的社会环境、政策环境和市场环境深刻变化的4年。"

3)规模化生产的形成

2001年下半年,汹涌而来的汽车热浪却因"WTO"而暂时停滞,由于消费者对WTO期望过高而出现了长时间"持币待购",市场这只无形的手开始发挥功效,让2001年的中国汽车在"叫好不叫座"的主题中度过了关键的一年。当年,全国汽车总产量为234万辆,仅比2000年多了20多万辆。可是,2002年却令所有的汽车业内人士大跌眼镜,爆发式的增长行情令道路上的汽车一夜之间就多了起来,全年销量旋风般地增至325万辆。

中国加入世界贸易组织后,汽车制造业面临更为广泛的国际合作与竞争,中国车市已由单一的公费购车转向多元化结构,私人购车明显上升。同时中国的自主品牌吉利、奇瑞、比亚迪、长城等也获得了前所未有的发展。

时间进入2010年,我国汽车市场在经历过去十年的疯狂增长之后,车市已进入"微增长"时代,亦进入了一个新的调整期,每个汽车企业的思维都在发生变化。掉头直下的销量增长率,让整个汽车工业各个阶层都将目光投向了变化与转型上。面对消费者对产品、技术、品牌升级换代的要求,车市产品结构、品牌结构、技术结构、市场结构正在发生变化。具体表现为:

(1)自主品牌得到充分发展,自主品牌新车型占汽车新产品比重从2003年的不足30%,上升至2010年自主品牌乘用车占国内市场的46%,轿车自主品牌销量293万辆,占轿车销售总量的31%。

(2)汽车进入了寻常百姓家。普通消费者从不敢奢求买汽车,到开上自己喜欢的汽车,尝到了全新的汽车生活方式。

(3)汽车有了配套的新产业政策、召回制度、相关法规等。小排量车解禁了,新能源汽车发展了,节能环保被置于重要地位。这一切都说明,中国的汽车工业正在进入和谐发展阶段。

三、当代中国汽车工业的格局

1. 各地区、企业自为一体格局

50多年来,我国建立起了中、重、轻、轿、客、微,全系的产品型谱,当时的汽车工业"缺轻少重没轿车"的格局得到了彻底的改变。但是在新格局产生之前,中国汽车可以用"散、乱、小、差"来形容。

2004 年《汽车产业发展政策》中规定:"通过市场竞争形成几家具有国际竞争力的大型汽车企业集团,力争到 2010 年跨入世界 500 强企业之列。"同期的《汽车工业"十五"规划》明确指出"运用国家对重点企业的各种支持政策,集中扶持一汽、东风、上汽集团等优强企业尽快壮大实力。"

中国车企要想参与国际化竞争,不加快行业内的兼并重组,不去做大做强,恐怕也很难实现。

2. 新格局的形成

2009 年年初颁布的《汽车产业调整振兴规划细则》明确指出,通过兼并重组,产销规模占市场份额 90% 以上的汽车企业集团数量由目前的 14 家减少到 10 家以内。鼓励一汽、东风、上汽、长安等大型汽车企业在全国范围内实施兼并重组。支持北汽、广汽、奇瑞、重汽等汽车企业实施区域性兼并重组。

"汽车生产企业由 14 家减少到 10 家以内"这一资源整合的政策意味着中国车企将在未来几年里走集中化、规模化的发展方式,全国性与区域性两种兼并重组的形式,也规划出了中国车企产业格局。

除了细则中明确"指导"了"全国范围的重组"和"区域范围的重组"外,国家在提出产能任务的同时不再批准新车项目,车企要想达到产能目标,只能通过兼并重组来实现。这也是国家对整体资源的把控体现。

3. 通用破产对中国汽车行业的启示

2009 年 6 月 1 日当地时间 8 点,通用根据美国破产法第 11 章正式向纽约破产法院递交破产申请。从全球汽车老大走向破产保护,通用衰落的原因是多方面的,给中国汽车行业带来的启示也是多层面的。

(1)要正确看待做大与做精、做强的关系。经过多次兼并收购,通用旗下拥有别克、凯迪拉克、雪佛兰、GMC、悍马、欧宝、庞蒂克、萨博、土星、沃克斯豪尔、通用大宇和霍顿等 10 多个品牌,年销量一度达到 1000 万辆,可谓汽车行业里的"巨无霸"。但是,一味做大带来了资源协同效率低下、成本高企、市场反应迟钝等大企业病,以及多品牌运作难题。如今,中国汽车行业中也在盛行做大的风气,几乎所有的汽车企业都要发展全系列产品,不少企业实施了多品牌战略,一些企业高调提出了年产销 100 万辆甚至 200 万辆的目标,企业兼并重组的冲动也越发高涨……通用破产无疑给这些企业的做大迷梦提出了警告。

(2)通用王朝走向没落的另外一个重要原因,是对利润驱动的无上崇拜。在美国长期低油价的大背景下,20 世纪 90 年代以来,通用无视全球汽车行业发动机小型化、车身轻量化的节能减排大趋势,把发展的重心长期放在利润丰厚的大排量 SUV 和皮卡上,眼睁睁看着丰田、本田等日系汽车企业在北美汽车市场攻城略地,最终把自己逼到了无路可走的尴尬境地。中国汽车企业应吸取通用的教训,不仅要把目光放得更长远,还要树立科学的发展观,把"利润驱动"转变为"价值驱动",以为股东、客户、产业链乃至整个社会创造价值作为衡量企业成功与否的标准。

4. "十二五"时期汽车行业的重点任务

中国汽车业经历了由最初的市场换技术,单纯的模仿制造,到现在自主研发高品质车型,不断推出新技术,这样一个漫长的学习和艰苦付出的过程,终于迎来了一次重要的蜕变。

2012年5月22日,中国汽车工业协会发布了《汽车工业"十二五"发展规划意见》(以下简称《发展意见》)。"十二五"时期,我国汽车产量将达到2800万~3000万辆,新能源汽车累计产销量达到50万辆,自主品牌乘用车市场占有率达到50%,其中自主品牌轿车市场占有率达到40%。

在结构调整方面,"十二五"时期,产业集中度将进一步提高,行业排名前五家企业所占市场份额的总和,比2010年提高10%,形成3~4家年产400万辆以上大型企业(集团)。

在出口方面,"十二五"时期汽车整车出口占汽车总产量的10%~15%(含海外生产产品),其中自主品牌轿车出口占自主品牌轿车产量的25%(轿车总产量的10%)。2015年,汽车和零部件出口金额达到850亿美元,年均增长约20%。汽车零部件出口形成配套体系与后市场并重的格局。到2020年,我国汽车及零部件出口额将占世界汽车产品贸易总额10%的战略目标。

自主创新方面,"十二五"时期自主品牌质量要达到国际先进水平,自主品牌产品技术创新与研发实现与国际同步。

《发展意见》明确了循环经济目标,即2015年节能型乘用车新车油耗水平达到5.9L/100km,所有国产及进口汽车综合回收利用率达到90%以上,其中材料的再利用率达到80%以上;发展汽车零部件再制造,形成一定产业规模,产值达到100亿元以上,再制造产品占维修备件的2%左右。

《发展意见》提出,"十二五"时期汽车行业的重点任务是提高自主创新能力,大力发展自主品牌,加快培育和发展节能与新能源汽车产业,加快国际化发展步伐,掌握关键零部件核心技术,加快零部件产业发展,做大做强企业集团,提高行业集中度,着力发展汽车服务业。

中国汽车企业在2013年世界500强的最新排名,见表2-2。

中国汽车企业在2013年世界500强最新排名　　　　　　　　　　表2-2

排　名	上年排名	公司名称	营业收入 (百万美元)	总部所在城市
103	130	上海汽车集团股份有限公司	76233.6	中国
141	165	中国第一汽车集团公司	64886	中国
146	142	东风汽车集团	61721.9	中国
336	—	北京汽车集团	33374.5	中国
477	475	浙江吉利控股集团	24550.2	中国
483	—	广州汽车工业集团	24144.8	中国

第四节　汽车工业在国民经济中的重要地位

一、汽车产业在国民经济中的地位与作用

据统计,世界上50家最大的公司中,汽车公司占了近20%,其他企业也大都是与汽车工业相关的石化企业和机械企业。

从产业地位看,汽车工业是最终的消费品,位于产业链条的末端,或者说位于产业金字塔的顶端,但同其他消费品相比,汽车具有很多独一无二的特征。以轿车为例,它最少由两万多

个零部件组成,即使是中低档轿车,价格也在 1 万美元以上。从社会需求量来看,目前全球汽车保有量已达到 7 亿辆。我们很难找到第二个产品,能够在技术密集程度、价格和社会需求方面都达到轿车水平,这从客观上决定了汽车工业对整个国民经济巨大的带动作用。从人们需求结构看,在满足了"吃"和"穿"的基本需求之后,"行"的需求上升到了提高生活水平的关键位置,而汽车是所有"行"的方式中最便捷、最个性化,也是最能满足这一需求的产品了。可以说,需求方面的力量也决定了汽车工业在现代经济和社会发展中无可推卸的支柱作用。

二、国外主要发达国家汽车产业在国民经济中的地位与作用

由于汽车工业在国民经济中具有重要地位,美国、德国、日本等汽车工业发达国家都十分重视汽车产业在国民经济中的重要作用,保护和支持本国汽车工业的发展,使之成为国民经济的支柱产业。

汽车工业在一段时期内对发达国家经济增长的拉动作用非常明显。如果将汽车工业的总产值作为衡量标准,1997 年德国汽车工业占国内生产总值的比例为 10.5%,日本为 7.1%(1996 年),美国为 4.2%,韩国为 12.5%。以下将对美、德、日 3 个发达国家的发展历程及其汽车工业在国民经济中的作用作简要概述。

1. 汽车工业增加值保持增长

(1)美国。1980—1997 年期间,美国汽车工业增加值占国内生产总值的比例从 0.97% 提高到 1.42%,仅次于电子和化学工业,为国内生产总值的增长做出了较大的贡献。

(2)德国。1981—1991 年期间,德国汽车工业的实际总产值从 2000 亿马克增加到 3110 亿马克,年平均增长 4.5%,而可比产量只提高了 2.6%,技术、产品增值因素为提高总增加值做出了重要贡献。

(3)日本。1981—1997 年,日本汽车工业平均增加值占制造业增加值的 8.5%,是国民经济的支柱工业部门之一。

2. 汽车消费对带动就业贡献较大

(1)美国。从 1980 年到 1997 年,美国汽车工业的职工人数从 79.4 万人增加到 97.6 万人,年平均增长 1.2%。按照每个职工所创造的增加值计算,生产率年平均提高 2.8%。增加值的年平均增幅高出职工人数增长率 1.6%,对劳工市场产生了良好的影响。与产量变化相似,特别是在 20 世纪 80 年代期间,就业人数的发展也呈现出强烈的波动。1992—1997 年,职工人数明显增加,这不仅是因为产量的提高,而且还归结于附加值高的汽车在整个生产中所占份额不断增加。

(2)德国。20 世纪 80 年代,在当时存在的增加值和生产率条件下,就业增长非常缓慢。1990—1992 年,由于德国统一,再加上原东德汽车制造联合企业(IFA)的工作人员,就业人数明显增加。然而,这种增长只是短暂的,因为对效率低并无竞争能力的原东德汽车制造业进行的结构改革导致了裁员。在 1993 年经济衰退期间的大量裁员和以后几年的人员调整措施之后,自 1996 年以来,汽车业出现增长势头,虽然生产率的增幅很大,就业人数还是得以增加。20 世纪 80 ~ 90 年代,对技能较高的技术工人的需求增大,而使用计算机辅助的生产控制与控制设备构成了培训和技术要求的主要部分。由于职能范围更加广泛,销售、财务和采购领域的许多行政管理工作也不断发生变化。

(3)日本。在 1981—1992 年,由于生产规模的扩大和生产率提高,职工人数从 94.2 万人增加到了 115.2 万人,年平均上升 1.8%。生产的增长势头使得汽车工业在成功地实施合理

化措施的同时,还增加了工作岗位。

3. 汽车工业对税收贡献度较大

自 20 世纪 80 年代以来,美国运输业对国内消费的拉动作用,主要依靠的是个人和家庭消费支出的规模及其增长。从消费支出的比例看,1996 年美国运输消费中的个人消费占了67.8%,而私人投资支出和政府采购支出分别只占 15.8% 和 16.4%;而在 1980 年,这三者的比例分别是 68.2%、14.9% 和 16.9%。从消费支出的增长幅度看,1980—1996 年,美国运输领域的个人支出总规模增长了 1.5 倍,从 2384 亿美元增长到 6023 亿美元;同期私人国内投资和政府采购支出的增长幅度分别是 1.7 倍和 1.5 倍,分别从 521 亿美元和 591 亿美元增长到1401 亿美元和 1465 亿美元。

1)美国

美国个人运输消费中的运输服务消费在 1996 年增长最快,共增长了 2.4 倍,购买汽车及其零配件的消费也增长了 2 倍,同期美国个人消费的燃油和润滑油则只增长了 40%。运输消费中的最大份额则是汽车及其零配件的支出,1996 年它占美国个人运输消费总支出的 43%,运输服务和燃料支出分别占 36% 和 21%,而 1980 年这 3 项的比例分别是 37%、27% 和 36%。这反映了在美国家庭及个人轿车消费稳定增长的同时,各种相关的运输服务是交通运输消费中个人消费增长的热点。

2)德国

1994—1997 年,德国汽车工业的税收保持较高的水平,德国因生产和使用汽车而征收的税收约为 2000 亿马克,而同期国家总税收只有不到 8000 亿马克,汽车工业税收占国家全部税收的 23.4%。

3)日本

从 1990—1996 年,通过征收购置和使用汽车税使得税收增长了 23%。在这个时期,这项税收占整个税收的比例不断上升。1996 年日本汽车税收约为 8 万亿日元,占国家全部税收的 9.3%。

此外,日本还征收公路使用费,在 1990—1995 年,从 12780 亿日元增加到 17440 亿日元,增长了 36.5%。

三、我国汽车产业对国民经济的贡献

1. 我国汽车产业在国民经济中的地位与作用

在中国国家统计局分类中,汽车工业是一个包含了 6 个子行业的大行业:汽车整车制造,改装汽车制造,电车制造,汽车车身、挂车的制造,汽车零部件和配件制造和汽车修理。

汽车工业在国民经济中具有重要地位,对一国经济和一地经济能产生巨大的拉动效应,是"1∶10 的产业",即汽车工业每增加 1 个百分点的产出,能够带动整个国民经济总体增加 10 个百分点的产出。汽车工业可以带动钢铁、冶金、橡胶、石化、塑料、玻璃、机械、电子、纺织等诸多相关产业,可以延伸到维修服务业、商业、保险业、交通运输业及路桥建筑等许多相关行业,可以吸纳各种新技术、新材料、新工艺、新装备,可以形成相当的生产规模和市场规模,可以创造巨大的产值、利润和税收,可以提供众多的就业岗位。如此巨大的带动作用是任何其他产业都望尘莫及的。

从国际上来看,纵观世界经济强国,大都是汽车工业大国。特别是美国、日本、德国、法国、瑞典等汽车工业发达的国家,以及韩国、巴西、西班牙等汽车工业后起发展中国家,其汽车工业产值占本国国民经济总产值的比例均在10%以上。

2012年我国全年累计生产汽车1927.18万辆,同比增长4.6%,销售汽车1930.64万辆,同比增长4.3%,产销同比增长率较2011年分别提高了3.8%和1.8%。截至2012年年底,全国汽车保有量1.2亿辆,年增长1510万辆,增长量超过1999年底全国汽车保有量。可以说,汽车工业对社会经济的发展、对社会的稳定起到了突出的作用。

2. 发达国家汽车产业对我国汽车产业发展的影响

由于汽车工业在国民经济中具有重要地位(产值、税收、相关产业、就业、技术进步等),发达国家十分重视汽车产业在国民经济中的重要作用的研究。并以此保护和支持本国汽车工业的发展,使之成为国民经济的支柱产业甚至战略性产业。

发达国家汽车产业对我国汽车产业健康发展的启示主要包括如下几个方面:

1)汽车工业本身对国民经济的贡献大

发达国家进入汽车社会阶段国内1/4的税收来源于汽车工业;围绕着汽车开发、制造、销售和使用等环节,汽车工业实现的增加值约占国内生产总值的1/5。而我国目前汽车行业无论是增加值还是税收占国内生产总值和总税收的比例仍旧偏低。因此,降低汽车购置环节税负,逐步提高使用环节税负,在坚持扩大消费的同时引导消费者节约使用,同时提高汽车行业在生产过程中的附加价值等仍然是汽车行业亟待解决的问题。

2)汽车工业对相关工业的带动作用强

发达国家如德国生产一辆汽车的费用为:原材料占53%,制造占30%,设计开发占5%,其他占12%。美国汽车工业原材料消耗量为:天然橡胶的78%、人造橡胶的49%、机械设备及工具的40%、铁的34%、玻璃的25%、钢材的11%、锌的23%、铝的14%、铜的10%。我国汽车行业目前对上游的带动作用是1:1,带动作用比较明显,但与发达国家相比仍有一定的差距。

3)汽车工业创造更多的就业机会

德国汽车工业直接就业岗位占工业岗位的1/7;日本汽车行业直接间接就业人数占全国就业人数的10%。美国的汽车行业直接和间接就业人数约占全国就业总数的18%。而目前我国汽车行业就业人数占全国就业人口的比例仅为0.3%,仍有较大的提升空间。因此,有必要调整和出台鼓励汽车消费、改善汽车市场环境的政策措施。清理取消各地不利于汽车产业和市场发展的限牌和限购规定,对于汽车产业可持续发展和增加就业具有重要意义。

4)汽车行业是重要的出口创汇产业

全球每年约有1700万辆汽车进入国际市场,汽车贸易总额占国际贸易总额的12%。日本汽车出口占日本全部出口总额的比重超过20%。而我国目前汽车进出口占全部进出口总额的比重仅为1.5%,因此国家有必要将汽车产业的国际化提高到战略高度,这是培育汽车产业竞争优势,建设汽车强国的必然要求。同时规划和建设好汽车出口基地。抓好汽车及零部件出口基地和基地企业建设,是发展汽车集群、引导产业合理布局、培育全球竞争优势的重要手段,也是未来转变产品出口增长方式的重要内容。

5)发展汽车工业有利于促进技术进步

目前世界60%的机器人应用于汽车工业。德国汽车工业的科技创新投入占所有工业科技总投入的1/3,并由此带动了德国其他领域的技术发展。我国目前汽车行业科技创新投入比例较低,因此,建立完善的技术法规体系,充分发挥技术法规对汽车产品和技术进步的促进和引导作用。规范管理职能,明确各部门的基本职能与权责关系对于推动汽车行业发展、促进技术进步将起到明显的作用。

复习思考题

    1. 第一台实用蒸汽机是哪一年发明的？发明人是谁？有何意义？

    2. 为什么说汽车的发明是人类集体智慧和劳动的结晶？

    3. 查阅资料并分析汽车和汽车产业对现代社会有何影响。

    4. 我国汽车工业的发展历程对我们有何启示？

第三章 世界汽车公司与汽车名人

第一节 国外著名汽车公司

当今世界上,几乎没有一个国家没有汽车,汽车的不断改进和汽车工业的不断发展,大大地改变了人类生活。汽车工业和汽车技术得以发展,离不开各国人民发挥各自的智慧和才能,是世界人民共同努力的结果。

一、美国著名汽车公司

1825 年,德国人卡尔·本茨发明了第一部称为"改变了世界的机器"的汽车以后,这个在欧洲发芽的机器,却在大洋彼岸的美国开花结果。

在 19 世纪和 20 世纪初,汽车仅是一种奢侈品,生产批量小,销路不大。美国的汽车制造家亨利·福特于 1908 年制造 T 型轿车并投入市场,他改革以前生产的车型,减少一切不必要的装饰,简化机构,集中生产单一车型。另外,福特批量流水线生产汽车极大地促进了整个美国汽车产业的发展。可以说,汽车是改变美国历史的推动力,也是美国经济社会发展的助推器。

对美国人来说,汽车是一个无法离开的朋友、伙伴、家人。美国汽车以豪华、宽大、储备功率大等特点而著称。无论潮流怎么改变,人们对汽车更好的性能以及更炫的外观的追求依旧不变。

1.通用汽车公司

1)通用汽车公司发展概述

美国通用汽车公司成立于 1908 年,总部设立在美国密歇根州原著名的"汽车城"底特律,截至 2011 年年底,通用汽车公司在全世界共拥有雇员约 21 万人,业务遍布全球 157 个国家,与福特、克莱斯勒并称"底特律铁三角",2011 年凭借 903 万的年销量重返全球销量第一的宝座。

美国通用汽车公司的前身是 1907 年由戴维·别克创办的别克汽车公司。1908 年,美国最大的马车制造商威廉姆·杜兰特买下了别克汽车公司并成为该公司的总经理,同时推出 C 型车。1908 年 9 月 16 日,杜兰特以别克汽车公司和奥兹汽车公司为基础成立了一家汽车控股公司——通用汽车公司(GM),1909 年又合并了另外两家汽车公司奥克兰汽车公司和凯迪拉克汽车公司。

通用汽车公司经历了 100 多年的创新和发展,从全球第一款量产跑车到第一款燃油消耗量 3.53L/100km 的汽车。从收购雪佛兰、欧宝、沃克斯豪尔这些世界著名汽车品牌到如今,通用汽车发展的市场已远远超出公司诞生地。

通用汽车公司生产的汽车,典型地表现了美国汽车豪华、宽大、内部舒适、速度快、储备功率大等特点。而且通用汽车公司尤其重视质量和新技术的采用,因而通用汽车公司地产品始终在用户心中享有盛誉,迄今在全球 35 个国家和地区建立了汽车制造业务。

然而，2008 年的经济衰退和全球信用危机将汽车销售推向衰退的边缘。2009 年 6 月 1 日当地时间 8 点，通用汽车公司根据美国破产法第 11 章正式向纽约破产法院递交破产申请。这也是美国汽车业继克莱斯勒申请破产保护后，又一全球汽车业巨头破产。

美国通用汽车公司申请破产保护一年半之后完成了改革和精简，经历破产重组后的通用汽车焕发出新的活力。2012 年，通用汽车公司全球汽车销量达到 9285991 辆，营业收入达到 1523 亿美元，净利润达到 49 亿美元，这是通用汽车经历破产重组之后连续第三年保持盈利状态。其中，美国和中国是通用汽车在其全球最重要的两大市场。

2）通用汽车公司标志

"GM"是美国通用汽车公司名称的缩写，取自通用汽车公司（General Motor Corporation）英文全称的前两个单词的第一个大写字母。各车型商标都采用了公司下属分部的标志，如图 3-1 所示为通用汽车公司标志图案。

图 3-1　通用汽车标志

3）通用汽车公司旗下品牌

通用汽车公司旗下品牌：别克、雪佛兰、凯迪拉克、GMC、霍顿、沃克斯豪尔、欧宝、悍马、宝骏、五菱。

4）通用汽车公司汽车品牌简介

（1）别克。别克汽车品牌成立于 1903 年，是美国最古老、最知名的品牌。如今的别克汽车在美国、加拿大、以色列以及我国均有汽车业务，现隶属于通用集团，是通用旗下的全资子公司。

1903 年 5 月 19 日，大卫·别克在布里斯科兄弟的帮助下创建了美国别克汽车公司，并于 1904 年夏天生产出别克第一辆汽车。但由于经营不善，这款别克汽车仅仅生产了 37 辆，别克汽车公司的技术人员也大都由于收入微薄也纷纷选择了离开公司。大卫·别克不得已将它卖给马车制造商威廉·杜兰特。在威廉·杜兰特大量注入资金后，别克汽车参加了 1905 年的纽约车展并一举取得成功。车展结束后，别克汽车公司很快便收到了超过 1000 份的订单，这也使得几个月前还濒临破产的别克汽车转危为安，重获生机。

1908 年别克汽车的产量达到 8820 辆，居美国第一位。以别克汽车公司为中心成立通用汽车公司后，别克分部是通用汽车公司的第二大部门，该公司以技术先进著称，曾首创顶置气门、转向信号灯、染色玻璃、自动变速器等先进技术。

别克汽车著名的"三盾"标志是以一个圆圈中包含三个盾为基本图案，它由别克家族的家徽演变而来。别克汽车标志发展至今日为人所熟悉的"三盾"样式，经历了近半个世纪的演变过程。

20 世纪 30 年代中期，在底特律公共图书馆内，通用汽车公司风格研究员在 1851 年编写的《消失的家徽》中发现了苏格兰别克家族的家徽。别克家族的家徽是一个红色盾形标志，银色和蔚蓝色围棋格子带状图案从左上角穿过直到右下角。在盾的右上角有一长有鹿角的鹿头，在盾的右下角有一金色十字架，十字架中间有一圆孔，孔中的颜色与红色盾的颜色一致。

今天的"三盾"标志在一些细节上作了修改，鹿头和十字形图案消失了，但红色，银灰色，蓝色三个盾的式样与原先无多大的区别。三个盾牌，标志着汽车的质量像三个盾牌一样坚固。盾牌的排列给人们一种起点高并不断攀登的感觉，象征着一种积极进取，不断登攀的精神。如图 3-2 所示为别克汽车的标志图案。

图 3-2　别克汽车标志

别克这个家族的图案就像它的名字一样,永远纪念着大卫·别克,是他将别克汽车一手缔造起来,并迎来了世界最大的汽车制造商——通用汽车公司的诞生。

(2)雪佛兰。1909 年的夏天,威廉·杜兰特先生邀请声誉卓著的瑞士赛车手兼工程师路易斯·雪佛兰帮助他设计一款面向大众的汽车,但路易斯·雪佛兰设计的汽车车身宽大、价格昂贵,类似欧洲款的赛车,销售不佳。威廉·杜兰特于是改用了更简洁和经济的设计,但是他保留了雪佛兰的名字,因为他喜欢"雪佛兰"读起来悦耳的声音。

1912 年,第一辆雪佛兰轿车 Little Four 在底特律问世。1917 年,定价 490 美元的"490"轿车成功帮助雪佛兰公司将销售量提高到 19 万辆。1927 年,雪佛兰成长为美国本土年度销量超过 100 万部的汽车品牌之一。1965 年,雪佛兰汽车公司成了美国第一家年产量超过 300 万辆的汽车公司,而雪佛兰的第 1 亿辆汽车诞生在 1979 年。这期间,雪佛兰曾经创下了"每隔40s 卖出一辆新车"的业界神话。2004 年,雪佛兰汽车全球销售超过 360 万部新车,占全球汽车当年销售总量的 5%。也就是说,在当年销售的每 16 部新车中就有一辆雪佛兰汽车。

雪佛兰拥有如此骄人的成绩绝大部分要归功于其产品包含的价值和世界尖端技术。许多当代汽车运用的技术都源自那时雪佛兰的首创,如雪佛兰汽车最早采用电子点火,最早配备了车载收音机以及自动变速器。其创新的设计还包括:电制动、电动窗、电动座椅、先进的高功率V8 发动机、安全气囊等。作为通用汽车公司旗下品牌,它已经成为全世界最知名的品牌之一。

在美国,雪佛兰轿车被人们亲切地称作"CHEVY",而"CHEVY"在英文中有"追逐"的意思,它让美国人感受到了亲切、温馨并且值得信赖的感觉。它不但让他们轻松享受生活,还能让他们以雪佛兰汽车为自豪。

时至今日,雪佛兰汽车的品牌个性已经凝结成为一种文化情结。这种独特的雪佛兰"情结",在世界各地都因成功地融入当地文化中而得到张扬,成功地实现了品牌的当地化和国际化的统一。在 90 多年漫长的历程中,雪佛兰始终保持着这种风格,至今其市场足迹已遍及 70多个国家。

雪佛兰"金领结"标志是怎样形成的,对此一直有着众多的猜测,其背后的故事也许永远都将是个谜。而最浪漫的故事版本,也可能是最广泛流传的说法,与威廉·杜兰特有关。

1908 年,杜兰特在一次环球旅行途中,在一家法国旅馆的墙纸上意外地发现了一个有趣的图案,他认为这个图案可以作为汽车的标志,于是就撕下了墙纸的一角并展示给朋友们看。后来这个有趣的"金领结"图案就演变成了畅销全球的雪佛兰汽车的标志,如图 3-3 所示。当然,威廉·杜兰特对雪佛兰品牌的贡献远不止如此,正是威廉·杜兰特改变了雪佛兰汽车产品最初的设计理念,赋予雪佛兰新的定义,使雪佛兰获得了巨大的成功。无论雪佛兰汽车标志的真实起源是否如此,大多数的历史学家认同,该标志最早出现在 1913—1914 年。

图 3-3　雪佛兰汽车标志

(3)凯迪拉克。凯迪拉克(香港译作"佳得利")1902 年诞生于被誉为原美国汽车之城的底特律。创始人亨利·利兰是新英格兰的一名制造商,他非常重视加工精度、制造质量和零件的互换性,并且认为这是迅速增加产量、扩大汽车发展规模的关键。在这种当时非常新颖的思想指导下,到 1906 年凯迪拉克在底特律的工厂已成为当时世界上最大、最完善和装备最好的汽车厂,生产出来的汽车也最好。1909 年凯迪拉克汽车公司加入通用汽车公司,从此凯迪拉克汽车公司在设计汽车时,更加重视汽车的豪华性和舒适性。至今,凯迪拉克汽车仍保持这一传统,以生产豪华轿车而闻名世界。图 3-4 所示为凯迪拉克 ATS 紧凑型豪华运动型轿车。

1908 年,凯迪拉克汽车公司由于首先实现了标准零件的汽车生产,成为第一个获得伦敦皇家汽车俱乐部(RAC)Dewar Trophy 奖的美国汽车公司,并有了"世界标准"的美名。

图 3-4　凯迪拉克 ATS 轿车

1912 年,凯迪拉克汽车公司成为第一家在汽车中装备电子起动、照明和点火装置的公司。因为这一成就,伦敦的皇家汽车俱乐部第二次给凯迪拉克汽车公司颁发了 Dewar 奖章,并且永久性地授予凯迪拉克汽车公司"世界标准"的荣誉称号。凯迪拉克融汇了百年历史精华和一代代设计师的智慧才智,成为汽车工业的领导性品牌。

早期的凯迪拉克徽标可谓是其精神内涵的集中体现,著名的花冠盾形取自安东尼(德)凯迪拉克的族徽,是典型的贵族标志,既表现了底特律城创始人的勇气和荣誉,同时也象征着其在汽车行业中的领导地位。选用"凯迪拉克"之名是为了向法国的皇家贵族、探险家、美国底特律城的创始人安东尼·门斯·凯迪拉克表示敬意。凯迪拉克汽车标志自诞生以来,其花冠和盾牌的设计在不同时代不断地呈现突破性的变化,100 年来竟达 30 次之多。20 世纪伊始,凯迪拉克再次对汽车标志进行了一系列令人耳目一新的革新,花冠盾牌标志再次首当其冲。新标志色彩明快、轮廓鲜明,整体以铂金颜色为底色,而花冠则保留了原有的色彩组合,金黄与纯黑相映,象征智慧与财富;盾牌由不同色彩的简单块面组成,红色象征行动果敢,银白色代表着纯洁、仁慈、美德与富足,蓝色代表着骑士精神。新的标志再次勾画出凯迪拉克品牌中同时呈现的经典、尊贵和突破精神。如图 3-5 所示为"凯迪拉克"2002 年启用的汽车标志图案。

图 3-5　凯迪拉克汽车标志

(4)GMC。GMC(中文译吉姆西)是通用集团旗下的 MPV 部门。在美国 GMC 是一个知名度很高的品牌,它旗下的车型多以豪华型的皮卡、保姆车和房车为主。虽然 GMC 车型是由雪佛兰派生的,但 GMC 的 SUV 和皮卡在外观上与相应的雪佛兰车型有明显的区别。图 3-6 所示为 GMC 汽车的标志图案。

图 3-6　GMC 汽车标志

(5)欧宝。"欧宝"曾译为奥贝尔,取自创始人阿德姆·奥贝尔的姓氏。该公司最初生产缝纫机和自行车。1897 年欧宝第一辆前轮驱动的汽车诞生。1924 年,欧宝引入流水线生产方式,建立了长达 45m 的德国第一条流水生产线,生产出德国第一批大规模制造的汽车。尽管欧宝在汽车领域的发展蒸蒸日上,但欧宝家族却变卖了公司。1929 年,通用汽车收购了欧宝 80% 的股份,2 年后又收购了其余 20% 的股份,至今,欧宝仍为通用的全资子公司。

2014 年 3 月 28 日,欧宝汽车公司发布公告称,"出于欧宝总部的战略考虑,欧宝决定逐步缩减其在华经销商网络,并于 2015 年 1 月之前停止在中国的销售"。

欧宝汽车 1993 年进入中国大陆市场,至今已有二十多年历史。2013 年,欧宝以 106 万辆的销量,超过别克品牌的 103 万辆,仅次于雪佛兰的 498 万辆,在通用所有品牌中名列第二。然而,2013 年欧宝品牌在华销量仅为 4365 台,不及别克品牌在华销量的百分之一,也不及欧宝品牌全球销量的百分之一。因此,这样一个有着百年历史的悠久品牌,即将从全球最大、发展最快的市场撤退。

欧宝汽车标志(图3-7)是由图案和文字两部分组成,图案是代表公司的技术进步和发展,又像闪电一样划破长空,震撼世界,喻示汽车如风驰电掣,同时也炫耀它在空气动力学方面的研究成就;文字"OPEL"是创始人的姓氏。

图 3-7　欧宝汽车标志

(6)霍顿。霍顿汽车公司创立于1856年,当时主要从事运输及冶金用品的制造。经营骑马用具起家的霍顿从1914年开始就涉足车身制造行业,开始帮助顾客生产定制的汽车车身。1918年,霍顿和弗罗斯特建立了霍顿汽车车身制造厂(Holden's Motor Body Builders),简称HMBB。1924年,Holden公司在南澳洲的Woodville地区建立了澳洲第一个现代化车身生产车间。经过多年的发展,它成为美国通用汽车公司在澳洲的车身供应商,并于1931年和美国通用汽车澳洲分公司共同组建了"通用—霍顿汽车公司"(1994年起单独使用"霍顿汽车公司"的名称)。1936年通用—霍顿公司总部迁移到墨尔本。

1945年应联邦政府的要求,通用—霍顿公司生产属于澳大利亚人自己的车型。从1948年,澳洲历史上第一辆属于本土的轿车"48—215"车型下线,从此霍顿成为澳洲汽车工业的代名词。

1948年后,霍顿汽车公司除了少量生产美国通用旗下的车型,霍顿公司拥有很多属于自己成功开发的产品,其中包括连续8年蝉联澳洲最畅销中级房车的Commodore、一直在澳洲高档轿车销量中位居前5名的Statesman/Caprice车型和澳洲本地最受欢迎的双门跑车Monaro。目前霍顿公司旗下共有20种车型,从两厢小型车到四轮驱动的SUV,从家用轿车到商用皮卡,应有尽有,完善的车型系列极大程度上满足了市场需求。

霍顿汽车公司是通用汽车公司的设计和工程技术中心,霍顿在发动机、变速器、底盘方面的研发和生产能力都处于国际领先水平。霍顿是通用汽车发动机和变速箱的全球供应商,其品质超群的发动机系统曾配备在多款通用家族的高贵名车上,并出口四大洲。

图 3-8　霍顿汽车标志

霍顿汽车公司所属汽车品牌为霍顿。其经典车型有Commodore轿车,Monaro跑车等。霍顿汽车标志为是一只狮子滚球的红色圆形浮雕,其设计灵感来自一则古老传说:埃及狮子滚石头的情景启迪人类发明了车轮。1928年起,霍顿汽车公司就开始采用"狮子滚石头"的标志,它喻示霍顿汽车将像雄师一样,称霸一方,如图3-8所示。

(7)沃克斯豪尔。沃克斯豪尔汽车公司的历史可以追溯到1857年。当时,苏格兰工程师亚历山大·威尔逊在英国沃克斯豪尔地区建立了一家生产蒸汽机的工厂,最初的业务是制造船用发动机和铸件,这就是沃克斯豪尔汽车公司的前身。

沃克斯豪尔的造车历史始于1903年。第一辆沃克斯豪尔汽车的发动机功率只有3.675kW(5ps),卖出了43辆,在此后的20多年时间里又先后推出了多款新车型。

1925年美国通用汽车公司用250万美元的价格收购了沃克斯豪尔,这比欧宝被通用收购还要早4年。在通用旗下虽然沃克斯豪尔各种车型的销量不断增加,但在通用全球汽车战略调整下,沃克斯豪尔逐渐变成了欧宝在英国的制造工厂。直到现在,沃克斯豪尔依然是英国汽车产量较大的汽车厂之一。

沃克斯豪尔汽车的标志图案如图3-9所示,是只即将腾飞的狮身　图 3-9　沃克斯豪尔汽车标志

鹫首的怪兽,它的上半身是只鹰雕,下半身是一只雄狮,而且已展开矫健翅膀,显露出锋利的前颚,完全体现了英国文化理念中传统、征服与霸气。

现在英国的欧宝车,全都使用沃克斯豪尔公司怪兽标志,而且具有相当大的市场占有率,在英国的大街小巷,沃克斯豪尔汽车也是一道不错的风景线。

(8)悍马。美国 AMG 公司以生产悍马而扬名世界。AMG 公司的创始人乌特是一位自行车制造商,1903 年成立越野汽车部。1908 年,约翰·威利购买了越野汽车部,并于 1912 年成立威利斯—越野汽车公司,生产威利—骑士汽车。1953 年,商人凯赛购买了威利斯—越野汽车公司,更名为凯赛—吉普公司。1970 年美国汽车公司(后被克莱斯勒汽车公司兼并)购买了凯赛—吉普公司,又改为吉普公司。该公司由商务汽车部和政务汽车部等两个独立部门组成。1971 年政务汽车部成为美国汽车公司子公司—AMG 汽车公司。1980 年 AMG 承接美国军方另一宗军车设计任务,设计出 Hmmwv 越野军用汽车。1983 年美国 LTV 公司从美国汽车公司手中购入 AMG 汽车公司。1992 年,AMG 又转入了 Renco 集团。同年,第一辆民用悍马面世,取名 Hummer,音译"悍马",一个十分贴切的中文名称,由于优异的越野性能,被业内外人士誉为"越野车王"。1999 年,通用汽车公司从 AMG 汽车公司取得了悍马的商标使用权和生产权。2009 年,腾中重工从通用手中收购悍马,以失败告终,腾中重工放弃了悍马。

5)通用汽车公司企业文化

通用汽车公司生产地汽车,典型地表现了美国汽车豪华、宽大、内部舒适、速度快、储备功率大等特点,而且通用汽车公司尤其重视质量和新技术的采用,因而通用汽车公司地产品始终在用户心中享有盛誉。

通用汽车公司的管理方针是:政策的决定是集中的,而政策的执行分散的。公司的每个经营部门都是基层的执行部门,是利润负责中心,独立性很强。

2.福特汽车公司

1)福特汽车公司发展概述

福特汽车公司是世界最大卡车生产厂家,创立于 1903 年,公司名称取自创始人亨利·福特的姓氏。凭借创始人亨利·福特的"制造人人都买得起的汽车"的梦想和卓越远见,福特汽车公司历经一个世纪的风雨沧桑。

1903 年 6 月 16 日,福特用来自 12 位投资者的 28000 美金在一个原先制造马车的工厂里开始了他的事业。福特向道奇兄弟购买汽车底盘搭配自己的双汽缸水平对卧发动机,开始福特汽车的生产。当时汽车的生产方式是以 2~3 个工人为一组,从零件制造到销售订单都是由一组工人负责到底。1906 年,创办人之一的马康森售出股份给福特,退出经营。随后福特买下合伙人的股份,开始独立经营。尤其值得一提的是,在当时的 12 位投资者中,霍勒斯·道奇在此后成了克莱斯勒以及道奇品牌的创始者之一。

1908 年 10 月 1 日,福特汽车公司生产出世界上第一辆属于普通百姓的汽车——T 型车,为"装在汽车轮上的美国"立下了不朽功勋,世界汽车工业革命就此开始。

1913 年,福特汽车公司又开发出了世界上第一条流水线,这一创举使 T 型车在 1908—1927 年共生产了 1500 多万辆,缔造了一个前所未有的世界纪录(后被大众的甲壳虫以累计 2000 万辆的纪录打破)。

1922 年,福特公司收买了以美国历史上的著名总统亚伯拉罕·林肯的名字命名的林肯汽车公司,成立了林肯部,生产"林肯"牌高级华贵轿车。由于林肯车杰出的性能、高雅的造型和无与伦比的舒适,自 1939 年美国富兰克林·罗斯福总统以来,一直被白宫选为总统专车。它最"出名"的一款车是肯尼迪总统乘用的检阅车。

福特汽车与新中国的联系始于1978年6月，当时亨利·福特二世和其他福特主管得到了邓小平的会见，这是第一家美国汽车制造商在中国开拓业务。在一次有记录的会谈中，亨利·福特二世提到福特汽车公司"非常有兴趣加入中华人民共和国汽车工业的发展进程"。从此，福特与中国汽车工业的合作有了长足的发展。1978年，福特汽车公司设立了中国事务办公室。1995年10月25日，福特汽车(中国)有限公司成立。另外，福特拥有江铃汽车(股份)有限公司30%的股份，并于1997年底成功推出了Transit(全顺)商用汽车。

20世纪90年代，福特汽车公司又收购了捷豹、路虎、沃尔沃等汽车厂商，并逐渐成长为一家综合性的汽车厂商。

2001年4月25日，福特汽车公司和长安汽车集团合作，成立了长安福特汽车有限公司，双方各拥有50%的股份，专业生产满足中国消费者需求的轿车。图3-10所示为福特翼虎SUV汽车。

进入21世纪后，在经济大萧条下，人们对汽车厂商提供的产品兴趣不高，由于长期大量的投入，此时福特公司也背负着巨额的债务。2008年6月2日，福特将旗下的捷豹、路虎以23亿美元打包出售给印度塔塔汽车集团；将沃尔沃轿车品牌和技术产权出售给了中国浙江吉利汽车集团。

图3-10　福特翼虎SUV汽车

现在，福特汽车公司业务遍及汽车、农业、金融和通信领域。由于福特汽车公司多年的苦心经营，这些品牌本身都具有巨大的价值。

2011年，福特汽车已是全球领先地汽车制造商，它的总部位于美国密歇根州迪尔伯恩市，业务遍及六大洲，200多个区域市场，有325000名员工、110个工厂遍布全球。

2)福特汽车公司标志

福特先生生前十分喜爱动物，他经常忙里偷闲访问动物专家，阅读有关动物的书籍和报纸，他在这个领域也有较深的造诣。1911年，商标设计者为了迎合亨利·福特的嗜好，就将英文"Ford"设计成为形似奔跑的白兔形象，一博亨利·福特的欢心。福特汽车公司的商标是蓝底白字的英文"Ford"字样，被艺术化了的"Ford"形似活泼可爱、充满活力、美观大方的小白兔。"Ford"犹如在温馨的大自然中，有一只可爱、温顺的小白兔正在向前飞奔，象征福特汽车奔驰在世界各地，令人爱不释手。图3-11所示为福特汽车的标志图案。

图3-11　福特汽车标志

3)福特汽车公司旗下品牌

福特汽车公司旗下有福特、林肯、水星、阿斯顿·马丁、捷豹、马自达、沃尔沃和路虎等品牌。其中，捷豹、路虎已出售给印度塔塔集团，马自达已减持股份，沃尔沃出售给中国浙江吉利集团，阿斯顿马丁也已出售，水星系列停产。

4)福特汽车公司汽车品牌简介

(1)福特。公司成立之初生产的最为著名的汽车为福特T型车，T型车于1908年10月1日步入历史舞台。赢得了千千万万美国人的心。T型车第一年的产量达到10660辆，打破了汽车业有史以来的所有纪录。到了1913年末，福特汽车公司的产量已经是全国汽车总产量的一半。为了满足市场需求，福特汽车在工厂实行批量生产，并使福特汽车公司员工的最低日薪增加为 5 美元——几乎 2 倍于当时的最低日薪。

（2）林肯。林肯是福特汽车公司拥有的第二个品牌，在 1907 年由亨利·利兰（Henry Le-land）先生创立。1922 年福特汽车公司以 800 万美金收购了林肯品牌，并由此进入豪华车市场。由于林肯车杰出的性能，高雅的造型和无与伦比的舒适，它一直是美国车舒适和豪华的象征。

林肯大陆（LINCOLN CONTINENTAI）是林肯·默寇利部于 1939 年首推的名牌豪华车型。该车型显示林肯·默寇利部生产的高级轿车技术无懈可击，乃豪华车中的佼佼者，被称为福特汽车公司的传世佳作。图 3-12 所示为 1961 款林肯大陆 SS-100-X 豪华轿车。

林肯（LINCOLN）轿车是以美国第 16 任总统的名字阿伯拉罕·林肯命名的汽车，借助林肯总统的名字来树立公司的形象，显示该公司生产的是顶级轿车。其商标是在一个矩形中含有一颗闪闪放光的星辰，表示林肯总统是美国联邦统一和废除奴隶制的启明星，也喻示林肯牌轿车像一颗闪亮的星星，散发着璀璨的星光。图 3-13 所示为林肯汽车的标志图案。

图 3-12　林肯大陆轿车

LINCOLN

图 3-13　林肯汽车标志

5）福特汽车企业文化

福特汽车公司依然坚守着亨利·福特先生开创地企业理念："消费者是我们工作地中心所在。我们在工作中必须时刻想着我们的消费者，提供比竞争对手更好地产品和服务。"

3. 克莱斯勒汽车公司

1）克莱斯勒汽车公司发展概述

克莱斯勒汽车公司创立于 1925 年，创始人名叫沃尔特·克莱斯勒，公司总部设在底特律，在加拿大、瑞士、英国、巴拿马、南非、澳大利亚等国仍旧拥有许多分支机构。公司除经营民用产品外，还从事军用品生产。20 世纪 80 年代，与中国北汽共同生产切诺基吉普车。

1910 年克莱斯勒进入通用汽车公司工作，并一直升任到第一副总经理，主管全公司的汽车生产工作。后来他受聘于马克斯威尔公司，并与 1924 年推出非常有名的"克莱斯勒"车型，1925 年马克斯威尔公司更名为克莱斯勒汽车公司。1928 年迪索托和普利茅斯被合并到克莱斯勒旗下。同年，克莱斯勒又买下道奇兄弟公司和顺风公司。普利茅斯提供低价位的汽车，道奇提供中等价位的汽车，而克莱斯勒则提供高价位的汽车。1933 年克莱斯勒汽车公司在美国市场占有率达 25.8%，竟一度超过了福特汽车公司。

但 20 世纪 50~60 年代初，生产处于滑坡期，60 年代中期，公司经过改组稳住阵脚。1974 年以后，克莱斯勒公司的业务又走下坡路，1978 年出现严重的亏损，1980 年濒临破产。最后，由于政府给予 15 亿美元的联邦贷款保证，才使克莱斯勒汽车公司免于倒闭。1982 年开始扭亏为盈。

1998 年 5 月，克莱斯勒汽车公司被德国戴姆勒集团以 330 亿美元价格收购，成立戴姆勒·克莱斯勒汽车公司。这是世界汽车工业史上前所未有的最大规模的合并。戴姆勒集团和克莱斯勒公司当时分别持有新公司57%和43%的股份。2000年,克莱斯勒开始出现亏损。这桩被称为"大象婚姻"的结合未能缔造一个成功的全球汽车集团,相反,美国方面高昂的退休养老成本给戴姆勒带来很大困扰。

2007年8月,由美国前财长斯诺统领的私募基金博龙资产管理有限公司以74亿美元价格从戴姆勒-克莱斯勒公司购买了克莱斯勒80.1%的股权。被收购后的克莱斯勒将以"克莱斯勒LLC"的面目出现,而戴姆勒·克莱斯勒集团将把"克莱斯勒"从公司名字中去除。

2009年4月30日,美国总统奥巴马宣布了克莱斯勒于美国时间4月30日(周四)正式破产,由美国政府和菲亚特接手。此时,克莱斯勒的负债已经超过100亿美元,选择破产已为最好的选择。

2009年07月24日,欧盟委员会批准意大利菲亚特汽车公司收购美国克莱斯勒汽车公司,从而为两家公司"联姻"扫除了一道法律障碍。当地时间2014年1月21日,菲亚特发布声明称,已经斥资43.5亿美元,完成收购克莱斯勒100%股权。

2)克莱斯勒汽车公司标志

2010年,克莱斯勒发布新版标志,自20世纪90年代中期开始,克莱斯勒开始使用飞翼型标志,此次的变动保留飞翼,中间是克莱斯勒的英文衬以蓝底,更具有流线型美感。图3-14所示为克莱斯勒汽车的标志图案。

图3-14 克莱斯勒汽车标志

3)克莱斯勒汽车旗下品牌

克莱斯勒汽车旗下包括克莱斯勒、道奇、吉普等品牌。

4)克莱斯勒汽车品牌简介

(1)克莱斯勒。克莱斯勒从1928年至今,以制造具有创新意识、杰出工艺、设计新颖的汽车而闻名于世。诱人的浪漫情调,以人为本的精心设计且极富表现力的外观、细致入微的功能特性以及杰出的运动性能长期以来不断为克莱斯勒品牌赢得业界的美誉以及汽车爱好者的关注和爱戴。

(2)道奇。道奇汽车公司由约翰·道奇和霍瑞斯·道奇兄弟于1914年创建。

1901年,道奇兄弟创办机械厂,为奥兹汽车厂制造变速器。1903年,道奇兄弟得到了福特汽车公司10%的股份。他们的工厂起初为福特汽车生产零件,包括发动机、底盘和所有的传动部件,而福特也很少使用其他制造商提供的车身和底盘。

1910年,道奇兄弟建造一座占地24acre❶的制造厂,以巩固其作为全球最大汽车部件供应商的地位。1914年11月14日,第一辆道奇汽车下线。1915年,道奇卡车是战争时期的主力参战装备。

道奇生产的第一种商用汽车是一种救护车。以该车型为基础,道奇兄弟公司开发了商用卡车。1920年道奇兄弟相隔几个月先后去世。克莱斯勒公司于1928年收购了道奇兄弟公司。由此,道奇兄弟公司成了克莱斯勒公司的一个分部。

道奇发展到如今已经拥有轿车、SUV、MPV和跨界车Journey多个车型系列。

---

❶ acre:英亩,非法定计量单位,1acre = 4046.856m²。

图3-15　道奇汽车标志

道奇汽车标志采用道奇（Dodge）兄弟的姓氏，图形标志是在一个五边形中有一羊头形象，在汽车上使用小公羊、大公羊两个标志。该标志象征"道奇"汽车强壮剽悍，善于决斗，表示道奇的产品朴实无华、美观大方。图3-15所示为道奇汽车的标志图案。

（3）吉普。吉普是1978年并入克莱斯勒汽车公司的美国汽车公司鹰·吉普的产品，现是克莱斯勒汽车公司鹰·吉普部。它的产品有牧马人和切诺基。图3-16所示为吉普牧马人越野汽车。

Jeep是一个品牌，而不是一种车型。世界上第一辆Jeep是1941年在二战中为满足美军军需生产的，至今已有73年的历史。克莱斯勒汽车公司作为Jeep的鼻祖，单独拥有这一注册标志。因此"不是所有吉普都叫Jeep"。从1941年7月23日至今，Jeep品牌一直象征着真正的四轮驱动性能、创新技术和持续改进。60多年前，Jeep通过Willys – Overland开创了四轮驱动细分市场，并在1983年以其四门四轮驱动Jeep切诺基开辟了紧凑型运动型多用途车（SUV）的蓬勃发展之路。如今，Jeep车依然与第一辆Jeep血脉相连。Jeep从1950年注册为国际性商标，已经成为全球最著名的消费品牌之一，并且已经成为越野性能的国际代名词。图3-17所示为吉普汽车的标志图案。

图3-16　吉普牧马人越野汽车

图3-17　吉普汽车标志

5）克莱斯勒汽车公司企业文化

20世纪60年代初期的克莱斯勒曾经使用过这样的标语："创建在底特律，发展遍及全世界"。克莱斯勒公司一直以来都在探索各种不同的传播方法，公司利用来自世界许多地方的优势，尽可能多地学习有关各个特殊市场的特殊爱好和各自提出的要求。

二、德国著名汽车公司

1886年1月29日，卡尔·本茨试制成功世界上第一辆单缸发动机三轮汽车，并获得专利（专利号：DRP 37435）。几乎同时，戈特利布·戴姆勒与迈巴赫合作，把他成功研制出的使用汽油的发动机安装在四轮马车上，创造了第一辆戴姆勒汽车。

作为现代社会生活中不可或缺的一部分，汽车的制造和使用不仅体现了一个国家经济发展程度，同时，也体现了这个国家的国民性。从世界上第一辆现代汽车在德国诞生开始，严谨专注的德国人便一直在通过汽车这一载体向世界输出着自己的文化理念。德国人一丝不苟、追求每一个螺钉都完美的认真性格，以及德国人对品质、对性能永无止境的执着追求造就了德国汽车，使其成为高品质、高技术的代名词。

1. 戴姆勒-奔驰汽车公司

1）戴姆勒-奔驰汽车公司发展概述

戴姆勒-奔驰汽车公司创立于 1926 年，创始人卡尔·本茨和戈特利布·戴姆勒。它的前身分别是 1886 年成立的奔驰汽车厂和戴姆勒汽车厂，1926 年 6 月两厂合并成立了戴姆勒-奔驰汽车公司，并从此以高质量、高性能的汽车产品闻名于世。除了高档豪华轿车外，奔驰汽车公司还是世界上最著名的大客车和重型载重汽车的生产厂家。目前，梅赛德斯-奔驰为戴姆勒集团旗下公司。

"精美、可靠、耐用"是戴姆勒-奔驰汽车公司标榜的宗旨，为了保持高质量和开发新技术，戴姆勒-奔驰汽车公司每年投入的科研开发费用高达 4 亿美元。造型精美，不断更新中具有传统和流畅的奔驰本身的特点，一眼看上去就觉得这是"奔驰"的感觉。它首先开发和应用汽油喷射，戴姆勒-奔驰汽车公司高层对奔驰汽车的评价：梅赛德斯-奔驰不是高档车，而是结实耐用，且性能一等的最好的实用车。图 3-18 所示为梅赛德斯-奔驰 E 级轿车。

图 3-18　梅赛德斯-奔驰 E 级轿车

奔驰汽车公司世界第一品牌的独立性，能做到这一点并不容易。除了世界知名品牌的号召力外，真正的法宝是它的高质量。这是奔驰百年的承诺，也是闪闪发光的三角星的真正内含。今天，奔驰汽车已是高质量高档次高地位的象征。它不仅已成为社会名流必备的道具，甚至许多国家都采用奔驰汽车作为外交用车的标准车辆，"奔驰"已成了名副其实的名牌。

2003 年 9 月奔驰汽车公司进入中国，在中国合作的主要公司有北京吉普汽车，北汽福田汽车，福建东南汽车，扬州亚星集团。

图 3-19　戴姆勒-奔驰
汽车标志

2）戴姆勒-奔驰汽车公司标志

戴姆勒-奔驰的标志最初是 Benz 外加月桂枝环绕。1926 年，戴姆勒与奔驰合并，星形的标志与奔驰的月桂枝终于合二为一，下有 Mercedes-Benz 字样。后将月桂枝改成圆环，并去掉了 Mercedes-Benz 的字样。随着这两家历史悠久的汽车生产商的合并，厂方再次为商标申请专利权。此圆环中的星形标志演变成今天的图案，一直沿用至今，并成为世界最著名的商标之一。图 3-19 所示为戴姆勒-奔驰汽车的标志图案。

3）戴姆勒-奔驰汽车公司旗下品牌

梅赛德斯-奔驰乘用汽车、梅赛德斯-奔驰轻型商用、迈巴赫和精灵 Smart。

4）戴姆勒-奔驰汽车公司品牌简介

（1）梅赛德斯-奔驰。奔驰汽车以其卓越的动力性能，可靠的安全性能，以及乘坐的舒适性，车身造型的豪华、经典而著称于世。

（2）迈巴赫。1909 年，威廉·迈巴赫（Wilhelm Maybach）为著名的齐柏林飞艇设计了高性能且经久耐用的发动机。1919 年，他的儿子卡尔·迈巴赫开始设计并制造豪华轿车。1921 年，第一辆迈巴赫轿车 W1 问世。

迈巴赫是汽车历史上一个充满传奇色彩的品牌，巧夺天工的设计和无与伦比的精湛的制造技术，使它在 20 世纪初成为德国汽车工业最高水平的代表。1921 年到 1940 年间，该品牌活跃于欧洲地区的德国超豪华汽车品牌与制造厂,1941年,迈巴赫由于战争原因而被迫停产,从此进入一个长达60年的沉睡期。图3-20所示为迈巴赫DS7汽车。

威廉·迈巴赫曾担任戴姆勒发动机公司的首席技术总监,两厂渊源甚深。1997年戴姆勒集团在东京车展会场中展出一辆以Maybach命名的概念性超豪华四门轿车,正式让这个德国汽车品牌在销声匿迹多年后再次复活。图3-21所示为迈巴赫汽车的标志图案。

图3-20　迈巴赫DS7汽车　　　　　　　　　　　图3-21　迈巴赫汽车标志

（3）精灵Smart。1994年,戴姆勒-奔驰汽车公司旗下的全资子公司Smart精灵汽车公司出现在欧洲,成为当地最大胆的汽车公司。Smart的管理和开发总部在奔驰公司所在的斯图加特,但是生产基地却在法国的汉巴赫(Hambach)。

该公司是梅赛德斯公司和世界手表业巨头斯沃琪(Swatch)公司创意合作的产物,字母"S"代表斯沃琪公司,"M"代表戴姆勒-奔驰汽车公司,而"art"是艺术的意思,在英语中Smart有灵敏、聪慧的意义。Smart公司大量开发生产轻便的四轮轿车,并开拓了全新的设计理念,生产了多种塑料材质的绚丽车身,让顾客可以像更换手机外壳那样随意变换车身颜色。这家公司还开创了网上销售汽车的先河,摆脱了以购车处为经销主体的传统经营方式,把车搬出玻璃展窗直接推向整个欧洲。所有这些,再加上1.3万美元的起价,让公司紧紧抓住了最年轻的汽车消费群体。图3-22所示为精灵汽车的标志图案。

图3-22　精灵汽车标志

5）戴姆勒企业文化

戴姆勒企业文化的核心价值观如下：

（1）激情(Passion)：如果戴姆勒某位员工对汽车毫无兴趣可言,那他或她一定入错行了。

（2）尊重(Respect)：既要尊重客户和股东,也要尊重同事和合作伙伴。

（3）正直(Integrity)：用最高道德行为标准要求每一位员工。

（4）纪律(Discipline)：纪律严明,脚踏实地,不走捷径。

公司口号：the Best or Nothing(唯有最好)。

2. 宝马(巴依尔)汽车公司

1）宝马汽车公司概况

BMW,全称为巴伐利亚机械制造厂股份公司,是德国一家世界知名的高档汽车和摩托车制造商,总部位于慕尼黑。BMW在中国大陆、香港与早年的台湾常被称为"宝马"。

BMW的前身是一家飞机工厂,成立于1916年3月7日,最初以制造流线型的双翼侦察机发动机闻名于世,公司始创人吉斯坦·奥托,其父是鼎鼎大名的四冲程内燃机的发明家。

1917年7月20日,吉斯坦·奥托退休后,BFW公司便开始重组,1918年更名为巴伐利亚发动机制造股份公司并上市。1918 年 11 月，第一次世界大战结束，德国成为战败国，他们的飞机被"凡尔赛条约"列为"战争武器"禁止生产，而宝马车厂要直到 1923 年方可生产汽车。

1922 年，BMW 研制了第一台摩托车发动机。1923 年末，他们在慕尼黑生产摩托车，而挂有 BMW 商标的 R32 摩托车则首次在市场中销售。1925 年，BMW 开始研制汽车，1929 年 7 月，BMW 推出首辆汽车，是将年初生产的 Dixi 3/15 转名来的，但专家不同意 DiXi 3/15 是 BMW 第一辆汽车，他们认为 303 才是真真正正属于 BMW 的。

BMW 在全面复兴前，在 1945—1947 年期间，曾为一家美国公司做了 3 年飞机发动机研究和开发工作。

1952 年 10 月，BMW 终于再投产汽车，制造的汽车是战前的 501 系四门房车，沿用那台 6 汽缸 2L 发动机，单化油器，功率48kW，至于其他设备则是全新，其性能和耐用性获得一致好评。

1994 年，宝马公司并购了罗孚公司，包括 Mini、LandRover（路虎）、Rover 及 MG 等品牌，正式成为宝马旗下一员，2000 年，宝马公司脱手罗孚公司，却意外地将 Mini 保留了下来，并开发出了现在全新的 MINI 轿车，现在 MINI 共计生产了 500 多万辆汽车，成为英国历史上单一品牌产量最大的车型。

1998 年，宝马集团又购得了劳斯莱斯汽车品牌。宝马在美国南卡罗来纳州地新厂也落成投产，这是在美国地第一家外国高档汽车生产厂。

一贯以高档品牌为本，正是企业成功的基础，高档意味着"附加值"。BMW 集团的品牌各自拥有清晰的品牌形象，其产品在设计美学、动感和动力性能、技术含量和整体品质等方面具有丰富的产品内涵，因此，这些品牌可以给用户提供切实的附加值。图 3-23 为宝马 Z4 跑车。

图 3-23　宝马 Z4 跑车

宝马公司历来以重视技术革新而闻名，不断为高性能高档汽车设定新标准。同时，宝马十分重视安全和环保问题。宝马在"主动安全性能"和"被动安全性能"方面的研究及其 First 整体式道路安全系统为公司赢得了声誉。

宝马作为国际汽车市场上地重要成员相当活跃，其业务遍及全世界 120 多个国家。

1994 年 4 月，宝马公司进入中国市场，选择与华晨合作。

BMW 集团的今天以高档品牌高效增长当前，BMW 集团是全世界最成功和效益最好的汽车及摩托车生产商。

2）宝马汽车公司标志

宝马汽车标志的图案，如图 3-24 所示，中间的蓝白相间图案，代表蓝天、白云和旋转不停的螺旋桨，喻示宝马公司渊源悠久的历史，象征该公司过去在航空发动机技术方面的领先地位，又象征公司一贯宗旨和目标。但是现任的宝马总裁却更正说，人们总以为蓝白标志是螺旋桨，其实应该是，宝马的总部在慕尼黑，德国的巴伐利亚州，而巴伐利亚州的州旗是蓝白相间的，宝马的名字又是巴伐利亚发动机公司，宝马就代表了巴伐利亚，代表了德国最精湛的发动机技术。

图 3-24　宝马汽车标志

3）宝马汽车公司旗下品牌

BMW(3、5、7、8 系列汽车及双座篷顶跑车)、MINI 和劳斯莱斯(Rolls - Royce)3 个品牌。这些品牌占据了从小型车到顶级豪华轿车各个细分市场的高端,使 BMW 集团成为世界上唯一一家专注于高档汽车和摩托车的制造商。

4)宝马汽车公司汽车品牌简介

(1)迷你(Mini)。Mini 是一款风靡全球、个性十足的小型两厢车,1959 年 8 月 26 日由英国汽车公司(BMC)推出,在半个多世纪的历史里,Mini 获得了巨大的成功。2000 年旧款 Mini 停止生产,Mini 品牌的新持有者宝马(BMW)宣布推出 Mini 的继承车款,并将新车的品牌定为 MINI(全为大写英文字母)。

图 3-25　Mini 汽车

Mini 的原始设计者是亚力克·依斯哥尼爵士,此人是 1 名微型车研制的专家,曾有不少成功的设计。由于时逢埃及发生苏伊士运河危机,包括英国在内的很多西方国家都被切断了输油管道,因此,需要开发一款小巧省油的汽车,在这样的背景下,1957 年依斯哥尼临危受命接受了设计开发一款经济型车的任务。为了给小车节省空间,他别出心裁地将 4 缸发动机作横向设置,这在当时是一个创举。在他天才的设计理念下,Mini 的车厢占到全车身体积的 80%。图 3-25 所示为 Mini 汽车。

1958 年,第一部 Mini 原型车诞生,1959 年 Mini 正式投入量产。这款在英国设计生产的小汽车,亮相法国巴黎车展,人们都以好奇的眼光来欣赏这款小车。Mini 当时的定价是 500 马克,这个价格比当时流行的其他微型车价格要贵上 1 倍,人们开始以质疑的眼光来看待这款外形看起来像公共汽车的小车,依斯哥尼爵士天才的设计并没有得到公众的认同,上市 8 个月,Mini 的订单只有 2 万辆左右。当 Mini 在普通消费者身上频遭冷遇的同时,在时尚人士中却受到极大的追捧,精巧、新潮和不落俗套的憨厚造型,让它备受好评,经营者趁机对它的宣传理念改弦更张,由经济型车转向时尚轿车,Mini 的日子开始红火起来。图 3-26 所示为 Mini 汽车的标志图案。

图 3-26　Mini 汽车标志

(2)劳斯莱斯(Rolls - Royce)。劳斯莱斯是世界顶级豪华轿车厂商,1906 年成立于英国,公司创始人为亨利·莱斯(Frederick Henry Royce)和查理·劳斯(Charles Stewart Rolls)。1907 年即推出一款后来被人们称之为"银色幽灵"的轿车。正式使用劳斯莱斯(Rolls - Roycs)商标。该公司的创始人查理·劳斯和亨利·莱斯两人的出身、爱好、性格完全不同,但对汽车事业的执着和向往,使他们成为一对出色的搭档。劳斯莱斯汽车公司生产的汽车年产量只有几千辆。因此,劳斯莱斯公司在销售汽车时,要审查购买者的身份及背景条件。为此,劳斯莱斯汽车成为显示地位和身份的象征。劳斯莱斯汽车性能可靠,品质超群,内饰豪华,外形设计气度非凡,它的任何一个细节都经过仔细设计,是当今世界上最尊贵、最豪华、最气派的轿车。图 3-27 所示为劳斯莱斯古斯特轿车。

图 3-27　劳斯莱斯古斯特轿车

劳斯莱斯除了制造汽车,还涉足飞机发动机制造领域,它也是世界上最优秀的发动机制造者,著名的波音客机用的就是劳斯莱斯的发动机。2003年劳斯莱斯汽车公司被宝马(BMW)接手。图3-28所示为劳斯莱斯汽车的标志图案。1911年,劳斯莱斯请汽车艺术品设计为大师查尔斯·塞克斯为劳斯莱斯汽车公司设计汽车标志,巴黎卢浮宫艺术品走廊的一尊有两千年历史的胜利女神雕像使他产生创作灵感。于是,查尔斯·塞克斯以他的同事莎恩顿小姐为模特,设计了飞翔女神雕塑车标。图3-29所示为劳斯莱斯汽车的飞翔女神立体标志。

图3-28 劳斯莱斯汽车标志

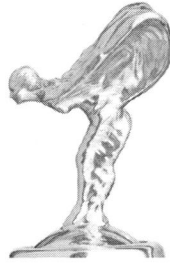

图3-29 劳斯莱斯飞翔女神立体标志

5)宝马汽车公司企业文化

宝马汽车公司立足于全球市场,公司以市场为中心开展一切活动。在生产方面,同员工的团队方式相互合作一样生产,在宝马公司内,各厂都在一个共同的生产体系内进行大量协作。

公司口号:Sheer Driving Pleasure(纯粹的驾驶乐趣)。

3. 大众汽车公司

1)大众汽车公司发展概述

大众汽车,台湾译为福斯汽车,港澳译为福士汽车,马新译为大众汽车,Volks在德语中意思为"国民",意思是"国民的汽车",故又常简称为"VW"。

大众汽车公司由世界著名的汽车设计大师波尔舍创立于1937年,是德国最大的汽车生产集团,包括有在德国本土的大众汽车公司和奥迪公司以及设在美国、墨西哥、巴西、阿根廷、南非等7个子公司。

1938年,大众推出了经过进一步改型的"38"系列车型,它装载的空冷直列4缸986mL排量发动机能输出24ps的功率,车重750kg。这款坚实且具有与众不同外形的车,就是"甲壳虫"汽车的鼻祖。

"甲壳虫"这个名字第一次出现是在1938年7月3日的《纽约时报杂志》上,美国人认为这辆车像"一只可爱的小甲壳虫"。从1967年起,这辆车在德国正式被称为"甲壳虫",而之前该车一直被称为"大众1型"。之后,这辆车在所有语言中都被称为"甲壳虫"。

这辆无与伦比的小车深受世界各地人们的喜爱,由于它独特的外形,在不同国家,人们用各种语言称呼它为:Beetle英语、Vocho西班牙语、Coccinelle法语、Fusca葡萄牙语、Maggiolino意大利语,当然,它也有中文名字:甲壳虫! 图3-30所示为"甲壳虫"汽车。

图3-30 "甲壳虫"汽车

在沃尔斯堡地"大众汽车城"里,第一批"甲壳虫"问世,但仅仅生产了630辆就因第二次世界大战而停产。二战后,汽车生产又逐步恢复。由于"甲壳虫"车价格低廉,这种汽车很快风靡德国和欧洲,1955年"甲壳虫"出口到100多个国家,1981年"甲壳虫"停产时,已经累计生产2000万辆,打破福特T型车的世界纪录。

继"甲壳虫"后,大众公司推出20世纪80年代世界最畅销的高尔夫汽车,从而成为欧洲最大的汽车商。在全世界有13家生产性子公司,海外有7个销售公司,23个其他公司。国内子公司主要是大众和奥迪公司。

大众汽车公司1978年进入中国,在中国投资合作地主要公司为上海大众汽车、一汽大众汽车和大众汽车金融(中国)。

图3-31 大众汽车标志

2)大众汽车公司标志

大众汽车公司的德文Volkswagen,意为大众使用的汽车。图形商标是德文Volkswagen单词中的两个字母(V)olks(W)agen的叠合,镶嵌在一个大圆圈内,然后整个商标又镶嵌在发动机散热器前面格栅的中间。图形商标形似3个"V"字,像是用中指和食指做出的V形,表示大众公司及其产品"必胜—必胜—必胜"。大众商标简捷、鲜明、引人入胜,令人过目不忘。图3-31所示为大众汽车的标志图案。

3)大众汽车公司旗下品牌

在集团之下,奥迪和大众各自独立管理其品牌群,并负责从中创造利润。各个品牌均有其自己的标识,自主经营。

奥迪品牌包括:奥迪、西亚特、兰博基尼和杜卡迪摩托车4个品牌。

大众品牌包括:大众乘用车、斯柯达、宾利、布加迪、保时捷、斯堪尼亚6个品牌。

大众商用车品牌:MAN品牌。

4)大众汽车公司品牌简介

(1)奥迪(Audi)。德国奥迪公司制造汽车与摩托车的历史可追溯到19世纪。最初设在萨克森州的四家汽车公司:茨维考市的奥迪、霍希汽车公司、开姆尼—西格玛市的漫游者汽车公司和乔保市德国小奇迹汽车公司(DKW),对当时德国汽车工业的进步做出了杰出的贡献。

这4家汽车公司于1932年合并为汽车联盟股份公司(以下简称汽车联盟)。从汽车产量来说,汽车联盟是当时德国第二大汽车制造公司,其标志为4个连接的圆环,代表参与合并的4家汽车公司。世界上也就首次出现了四环标志。

二战以后,汽车联盟位于萨克森的汽车制造厂被苏联占领军没收并拆除。此后,该公司的很多高层人员前往巴伐利亚,并于1949年在英戈尔斯塔特建立了汽车联盟股份有限公司,它继承了老汽车联盟的传统,仍以四个连环作为标志。如图3-32所示为奥迪汽车的标志图案。

图3-32 奥迪汽车标志

1959年,新汽车联盟所有的股份出售给了戴姆勒-奔驰公司。1964年大众公司从戴姆勒-奔驰公司收购汽车联盟股份,到1966年,大众公司拥有了汽车联盟的全部股份。

汽车联盟股份有限公司和nsu股份有限公司于1969年合并,组成奥迪—nsu汽车联盟股份公司。1977年3月,最后一辆nsu R80汽车离开生产线,从此,所有在内卡苏姆生产的汽车都是"奥迪"品牌。如图3-33所示为奥迪A6轿车。

1985年,该公司改名为奥迪股份公司,总部迁至英戈尔斯塔特,四环标志沿用至今。由此可见,奥迪的历史被二战分成了两部分。第一部分为二战前的汽车联盟,第二部分为二战后的奥迪。

(2)斯柯达(SKODA)。斯柯达是一家总部位于捷克姆拉达 - 博莱斯拉夫的汽车公司,也是世界上历史最悠久的汽车生产商之一。大众汽车集团买下斯柯达公司后于1995年建造了新厂区,专门生产欧雅和法比亚两款车型。

1895 年,机械师 Vaclav Laurin(1865—1930)和商人 Vaclav Klement(1868—1938)开始管理一家自行车厂,当时公司只有 7 人,从事自

图 3-33 奥迪 A6 轿车

行车的生产和维修,以 Slavia 做商标。捷克语 Slavia 是"奴隶"的意思,由于当时捷克被奥匈帝国奴役,他们以此来告诫人们不忘国耻。

1905 年,公司转向生产汽车。第一辆汽车 Voiturette(意为:微型汽车)在 1906 年的布拉格车展中亮相,当时世界上能生产汽车的公司还寥寥无几,但汽车的巨大利润和发展前景吸引着公司的两位创始人。该车很快出口到欧洲、亚洲、非洲和南美洲。

第一次世界大战(1914 年 7 月 28 日—1918 年 11 月 11 日)爆发,汽车生产受到阻碍,公司实力也被削弱。战后,他们找到了当时国内最大的工业集团,从事农业机械、飞机发动机及卡车生产的斯柯达·佩尔森集团,从此开始生产以斯柯达为品牌的汽车。然而,1939 年 3 月,捷克被德国占领,汽车生产再次陷入停顿。1939—1945 年,斯柯达集团不得不转向军工生产。1946 年,已经被国有化的斯柯达重获新生。处在计划经济体制下的斯柯达开始为百姓造车,目标是要造人民能买得起的车。1946 年推出的 Popular(在捷克称为 Tudor)、1954 年推出的欧雅及后继弗雷西亚都是经济实用车型的典范。这一时期,斯柯达造车极其简陋,但价格便宜且十分耐用。弗雷西亚就是典型的代表。

图 3-34 斯柯达汽车标志

1991 年 4 月 16 日,斯柯达公司成为德国大众集团公司的一个子公司,从此,斯柯达借助大众的技术优势和管理经验,使旗下各品牌重树高品质和个性化形象,质量和市场推广方面得到长足进步,甚至成为世界畅销车。

斯柯达汽车标志的图案,如图 3-34 所示,巨大的圆环象征着斯柯达为全世界无可挑剔的产品;鸟翼象征着技术进步的产品行销全世界;向右飞行绿色的飞矛,则象征着先进的工艺;外环中朱黑的颜色象征着斯柯达公司百余年的传统;中央铺着的绿色,则表达了斯柯达人对资源再生和环境保护的重视。

(3)兰博基尼(Lamborghini)。Lamborghini 在中国大陆的官方译名为"兰博基尼",粤港地区称之为林宝坚尼,台湾地区则将其译为蓝宝坚尼或蓝宝基尼。兰博基尼公司全称:Ferruccio Lamborghini Automobile S. P. A.(意大利费鲁基欧·兰博基尼汽车股份有限公司)。

兰博基尼汽车公司是一家坐落于意大利圣亚加塔·波隆尼的跑车制造商。公司由费鲁吉欧·兰博基尼在 1963 年创立。创始人费鲁吉欧·兰博基尼年轻时曾是意大利皇家空军的一名机械师,由于工作的原因,费鲁吉欧·兰博基尼对机械原理非常熟悉。二战之后,20 世纪 50 年代中期,大量的军用物资被遗弃,费鲁吉欧·兰博基尼开始使用这些剩余军用物资制造拖拉

机,并成立了最初的兰博基尼公司,主营业务是制造拖拉机、燃油器和空调系统。

1971年费鲁吉欧·兰博基尼的拖拉机公司开始出现财务危机。1972年费鲁吉欧·兰博基尼将兰博基尼拖拉机公司出售给意大利农业设备制造商SAME,并专心经营兰博基尼汽车公司,但由于缺乏资金支持,车型开发速度也逐渐放缓。

此后,费鲁吉欧·兰博基尼不断寻求资金支持以支撑兰博基尼汽车公司的运营,1980年来自瑞士的Mimran兄弟公司收购了兰博基尼汽车公司。1985年兰博基尼推出了一款越野车LM002,这是兰博基尼历史上的首款量产越野车。

1987年4月,对资金需求量极大的兰博基尼汽车公司再次被美国克莱斯勒汽车公司收购。1990年,一款全新的跑车推出,兰博基尼为了表现这款车的彪悍,为这款车起了一个很特别的名字Diablo(鬼怪),为时年速度最快的量产跑车。

1998年6月12日,兰博基尼汽车公司再次易手,被德国大众集团收购,被划归奥迪(Audi)管理。在奥迪的资助下,兰博基尼汽车公司在2001年推出了时年的旗舰级跑车Murcielago。该跑车采用中置发动机布局并采用全轮驱动形式,低矮的车身配合流线式的车身设计,使得Murcielago视觉效果极具动感。2011年4月19日,兰博基尼汽车公司在上海车展上正式展出兰博基尼新旗舰Aventador LP700-4。该车采用碳纤维复合材料(CFRP)制造而成,车身质量为1575kg,座舱由采用单体碳纤维结构,质量为147.5kg。图3-35所示为兰博基尼Aventador LP700-4跑车。

兰博基尼汽车的标志是一头浑身充满了力气,正准备向对手发动猛烈攻击的犟牛。与大功率、高速的运动型跑车的特性相契合,据说兰博基尼本人就是这种不甘示弱的牛脾气,也体现了兰博基尼的品牌特性。图3-36所示为兰博基尼汽车的标志图案。

图3-35　兰博基尼Aventador LP700-4　　　　　　　　图3-36　兰博基尼汽车标志

(4)宾利(Bentley)。宾利汽车公司(Bentley Motors Limited)是举世闻名的豪华汽车制造商,总部位于英国克鲁。公司由沃尔特·欧文·本特利1919年1月18日创建。一战期间,宾利公司以生产航空发动机而闻名,战后,则开始设计制造汽车产品。1931年,宾利被劳斯莱斯收购,在1998年两者均被德国大众集团买下。同年8月,宝马以6800万美元的价格购得劳斯莱斯的商标使用权。从1998年7月至2002年12月,大众的宾利分部在BMW的授权下,也有出售以Rolls-Royce为品牌的车辆,从2003年开始,仅有BMW制造的车辆能使用Rolls-Royce品牌。

在近百年的历史长河中,宾利品牌依然熠熠生辉,不断为世人呈现尊贵、典雅与精工细做的高品质座驾。

宾利汽车的标志设计运用简洁圆滑的线条,晕染、勾勒形成一对飞翔的翅膀,整体恰似一只展翅高飞的雄鹰,中间的字母"B"为宾利汽车创始人Bentley名字的首字母。

另外,在部分高端宾利车型(例如慕尚、雅骏、布鲁克兰等)的前引擎盖上还装有一枚与主体标志构成相同的立体标志,这一点与劳斯莱斯的飞天女神立体标志有着异曲同工之妙。如图3-37所示为宾利汽车的标志图案。

图3-37　宾利汽车标志

（5）布加迪（Bugatti）。布加迪是世界著名的老牌运动车品牌，1909 年意大利人埃多尔·布加迪（Ettore Bugatti）在法国创建布加迪汽车公司，专门生产运动跑车和高级豪华轿车。

布加迪的产品，做工精湛，性能卓越，它的每一辆轿车都可誉为世界名车，1956 年停产，停产时布加迪总计生产汽车 7000 余辆。1990 年意大利工业家罗曼诺·阿蒂奥利买得布加迪商标所有权，在意大利重建布加迪汽车公司，生产了举世闻名的 EB110 系列超级跑车，但是由于经营不善，于 1995 年不幸破产。1998 年被德国大众集团收购，现归属大众旗下。

布加迪于 2010 年 7 月推出威航终极款布加迪威航 Supersport，在英国汽车节目《TopGear》中以平均时速 431km/h 再度拿下世界量产车最快纪录（吉尼斯纪录承认）。图 3-38 所示为布加迪威航汽车。

布加迪汽车标志中的英文字母即为创始人布加迪，上部 EB 即为埃托尔·布加迪英文字母的缩写，周围一圈小圆点象征滚珠轴承，底色为红色。图 3-39 所示为布加迪汽车的标志图案。

图 3-38　布加迪威航　　　　　　　　　　图 3-39　布加迪汽车标志

（6）西雅特（SEAT）。西雅特（全名叫作 Sociedad Eapanola de Automoviles de Turismo S. A 简写为 SEAT）是西班牙最大的汽车公司，1950 年成立于巴塞罗那。现在属于德国大众汽车公司子公司。目前西雅特多是以中、小型轿车为主。

早先，西雅特（SEAT）车厂与意大利菲亚特（FIAT）车厂从 1953 年展开技术合作，在西班牙生产菲亚特 600 型车款（1957 年）及 1500 型车款（1963 年）。1966 年起生产 850 型，1968 年推出 124 型车款，随后产销 127、132、133 等各式菲亚特车型，都十分顺利。

1982 年 9 月，西雅特与大众汽车签订了科技及商业协义。1987 年开始，大众汽车公司成为该公司主要持有者，1990 年全部买下。从此以后，西雅特借着大众汽车根基深厚的造车技艺之助，针对西班牙国内及国际市场的需求，开发制造系列车种，由一个汽车组装厂，升格为设计、制造及销售完整系统的汽车制造厂。

在大众集团的授权下，西雅特汽车也开始生产及销售大众的小马（Polo）车系。近年在加入德国大众/奥迪汽车集团后，更跻身国际性的大车厂之列。图 3-40 所示为西雅特汽车的标志图案。

图 3-40　西雅特汽车标志

（7）斯堪尼亚（SCANIA）。斯堪尼亚是瑞典的货车及巴士制造厂商之一，是全球最有名的汽车制造商。于 1900 年在瑞典南部的马尔默成立。现在斯堪尼亚于瑞典以外地区包括荷兰、阿根廷及巴西均设有生产线。1911 年，斯堪尼亚与汽车及货车制造厂商 VABIS 合并，组成 AB Scania – Vabis。1969 年，Scania – Vabis 与萨博（SAAB）合并，组成 Saab – Scania AB。该集团于 1995 年分拆，萨博生产乘用汽车，而斯堪尼亚则生产货车、巴士及客车等重型车辆。

大众集团现为斯堪尼亚的母公司，持有 37.7% 的股份与 68.6% 投票权。沃尔沃集团以及 MAN 股份公司均先后计划收斯堪尼亚，但最终失败。目前 MAN 股份公司拥有斯堪尼亚 13.35% 的股份以及 17.22% 的投票权。

图 3-41　斯堪尼亚汽车标志

斯堪尼亚公司汽车的标志图案，如图 3-41 所示。尽管已经经历了 100 多个春秋，随着时间的流逝，这个历史悠久的标志几经改版，但它却依然熠熠生辉。居于标志中央的总是神秘的狮身鹰面兽，它象征着力量、速度、敏捷和勇气。

（8）保时捷（Porsche）。2008 年 7 月 24 日，欧盟正式决定，批准德国保时捷汽车控股股份公司收购德国大众汽车集团。但是在保时捷在收购大众途中，资金突然不够，被迫暂停收购大众汽车集团。于是，大众汽车集团与保时捷合并，而保时捷在一定名义上，也成为大众旗下的品牌。就在 2012 年 7 月 5 日，德国大众汽车集团宣布，已与保时捷达成一致，将以 44.6 亿欧元（约 55.8 亿美元）与 1 普通股的代价，换取保时捷 50.1% 的股权。这次大众汽车集团全面收购了保时捷控股公司以及保时捷汽车公司，这也是大众继布加迪之后又一知名跑车品牌归入麾下，保时捷也从"同宗不合体"两家公司，变为大众盈利业务。保时捷于 2012 年 8 月 1 日起正式成为大众集团旗下成员。图 3-42 所示为保时捷 CAYMAN 汽车。图 3-43 所示为保时捷汽车的标志图案。

图 3-42　保时捷 CAYMAN 汽车

图 3-43　保时捷汽车标志

（9）MAN。MAN 股份公司其前身是 1898 年"纽伦堡机械制造股份公司"（1841 年建立）与"奥格斯堡机械工厂股份公司"（1840 年建立）合并为"奥格斯堡联合机械工厂和纽伦堡机械制造公司股份公司"。1908 年改名为"奥格斯堡 - 纽伦堡机械工厂股份公司"（M.A.N.）。

著名工程师鲁道夫·狄塞尔在 1897 年为奥格斯堡机械工厂制造了世界上第一台功能优异的柴油发动机，后来此类动力系统就被命名为"狄塞尔机"。

MAN 股份公司是一家控股公司，是德国巴伐利亚州首府慕尼黑的商用车、机器设备制造商。旗下的 MAN 商用车股份公司是世界著名的重型卡车制造商之一。

MAN 商用车辆股份公司生产有多种产品，包括总质量从 6～50t 不等的各种卡车，总质量高达 300t 的特殊用途重型车辆，以及市内公共汽车、城际巴士、长途客车和以柴油，天然气和氢动力发动机等。图 3-44 所示为 MAN 商用车。

图 3-44　MAN 商用车

在德国,公司拥有 6 个生产基地,分别位于:慕尼黑、纽伦堡、扎耳茨吉特、古斯塔夫堡、皮尔斯汀和普劳恩。另外,在奥地利维也纳和斯太尔,公司也设有工厂。图 3-45 所示为 MAN 汽车的标志图案。

(10)杜卡迪(Ducati)。杜卡迪成立于 1926 年,由创始人 Antonio Cavalieri Ducati 成立,是一家意大利摩托车生产商,总部位于意大利的博洛尼亚。其产品由于卓越的性能以及意大利特色的设计而闻名。图 3-46 所示为杜卡迪摩托车的标志图案。

图 3-45　MAN 汽车标志

图 3-46　杜卡迪摩托车标志

5)大众汽车公司企业文化

(1)尊重民主、自由。

(2)注重成信,遵守法力。

(3)追求卓越,质量第一。

(4)以人为本,注重提高员工素质,开发人力资源。

三、日本著名汽车公司

日本在第二次世界大战中是战败国,经济陷于瘫痪和濒临崩溃的状态。20 世纪 50 年代,是日本经济重建初期,汽车产量仅为 3 万辆,是美国的 1/135,英国的 1/81,德国的 1/13,法国的 1/11,意大利的 1/4。

汽车产业毕竟是一个国家工业实力的具体象征,资源多寡、工业实力强弱都决定了其工业产品的基本设计和制造理念。以日本这样一个四面环水、资源匮乏的岛国来说,在设计制造工业产品的时候,一定是充分发挥其技术的优势,用较少的资源用量,发挥最大的使用效能。

借助对消费者的深入研究,省油经济、质优价廉、使用方便、注重售后服务,丰田已经成为目前全球最具竞争力和利润最高的汽车企业。

以精益生产方式来说,其核心思想是"彻底杜绝浪费",但要实现这个目标,就要做到"准时化"和"自动化",这在由数万个零部件组成的汽车生产环节中,却是一个很难做到极致的任务。但是认真而执着的日本人做到了。

现在,世界汽车市场竞争日趋激烈。但日本汽车以其高动力、低能耗,高科技、低价格的优势,仍具强大的市场竞争力。

1.丰田汽车公司

1)丰田汽车公司发展概述

丰田汽车公司创立于 1933 年,现在已发展成为以汽车生产为主,业务涉及机械、电子、金融等行业地庞大工业集团。

丰田公司早期以制造纺织机械为主,创始人丰田喜一郎 1933 年在纺织机械制作所设立汽车部,从而开始了丰田汽车公司制造汽车地历史。1935 年,丰田 AI 型汽车试制成功,第二年即正式成立汽车工业公司。但在 20 世纪 30 年代和 40 年代该公司发展缓慢，直到了二战之后，丰田汽车公司才加快了发展步伐。它们通过引进欧美技术，在美国的汽车技术专家和管理专家的指导下，很快掌握了先进地汽车生产和管理技术，并根据日本民族的特点，创造了著名的丰田生产管理模式，并不断加以完善提高，大大提高了工厂生产效率，在 20 世纪 60 年代末即大量涌入北美市场。图 3-47 所示为雷克萨斯 Lx570 豪华 SUV 汽车。

丰田汽车公司有很强的技术开发能力，而且十分注重研究顾客对汽车的需求。因而在它的发展各个不同历史阶段创出不同的名牌产品，而且以快速的产品换型击败美欧竞争对手。

公司 1998 年 11 月进入中国，在中国合作的主要公司为四川丰田汽车，天津丰田汽车和广汽丰田汽车。

图 3-47　雷克萨斯 Lx570

2）丰田汽车公司标志

此标志发表于 1989 年 10 月，TOYOTA 创立 50 周年之际，设计的重点是椭圆形组成的左右对称的构成。椭圆是具有两个中心的曲线，表示汽车制造者与顾客心心相印。并且，横竖两椭圆组合在一起，表示丰田（TOYOTA）的第一个字母 T。背后的空间表示 TOYOTA 的先进技术在世界范围内拓展延伸，面向未来，面向宇宙不断飞翔。图 3-48 所示为丰田汽车的标志图案。

3）丰田汽车公司旗下品牌

早期的丰田牌、皇冠、光冠、花冠、克雷西达、现在的大发和雷克萨斯等。

4）丰田汽车公司企业文化

遵守国内外的法律及法规精神，通过公开、公正的企业活动争做得到国际社会信赖的企业市民。

图 3-48　丰田汽车标志

遵守各国、各地区的文化和风俗习惯，通过扎根于当地社会的企业活动为当地经济建设和社会发展做出贡献。

以提供有利于环保的安全型产品为使命，通过所有的企业活动为创造更美好更舒适的生存环境和更富裕的社会而不懈努力。

在各个领域不断开发和研究最尖端的科学技术，为满足全球顾客的需求提供充满魅力的产品和服务。

以劳资相互信赖、共同承担责任为基础，造就出能够最大限度发挥个人创造力和团队力量的企业文化。

通过全球化的创造性经营努力实现与社会的协调发展。

以开放性的业务往来关系为基础，致力于相互切磋与创新，实现共生共存、长期稳定发展的良好关系。

2. 本田汽车公司

1）本田汽车公司发展概述

本田公司于 1948 年创立，创始人是传奇式人物本田宗一郎，并用自己的姓氏作为公司的名称和商标。它的产品除汽车、摩托车外，还有发电机、农机等动力机械产品。公司总部在东京。

本田于1948年以生产自行车助力发动机,现在,本田公司已经发展成为从小型通用发动机、踏板摩托车乃至跑车等各个领域都拥有独创技术,并不断研发、生产新产品的企业。

本田技术研究所是当今日本乃至世界汽车业的佼佼者。在日本企业界,本田是技术和活力的代名词,也是日本大学生毕业后非常向往的就业目标。

本田公司地经营方法十分灵活,在美国、英国设立有本田分公司。在技术开发和研究上,创始人本田宗一郎舍得花大本钱,因而科技成果颇丰。本田的电子导航仪是世界上最先应用在汽车上的导航装置。

公司1997年进入中国,在中国投资地主要公司:广州本田、东风本田、生产基地分布(中国)广东、湖北。目前,本田在中国共建有11家合资公司和子公司,分别负责汽车、摩托车以及通用事业等多项业务。

2)本田汽车公司标志

"H"是"本田"汽车和"本田"摩托车的图形标志,是"本田"日文拼音"HONDA"的第一个大写字母。本田汽车商标中的字母"HM"是"HONDA Motor"的缩写,在这两个字母上有鹰的翅膀,象征着"飞跃的本田技术和本田公司前途无量。"1960年,"H"标志首次在S500跑车上使用,"H"标志伴随本田赛车。

1969年,本田公司为突出鹰的形象,而使用了纵长的"H"标志。1980年,为了体现本田公司的年轻、技术先进和设计新颖的特点,决定使用形似三弦音箱的"H"标志,该标志把技术创新、团结向上、经营有力、紧张感和轻松感体现得淋漓尽致。如图3-49所示为本田汽车的标志图案。

图3-49 本田汽车标志

3)本田汽车公司旗下品牌

本田公司主要汽车产品有雅阁、思域、时韵、City、讴歌以及本田NSX、S2000等。在中国生产的车型有雅阁、飞度、奥德赛和HONDA-SRV等。

4)本田汽车公司企业文化

本田坚决维护其创始人所倡导的独立行事、快速行动的企业文化,大胆地在全球战略、产品概念以及可持续使用的资源等方面坚持走自己的道路。

"尊重个性",重视每一个人个性的观念,使HONDA形成了推崇员工创造性,自由豁达的企业文化。

作为提供移动文化的厂家,HONDA不仅考虑乘员也考虑行人的安全,致力于生产安全性更高的产品。同时,积极参与安全驾驶普及活动等各种解决交通系统问题的活动,为建设更加丰富的移动文化社会而不懈努力。

3.马自达汽车有限公司

1)马自达汽车公司发展概述

马自达汽车有限公司(マツダ株式会社,MAZDA Motor Corporation)。马自达是用创始人"松田"的拼音MAZDA命名。在香港又译为"万事得",其总部位于日本广岛,是世界上唯一研发和生产转子发动机的汽车公司。主要销售市场包括亚洲、欧洲和北美洲。

马自达公司创立于1920年,它的创始人松田重次郎在广岛从生产葡萄酒瓶木塞起家,该公司原名东洋软木工业公司,1927年改称东洋工业公司。

1931年,马自达公司以生产三轮载重汽车为起点,开始涉足汽车制造业。1940年开始生产轿车。1967 年和汪克尔公司签订协议,取得转子发动机的生产权。马自达公司就对其进行了技术研究和改进,研制成功了电子控制 6 进气口的转子发动机。这种发动机采用微机控制发动机负载状态,自动调整怠速装置和废气再循环装置,使发动机工作平稳,从而降低油耗,减少废气的排出。

由于马自达汽车有限公司长期的极度追求产量、产品技术和市场扩张,在持续的巨额投资后,又恰逢 20 世纪 90 年代初日本出现经济泡沫,1995 年,该公司首度出现经营性巨额亏损并一度名列日本第二亏损企业,年度亏损最高达 1552 亿日元,而此种亏损一直持续了 6 年。此时,占有马自达公司 20% 股份的合作伙伴福特公司向其伸出了援助之手。2002 年 5 月,继承了马自达品牌内在精神的 M6 问世。在日本市场一露面,它就受到了日本各界人士的青睐,短短的两个月时间创造了销售 10000 辆的突出业绩。M6 在竞争十分激烈的欧洲市场上也一路领先,创造了有史以来最好的 3.6 万辆的销售业绩,令欧美的汽车制造商和经销商大为震惊。

由于受全球金融危机的影响,2008 年 11 月 18 日,福特汽车公司宣布将出售马自达汽车 20% 的股份,然而就在宣布这项决定的第二天,马自达宣布将回购原本属于福特的 6.8% 马自达股份,这使得福特所持马自达汽车股份从 33.4% 骤降为 6.6%,2010 年,福特更是将手中的马自达股票进一步进行出售,最终仅剩 3.5%,目前,马自达的头号股东是美国大通曼哈顿银行与日本三井住友银行,它们均持有马自达汽车公司 7% 左右的股份,马自达股东组成的复杂程度可想而知。

1992 年以后,马自达尝试进入中国市场,一汽海南马自达开始投入运转,并推出了福美来、普利马两种车型,在 2005 年推出马自达 3,2006 年与海南马自达汽车有限公司的合作终止。

2)马自达汽车公司标志

"MAZDA"的释义:先知琐罗亚斯德在西亚波斯创立了一种古老宗教,劝导人崇拜创造主为善之源,要求人有善良的思想、言词和行动,并且放弃邪恶。该宗教体系中有一个神明名叫"Ahura Mazda 阿胡拉·马兹达"。松田重次郎即以此作为公司名称,并有追逐光明、善良之意。还有一说"MAZDA"是创造铁器和古车轮文明的巨神,具有聪明、理性和协调之意。

马自达公司与福特公司合作之后,采用了新的车标,椭圆中展翅飞翔的海鸥,同时又组成"M"字样。"M"是"MAZDA"第一个大写字母,预示着公司将展翅高飞,以无穷的创意和真诚的服务,迈向新世纪。图 3-50 所示为马自达汽车的标志图案。

图 3-50 马自达汽车标志

3)马自达汽车公司旗下品牌

rx5、rx7 和 rx8 款式跑车;M3、M6。

4)马自达汽车公司企业文化

以卓越的技术和固有的创造性为基础,通过提供令用户满意的商品和服务,努力成为一个能够赢得信赖的汽车厂商。

马自达将继续致力于提供充满"激情",让人"一见倾心、驾乘愉悦、爱不释手"的产品,努力实现汽车、人类和地球环境的和谐统一,确保未来的可持续性发展。

四、法国著名汽车公司

法国汽车以其浪漫、富有艺术气质的设计而著称。法国车的最大特点是在欧洲设计理念的平台上,突出人性化。在外形设计上,法国车讲求大幅度的倾斜线条,这使法国车生动活泼、创新以及追求个性。

法国汽车的历史开始于18世纪末的1890年,由阿尔芒·标致创立的标致公司生产。法国著名的汽车公司有雷诺汽车公司,标致汽车公司,雪铁龙汽车公司。100多年来,法国汽车驰骋世界,法国汽车也工业取得了的辉煌的成就。法国汽车从来就是法国人民的骄傲,如今法国汽车已走进中国,并开始了与中国汽车集团的合作。

1. 雷诺汽车公司

1)雷诺汽车公司发展概述

雷诺汽车公司以创始人路易斯·雷诺(Louis Renault)的姓氏而命名。建立于1898年,总部在法国布洛涅 – 比扬古。由路易斯·雷诺和他的兄弟马塞尔·雷诺及费尔南·雷诺三兄弟所创。路易斯负责车辆的制造和设计,他的兄弟则负责公司经营。当时工厂只有6名工人,一年仅生产6辆汽车。但路易斯·雷诺在创业的过程中充分发挥了他在机械方面的天赋,发明了直接传动系统和涡轮增压器。1900年雷诺公司在巴黎 – 柏林等车赛中接连获胜而名声大振,公司开始发展。1907年雷诺生产的出租车出现在伦敦和纽约街头。1914年雷诺公司形成了大规模生产。

在第一次世界大战时(1914—1918),雷诺拓展到军火制造,包括军机和坦克。雷诺更在此时成为世界领先的飞机发动机制造商之一。雷诺在军火制造的成功也受到了同盟国的肯定,他们认为其胜利来自于雷诺优异的后援。在一战结束之后,雷诺成为法国第一大私人企业。

第二次世界大战期间,雷诺为德国法西斯生产武器和军火,1944年9月被法国政府接管,路易斯·雷诺被惩处。1945年被收归国有,由政府委派董事长,组成管理机构,并改用现名。从1970年起,公司允许雇员购买公司股票,但最高不能超过25%。此后,公司迅速恢复和发展,逐步实现了经营多样化。目前,雷诺公司是法国第二大汽车公司,主要产品有雷诺牌轿车、公务用车及运动车等。图3-51所示为雷诺风朗轿车。

图3-51　雷诺风朗轿车

20世纪80年代初雷诺公司发展迅猛,然而高速发展导致债台高筑,亏损严重。从1985年起,雷诺公司进行了一系列企业改革,推行了全面质量管理。并适时推出了适销对路的多用途单厢车Espace,也就是现今MPV车的鼻祖,使雷诺公司再次起死回生,并于1987年起重新盈利。从1992年起,雷诺重新成为私营企业,雷诺便自己制造发动机。

1999年,雷诺公司收购了日产汽车44.4%的股份,日产则持有雷诺15%的股份,2002年3月又在交叉持股基础上,设立了雷诺 – 日产有限公司,现已跻身于全球第五大汽车制造集团。

2010年4月7日,雷诺 – 日产与戴姆勒宣布建立战略联盟,交叉持股3.1%,戴姆勒将获得雷诺3.1%的股份和日产3.1%的股份。之后雷诺将所持1.55%的股份交换日产2%的股份。因此,雷诺和日产最终将分别获得戴姆勒1.55%的股份。合并后形成的戴姆勒雷诺 – 日产联盟有望节约数十亿欧元的成本,车型平台的共同开发、研发、包括在动力系统技术上的共享,都将实现成本的下降。

雷诺汽车公司在2013年度《财富》世界500强公司排名184,雷诺现有12款车型荣获欧盟新车评估组织(Euro NCAP)最高五星安全评价。

2)雷诺汽车公司标志

雷诺汽车标志是四个菱形拼成的图案,象征雷诺三兄弟与汽车工业融为一体,表示"雷诺"能在无限的(四维)空间中竞争、生存、发展。图3-52所示为雷诺汽车的标志图案。

图3-52 雷诺汽车标志

3)雷诺汽车公司旗下品牌

雷诺、达契亚、雷诺三星、雷诺－日产等品牌。

在华企业:东风日产、三江集团。

4)雷诺汽车公司汽车品牌简介

(1)雷诺(Renault)。雷诺汽车公司于1899年制造了一辆轻型四轮车。其主要产品有雷诺牌轿车、公务用车及运动车等。

(2)达契亚(DACIA)。达契亚汽车公司是罗马尼亚目前最大的汽车制造企业。创立于1968年,由科利巴希-皮特什蒂汽车厂(达契亚公司)建成。达契亚公司于1969年获准开始生产雷诺12型汽车的本地版,取名达契亚1300,该系车和后来的1310的生产一直持续了35年。1999年,雷诺出资5000万美元,正式收购罗马尼亚达契亚51%的股份,现已成为该国最大汽车公司。

2004年,达契亚公司推出一款家用经济型轿车—洛根深受东欧、俄罗斯以及南美的欢迎。近年来,雷诺将达契亚定位为低价位、高性价比品牌。在雷诺成熟的技术平台支持下,达契亚制作低成本的车型,主攻低端市场,并先后发布了Logan的MCV多功能车型、Van客货两用车型和皮卡车型。2010年前后,达契亚再推桑德罗跨界和达斯特两款全新车型,以开拓全新的细分市场。图3-53所示为达契亚汽车的标志图案。

图3-53 达契亚汽车标志

5)雷诺汽车公司企业文化

创新以及追求个性,改革及适销对路的产品。

2.标致汽车公司

1)标致汽车公司发展概述

1848年,阿尔芒·别儒家族在法国巴黎创建了一家工厂,主要生产拉锯、弹簧和齿轮等。1882年以生产自行车和三轮车为主,直到1891年才开始涉足汽车领域。1896年,别儒在蒙贝利亚尔创建了标致汽车公司。由于不断采用新技术,推出了自己的发动机,公司的产量与日俱增。到第一次世界大战前,产量已超过法国所有的汽车生产厂家,达到1.2万辆。

1914—1918年,阿尔芒·标致及时调整经营战略,公司转型为主要的武器和军车生产商,包括自行车、坦克和炮弹。战后,汽车的生产又重回正轨,在1939年其年产汽车达4.8万辆。标致汽车公司的第二次大发展时期是二战后的20世纪50、60年代,汽车产量在20年间猛增十几倍,一跃成为法国第二大汽车公司。

1976年标致汽车公司吞并了法国历史悠久的雪铁龙汽车公司,从而成为世界上一家以生产汽车为主,兼营机械加工、运输、金融和服务业地跨国工业集团。

20世纪80年代,标致公司和中国合作在广州建立合资企业,将标致504、505型汽车输入到中国。标致采取了 CKD 产品组装方式,市场运作也比较保守,不愿意建立自己的营销网络。在企业管理上,当时中法双方的员工都以各自的方式工作,缺乏沟通和信任,企业最终走到了末路。图3-54所示为标致 508 轿车。

法国人的浪漫和高傲使得他们的一些决定显得有些犹豫和优柔,标致的问题同样暴露在雪铁龙身上。富康的成功本就显得有些晚,而就在富康刚刚开始打开局面的时候,神龙公司想要引进新产品来扩充产品线,可由于对市场地不确定和对合作方的不够信任,法方没有同意,耽误了新产品转型更新。

图 3-54　标致 508 轿车

2)标致汽车公司标志

"标致"(PEUGEOT)曾译名为"别儒",公司采用"狮子"作为汽车的商标。

"标致"的商标图案是蒙贝利亚尔创建人别儒家族的徽章。据说别儒的祖先曾到美洲和非洲探险,在那里见到了令人惊奇的动物——狮子,为此就用狮子作为本家族的徽章。后来,这尊小狮子又成为蒙贝利亚尔省的省徽。

"标致"这尊小狮子非常别致有品味,它那简洁、明快、刚劲的线条,象征着更为完美、更为成熟的标致汽车。这独特的造型,既突出了力量又强调了节奏,更富有时代气息。古往今来,狮子的雄悍、英武、威风凛凛被人们视为高贵和英雄,古埃及的巨大雕塑"斯芬克斯"就是人首狮身,以代表法老的威严和英武。所以,标致汽车公司为使用"狮子"商标而感到自豪。

狮子成为标致品牌的象征,从首饰匠最初的草图到今天,发生了许多变化。过去象征着标致锯条的质量,现在代表了一个追求高质量无止境的企业。图 3-55 所示为标致汽车的标志图案。

图 3-55　标致汽车标志

3)标致汽车公司旗下品牌

标致、雪铁龙 AX、BX、CX、ZX 系列,还有雪铁龙 TDR 等。

4)标致汽车公司旗下品牌简介

(1)标致。标致车型的命名采用 x0y 格式。x 表明汽车的大小(也就是级别),y 表明型号(数字越大,型号越新)。因此,一部标致 406 肯定比一部标致 305 更大更新。这一通用规则也有例外。例如标致 309(Simca 的车型编号)就比 306 更老些。另外,一些例外都是因为车型改进款,如 206 sw,它的大小基本和 4 系列的车相同。

(2)雪铁龙。雪铁龙汽车公司创立于 1915 年,创始人是安德烈·雪铁龙。主要产品是客车和轻型载货车。雪铁龙公司创立之初,正是第一次世界大战最酣之时,因而其产品主要是炮弹和军事设备。直到一战结束之后,公司才开始从事汽车制造活动。1934 年生产出法国第一辆前轮驱动汽车。雪铁龙公司是法国最早采用流水线生产的公司,因而在它成立仅仅 6 年,年产量即突破 10 万辆。

在 1924 年和 1931—1932 年,安德烈·雪铁龙组织了雪铁龙汽车"亚洲之行"和"非洲之行",又称"黄色旅行"和"黑色旅行",使雪铁龙汽车名扬世界,销量也随之大增。1975 年,雪铁龙汽车公司年产量已达 70 万辆。法国人生性开朗,爱赶时髦,喜欢新颖和漂亮,"雪铁龙"轿车就表现了法兰西这种性格,每时每刻都在散发着法国的浪漫气息。

1976 年雪铁龙公司加入标致集团,成为法国标致—雪铁龙集团成员之一,但它仍然有很大

图3-56 雪铁龙汽车标志

的独立性,其经营活动仍然由自己把握。雪铁龙公司有13个生产厂家和一个研究中心,其中阿尔内·色·布瓦是欧洲最先进的汽车厂。该厂采用计算机控制,机器人操作,可日产汽车900辆。1991年雪铁龙和中国二汽合资兴建神龙汽车公司,ZX车输入中国。

1900年,安德烈·雪铁龙发明了人字形齿轮。1912年,安德烈·雪铁龙开始用人字形齿轮作为雪铁龙公司产品的商标。图3-56所示雪铁龙汽车的标志图案。

五、意大利菲亚特汽车公司

意大利是一个极度美丽的半岛国家,它既有悠久的历史、古老的文明,又是当今世界最发达的7大工业国之一。意大利曾哺育了斯巴达克斯、但丁、米开朗基罗、达·芬奇、伽利略、马可·波罗等伟大的人物。也成就了一代伟大的汽车设计大师。罗马的古迹、米兰的工业、佛罗伦萨的雕刻、绘画、威尼斯水城的贡多拉、都灵的菲亚特汽车、热那亚的港口、比萨的斜塔、西西里和撒丁岛的民俗风情吸引着无数的人。

意大利人有着法国人浪漫、时尚的嗅觉,但比法国人更奔放和没有禁忌,设计中以豪放、洒脱的表现和外形吸引顾客。这里荟萃了世界上大部分专业设计室,是全世界造型设计工作者所膜拜的神圣殿堂,世界上许多名车的车身设计往往都出自意大利设计师的灵感之作。

他们把创造性和制造才能完美地结合在一起,以奇异的职业才能和热情的合作态度,向世界各国汽车制造业提供外形精美绝伦的车身。从1899年意大利汽车工业开始起步至今的100多年里,意大利人创造了许多的汽车神话和不朽的汽车品牌,如法拉利、菲亚特、阿尔法·罗密欧、玛莎拉蒂等,使一个古老的民族在驾驭运动的过程中成就了一部用激情写成的神话与速度的历史。

1.菲亚特汽车公司发展概述

菲亚特,意大利语全称是:Fabbrica Italiana di Automobili Torino。FIAT是该公司缩写的译音。菲亚特是意大利著名汽车制造公司,成立于1899年7月,总部位于意大利北部之都灵。菲亚特的第一家工厂1900年在但丁街(Corso Dante)落成,当时拥有150名工人,12000m² 厂房。就在这一年,菲亚特生产了30辆汽车。1902年,菲亚特有了自己的第一辆赛车。

菲亚特是世界上第一个生产微型车的汽车生产厂家,现任董事长是创始人的长孙和他同名,也叫乔瓦尼·阿涅利。除主营汽车外,集团还经营商用车辆、农用机械和建筑机械、冶金、零部件、生产系统、航空、出版通信、保险和相关服务,共涉及十大领域。

菲亚特垄断着意大利全国年总产量的90%以上的汽车生产量,因此,菲亚特被称为意大利汽车工业"晴雨表",菲亚特牌汽车被喻为"意大利车"。其造型特点:紧凑楔形造型、线条简练、优雅精巧、极富动感、充满活力,处处显现拉丁民族那热情、浪漫、机敏、灵活的风格。所以,"菲亚特"轿车造型总是引导世界汽车造型的潮流。图3-57为菲亚特派力奥微型轿车。

图3-57 菲亚特派力奥

1999年4月进入中国,在中国合作的主要公司南京菲亚特生产地。车型蓝旗亚、多宝、熊猫、派力奥、西耶那、依维柯等。目前,菲亚特在中国市场与广汽集团建立了合资公司。

2. 菲亚特汽车公司标志

菲亚特公司的标志几经变迁,1899 年,阿涅利在意大利西北城市都灵创建菲亚特公司,开始采用盾型商标。

1906 年,开始采用公司的全称 4 个单词的第一个大写字母"F. I. A. T"为商标。"FIAT"在英语中具有"法令"、"许可"的含义,因此在客户的心目中,菲亚特轿车具有较高的合法性与可靠性,深得用户的信赖。

1918 年,公司决定不用大写字母或在字母间不加标点书写。

1921 年,曾经使用过圆形商标;1931 年,开始使用在方形中含有"FIAT"字样的商标。

1980 年开始使用 5 根短柱斜置平行排列的新商标。

为统一车头上的字体,现在菲亚特车头标志都是采用现在的矩形商标。图 3-58 所示为菲亚特汽车的标志图案。

图 3-58　菲亚特汽车标志

3. 菲亚特汽车公司旗下品牌

菲亚特、蓝旗亚、阿尔法·罗密欧和玛莎拉蒂 4 大轿车品牌。法拉利也是菲亚特的下属公司,但它是独立运作的。

商用车品牌有菲亚特、依维柯。

4. 菲亚特汽车公司品牌简介

1)蓝旗亚

文森佐·蓝旗亚生于 1881 年,早年受雇于都灵的切拉诺汽车厂。后来切拉诺汽车厂被菲亚特公司接管,蓝旗亚也随之转入菲亚特公司。1906 年蓝旗亚离开菲亚特公司,同年,文森佐·蓝旗亚在都灵开设了自己的汽车工厂,命名为蓝旗亚公司。

蓝旗亚创业之初主要生产赛车。1922 年开始生产的蓝旗亚·兰伯达轿车,它首次采用了承载车身结构、独立前轮悬挂、承载式底盘、全金属车身,奠定了现代轿车的构造模式,为汽车发展做出了重大贡献。

二战后蓝旗亚公司状况不断恶化,1955 年蓝旗亚公司被一名意大利企业家收购。1969 年菲亚特公司买下了蓝旗亚公司后,蓝旗亚公司专注于高档轿车、跑车的生产,其产品在欧美各国受到欢迎。

图 3-59　蓝旗亚汽车标志

蓝旗亚汽车标志有双重意义,一是取自公司创始人之一维琴佐·蓝旗亚的姓氏;二是"蓝旗亚"在意大利语中解释为"长矛"。骑着高头大马,手持挂旗子的长矛者,便是中世纪意大利骑士的主要特征。最早的标志是在旗子的后面加上车轮形状的图案,20 世纪 50 年代才把图案置于盾形框架之中。该标志以长矛画面为主题,代表了企业不畏艰难的拼搏精神,加上旗帜上的"LANCIA",简洁地体现了"蓝旗亚"的全部意义。图 3-59 所示为蓝旗亚汽车的标志图案。

2)阿尔法·罗密欧

阿尔法·罗密欧(Alfa Romeo)是意大利著名的轿车和跑车制造商,创建于 1910 年,总部设在米兰。其前身最早可追溯至 1907 年由 Alessandre Darracq 在米兰创建的一个汽车公司。1916 年,出身那不勒斯的尼古拉·罗密欧入主该车厂,并将自己的家族姓氏融入车厂名称中,从而成为今日的阿尔法·罗密欧。1986 年公司被菲亚特集团(FIAT)收购。

阿尔法·罗密欧一开始就以专门生产运动车和赛车而闻名,这些车由意大利著名设计师设计,有浓烈的意大利风采、优雅的造型和超群的性能,在世界车坛上一直享有很高的声誉。

图 3-60　阿尔法·罗密欧 4C 跑车

而在轿车领域,阿尔法旗下轿车有着强烈的跑车风格,尤其这些年来,阿尔法淡出各项赛事,但是却更专注于将赛车制造技术工艺运用到轿车的设计生产上面。图 3-60 所示为阿尔法·罗密欧 4C 跑车。

1910 年,当阿尔法·罗密欧创立的时候,创立者综合两种米兰市的标识而创造了一个标志:红色的十字是米兰城盾形徽章的一部分,用来纪念古代东征的十字军骑士,吃人的龙形蛇图案则来自当地一个古老贵族家族(Visconti 家族)的家徽,象征着中世纪米兰领主维斯康泰公爵的祖先击退使城市人民遭受苦难的"龙蛇"的传说。两个代表米兰传统并且在意义上没有关联的标识组合成为一体,成了汽车界最著名的标志之一。

后来被加进去的阿尔法·罗密欧和米兰的字样以及间隔花纹,在百余年的发展历史中也不断发生着细微的变化。最近一次变化发生在 1971 年,龙形蛇变得简洁抽象,阿尔法与罗密欧之间的连字符被取消,最重要的是,米兰(Miland)字样不见了——这是否意味着,某种排外的本土情结正在信息弱化,取而代之的将是一种更加开放的心态。图 3-61 所示为阿尔法·罗密欧汽车的标志图案。

图 3-61　阿尔法-罗密欧
汽车标志

3)玛莎拉蒂

玛莎拉蒂(Maserati)是一家意大利豪华汽车制造商,1914 年 12 月 1 日成立于博洛尼亚。历史上第一辆镶有三叉戟标志的玛莎拉蒂轿车是出现在 1926 年 4 月 25 日 Targa Florio 比赛上。这辆由阿尔菲力驾驶,完全由玛莎拉蒂兄弟们自行设计制造的玛莎拉蒂 Tipo 26 汽车采用 1.5L 直列八缸发动机,最高时速可达每小时 100mile❶。第一次出场,玛莎拉蒂就取得了 Targe Florio 大赛的胜利。后来玛莎拉蒂公司开始生产赛车,在造型设计上,将自己的传统风格与流行款式相结合,在外观造型、机械性能、舒适安全性等各方面,在运动车中都是一流的。

20 世纪 90 年代,为重新跨入世界汽车强国的行列,意大利政府号召国内各汽车公司努力开发新产品,提高生产自动化水平,降低成本,加强国际市场竞争力。并提倡汽车工业内部采用跨公司甚至跨国的联合经营方式,在这种背景下,菲亚特公司于 1993 年收购了玛莎拉蒂公司,但品牌得以保留。4 年后,也就是 1997 年 7 月 1 日,玛莎拉蒂与法拉利车厂合并。3200GT 是两厂合并后生产的第一部跑车,糅合了两大跑车生产厂的传统与科技,凭借其优异性能同乘坐舒适性的完美结合,在后来的法国巴黎汽车展上引起极大轰动,使玛莎拉蒂重新跨入世界顶尖 GT 运动车的行列中。图 3-62 所示为玛莎拉蒂 GT 跑车。

阿尔菲力的弟弟马里奥将玛莎拉蒂标志设计成树叶形底座上放置的三叉戟,设计灵感来源于公司所在地博洛尼亚市市徽海神尼普顿,他手中握有显示其巨大威力的武器——三叉戟,寓示着海神巨大无比的威力。图 3-63 所示为玛莎拉蒂汽车标志的图案。

---

❶　mile:英里,非法定计量单位,1mile = 1609.344m。

图 3-62　玛莎拉蒂 GT 跑车

图 3-63　玛莎拉蒂汽车标志

4）法拉利

法拉利是世界上最著名的赛车和运动跑车的生产厂家。它创建于 1929 年，创始人是世界赛车冠军，划时代的汽车设计大师恩佐·法拉利。公司总部设在意大利赛车之都摩德纳。

法拉利汽车公司的创始人恩佐·法拉利说，他最中意的赛车是他还没有造出来的赛车，他最大的成功是他还没有达到的成功。这位被誉为"赛车之父"的意大利人，他当时驾驶着阿尔法·罗密欧驰骋赛场，屡获胜利，被队友们誉为赛车队的"骑士"。现菲亚特公司拥有该公司 50% 股权，但该公司却能独立于菲亚特公司运营。法拉利汽车大部分采用手工制造，因而产量很低，年产量只有 4000 辆左右。图 3-64 所示为法拉利 599 跑车。

法拉利是永远的赛车品牌，法拉利赛车车身以颜色为红色的最为经典，驾驶它是许多人一生的梦想。

法拉利汽车的标志是一匹跃起的马，在法拉利最初的比赛获胜后，他被战斗英雄弗兰西斯柯·巴拉卡的母亲认出。巴拉卡是个传奇空军飞行员，他曾击落 34 架敌机，他的飞机上画有一个腾马图案。巴拉卡的母亲见到法拉利后拿住儿子的"腾马"纹章对恩佐·法拉利说："法拉利，拿去吧，贴到你车上，它会给你带来好运。"法拉利欣然同意，果如她言，带有"腾马"标志的法拉利赛车连连夺魁。从此，"腾马"便成了法拉利汽车的标志。但在战争即将结束之际，巴拉卡却在 Montello 山谷坠机身亡，从此法拉利就将"腾马"固定为黑色。

法拉利汽车标志的黄底色为法拉利公司所在地摩德纳的城市标志色，标志上部的绿红白 3 色是意大利的国旗色，下部是法拉利的意大利文名和那匹跃起的黑马。法拉利车标伴随着法拉利赛车驰骋赛场、挑战世界，并给车主带来好运。图 3-65 所示为法拉利汽车的标志图案。

图 3-64　法拉利 599 跑车

图 3-65　法拉利汽车标志

5.菲亚特汽车公司企业文化

秉承创造价值、客户满意和发挥人的价值并尊重人是菲亚特集团的3个核心价值观。在菲亚特发展的百年历史中,始终坚持两个战略方针:生产多元化和致力于发展最具潜力的新兴市场。

公司本着"以销定产,以产定购"的原则,不惜工本,采用新技术、新工艺来提高生产率,从原料的采购、进货一直到发货,都有一套科学周密的制度和程序,为公司生产一流的产品提供了保证。

六、英国著名汽车公司

英国汽车,汽车工艺的代表,处处流露出高贵、优雅、灵动、恒久的艺术精髓。而这一切,源自于英国人一直秉承的传统造车技艺——始终以手工进行装嵌。英国汽车工业在100多年里不断创造着传奇。

英国的汽车工业曾催生了很多迄今仍赫赫有名的车厂和品牌,诸如劳斯莱斯、捷豹、迷你、宾利、伏克斯豪尔和英国汽车工业最后的幸存者罗孚、阿斯顿·马丁。

曾经象征英国顶尖品牌的劳斯莱斯、迷你和宾利,已分别归入德国宝马和大众门下;而被誉为"英国汽车教父"的MG(名爵),则成了中国上汽的品牌之一。尽管这些品牌已经在名义上归属其他国家的企业,但后继者依旧不敢随便放弃"传统"。这种坚持,就是对英伦风格的最大认可。显然,这些品牌的根基还在英国。这种"根"的力量,就是英国汽车文化的浓缩。英国汽车史上值得纪念的人物数不胜数,他们无疑都为整个英国汽车工业的前进做出了贡献。

1.劳斯莱斯汽车公司

1)劳斯莱斯汽车公司发展概述

劳斯莱斯(Rolls – Royce)1906年成立于英国,Rolls – Royce出产的轿车是顶级汽车的杰出代表,以豪华而享誉全球。除了制造汽车,劳斯莱斯还涉足飞机发动机制造领域,它也是世界上最优秀的飞机发动机制造者,著名的波音客机用的就是劳斯莱斯的发动机。2003年劳斯莱斯汽车公司被宝马(BMW)接手。

1904年曼彻斯特的工程师罗伊斯造出了他的第一批3辆汽车,他的一名身为英国皇家汽车协会会员的商业伙伴把这一消息告诉了其同会会员兼营汽车销售的赛车手——英国贵族罗尔斯。

图3-66 劳斯莱斯银色幽灵轿车

罗尔斯对此极感兴趣,很快前往曼彻斯特。参观了罗伊斯的汽车后,罗尔斯立刻感到这种汽车魅力无穷,日后一定有发展前途,与罗伊斯会面后,两人决定共同组建汽车公司,罗伊斯负责设计和生产,罗尔斯负责销售,汽车的名字就叫"劳斯莱斯"(另译为:罗尔斯-罗伊斯),1906年劳斯莱斯汽车公司正式建立。1907年他们推出了行驶噪声极低,简直就像幽灵一样的新车,后来被人称之为"银色幽灵",这是最早使用Rolls – Royce商标的汽车。图3-66所示为劳斯莱斯银色幽灵。

罗尔斯和罗易斯两人的出身、爱好、性格完全不同,但对汽车事业的执着和向往,使他们成为一对出色的搭档。罗尔斯大胆、有魄力,还有雄厚的财力,而罗易斯幼时的磨难使他养成了在工作中脚踏实地的好习惯,并在技术上总是追求精益求精。各有所长的互补,使他们的公司终于日益发达起来。

劳斯莱斯汽车公司是一个以"贵族化"汽车享誉全球的公司。劳斯莱斯年产量只有几千辆，连世界大型汽车公司产量的零头都不够。但从另一角度看，却物以稀为贵。劳斯莱斯轿车之所以成为显示地位和身份的象征，是因为该公司要审查轿车购买者的身份及背景条件。曾经有过这样的规定，只有贵族身份才能成为其车主。

劳斯莱斯汽车公司生产3种系列的轿车，各有不同的销售对象。黑蓝色的银灵系列卖给国家元首、政府高级官员、有爵位的人；中性颜色银羽系列卖给绅士名流；白、灰浅色银影系列卖给一般企业家、大富豪。

劳斯莱斯轿车性能可靠，质量超群。特别值得一提的是它讲究豪华的车内装饰，车内宽敞舒适。

2）劳斯莱斯汽车公司标志

劳斯莱斯汽车的标志图案采用两个"R"重叠在一起，象征着你中有我，我中有你，体现了两人融洽及和谐的关系。

劳斯莱斯的标志除了双R之外，还有著名的飞翔女神标志。这个标志的创意取自巴黎卢浮宫艺术品走廊的一尊有两千年历史的胜利女神雕像，她庄重高贵的身姿是艺术家们产生激情的源泉。当汽车艺术品大师查尔斯·塞克斯应邀为劳斯莱斯汽车公司设计标志时，深深印在他脑海中的女神像立刻使他产生创作灵感。于是一个两臂后伸，身带披纱的女神像飘然而至。图3-67所示为劳斯莱斯汽车的标志图案及女神塑像。

图3-67　劳斯莱斯双R和飞翔女神汽车标志

3）劳斯莱斯汽车公司旗下品牌

劳斯莱斯系列产品。

4）劳斯莱斯汽车公司企业文化

劳斯莱斯创始人罗伊斯说过："车的价格会被人忘记，而车的质量却长久存在"。

新款劳斯莱斯幻影在这一理念的引导下，糅合现代科技、配合劳斯莱斯品牌永恒的价值，在21世纪重新诠释了其显赫的地位和价值。

2. 罗孚汽车公司

1）罗孚汽车公司发展概述

罗孚，意思为流浪者或领航员。罗孚汽车公司诞生于1904年，之前，罗孚一直生产自行车。1904年，位于英国考文垂的工厂驶出了第一辆罗孚汽车。这辆车后来被命名为罗孚8。现代汽车的很多特点都在这辆车中出现，最典型的特点就是中央骨架底盘。

1928年爆发的经济危机让罗孚也陷入了困境，虽然当时罗孚销售的车型较多，但是也同样被经济危机所折磨。第二次世界大战在中断罗孚汽车制造发展进程的同时，却暗藏改变其日后发展的契机。战争中罗孚一度被转为军工工厂。二战后，罗孚位于考文垂的工厂变成了一片废墟，作为补偿，罗孚无偿地得到了研究飞机发动机时的Solihull工厂。

二战后，罗孚在P3型轿车的基础上增加了四轮驱动和多功能车身，这就是世界闻名的越野车路虎（Land Rover）的第一辆车。

1967年罗孚P5开始作为英国皇室、首相及罗马梵蒂冈所钟爱的座驾，甚至女王也选其作为私人驾乘，罗孚开始和劳斯莱斯等名车并驾齐驱。

1968 年英国汽车公司联手捷豹、利兰成立利兰汽车集团后，罗孚与凯旋、捷豹合并为专业高端汽车制造厂。

1970 年成功推出 Range Rover(揽胜)，"路虎"得以确认在四轮驱动车中的豪华地位。

1975 年利兰集团被收为国有，8 年后奇迹般地出现盈利，但好景不长，1986 年的赤字高达 25.5 亿英镑。此后包括捷豹在内的许多子公司被出售。

1988 年利兰集团被英国航空公司买下，次年利兰正式更名为罗孚集团。在被英国航空经营 6 年后，1994 年罗孚又被德国宝马公司接管。当时罗孚集团的产品分为越野车、轿车和 MG 跑车 3 类。罗孚"75"是宝马接管罗孚后的第一辆全新系列车型。2000 年 3 月福特汽车公司向宝马集团支付 30 亿欧元，以购买其旗下路虎越野车系。宝马最终以象征性的 10 英镑，将罗孚汽车和 MG 汽车送给英国凤凰投资控股公司，同时还答应提供 4.27 亿英镑的长期无息贷款，宝马只留下了 MINI。

2001 年，几经转手的罗孚又回到了英国，同时新的 MG - Rover 集团成立，罗孚终于可以作为一家英国公司而独立经营。但时过境迁，此时的罗孚已经是个奄奄一息的百年老人。

2003 年，罗孚与印度 TaTa 合作推出 City Rover。

2005 年 7 月 22 日罗孚资产托管人英国普华永道公司发表公告称，中国南京汽车集团(简称南汽)正式成为英国百年老厂罗孚汽车公司的 MG(名爵)和其发动机生产分部的买家。

在中国，收购了 MG(名爵)的南汽被上汽收购，罗孚 75 以及罗孚的后续车型只能以中国的自主品牌"荣威 Roewe"在中国进行销售。

2)罗孚汽车公司标志

罗孚是北欧的一个民族，由于罗孚民族是一个勇敢善战的海盗民族，所以罗孚汽车商标采用了一艘海盗船，张开红帆象征着公司乘风破浪、所向披靡的大无畏精神。图 3-68 所示为罗孚汽车公司的标志图案。

3)罗孚汽车公司旗下品牌

罗孚汽车及 MG 跑车。MINI(现归宝马名下)、路虎和捷豹(现归属塔塔名下)、MG 名爵(现归属上汽名下)。

图 3-68　罗孚汽车标志

4)罗孚汽车公司企业文化

罗孚汽车秉持"为制造世界一流的汽车而努力"的一贯造车理念，接受各种严酷的考验，依然灿亮如恒。正如扬威北海的维京战士，坚守战阵，宁死不退。

3.阿斯顿·马丁汽车公司

1)阿斯顿·马丁汽车公司发展概述

阿斯顿·马丁(Aston Martin)汽车公司是英国豪华轿车、跑车生产厂。建于 1913 年，创始人是莱昂内尔·马丁和罗伯特·班福德。公司设在英国新港市。

马丁是一个有钱的赛车手，班福德是一名工程师。1913 年两人合作开始制造高档赛车，公司当时的名称是马丁·班福德公司，1914 年他们生产出自己的第一辆汽车。马丁曾驾驶自己制造的赛车在阿斯顿·克林顿山举行的山地汽车赛中获胜，为了纪念胜利，1923 年马丁把他的公司和产品都改名为阿斯顿·马丁。胜利带来荣誉并没能带来利润，公司业绩不佳被反复转卖。1947 年公司被卖拖拉机制造商戴维·布朗收购，到 20 世纪 60 年代阿斯顿·马丁曾有过一个辉煌的时期，但好景不长，公司很快又陷入了困境，负债累累。1972 年戴维·布朗不得不把占有了 25 年的阿斯顿·马丁公司出售。在这之后，阿斯顿·马丁公司又开始频繁更换主人。

1987年公司终于被美国福特公司相中,收购了75%的股份。1994年7月又收购了其余的股份,从此阿斯顿·马丁和捷豹、陆虎一起,成为福特的"英国豪华车三杰"之一。阿斯顿·马丁跑车的最大特点是马力强大,车型空气动力性能优越,从静止启动加速到时速100km,仅需6s。

2000年时,阿斯顿·马丁迎来了黄金期,Vantage、Vanquish等横空出世,创下惊人的销量。但是,金融风暴的侵袭使得福特公司不得不于2007年将其出售给了由英国企业家David Richards所主掌的一家财团。2008年,阿斯顿·马丁离开了福特,再次独立经营。图3-69所示为阿斯顿马丁DB9跑车。

2)阿斯顿·马丁汽车公司标志

阿斯顿·马丁汽车标志为一只展翅飞翔的大鹏,喻示该公司像大鹏鸟一样,具有从天而降的冲刺速度和远大的志向。图3-70所示为阿斯顿·马丁汽车的标志图案。

图3-69　阿斯顿马丁DB9跑车　　　　图3-70　阿斯顿·马丁汽车标志

3)阿斯顿·马丁汽车公司旗下品牌

阿斯顿·马丁系列One－77、DB7、DB9跑车,阿斯顿·马丁Vanquish百年纪念版。其中DB7是该公司的拳头产品,具有浓郁的英国古典气质。

4)阿斯顿·马丁汽车公司企业文化

阿斯顿·马丁一如既往的坚持手工制作,同时借助高科技的手段和工艺,这份坚持与信念源自1914年公司开创伊始,其创始人马丁由莱昂内尔·马丁和罗伯特·班福德坚信每一辆赛车都应该有与众不同的自我个性。他们坚持赛车的制作应该遵循最高的标准,愉悦驾驶和拥有。

七、瑞典著名汽车公司

瑞典是被公认的最具有先进创新能力的国家,同时也是诸多全球创新研究报告排名中的佼佼者。特别值得一提的是,瑞典在研发方面的投资巨大,极富创造性,并对新观点持开放的态度。但他们对于造车来说,确实一丝不苟,把安全放在第一位。

沃尔沃的创始人曾说过:"安全。现在是这样,以后还是这样,永远都将如此"。瑞典制造的轿车在世界上有口皆碑的就是超群的安全性能。

1.沃尔沃汽车公司

1)沃尔沃汽车公司发展概述

"沃尔沃"(VOLVO),瑞典著名汽车品牌,又译为富豪,该品牌汽车是目前世界上最安全的汽车。

沃尔沃的创始人瑞典人古斯塔夫·拉森和亚沙·盖布列森原本都服务于瑞典知名滚珠轴承制造厂SKF,其中拉森是工程师,而盖布列森则是经济学出身的国际行销部门经理。由于两人对汽车的前瞻性与热情,携手合作在1925年9月时成功说服SKF的董事会,借到了该公司位于特斯兰大的厂房进行试作车的组装,并且在 1926 年 8 月 10 日获得授权,正式开始新车量产。而沃尔沃第一款产品,是 1927 年 4 月 14 日上市的 Volvo ÖV4 型敞篷车。由于销售表现优秀规模越来越大,沃尔沃在 1935 年时正式脱离母公司 SKF,独立成为沃尔沃公司继续营运。

沃尔沃汽车以质量和性能优异在北欧享有很高声誉,特别是安全系统方面,沃尔沃汽车公司更有其独到之处。美国公路损失资料研究所曾评比过 10 种最安全的汽车,沃尔沃荣登榜首。

自公司于 1927 年成立至今,沃尔沃已推出大量具有前瞻性的安全发明。20 世纪 40 年代推出安全车厢笼架和胶合式安全风窗玻璃。

在沃尔沃所有的发明中,最突出的是 1959 年首推的三点式安全带,它被公认为是人类历史上,挽救了最多生命的技术发明之一。至今,这项挽救过无数生命的创新发明被应用在全球每一辆汽车上。沃尔沃还创造了 ABS 防抱死制动系统、安全气囊等众多安全保护装置,在安全领域独领风骚。

图 3-71　沃尔沃 S80 轿车

沃尔沃公司的产品包罗万象,但主要产品仍然是汽车。1999 年福特汽车公司以 64.5 亿美元收购沃尔沃汽车。2006 年 3 月 20 日,沃尔沃汽车公司宣布在位于重庆的长安福特工厂生产沃尔沃 S40 轿车。但福特汽车公司在 2008 年时减资 24 亿美元。图 3-71 所示为沃尔沃 S80 轿车。

2010 年 3 月 28 日,浙江吉利控股集团有限公司(简称吉利集团)在瑞典哥德堡与福特汽车公司签署最终股权收购协议,获得沃尔沃轿车公司 100% 的股权以及包括知识产权的相关资产,涉及金额 18 亿美元,已于 2010 年第三季度完成交割。

如今,沃尔沃分为沃尔沃汽车公司和沃尔沃集团两家,沃尔沃汽车公司已由吉利控股,沃尔沃集团独立运营。

沃尔沃集团包含沃尔沃卡车、雷诺卡车、马克卡车、UD 卡车、沃尔沃客车、沃尔沃建筑设备、沃尔沃遍达公司、沃尔沃航空航天公司以及沃尔沃金融服务。

2)沃尔沃汽车公司标志

1915 年 6 月,"VOLVO"名称首次出现在 SKF 一具滚珠轴承上,并正式于瑞典皇家专利与商标注册局注册成为商标。从那一天起,SKF 公司出品的每一组汽车用滚珠与滚子轴承侧面,都打上了全新的 VOLVO 标志。

VOLVO 标志由 3 部分图形组成:

第一部分的圆圈代表古罗马战神玛尔斯,这就是铁元素的古老化学符号,里面有一支箭的圆圈,箭头呈对角线方向指向右上角。这个标志长期以来一直被包括瑞典在内的世界各国看成是钢铁工业的象征。

第二部分是对角线,在散热器上设置的从左上方向右下方倾斜的一条对角线彩带。这条彩带的设置原本出于技术上的考虑,用来玛尔斯符号固定在格栅上,后来就逐步演变成为一个装饰性符号而成为 VOLVO 轿车最为明显的标志。

第三部分是沃尔沃公司注册商标,是采用古埃及字体书写的 VOLVO 字样。

在 1927 年制造成功的首辆汽车上,就完整地显示了公司的全部标志。此车标自第一辆沃尔沃轿车开始一直沿用至今,成为沃尔沃公司轿车与众不同的明显标志。此外,在沃尔沃转向盘的中心也可以看到代表铁元素的符号。图 3-72 所示为沃尔沃汽车的标志图案。

3)沃尔沃汽车公司旗下品牌

沃尔沃轿车。

4)沃尔沃汽车公司企业文化

图 3-72 沃尔沃汽车标志

凭借 80 多年的深厚积淀和经典传承,沃尔沃汽车以"品质、安全、环保"的核心价值铸就了享誉世界的沃尔沃品牌,在世界范围内赢得了高度的信任,成就了巨大的号召力。

多年来,沃尔沃积极探寻交通事故成因,积累有关安全驾驶的信息和知识,从而开发出安全性更高的交通运输工具。

在沃尔沃博物馆,创始人格布里森和拉尔森在 1927 年所说的一句话赫然在目:"汽车是人来驾驶的,因此,我们做任何事情的指导原则是,必须把安全放在第一位。"至今,"安全"仍然是沃尔沃汽车的 DNA,成为每一辆沃尔沃汽车最经典的设计标签。

2. 萨博(SAAB)汽车公司

1)萨博汽车公司发展概述

萨博(SAAB),曾在港澳地区译作绅宝,现在是瑞典国家电动车联盟 NEVS 旗下的著名汽车品牌。

1937 年,萨博原先是一家军用飞机制造公司。1946 年,二战结束后,萨博决定转而生产汽车,而航空工业的渊源使得萨博在汽车生产中具备了独特的技术优势。1947 年 6 月,萨博 92 原型车问世。该车配备二冲程发动机、前轮驱动、安全车身,外形如同飞机的机翼。萨博独特的设计和制造技术突破了原有汽车产业的传统模式,促进了一系列汽车工业的革新。1955 年,萨博 93 的设计有了很大的进步,采用了三缸发动机,新型的变速装置和无内胎轮胎。1966 年,萨博 97 开始采用玻璃纤维加塑料作为车身,而原先使用的双冲程发动机被四缸发动机所取代。

1976 年,萨博第一个把来源于航空技术的涡轮增压器应用到汽车上的厂家,成为汽车行业涡轮增压技术的领导者。它使汽车的动力、操纵性和精确度随时处于最佳状态,确保了超车时迅速又安全。

萨博对侧撞防护的研发已连续进行了 25 年之久,全球第一具能降低颈椎受伤程度的主动式保护头枕也是萨博开发出来的。

在 20 世纪 80 年代末期,该公司在经营中遇到了困难,但 9000 系列轿车的推出,以其典雅豪华的造型和多项新技术的采用,仍雄踞世界轿车市场。在销售持续旺盛的情况下,1990 年,美国通用汽车公司购入了萨博汽车公司 50% 的股份,成为最大的控股公司。在此强大的经济与技术支持下,1998 年,萨博 9-3 汽车中,一共有 1100 多项性能得到改进,其中一项双面体侧面安全气囊成为它的标准配置。它也是萨博汽车中,首辆用柴油涡轮增压的汽车。

2000 年,通用汽车公司完全收购萨博汽车公司,并于当年 8 月启用了萨博的新图标。2003 年,推出多功能汽车。2010 年 2 月 1 日,通用正式将萨博汽车以 4 亿美元卖给荷兰世爵汽车,萨博正式易主。

2011 年 12 月 20 日,瑞典地方法院批准了萨博破产申请。

2013 年 1 月 21 日,萨博归入瑞典国家电动车公司。

2）萨博汽车公司公司标志

萨博汽车标志正中是一个红色的鹰头狮身带有翅膀的神话动物头像，头上戴有金色的皇冠，其圆形底部为银色的 SAAB 字母，背景为蓝色。这种动物在瑞典南部的神话中代表着警觉和灵敏，这正符合 SAAB 汽车安全与动力性完全统一的特性。图 3-73 所示为萨博汽车的标志图案。

3）萨博汽车公司旗下品牌

萨博 9 - x 系列（1998 年至今）。

4）萨博汽车公司企业文化

独特的航空背景引导了萨博"以驾驶感受为核心"的理念，这种关注使驾驶者能够通过车辆卓越的操控性能，体验到"人车合一"的非凡感受。对那些具备现代的思想观念和独特个性的人来说，萨博是他们独立而敏锐思想的外延：不断进取、动感十足、审慎。

图 3-73　萨博汽车标志

八、韩国著名汽车公司

韩国车在了解消费者心理和需求方面不亚于日本。没有人不喜欢物美价廉的东西，虽然韩国汽车如今距离世界一流的水平越来越近，但是在发动机、底盘、电子控制和车辆整体操控性能上还有不足之处。韩国车最早为了打消美国消费者的疑虑，率先在美国提出的 10 年 10 万英里超长保用承诺，曾轰动一时。实用和实惠是韩国车取得成功的诀窍。但低价竞争是没有技术含量的，只有品牌的提升才是根本出路。近年来代表厂商现代、起亚越来越重视产品设计，在高端产品和混合动力车上进行有益尝试，并通过全球大型活动赞助来强化品牌好感，不能不说这样的战略思路是一种积极的表现。

今天韩国的汽车工业获得了飞速发展，并形成了以现代、起亚、大宇、双龙公司四足鼎立的市场格局，韩国也一跃成为世界汽车生产大国。二战后，韩国经济的腾飞被视为奇迹，而汽车工业的发展在其中扮演了极为重要的角色。

1. 现代汽车公司

1）现代汽车公司发展概述

现代汽车公司创立于 1967 年，创始人是原现代集团会长郑周永。公司总部在韩国首尔，现任会长是郑梦九（郑周永之子）。

现代汽车公司建厂初期的 1967—1970 年，主要是和美国福特汽车公司合作，引进福特技术组装"哥蒂拉"牌小汽车，同时在 1970 年建成年产 2.6 万辆生产能力的蔚山厂。在 1970—1975 年，现代公司花巨额资金，在公司内进行消化吸收福特技术。

1975 年以后现代汽车公司开始走向世界。1976 年，自己设计生产的福尼牌轿车下线，现代公司走向成熟。20 世纪 80 年代，现代公司垄断了韩国市场和丰田公司分手，与三菱公司结盟，生产小马牌汽车。1986 年，现代公司的超小马汽车投入美国市场，当年即售出 16 万辆，创下汽车业销售奇迹，从而奠定了现代汽车公司的国际地位。

1998 年，现代汽车公司收购起亚（Kia）/Asia 汽车厂以及与 HPI 和 HMS 的合并令现代汽车达到了全球市场中竞争所需的经济规模。

现代汽车在 2012 年度《财富》全球最大 500 家公司排名中名列第 117。

2）现代汽车公司标志

现代汽车公司及其生产的汽车商标，在椭圆中采用斜体字"H"，"H"是现代汽车公司英文名

"HYUNDAI"的第一个大写字母。商标中的椭圆即代表汽车的转向盘，又可以看作是地球，与其间的 H 结合在一起恰好代表了现代汽车遍布全世界的意思。图 3-74 所示为现代汽车的标志图案。

图 3-74　现代汽车标志

3）现代汽车公司旗下品牌

现代汽车、起亚汽车两大品牌，品牌形象有一定差异：起亚定位为运动时尚，现代则走高端内敛的路线。

4）现代汽车公司起亚品牌简介

起亚（KIA）汽车公司是韩国最早的机动车制作商，始建于 1944 年。在 1997 年发生的亚洲金融风暴引发了韩国的金融危机，使得起亚汽车的投资失去可偿还能力，濒临破产后由韩国政府出面，指令现代收购起亚公司。1998 年，起亚汽车公司与韩国最大的汽车公司——现代公司签订了股权转让协定，并且在 2000 年，与现代汽车公司一起成立现代·起亚汽车集团。集团包括现代汽车、起亚汽车和现代零件供应商以及 19 个与集团产业有关的核心公司，在市场上，起亚和现代以两个公司的方式独立运行操作。

图 3-75　起亚汽车标志

起亚的车系基本上已经覆盖了从轿车到 SUV、MPV 的各种车型，其中很多车型多次获得各项殊荣。图 3-75 所示为起亚汽车的标志图案。

5）现代汽车公司企业文化

现代公司始终把企业的创造力作为企业生存的支柱，提供高质量的轿车产品和服务是现代汽车一贯的追求。例如，当现代车抛锚在路边，只要一个电话，售后部门会在第一时间赶到现场，如果确认是车本身的问题，现代的售后会毫无疑义的免费实施维修与维护。

2. 大宇汽车公司

1）大宇汽车公司概况

韩国大宇汽车公司的前身是 1967 年由金宇中创建的新韩公司，后改名为新进公司。1983 年改为大宇汽车公司，它是韩国第二大汽车生产企业。其总部设在韩国首尔，主要产品以轿车和货车为主。

大宇汽车公司建厂之初便与美国通用汽车公司合作生产轿车和 8t 以上货车及大型客车。大宇以出口为目标，在韩国是最早出口汽车的企业。然而，由于经营不善，资不抵债，大宇汽车公司自从其母公司大宇集团在 1999 年破产后一直在巨额债务中挣扎。并且未能在最后期限内偿付对两家债权银行欠下的债务，同时劳工联盟拒绝其裁员的重组计划，于 2000 年 11 月 8 日正式宣布破产。

2002 年 10 月 28 日，通用大宇汽车科技公司（简称通用大宇）在韩国首尔正式宣布成立。10 月 17 日资产转让工作完成。由通用汽车公司、铃木公司、上汽集团和大宇债权人成为通用大宇的股东。在通用大宇公司股份构成中，通用将拥有 42.1% 的股份，大宇公司的债权人拥有 33%，铃木拥有 14.9%，上汽将拥有 10% 的股份。通用大宇的产品将在全球 80 多个国家销售。

2）大宇汽车公司标志

大宇汽车公司使用形似地球和正在开放的花朵标志，大宇标志象征高速公路大动脉向未来无限延伸，表现了大宇的未来和发展意志；椭圆代表世界、宇宙；向上绽开的花朵体现了大宇家族的创造力挑战意识；中部 5 个蓝色的实体条纹和之间的 6 条白色条纹，表示大宇在众多领域无限发展的潜力；蓝色代表年轻、活泼，白色则代表同心协力和牺牲精神。图 3-76 所示为大宇汽车公司的

图 3-76　大宇汽车标志

标志图案。

3）大宇汽车公司所属汽车品牌

大宇。

九、印度著名汽车公司

印度，这片次大陆现在是世界上超过五分之一人口的家乡，在此诞生了最古老和最具影响力的文明，佛教。近年来凭借其骄人的经济增长业绩被列入"金砖四国"。21世纪伊始，印度就已成为国际汽车巨头们竞相涌入的热点国家。

印度汽车工业可以追溯到20世纪40年代，但在1983年以前，由于对内管制、对外封闭，印度汽车产业发展缓慢，1993年，印度政府取消了乘用车的生产许可证制度。1995年之后，韩国现代、美国福特、通用、日本本田、丰田等跨国公司先后在印度投资设厂，并开始建设服务网络。2000年以来，随着政府取消进口数量限制和允许外资100%持股等产业政策的出台，汽车贷款和保险业务日益成熟，企业逐步采用质量和环境管理体系，以及企业研发投入的大幅增长，印度汽车产业进入快速发展阶段。

1.印度塔塔汽车公司发展概述

塔塔汽车公司是印度塔塔集团下属的子公司，成立于1945年，印度最大的综合性汽车公司、商用车生产商。其在1954年的时候与德国戴姆勒-奔驰进行合作，1969年能够独立设计出自己的产品。商用车涵盖2～40t的产品。1999年，塔塔进入乘用车领域。

图3-77　印迪卡汽车标志

从20世纪60年代起其汽车已出口到欧洲、非洲和亚洲等一些国家和地区。TATA的轿车也有较高的知名度，微型轿车印迪卡外形优雅、时尚、价格低，曾在上市短时间内接到超过11万张订单，产品供不应求，创造印度汽车销售的最高纪录。塔塔商用车是印度塔塔集团下属知名度最高的品牌，印度的公路上每10辆卡车里就有7辆来自塔塔。图3-77所示为印迪卡微型轿车。

2008年3月26日，美国福特汽车公司与印度塔塔汽车公司联合宣布，双方已签署协议，塔塔汽车公司以23亿美元现金，收购福特汽车公司旗下捷豹、路虎两大品牌业务，此次收购内容包含捷豹、路虎两大品牌，组装工厂及所有车型的知识产权。

印度塔塔汽车近年来频频推出全球最低价产品、靠大量低收入者消费刺激内需。

2.塔塔汽车公司标志

塔塔公司标志是在象征着地球的椭圆形正中耸立着的一把铁锤，它既是"TATA"的第一个大写字母，又象征普塔塔集团在印度工业中举足轻重的地位。图3-78所示为塔塔汽车的标志图案。

图3-78　塔塔汽车标志

3.塔塔集团旗下品牌

捷豹、路虎、双龙汽车、塔塔微型汽车、4驱动越野车、公共汽车、中型及重型货车等。

4.塔塔集团汽车品牌简介

(1)塔塔纳努。纳努是在 2008 年 1 月 10 日时于新德里汽车展上所发表的新款汽车(624mL、后置发动机、可 5 人搭乘),并且在 2009 年 3 月 23 日在印度开始上市。这种号称"为穷人设计生产"的"全球最便宜汽车",没有空调、电动车窗和助力转向等配置,是全球定价最低的车型,售价为 10 万印度卢比(约 2000 美元),约合人民币 1 万多元。

(2)捷豹。捷豹又称美洲虎,捷豹自诞生之初就深受英国皇室的推崇,从伊丽莎白女王到查尔斯王子等皇室贵族无不对捷豹青睐有加,捷豹更是威廉王子大婚的御用座驾,尽显皇家风范。

捷豹汽车的历史源远流长,可以追溯到 1922 年威廉·里昂斯爵士创造出第一辆摩托车挎斗之时。1932 年,"捷豹(JAGUAR)"的名字首次随着一款完全独自设计制造的全新轿车 SS JAGUAR 面世。1989 年,捷豹被美国福特汽车公司以 40.7 亿美元并购,2008 年 3 月 26 日,福特又以 23 亿美元将捷豹连同路虎售予印度塔塔汽车公司。图 3-79 所示为捷豹 XJR 轿车。

图 3-79　捷豹 XJR 轿车

捷豹汽车标志被设计成一只正在跳跃前扑的"美洲豹"雕塑,矫健勇猛,形神兼备,具有动感强烈与视觉冲击力,它既代表了公司的名称,又表现出向前奔驰的力量与速度,象征该车如美洲豹一样驰骋于世界各地。图 3-80 所示为捷豹汽车的标志图案。

图 3-80　捷豹汽车标志

(3)路虎。路虎曾在中国大陆翻译成陆虎(香港地区称为"越野路华")。1948 年战后,路虎诞生于英国,是由英国罗孚汽车公司的 Spencer 和 Maurice Wilks 兄弟制造出的一款新车型,完美实现了简单实用性与稳定性的结合。这款车很快取得了巨大成功,到 20 世纪 50 年代中期,路虎的名字已成为耐用性和出色越野性能的代名词。无论是军方、从事农业的客户,还是要求苛刻的急救服务行业,都赞叹于路虎的完美品质。当时英国首相温思顿·丘吉尔驾驶的就是路虎。图 3-81 所示为路虎揽胜极光 SUV。

20 世纪 60 年代,四驱车的需求量达到空前水平,路虎公司走在了这一新兴市场的最前端。2008 年,印度塔塔集团从福特手中以 23 亿美元收购了路虎品牌。

兰德-罗孚是全球著名的越野汽车,标志就是英文:Land-Rover。图 3-82 所示为路虎汽车的标志图案。

图 3-81　路虎揽胜极光 SUV

图 3-82　路虎汽车标志

（4）双龙。双龙汽车是韩国第四大汽车生产商,于1954年建立。其前身为创立于1954年的东亚汽车公司,1986年10月并入双龙集团,1988年3月更名为双龙汽车公司。最初双龙是为美军生产吉普车,1976年开始生产特种车辆,是以制造四轮驱动汽车为主,并生产大型客车、特种车、汽车发动机及零配件的著名汽车制造企业。

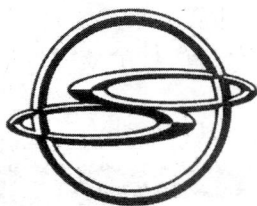

1997年,大宇汽车收购双龙汽车,但后因大宇财团出现财政问题又于2000年被出售。双龙汽车在2004年被上汽集团并购,于2009年结束合作。2010年底,印度企业马辛德拉和双龙达成协议,出资5225亿韩元收购双龙汽车70%股份,成为双龙汽车新东家。图3-83所示为双龙汽车的标志图案。

图3-83　双龙汽车标志

5. 塔塔汽车公司企业文化

"在设计新产品前要明白和了解客户的需求"这一理念已经深入到他们研发的工作中。全球业界巨头都以"新的产品在满足客户需求的同时,还要减少产品自身的缺点和客户的投诉"为立足之本。如今印度塔塔汽车公司为实现其目标而设计一套独特的质量考核系统,不仅指质量管理,更突出了管理质量。

十、俄罗斯著名汽车公司

俄罗斯联邦(Российская Федерация),简称俄罗斯、俄国,是世界上面积最大的国家,绵延的海岸线从北冰洋一直伸展到北太平洋,还包括了内陆海黑海和里海。是欧亚大陆北部的一个国家,地跨欧亚两大洲。

1956年10月,第一辆伏尔加牌轿车组装成功。1958年,配装苏联国产发动机的伏尔加轿车在布鲁塞尔国际工业展亮相,一举夺得最高奖。从此,伏尔加汽车作为苏联和俄罗斯汽车工业的象征扬名世界。苏联时期,曾被广泛地用于社会主义国家的公务用车,在东欧、中国、朝鲜等国也极为常见。配备一辆伏尔加汽车,在当时是一种身份与地位的标志。

"苏联"时期的高级定制轿车——吉斯、吉姆、海鸥,它们的共同特点是:宽大舒适,动力充沛,配置豪华且不作为社会化商品销售。

1. 高尔基汽车厂

1)高尔基汽车厂发展概述

高尔基汽车厂于1930年建立,俄文缩写为"GAZ",被国人音译为"嘎斯"。现隶属与"高尔基汽车厂"集团(由俄罗斯工业汽车股份公司进行资产重组过程中于2005年建立)。"高尔基汽车厂"集团是俄罗斯第二大、世界第七大商用车制造商,年产汽车20万辆。伏尔加(VOLGA)是俄罗斯高尔基汽车厂的一款著名汽车品牌,1956年10月,第一辆伏尔加牌汽车在苏联高尔基汽车厂组装成功。1958年,配装苏联国产发动机的伏尔加轿车在布鲁塞尔国际工业展亮相,一举夺得最高奖。从此,伏尔加汽车作为苏联及后来俄罗斯汽车工业的象征扬名世界。

GAZ主要生产嘎斯牌载重汽车和越野车,也生产过胜利牌轿车、伏尔加轿车,还有一段时间生产海鸥牌轿车。1994年开始生产轻型商用车,命名为"GAZELLE",是仿制福特公司的Transit中型客车。1999年总产量239708辆,其中轿车125486辆,货车98259辆,中型客车15966辆。

2006年4月,GAZ集团购买克莱斯勒公司美国密歇根州的汽车工厂的生产线和生产许可证,生产克莱斯勒Sebring和道奇Stratus轿车,借此巩固其在乘用车生产领域的实力;以及收购英国商用车公司 LDV 集团(LDV 集团年产能为 1.3 万辆,主打产品为 Maxus 系列中型客车和微型巴士)。但因为金融危机 LDV 并没有起死回生,现在该俄罗斯车企希望转让手中的股权。2009 年 6 月,LDV 公司进入破产保护阶段。

2008 年,雷诺曾经以 10 亿美元的价格收购了伏尔加 25% 的股份。2008 年 9 月年高尔基汽车厂推出伏尔加 Siber,但一场突然袭来的金融危机使其销量并不理想。到 2010 年上半年为止,伏尔加品牌汽车总产量为 2500 辆左右。经过了无数曲折道路的伏尔加牌汽车还是在 2012 年停止了生产,而高尔基汽车厂则进行合资品牌轿车的业务,但是这并不意味着国产伏尔加品牌的消失。

2012 年 5 月 3 日,雷诺－日产联盟宣布,与伏尔加汽车(AvtoVAZ)母公司俄罗斯国家技术集团签署备忘录,增持伏尔加股权至 50% 以上,实现绝对控股。

伏尔加是俄罗斯汽车的一个骄傲,在 50 多年的历史中,它见证了苏联到俄罗斯的风云变幻。俄罗斯人不忍将伏尔加这个民族品牌消失,希望它能在不久的将来重新回到世界车坛的大舞台,找回那些属于自己的辉煌。

2)高尔基汽车厂标志

伏尔加汽车标志是一个飞奔的银色小鹿雕像,昂首扬蹄,潇洒美丽,非常生动。1962 年后,将小鹿雕像取消,换成印有小鹿的标牌。图 3-84 所示为伏尔加汽车标志图案

图 3-84　伏尔加汽车标志

3)高尔基汽车厂旗下品牌

旗下品牌主要有轻型卡货车 Gazelle、Volga 轿车、GAZ M13"海鸥"、斯柯达 Yeti 等车型。

VOLGA 轿车:黑色伏尔加作为苏联官员的象征,与红色的克里姆林宫墙一起,已成为那个时代的象征。2005 年,美国总统布什访俄期间,普京邀请布什驾驶自己 1956 年款的伏尔加汽车兜风,更吸引了各国媒体的关注。在俄罗斯,有城镇的地方就一定有伏尔加,每一个俄罗斯人都有一个自己的伏尔加故事。

为了重振伏尔加汽车的辉煌,俄罗斯人进行了种种尝试。2006 年 4 月,高尔基汽车厂宣布将为新式伏尔加移植"美国心",安装先进的戴姆勒—克莱斯勒 DOHC 发动机。虽然短期内伏尔加的市场份额不会有明显增加,但是,承载了 50 年梦想和光荣的伏尔加品牌能得以延续,也是俄罗斯汽车人的一大成功。

2. 伏尔加汽车厂

1)伏尔加汽车厂概况

伏尔加汽车厂位于伏尔加河畔的叶拉布加市(过去称陶里亚蒂市),是俄最大规模和最先进的轿车制造厂,厂区面积 647 万平方米,建筑面积 250 万平方米,职工 27 万人。

伏尔加汽车制造厂是苏联与意大利菲亚特汽车公司的合资企业,建于 1967 年。其中菲亚特汽车公司投资占 43% 股份,生产拉达牌轿车,轿车全部仿制菲亚特 124、菲亚特 125。

该车于 1971 年在苏联国内发售,随后借菲亚特的力量,进入东欧市场。20 世纪 80 年代,拉达开始大批量进入国内,由于车型缺乏,而且拉达价格适中、品质等各方面也都有不错的表现,拉达很快地在国内风靡开来,在不少城市,拉达还一度成为出租车。

苏联解体之后,国家对汽车工业的保护作用失去,进口车开始大量进入俄罗斯市场。受国家过渡溺爱,丧失竞争力的国内车企不得不因此纷纷倒闭。伏尔加汽车厂也不例外。俄罗斯汽车市场一方面是人民消费水平下降、产品落后、做工粗糙、研发资金缺乏,另一方面大量的

进口二手轿车涌入了俄罗斯市场。汽车生产厂家举步维艰。

1998 年金融危机爆发,卢布大幅贬值,而当时出售的拉达轿车价格也从 8000 美元跌至 4000 美元,依靠价格优势,拉达在几年内依然没有倒下,但缺乏对技术的投入,缺乏新的车型, 拉达注定没落(2002 年,由于库存量急剧增加,公司终于做出了停产的决定)。

面对残酷的显示,伏尔加汽车厂不得不重新考虑发展的方向,并对车型、经销商等多项内 容进行调整。此外,伏尔加还与通用汽车公司合作,引进汽车技术,制造全新的车型。

2)伏尔加汽车厂标志

由 LADA 的 L 和 D 两个字母组合成一个带帆的船舶图形。船舶 是用来描绘力量。代表俄罗斯汽车制造商 Auto VAZ。图 3-85 为拉达 汽车的标志图案。

3)伏尔加汽车厂所属汽车品牌

图 3-85　拉达汽车标志

拉达、拉达 Niva 微型四轮驱动车、拉达 Granta。

第二节　中国著名汽车公司

中国汽车工业起始于 20 世纪 50 年代初。中华人民共和国成立后,在党和国家第一代领 导人的英明决策下,开始创建中国人自己的汽车工业。1956 年 7 月,从第一汽车制造厂总装 线上,依次驶下了第一批 12 辆"解放牌"载重汽车。至此,中国汽车工业诞生了。

纵观中国汽车工业的历史,中国汽车工业经历了创建、成长与全面发展的进程。进入 20 世纪 90 年代,中国经济高速增长,中国汽车工业也开始了高速发展。2001 年中国加入 WTO 后,汽车工业抓住机遇、转变观念、与国际接轨。2011 年,中国共出口整车(含成套散件)及各 类底盘 84.99 万台,同比增长 49.96%;出口金额 109.5 亿美元,同比增长 56.72%。

中国汽车工业历史,是一部充满激情、富有强烈民族情感、摸索实践走有中国特色社会主 义新型工业化道路的历史;50 多年来,在党和国家领导人的亲切关怀下,经过几代汽车人的奋 力拼搏,无私奉献和辛勤付出,取得了举世瞩目的骄人业绩。

一、中国一汽

1.第一汽车集团公司发展概述

中国第一汽车集团公司(First Automobile Works,原第一汽车制造厂),简称"中国一汽"或 "一汽",是国有特大型汽车生产企业。1956 年建成并投产,制造出新中国第一辆解放牌卡车。 1958 年制造出新中国第一辆东风牌轿车和第一辆红旗牌高级轿车。一汽的建成,开创了中国 汽车工业新的历史。1999 年后,一汽顺应国际发展大趋势,开辟了跨国合作、融入世界经济大 循环的崭新局面,迅速使一汽的产品由解放、红旗扩展到解放、红旗、夏利和大众、奥迪、丰田、 马自达等 7 大品牌,并在中国经济最活跃的区域树起了一面面旗帜。

2010 年,"中国一汽"品牌价值达到 653.32 亿元。在 2012 年《财富》杂志世界 500 强名单 中,一汽集团排名第 165 位。

经过 50 多年的艰苦创业,时至 2012 年,一汽现有职能部门 18 个,全资子公司 28 个、控股 子公司 18 个。其中上市公司 4 个,分别是一汽轿车股份有限公司、长春一汽富维汽车股份有 限公司、天津一汽夏利汽车股份有限公司、一汽启明信息技术股份有限公司。主营业务板块按 领域划分为:研发、乘用车、商用车、毛坯零部件、辅助和衍生经济等 6 大体系。现有员工

13.2 万人,资产总额 1340 亿元。

2012 年 7 月 15 日,适值中国第一汽车集团公司建厂 59 周年,历时 4 年多,耗资 52 亿元,破解 2000 多项技术难题,第一辆红旗 H7 轿车 15 日驶出生产线。图 3-86 所示为一汽红旗 H7 轿车。

2. 第一汽车集团公司标志

第一汽车集团公司及其汽车产品的标志,以视觉识别系统的核心要素,以"1"字为视觉中心,由"汽"字构成展翅的鹰形,构成雄鹰在蔚蓝天空的视觉景象,寓意中国一汽鹰击长空,展翅翱翔。同时在第一汽车集团公司的零部件上也都印有该标志。该标志既代表不断进取展翅高飞的中国一汽精神,又表达了中国汽车工业冲出国门,走向世界的决心。出口的一汽载货汽车在其前面标有"FAW"字样,意为第一汽车制造厂。图 3-87 所示为第一汽车集团汽车的标志图案。

图 3-86　一汽红旗 H7 轿车

图 3-87　一汽汽车标志

3. 第一汽车集团公司旗下品牌

旗下品牌有解放、红旗、夏利、大众、奥迪、丰田、马自达 7 大汽车品牌。

4. 第一汽车集团公司汽车品牌简介

1）解放

解放牌汽车是原第一汽车制造厂的自主品牌,现为一汽解放汽车有限公司,是中国第一汽车集团公司旗下的子全资公司。主要生产中重型系列载重车。解放载重车已经出口到非洲、中东、亚洲等许多发展中国家,并在国外开始建立组装、营销及服务基地。

在世界中重型载重车生产企业中,一汽解放公司的产销规模已经连续多年位居第一。

2）红旗

"红旗"属于一汽的自有品牌、自有商标,诞生于 1958 年。长期以来,红旗牌轿车是中国的"总统车",在老百姓的眼里,它是政治地位的象征。国外汽车收藏家也把此车列为收藏精品。

红旗轿车经过几十来年的延续和发展,确立了中国轿车在世界经典名车中的地位。中国广大人民对红旗轿车寄予了深厚的感情和无比的骄傲,也受到国内外高级领导人的深情拥戴。

如今,一汽的主导产品红旗品牌轿车已形成 4 个系列:"红旗旗舰"、"红旗世纪星"、"红旗明仕"和红旗 H7。而一汽红旗也成了第一汽车集团公司的子公司。从红旗发展的历史看,第一阶段是红旗的诞生,圆了中国人的轿车梦。二是改革开放后引进组装 3 万辆奥迪,建设轿车先导工程。三是推出全知识产权的新红旗轿车。因此,红旗承载更多的,是中国汽车民族品牌的历史责任和未来的荣耀。

红旗汽车标志包括前车标、后车标和侧车标。前车标是一面红旗,不言而喻,它代表毛泽东思想;后车标是"红旗"两个汉字,是借用的毛泽东为 1958 年 5 月创刊的《红旗》杂志的封面

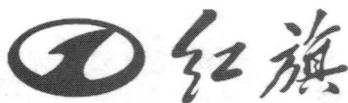
图3-88　红旗汽车标志

题字。最早的 CA72 在翼子板一侧标有并排五面小红旗,代表工农商学兵。图3-88 所示为红旗汽车的标志图案。

3）一汽-大众

一汽–大众汽车有限公司（简称一汽–大众）于 1991 年 2 月 6 日成立,是由中国第一汽车集团公司和德国大众汽车股份公司、奥迪汽车股份公司及大众汽车（中国）投资有限公司合资经营的大型乘用车生产企业,是我国第一个按经济规模起步建设的现代化乘用车工业基地。主导产品有新 CC、迈腾、全新捷达、宝来、速腾、速腾 GLI、高尔夫、高尔夫 GTI 等。

4）一汽马自达

一汽马自达汽车销售有限公司成立于 2005 年 3 月 1 日,是由中国第一汽车集团公司、一汽轿车股份有限公司、日本马自达汽车株式会社共同出资成立的合营公司。公司注册资金 1.25 亿元人民币,三方出资比例为一汽集团 4%,一汽轿车 56%,日本马自达 40%。作为从事马自达品牌产品销售的合营销售公司,公司将负责销售马自达品牌车型及它们的备件、附件和工具。

5）一汽海马

一汽海南汽车有限公司位于海南省海口市,是以 1988 年购进的美国福特汽车公司菲律宾冲压厂和装配厂的全套设备为基础,引进美国、英国、日本的自动焊装及涂装等工艺生产线,建设而成的国有大型企业。

1992 年,公司与日本马自达汽车公司合资成立海南马自达汽车冲压有限公司,引进开发 323 轿车、海马旅行车、中型客车和 MPV 系列车型。2004 年 2 月 29 日,一汽集团、海汽集团与海南省政府达成框架协议,共同组建一汽海马汽车有限公司。新组建的一汽海马注册资本为 12 亿元,一汽、海汽集团分别占股 49%,海南省政府占股 2%。这是一个产权多元化的企业,它整合了海南现有的全部整车资源。新公司的产品方向除继续巩固与马自达合作之外,还将根据国家产业政策的需要开发自主品牌,努力探索适应汽车工业发展之路,使海南汽车工业在目前的基础上有更大的飞跃。

5. 第一汽车集团公司企业文化

用户第一;管理思想是耐住寂寞,从"0"和"1"做起。人赢则赢;生存哲学是狮子与羚羊赛跑。产业梦想是让中国每个家庭都拥有自己的汽车。

二、东风汽车公司

1. 东风汽车公司发展概述

东风汽车公司是中国 4 大汽车集团之一,其前身是 1969 年始建于湖北十堰的"第二汽车制造厂",主要生产装载质量为 5t 的东风牌装载汽车,是中国政府明确重点支持的汽车行业 3 大集团之一,总部设在湖北武汉经济技术开发区。

1978 年 7 月 15 日,第二汽车制造厂建成第二个基本车型——EQ140 5t 载重车生产阵地,从此奠定了二汽在国内外成为最大的中型载货汽车生产厂家之一的地位。

1992 年与法国雪铁龙联姻成立神龙汽车有限公司以来,东风和法国 PSA 标致雪铁龙、美国康明斯、韩国起亚、法国雷诺、日本本田和日产等开展合作,布局全国,成为一家实力日益雄厚的大型汽车集团。

2011 年 10 月 20 日,中国最大的汽车合资公司——东风汽车有限公司在莫斯科举行了东风汽车俄罗斯有限公司成立仪式,这是东风有限公司提升国际竞争力、扩大海外市场份额、进军海外市场的重要举措。

经过40多年的建设,已陆续建成了十堰(主要以中、重型商用车、零部件、汽车装备事业为主)、襄阳(以轻型商用车、乘用车为主)、武汉(以乘用车为主)、广州(以乘用车为主)4大基地,除此之外,还在上海、广西柳州、江苏盐城、四川南充、河南郑州、新疆乌鲁木齐、辽宁朝阳、浙江杭州、云南昆明等地设有分支企业。

东风汽车股份有限公司现主要由汽车分公司、铸造分公司、车厢分公司、常州东风汽车有限公司4个分公司,工程车、海外、特种车3个事业部。

东风汽车公司构建了完整的研发体系,在研发领域开展广泛的对外合作,搭建起全系列商用车、乘用车研发平台及其支撑系统,进一步完善了商品计划和研发流程。东风将在消化、吸收国内外先过技术的基础上不断强化自身研发能力,提升核心竞争力。

如今东风汽车的足迹已遍及中国大地,是中国人信赖的品牌。

2. 东风汽车公司标志

东风汽车公司标志,如是一对旋转的春燕,用夸张的手法表现出"双燕舞东风"的意境,使人自然联想到东风送暖,春光明媚,生机盎然,以示企业欣欣向荣。二汽的"二"字寓意于双燕之中,戏跃翻飞的春燕,外圆代表车轮,象征着东风牌汽车车轮不停地旋转。图3-89所示为东风汽车的标志图案。

图3-89　东风汽车标志

3. 东风汽车公司旗下品牌

东风系列轻型商用车、东风康明斯(发动机)、东风客车及其客车底盘、东风 – NISSAN、东风雪铁龙、东风悦达起亚、东风本田。

4. 东风汽车公司汽车品牌简介

1)东风系列轻型商用车

略。

2)东风悦达起亚

东风悦达起亚汽车有限公司系由东风汽车公司、江苏悦达投资股份有限公司、韩国起亚自动车株式会社按25%:25%:50%的股份结构共同组建的中外合资轿车制造企业。东风悦达起亚以韩国起亚先进技术精心打造,在中国的乘用车市场呈现出极强的竞争力。东风悦达起亚汽车有限公司标志采用起亚汽车标志,在汽车尾部加注汉字"东风悦达起亚"。

3)东风 – NISSAN

东风日产乘用车公司成立于2003年6月9日,拥有花都和襄阳、郑州、大连4个工厂,年生产能力100万辆,员工近15000人。公司产品为2L级"轩逸"和"逍客",2.3L和3.5L级"天籁",1.6L级"颐达"和"骐达"轿车。公司现拥有251家供应商和超过560家经销商。其标志采用NISSAN标志,在汽车尾部加注汉字"东风日产"。

4)东风本田

东风本田汽车有限公司是一家由东风汽车集团股份有限公司与日本本田技研工业株式会社各出资50%共同组建的整车生产经营企业,成立于2003年7月16日。

2012年4月22日,东风本田旗下首款合资自主产品思铭CIIMO正式上市。图3-90所示为东风本田思铭轿车。其英文命名为CIIMO,含义为"便于移动、可移动",深层寓意为丰富人类的移动活动。图3-91所示为东风本田自主品牌汽车标志图案。

图 3-90　东风本田思铭轿车　　　　　　　　　图 3-91　东风本田汽车标志

5）东风标致

2002 年 10 月，东风汽车公司与法国 PSA 集团（标致雪铁龙集团）签订扩大合作的合资合同，两大集团强强联手，全面展开将标致品牌引入中国的新蓝图，东风标致由此诞生。其标志采用标致标志，在汽车尾部加注汉字"东风标致"。

6）东风雪铁龙

东风雪铁龙汽车是东风汽车公司与法国 PSA 标致雪铁龙集团在中国的大型合资轿车。从 1992 年引入中国生产销售，东风雪铁龙轿车始终保持与法国引进车型同步改进，并不断进行中国化道路及辅料使用环境的适配工作。其标志采用雪铁龙标志，在汽车尾部加注汉字"东风雪铁龙"。

5. 东风汽车公司企业文化

关怀每一个人，关爱每一部车。

三、上海汽车集团股份有限公司

1. 上海汽车集团公司发展概述

上海汽车集团股份有限公司，简称上海汽车，成立于 2004 年 11 月 29 日。其前身是上海汽车股份有限公司，公司控股股东为上海汽车工业（集团）总公司。

上海汽车其前身是上海汽车装配厂，于 1958 年 9 月试制成功第一辆轿车，命名"凤凰牌"。1964 年 2 月，凤凰牌轿车改名为上海牌轿车，至 1975 年达到 5000 辆年生产能力。

1984 年 10 月，由中国汽车工业公司、上海市拖拉机汽车工业公司、中国银行上海信托咨询公司与西德大众汽车有限公司在北京正式签署上海大众汽车有限公司合营合同。1985 年 3 月，上海大众汽车有限公司成立，主要生产上海桑塔纳轿车。

1991 年 11 月，为集中力量发展桑塔纳轿车，上海牌轿车停产。

1995 年 9 月，上海汽车工业总公司更名为上海汽车工业（集团）总公司。

目前，上汽集团主要业务涵盖整车（包括乘用车、商用车）、零部件（包括发动机、变速器、动力传动、底盘、内外饰、电子电器等）的研发、生产、销售，物流、车载信息、二手车等汽车服务贸易业务以及汽车金融业务。

公司下属主要企业：乘用车分公司、商用车公司、上海大众、上海通用、上海申沃，上汽通用五菱、南京依维柯、上汽依维柯红岩、韩国双龙汽车等整车企业；汽车齿轮总厂、联合汽车电子等与整车开发紧密相关的零部件企业以及上汽财务公司等汽车金融企业。

2012 年，上汽集团整车销量达到 449 万辆，同比增长 12%，继续保持国内汽车市场领先优势，并以当年度 762.3 亿美元的合并销售收入，第九次入选《财富》杂志世界 500 强，排名第 103 位，比上一年上升了 27 位。

2. 上海汽车集团公司公司标志

上海汽车集团以上海的第一个拼音"S"从椭圆中穿过,在"S"的中部为上汽的英文字母的标志,表示上汽集团。图3-92所示为上海汽车集团标志图案。

3. 上海汽车集团旗下品牌

上海大众、上海通用。

4. 上海汽车集团汽车品牌简介

1)上海大众

图3-92　上汽集团汽车标志

上海大众汽车有限公司成立于1985年3月,是一家中德合资企业,双方投资比例各为50%,合作时间至2030年。公司总部位于上海安亭国际汽车城,占地面积333万平方米。

1985年起,上海大众开始生产"桑塔纳",掀开了中国轿车工业史新的一页。2003年它以215547辆的销售成绩,成为中国车市唯一年销量突破20万辆的单一系列轿车,被誉为车坛常青树。2000年6月,具备了"高技术、高质量、高舒适性"的帕萨特投放市场,一举成为国内中高级轿车的"旗舰"。

2001年12月POLO下线至今一直好评如潮,2003年2月2上海大众生产的首款两门紧凑型经济轿车GOL正式投放市场。2003年11月28日,上海大众开发的首批右置方向盘POLO轿车出口澳大利亚,标志着上海大众POLO已经具备了国际竞争力,确立了它在国际舞台上的地位。

上海大众汽车有限公司标志采用德国大众汽车公司标志,在汽车尾部加注汉字"上海大众"。

主要品牌:上海大众、斯柯达两大品牌。

2)上海通用

上海通用汽车有限公司成立于1997年6月12日,由上海汽车集团股份有限公司、美国通用汽车公司各投资50%在上海浦东金桥基地建立。公司不但引进了国际上最先进的轿车产品、汽车制造工艺和设备,而且同时引进了通用汽车公司先进的管理方法。

上海通用汽车有限公司目前拥有浦东金桥、烟台东岳、沈阳北盛和武汉分公司(在建)4大生产基地,共4个整车生产厂、2个动力总成厂。

上海通用东岳汽车有限公司是上海通用汽车有限公司、上汽集团和通用汽车(中国)分别出资50%、25%、25%,对原烟台车身有限公司兼并重组建成而成,是上海通用汽车有限公司继浦东金桥之后的第二个生产基地,于2003年2月10日注册成立。

上海通用(沈阳)北盛汽车有限公司(以下简称"上海通用北盛汽车")成立于2004年8月2日,前身为金杯通用汽车有限公司,是由上海汽车集团股份有限公司、通用汽车中国公司、上海通用汽车有限公司(以下简称"上海通用汽车")各投资25%、25%、50%股份兼并重组成立的中外合资企业。

图3-93　上海通用汽车标志

上海通用汽车"多品牌、全系列"市场战略在国内汽车行业首开先河,并取得了巨大成功。

上海通用汽车公司标志为:上海的第一个拼音"S"从椭圆中穿过,在"S"的中部为通用汽车公司的标志,表示上海通用汽车公司由上海汽车工业总公司与美国通用汽车公司的双方合作。图3-93所示为上海通用汽车公司标志图案。

主要品牌有:别克、雪佛兰、凯迪拉克 3 大品牌。

5. 上海汽车集团公司企业文化

满足用户需求、提高创新能力、集成全球资源、崇尚人本管理。

四、北京汽车集团有限公司

1. 北汽集团发展概述

北汽集团其前身可追溯到 1958 年成立的"北京汽车制造厂"。先后自主研制、生产了北京牌系列越野车,北京牌系列军用越野车,北京牌系列轻型载货汽车以及欧曼重卡、欧 V 大型客车等著名品牌产品,合资生产了"北京 Jeep"切诺基、现代品牌、奔驰品牌产品。图 3-94 所示为北汽自主品牌北京汽车 B40。

图 3-94　北京汽车 B40

北汽集团整车制造企业包括北京现代汽车有限公司、北汽福田汽车股份有限公司、北京奔驰汽车有限公司、北京汽车制造厂有限公司、北京汽车新能源汽车有限公司;零部件发展核心企业为北京海纳川汽车部件股份有限公司和北京汽车动力总成公司;服务贸易核心企业为北京鹏龙汽车服务贸易有限公司;还拥有北京汽车研究总院有限公司、北京汽车资产经营管理有限公司、北京汽车投资公司和北京汽车工业高级技工学校。

2008 年,与北京兴东方实业有限责任公司兼并重组。2009 年 12 月,北京汽车收购萨博 93、95 平台等核心技术,主要转移的 IP(知识产权)包括:3 个整车平台和两个系列的涡轮增压发动机、北汽集团变速器的技术所有权,并将以此发展自主乘用车高端品牌。

随着 2013 年 5 月北汽基于萨博 95 车型平台的首款车型绅宝上市,北汽大自主战略正式进入提速阶段,在经历了收购、消化、吸收萨博资产后,北汽自主开启了高起点打造自主汽车的路线。

2. 北汽集团标志

北京汽车与北汽集团为统一标志,北汽集团新发布的品牌标志将"北"字作为设计的出发点,"北"既象征了中国北京,又代表了北汽集团,体现出企业的地域属性与身份象征。同时,"北"字好似一个欢呼雀跃的人形,表明了"以人为本"是北汽集团永远不变的核心。标识中的"北"字,犹如两扇打开的大门,它是北京之门,北汽之门,开放之门,未来之门,标志着北汽集团更加市场化、集团化、国际化,与集团全新的品牌口号"融世界 创未来"相辅相成,表示北汽集团将以全新的、开放包容的姿态启动新的品牌战略。图 3-95 所示为北京汽车的标志图案。

图 3-95　北京汽车的标志

3. 北汽集团旗下品牌

北京汽车、北京现代、北京奔驰、福田汽车、海纳川汽车部件。

4. 北汽集团汽车品牌简介

1)北京汽车

北京牌系列。

2)北京现代

北京现代汽车有限公司成立于 2002 年 10 月 18 日,公司由北京汽车投资有限公司和韩国现代自动车株式会社共同出资设立,注册资本 121906.8 万美元,总投资 310191 万美元,投资比例为中韩双方各占 50%,合资期限 30 年。

目前,北京现代已经发展成为北京市最大的单一制造企业,对北京汽车工业和北京市整体的经济发展起到了极大的推动作用,成为北京乃至全国经济增长的亮点。

3)北京奔驰

北京奔驰汽车有限公司(简称北京奔驰)是北京汽车股份有限公司与戴姆勒股份公司、戴姆勒大中华区投资有限公司组建的合资企业,于 2005 年 8 月 8 日正式成立。

北京奔驰为汽车企业设立了全新标准:精益化制造、先进的质量工艺、环保科技和对员工的关注。北京奔驰目前生产梅赛德斯-奔驰长轴距 E 级轿车、C 级轿车和 GLK 级豪华中型 SUV。

以"拓展行驶空间,提高生活品质"为使命,北京奔驰正在向中国用户提供先进的与奔驰全球标准一致的产品和服务,努力成为中国高端轿车市场的主角。

4)福田汽车

北汽福田汽车股份有限公司(简称福田汽车)成立于 1996 年 8 月 28 日,北京是福田汽车的全球总部所在地,在国内的京、鲁、湘、粤、冀、鄂、辽、新等多省市拥有整车和零部件事业部;在中国、日本、德国、中国台湾等国家和地区拥有研发分支机构;在印度、俄罗斯设立了事业部,在全球 20 多个国家设有 SKD(Semi-Knocked Down,意为"半散装")工厂,产品出口到 80 多个国家和地区。

2010 年 6 月 28 日,福田汽车与俄罗斯莫斯科市政府签署了合作备忘录,福田汽车欧洲汽车事业部暨俄罗斯福田汽车公司正式成立,俄罗斯将成为福田汽车欧洲区域制造和运营中心。双方约定,福田汽车将俄罗斯福田汽车公司定位为福田汽车欧洲区域运营中心,全面负责欧洲区域福田汽车销售、研发及投资管理等相关业务。

福田汽车巴西子公司 Foton Motors do Brazil 于 2012 年 9 月 7 日同巴伊亚州政府签署协议,将在巴伊亚州卡玛萨里(Camaari)市建立工厂。生产两款商用车,包括一款轻卡和一款微型客车。图 3-96 所示为福田汽车的标志图案。

图 3-96　福田汽车标志

5. 北汽集团企业文化

实业兴国,产业强市,创业富民。

五、中国长安汽车集团股份有限公司

1. 中国长安发展概述

中国长安汽车集团股份有限公司(简称中国长安,英文 China Changan Automobile Group 简称 CCAG),原名中国南方工业汽车股份有限公司,成立于 2005 年 12 月,2009 年 7 月 1 日更为现名,是中国兵器装备集团公司、中国航空工业集团公司两大世界 500 强、中国 50 强企业强强联手、对旗下汽车产业进行战略重组,成立的一家特大型企业集团,是中国 4 大汽车集团之一,总部设在北京市海淀区车道沟 10 号院。

目前,中国长安形成了整车、零部件、动力总成、商贸服务四大主业板块,拥有强大的整车制造和零部件供应能力。

中国长安在全国具有重庆、黑龙江、江西、江苏、河北、安徽、浙江、广东等9大整车生产基地,拥有33个整车(发动机)工厂和19家直属企业,整车及发动机年产能力278万辆(台)。

图3-97　长安致尚两厢车

中国长安汽车谱系覆盖乘用车和商用车全部领域,拥有排量从0.8L到2.5L的系列。图3-97所示为长安致尚两厢车。

中国长安始终坚持"自主创新"与"合资合作"并举,先后携手福特、铃木(长安铃木、昌河铃木)、马自达、沃尔沃、法国标致雪铁龙集团(PSA)等跨国企业建立了战略合作伙伴关系。

站在新起点上的中国长安,将紧紧抓住全球汽车业重心向中国等新兴国家转移的大好机遇,进一步探究产业发展规律,顺应产业发展趋势,巩固提高微车,快速发展轿车,重点突破重车,同时加速发展核心零部件,积极进军汽车服务业,打造具有国际竞争力的汽车企业集团。

2.中国长安标志

标志以中国长安英文China Changan Automobile Group的英文缩写CCAG演变而来,吻合企业名称,造型厚重、立体、动感、流畅,符合现代审美要求和国际化视觉潮流。图3-98所示为长安汽车集团标志图案。

图3-98　中国长安汽车标志

3.中国长安旗下品牌

长安、哈飞、昌河、东安四大自主品牌,长安福特和长安马自达合资品牌。

4.中国长安汽车品牌简介

1)长安汽车

长安汽车的前身可追溯到1862年李鸿章在上海淞江创建的上海洋炮局,曾开创了中国近代工业的先河。20世纪70年代末80年代初,公司积极响应国家军转民的号召,正式进入汽车产业领域,1984年,中国第一辆微型客车在长安下线。1996年从原母公司独立,成立了重庆长安汽车股份有限公司,是一家集汽车开发、制造、销售于一体的汽车公司,多年来,长安汽车坚持以自强不息的精神,通过自我积累、滚动发展,旗下现有重庆、河北、安徽、江苏、江西、北京6大国内产业基地,11个整车和2个发动机工厂;马来西亚、越南、美国、墨西哥、伊朗、埃及等6大海外产业基地;福特、铃木、马自达等多个国际战略合作伙伴。

2)哈飞

公司包括哈飞汽车股份有限公司、威海分公司两大生产制造基地。公司拥有自己的汽车研究机构和各类先进的实验设施、设备。多年来,通过与意大利、英国、奥地利、日本等国著名企业开展技术合作,培养和锻炼了一支技术全面的工程技术团队,在企业科研和生产中发挥着重要作用。

经过数年的发展,哈飞汽车出口到全球60余个国家和地区,形成了以叙利亚、阿尔及利亚、巴西等市场为轴心,向世界其他国家和地区辐射的海外营销体系。同时,公司积极和海外客户进行技术合作,建立组装厂,当前先后同越南、伊朗的当地合作伙伴进行技术合作,已经建立组装线。

3)昌河

江西昌河汽车有限责任公司是直接隶属中国长安汽车集团股份有限公司的全资子公司,

拥有景德镇、九江、合肥3个整车工厂和九江发动机工厂,具备年产30万辆整车和15万台汽车发动机的生产能力。

江西昌河铃木汽车有限责任公司成立于1995年6月1日,是由江西昌河汽车股份有限公司、江西昌河航空工业有限公司、日本铃木株式会社、日本冈谷钢机株式会社四方共同投资成立的中日合资企业。

4)长安福特

长安福特汽车有限公司(简称长安福特)成立于2001年4月25日,由长安汽车股份有限公司和福特汽车公司共同出资成立,承担长安福特马自达所业务与福特相关的业务,包括福特品牌的开发,制造,销售和服务。

现在重庆的长安福特汽车有限公司,承担长安福特及福特马自达相关的业务,包括福特品牌汽车的开发、制造、销售和服务。

2013年长安福特在重庆的在建项目,还有一个整车工厂,一个发动机工厂、一个变速器工厂以及杭州新的整车工厂,还将追加在研发方面的投入。今后,长安福特在重庆将真正形成整车、发动机、变速器"三位一体"的制造基地格局。

5)长安马自达

长安马自达汽车有限公司成立于2007年4月9日,长安马自达主要由3个部分组成,即整车厂、销售公司以及正处于建设当中的研发中心。长安马自达汽车南京工厂拥有冲压、焊接、涂装、总装四大车间,采用柔性化的生产线,能够完全支持马自达及福特品牌的共线生产,并带来更加环保的生产方式。

5. 中国长安企业文化

以"引领汽车文明,造福人类生活"为使命,坚持"自主创新、合作共赢、国际发展、品牌提升"的发展战略,致力于核心业务的发展。

形象用语:长安行天下 Changan Drives the World。

六、广州汽车集团股份有限公司

1. 广州汽车集团股份有限发展概述

广州汽车集团股份有限公司简称"广汽集团",是一家大型国有控股股份制企业集团,其前身为成立于1997年6月的广州汽车集团有限公司。

2000年6月8日,在广州汽车集团有限公司和广州五羊集团有限公司的基础上重组成立广州汽车工业集团有限公司,属于广州市政府国有资产授权经营企业集团。

2005年6月28日,广州汽车工业集团有限公司、万向集团公司、中国机械工业集团有限公司、广州钢铁企业集团有限公司和广州市长隆酒店有限公司作为共同发起人,对原广州汽车集团有限公司进行股份制改造,设立广州汽车集团股份有限公司(广汽集团)。

2012年6月21日 广汽集团合共斥22.9亿元(人民币,下同)收购两家子公司,分别以5.89亿元购入广洲骏威企业及17亿元买入广汽三菱汽车各100%股权。

目前集团旗下拥有广汽乘用车、广汽本田、广汽丰田、广汽三菱、广汽菲亚特、广汽吉奥、本田(中国)、广汽日野、广汽客车、五羊本田、广汽部件、广汽丰田发动机、上海日野发动机、广汽商贸、同方环球、中隆投资、广汽汇理、广爱公司、众诚保险、广汽研究院等数十家知名企业与研发机构。图3-99所示为自主品牌广汽传祺轿车。

图3-99 广汽传祺轿车

广汽集团主要的业务有面向国内外市场的汽车整车及零部件设计与制造,汽车销售与物流,汽车金融、保险及相关服务,具有独立完整的产、供、销及研发体系。

2. 广州汽车集团股份有限公司标志

2010年,由国内知名品牌咨询与设计公司正邦设计的广汽集团全新标志正式启用。全新企业品牌标志"G",是广汽集团英文缩写"GAC"的首字母。新标志代表着广汽集团的精湛品质与全球视野,是对"至精、志广"企业精神的全新演绎;新标志的启用,意味着广汽集团将立足国内、放眼全球,以更博大的胸襟,融合全球科技与人才,创造更大的成就与辉煌,成为卓越的国际化企业集团。图3-100所示为广汽集团标志图案。

3. 广州汽车集团股份有限旗下品牌

广汽传祺、广汽客车、广汽吉奥、广汽本田、广汽丰田、广汽日野、广汽菲亚特、广汽三菱。

4. 广州汽车集团股份有限旗下品牌简介

1)广汽传祺

广州汽车集团乘用车有限公司由广州汽车集团股份有限公司

图3-100 广汽集团标志

独资设立,成立于2008年7月21日。作为广汽集团自主品牌乘用车项目的实施载体,致力于生产销售具有国际先进水平的整车、发动机、零部件及汽车用品,以及汽车工程技术的研究与开发。2010年9月3日,广汽首款自主研发的乘用车广汽传祺在广州番禺下线。

2)广汽客车

广州汽车集团客车有限公司(简称广汽客车),是广州汽车集团股份有限公司的全资子公司,拥有大客、轻客各自独立的生产线,专业生产6~18m大、中、轻型客车,产品畅销全国20多个省(市),并批量出口亚洲、美洲、非洲、中东等多个国家和地区。

3)广汽吉奥

广汽吉奥汽车有限公司成立于2010年12月9日,由广汽集团以现金方式出资持有51%的股权,吉奥控股以其持有的杭州吉奥汽车有限公司等相关资产出资持有49%的股权共同合资组建。从此双方将在优势互补、互利共赢的基础上携手坚持自主创新,拓展自主品牌,开拓国内外汽车市场。新集团除了保持原有SUV、皮卡等车型优势外,未来将重点发展微型客车等产品。

新设立的广汽吉奥,既具备国有企业资金、技术、人才、管理和规模等方面优势,未来新公司将根据市场需求可需要进一步提高产能,提高产品质量努力成为国内先进的皮卡生产基地和微型客车生产基地。图3-101所示为广汽吉奥汽车的标志图案。

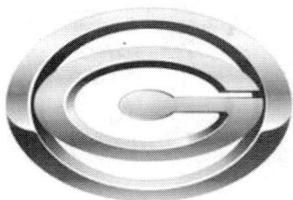

图3-101 广汽吉奥汽车标志

4)广汽本田

广汽本田汽车有限公司(简称广汽本田)于1998年7月1日成立,它由广州汽车集团公司和日本本田技研工业株式会社合资经营,双方各占50%股份,合资年限为30年。

在科技引创未来的时代,广汽本田凭借强大而先进的国际生产工艺和技术设备,诠释对汽车制造的独到见解,为产品的卓越品质提供了强有力的技术保障。在引进世界最新科技的同时,技术研究开发中心还根据中国的道路状况以及用户的驾乘习惯和审美品位,进行技术调整和再创新。

5)广汽丰田

广汽丰田汽车有限公司成立于2004年9月1日,由广汽集团与日本丰田汽车公司各出资50%组建,合作期限30年,注册资本26.93亿元,总投资92亿元。

公司位于中国最具活力的珠三角的几何中心——广州南沙区,其两条生产线,年产能36万辆,其中第一生产线产能20万辆/年,第二条生产线产能16万辆/年。

6)广汽日野

广汽日野汽车有限公司(下称广汽日野)是由广州汽车集团股份有限公司与日野自动车株式会社各按50%出资共同设立的合资企业,成立于2007年12月24日,注册资金15亿元,按照"一个项目、两个基地"的方式重组广州羊城汽车有限公司和沈阳沈飞日野汽车制造有限公司。从化基地主要生产日野牌重卡、牵引车及羊城牌系列轻卡和驱动桥等关键总成。沈阳基地则在保留现有商用客车系列产品的基础上引进日野多功能量产商用客车(旅游巴士和公交巴士),具备年产客车整车4000辆、底盘5000台的生产能力。

2009年9月21日,广汽日野从化工厂正式竣工投产,首款700系列重卡成功下线,标志着广东省无重卡生产能力的历史结束。广汽日野以创建世界级商用车企业为宗旨,以提供用户满意的产品为己任,为中国商用车行业做出积极贡献。

7)广汽菲亚特

广汽菲亚特成立于2010年3月9日,由广州汽车集团股份有限公司(以下简称广汽集团)和菲亚特集团汽车股份公司(以下简称菲亚特汽车公司)以50:50的出资比例建立,首期总投资约为70亿元人民币,注册资本为18亿元人民币。

广汽菲亚特位于湖南省长沙经济技术开发区,占地面积超过70万平方米,主要业务包括乘用车产品的整车、发动机、零部件的研究开发、生产制造、销售及售后服务等。

为符合政府关于发展节油低能耗产品的要求,广汽菲亚特生产的车型将采用最新的发动机和变速器技术。

8)广汽三菱

广汽三菱汽车有限公司是由广州汽车集团股份有限公司、三菱自动车工业株式会社、三菱商事株式会社3方合资经营的中外合资企业,合作年限30年,注册资本17亿元人民币,其中广州汽车集团股份有限公司持有50%股权、三菱自动车工业株式会社持有33%股权、三菱商事株式会社持有17%股权。广汽三菱主要从事汽车及汽车零件的研究开发、生产、销售并提供相应的售后、咨询和技术服务等业务。

秉承三菱汽车的先进技术及SUV专长,广汽三菱将陆续投产多款三菱全球战略车型,满足市场及顾客的需求。

5. 广州汽车集团企业文化

坚持以诚信为准则,坦诚相待、真诚合作,尽心尽力为社会做出应有的贡献;着眼于公司的战略目标,注重细节,扎实做好每一项工作,在激烈的竞争中创新求发展。

公司口号:人为本,信为道,创为先。

七、长城汽车

1. 长城汽车发展概述

长城汽车股份有限公司(简称长城汽车),其前身是长城工业公司,是一家集体所有制企业,成立于1984年。1996年5月,长城工业公司生产皮卡并推向市场。1998年6月,长城工业公司改制为国有民营股份制企业。

图3-102　长城皮卡-风骏汽车

1999年,在国内同行中首家推出了4种底盘、5种不同规格的皮卡,成为国内品种最多的皮卡专业厂,有力带动了全行业的发展。截至目前,长城已是国内皮卡和经济型SUV行业中保有量最大的品牌。图3-102所示为长城皮卡-风骏汽车。

在国际市场,目前出口的区域主要集中在非洲、中东、中南美洲及加勒比海地区、中亚、东南亚、俄罗斯及东欧等国家,建立了相应的展厅和维修服务中心,形成了稳固的国际营销网络。

2012年4月24日,长城与大众斯柯达汽车公司敲定联合开发电动车事宜,将面向中、美、欧3大市场销售。双方表示,结盟的目的在于推出一系列价格低廉的电动车产品,未来将打造中国市场上价格最便宜的电动汽车。

2. 长城汽车标志

长城新标志的基础造型保持了原本长城老标志的椭圆形整体结构,由对放的字母"G"组成"W"造型,"GW"是长城汽车的英文缩写。椭圆外形,象征着长城汽车不仅要立足于中国,更蕴含着长城汽车走向世界。新标志中间凸起的造型是古老烽火台的仰视象形,烽火台的造型元素更好的保有了"长城"的基因,寓意着长城汽车永远争第一的企业精神。图3-103所示为长城汽车的标志图案。

图3-103　长城汽车标志

3. 长城汽车旗下品牌

皮卡系列、哈弗SUV系列、长城轿车、MPV嘉誉。

4. 长城汽车品牌简介

1)长城皮卡

1996年,从第一辆皮卡下线,公司就确定了走"专业化"的道路。长城皮卡不仅走红国内,同时扬威国际市场。加入WTO之后,长城皮卡不畏强手,大批出口海外,在20余个国家建立了营销、服务网络。

2)长城哈弗

哈弗(Haval)是长城汽车举足轻重的SUV系列,长年保持国产SUV市场销量冠军的好成绩,深受广大年轻越野爱好者的青睐。2013年3月29日,在北京举办的长城汽车股份有限公司年会上,公司正式对外宣布:作为长城SUV的标志性品牌,哈弗即日起与长城实行品牌分网,形成独立品牌,独立设计研发,实现经销服务体系独立化。

3)长城轿车

腾翼C30是长城第一款全球战略车型,从车辆的开发设计到检测试验完全按照欧盟标准执行。C30是目前自主紧凑级车中非常热销的车型之一,凭借着超值的价格,2010年上市至今短短的 3 年,它的销量就已经迅速的突破了 30 万。作为一款家用轿车,长城 C30 自上市以来一直受到广大车主的青睐。

5. 长城汽车企业文化

1996 年,"每天进步一点点"被确定为长城汽车企业文化的核心理念。"一切以用户为中心"落实到每一个细小环节。

八、中国重汽

1. 中国重汽发展概述

中国重型汽车集团有限公司简称"中国重汽",国有独资企业,总部设在山东省济南市。"中国重汽"是以原济南汽车制造厂为龙头于 1983 年组建的集团公司,其前身是济南汽车制造总厂,始建于 1956 年。

20 世纪 60 年代后,中国重汽一直高居中国国内重型汽车市场的首位,以重型汽车行业的"两个第一"而闻名。在这里诞生了中国第一辆重型汽车——黄河 JN150 8t 载货汽车,1984 年率先成功引进了具有国际先进水平的奥地利"斯太尔"91 系列重型汽车制造技术,成为国内唯一全面引进重型汽车整车技术的企业。

2000 年中国重型汽车集团有限公司进行战略性重组。2003 年 6 月 9 日,中国重型汽车集团有限公司与沃尔沃公司签约,合资生产具有当代国际先进水平的重型汽车。

2009 年成功实现与德国 MAN 公司战略合作,MAN 公司参股中国重汽(香港)有限公司 25% +1 股,中国重汽引进 MAN 公司 D20、D26、D08 三种型号的发动机、中卡、重卡车桥及相应整车技术,为企业长远发展奠定了坚实的基础。

几十年来,努力打造国际品牌的中国重汽,如今有了可喜的收获。具有自主知识产权和自主品牌的豪沃卡车出口量越来越大,国际市场知名度越来越高。目前,中国重汽已成为我国最大的重型汽车生产基地,为我国重型汽车工业发展、国家经济建设做出了突出贡献。

2. 中国重汽标志

中国重汽原来是由济汽、红岩、陕汽三大主机厂组成的,标志就象征了这 3 块基石。树叶状的转向盘,象征中国重汽集团的生机勃勃,春天常在。英文 SINOTRUK 意为中国的卡车。图 3-104 所示为中国重型汽车集团有限公司及其汽车标志图案。

3. 中国重汽旗下品牌

斯太尔系列、黄河王子、豪沃系列。

4. 中国重汽汽车品牌简介

1)斯太尔

图 3-104　中国重汽汽车标志

1983 年 12 月 17 日,为改变当时我国重型汽车制造业比较薄弱的格局,当时的中国重型汽车工业联营公司与奥地利斯太尔-戴姆勒-普赫股份公司在北京签订了《重型汽车制造技术转让合同》,引进总质量 16 ~ 40 t 的斯太尔 91 系列重型车,还引进了配套的 ZF 变速器、转向器和富勒变速器等。

斯太尔技术的引进,为当时的中国重卡行业弥补了空缺,随后原中国重型汽车集团开始对斯太尔技术进行吸收、融合、国产化、自主研发和创新等各个阶段。1989 年 6 月,我国第一辆国产斯达 – 斯太尔重型汽车在济汽总厂下线。

2)黄河

1958 年 4 月 29 日《济南日报》发表了题为《黄河牌汽车昨天诞生》的报道。据报道介绍，这辆 JN220 型黄河牌汽车是以济南汽车配件厂为主，由济南汽车修理厂、公私合营济南汽车修配厂、第二汽车修配生产合作社和第一轮胎橡胶品修配供销社的通力协作试制成功的，整个试制过程只有 17 天。这是一辆客货两用吉普车，最高时速可达 90km，可乘坐 8 人，最大载重量为 1t。1960 年，济南汽车配件厂更名后的济南汽车制造总厂制造出中国首辆重型卡车黄河系列 JN150。1960 年 5 月 4 日，毛泽东主席到济南视察时，在珍珠泉展览会上参观了黄河 JN150 型样车；1966 年 1 月 11 日，朱德委员长视察济南汽车制造总厂，并为黄河牌汽车题写"黄河"二字。20 世纪 60 年代后期黄河牌 JN150 型汽车开始进入国际市场。

2003 年以来中国重汽与国外合作，联合设计开发了全新"黄河"系列的中档和高档中型、重型汽车。

3）豪沃

豪沃是中国重汽合资自主重卡汽车。以"中国重汽"及英文名称"SINOTRUK"作为销售品牌。

5. 中国重汽企业文化

一步到位，步步到位。一步到位落实在工作中，就是把工作干到最佳状态；步步到位，就是人人都要认真干好每一个环节的工作。

九、浙江吉利控股集团有限公司

1. 浙江吉利控股集团有限公司发展概述

浙江吉利控股集团有限公司简称吉利汽车，是一家民营轿车生产经营企业，始建于 1986 年。特别是 1997 年进入轿车领域以来，凭借灵活的经营机制和持续的自主创新，取得了快速的发展。2009 年 12 月 23 日，成功收购沃尔沃轿车 100% 的股权。

以敲敲打打起家的吉利，在为人们提供较高性价比汽车的同时，也在人们心目中形成了低档次、低品质的品牌形象。在经历了低价制胜的草创阶段后，吉利不可避免地走到了质量制胜、品牌制胜的新阶段。在 2010 年北京汽车国际展览会上，吉利旗下的帝豪品牌推出了一款全新的吉利 GT（Geely Tiger 吉利虎）车型。图 3-105 所示为吉利帝豪 GT 跑车。

图 3-105 吉利帝豪 GT 跑车

浙江吉利汽车控股集团有限公司投资数亿元建立了吉利汽车研究院，拥有较强的轿车整车、发动机、变速器和汽车电子电器的开发能力。

浙江吉利控股集团有限公司投资数亿元建立的北京吉利大学、海南吉利三亚学院、临海浙江吉利汽车技师学院等高等院校，在校学生已达 3 万人，培养出的近万名毕业生就业率达到 95% 以上，为中国汽车工业人才战略做出重大贡献。

2. 浙江吉利控股集团有限公司标志

"内圈蔚蓝"，象征广阔的天空，超越无止境，发展无止境；"外圈深蓝"，象征无垠的宇宙，超越无限，空间无限。图 3-106 所示为浙江吉利

图 3-106 吉利汽车标志

控股集团有限公司标志。

3. 浙江吉利控股集团有限旗下品牌

帝豪、全球鹰、英伦 3 大自主品牌和沃尔沃轿车。

4. 企业文化

持续进行技术创新和管理创新，为中国汽车工业自主品牌的崛起，为实现"造老百姓买得起的好车，让吉利汽车走遍全世界"。

十、比亚迪汽车有限公司

1. 比亚迪汽车有限公司发展概述

比亚迪股份有限公司创立于 1995 年，是一家拥有 IT、汽车和新能源 3 大产业群体高新技术民营企业。

2003 年，比亚迪通过收购西安秦川汽车有限责任公司（现"比亚迪汽车有限公司"），正式进入汽车制造与销售领域，开始民族自主品牌汽车的发展征程。

2008 年 10 月 6 日，比亚迪以近 2 亿元收购了半导体制造企业宁波中纬，通过这笔收购，比亚迪拥有了电动汽车驱动电机的研发能力和生产能力。作为电动车领域的领跑者和全球二次电池产业的领先者，比亚迪将利用独步全球的技术优势，不断制造清洁能源的汽车产品。

2008 年 12 月 15 日，全球第一款不依赖专业充电站的双模电动车——比亚迪 F3DM 双模电动车在深圳正式上市。比亚迪 6DM 双模电动汽车如图 3-107 所示。

图 3-107　比亚迪 6DM 双模电动汽车

2009 年 7 月 25 日，比亚迪以 6000 万元的价格，收购总部位于长沙的美的三湘客车，获得客车生产准生证。

近几年，比亚迪持续发展新技术，推出新产品。2012 年 8 月 21 日，比亚迪旗下全新车型比亚迪速锐正式上市，可以说速锐代表了比亚迪最新的品质建设成果。比亚迪在设计方面已经逐渐摆脱模仿，配置、服务方面也极具诚意，其中，"4 年或 10 万千米"超长质保的回馈、"两年平均小于 1 个故障"的承诺都非常打动人。就车型本身而言，搭载遥控驾驶技术、TID 动力组合的速锐势必将给家用轿车带来全新的冲击。

图 3-108　比亚迪汽车标志

2. 比亚迪汽车有限公司标志

比亚迪汽车标志在 2007 年已由蓝天白云的老标志换成了只用 3 个字母和 1 个椭圆组成的标志，采用比亚迪的汉语拼音"Bi Ya Di"首个字母缩写 BYD。英文名称 BYD 的意思是 Build Your Dreams，即为成就梦想。图 3-108 所示为比亚迪汽车的标志图案。

3. 比亚迪汽车有限公司旗下品牌

F 系列、G 系列、S 系列、SUV L3/G6、速锐等。以及领先全球的 F3DM、F6DM 双模电动汽车和纯电动汽车 E6 等。

4. 比亚迪汽车有限公司汽车品牌简介

1）DM 双模电动汽车

DM 双模电动汽车是一种将控制发电机和电动机两种混合力量相结合的先进技术，DM 双模电动汽车使用的动力电池是名为"ET—POWER"的铁动力电池,铁动力电池在低成本、高容量及高安全等3个要求上都得到了满足,还可以回收。目前比亚迪已在上海、北京、深圳等地建设成为其配套设施充电站 EV—CS 实验性电动汽车充电站,可在 10min 内为电动车充入70% 的电量,而且带有通信接口,在充电过程中与电动车保持实时通信,根据电池状态自动调整充电电流。还有充电进度,充入电量、费用显示,并具有联网、IC 卡收费和单据打印等功能。

2)纯电动汽车 E6

比亚迪 E6 最高车速可达 160km/h 以上,而百千米能耗约为 20°电,E6 续驶里程超过300km。E6 采用电力驱动,其动力电池和启动电池均采用 ET – POWER 铁电池,不会对环境造成危害,其含有的所有化学物质均可在自然界中被环境以无害的方式分解吸收,能够很好地解决二次回收等环保问题,是绿色环保的电池。

在能量补充方面,E6 可使用 220V 民用电源慢充,快充为 3C 充电,15min 左右可充满电池80%。E6 已通过国家强制碰撞试验以及大量测试,包括 8 万～10 万千米道路耐久试验,E6 在软件控制等方面都有了很大的改进。

5.比亚迪汽车有限公司企业文化

科技创新,成就梦想;平等务实、激情创新。

第三节　汽车名人

一、国外著名汽车公司的创建人

1.卡尔·本茨

卡尔·本茨(1844—1929)是德国著名的戴姆勒-奔驰汽车公司的创始人之一,现代汽车工业的先驱者之一,人称"汽车之父"。1844 年,本茨以遗腹子的身份出生于德国卡尔斯鲁厄,父亲原是一位火车驾驶员,但在他出世前的 1843 年因发生事故去世了。

从中学时期,本茨就对自然科学产生了浓厚的兴趣,并先后就读于卡尔斯鲁厄文理学院和卡尔斯鲁厄综合科技大学。此时,他较为系统地学习了机械构造、机械原理、发动机制造、机械制造、经济核算等课程,为日后的发展打下了良好的基础。

1871 年,本茨与别人合伙在曼海姆开了一家机械加工厂,但由于经营不善,不得已他的未婚妻动用自己的嫁妆,把另一合伙人的股份买了下来。1879 年他获得了自己研究的两冲程发动机专利权,以后又继续得到加速器系统、电池打火系统、火花塞、汽化器、离合器、变速挡和水散热器的专利。

为满足银行对工厂开办条件的要求,本茨的公司成了一家合资公司,他在其中只占有 5%的股份和不多的总经理薪金,而且他无法再继续研究新产品。

1883 年,他选择离开自己的公司。此后,他和一位经营自行车零件商店的老板合作,又吸收了一些资金,在德国曼海姆成立奔驰公司,成立初期只有 25 个雇员,同时出售他的专利,发动机的制造许可。

1885 年,他采用自行车的原形,将后轮变成两个,造出了第一辆三轮汽车。但这个汽车不太容易操纵,经常在围观的人们的哄笑中撞到墙上。但他妻子全力支持他,自己学习开着这辆车上街,所以现在认为波塔本茨,即本茨的妻子是世界上第一位驾驶汽车的人。

1886 年 1 月 29 日本茨取得了"用汽油作为燃料的车子"的专利权。由于本茨的妻子贝尔塔·本茨试车的奇迹给予了本茨自信和克服困难的勇气,激励他对奔驰汽车进行改进,安装了功率更大的发动机。1893—1894年相继推出维多利亚、维罗、舒适等新车型。

1901年,戴姆勒汽车公司梅赛德斯轿车的出现,对奔驰轿车是很大的挑战。1924年,奔驰和戴姆勒这两家创建最早、名声最大的汽车公司开始接触,协调设计和生产,并且把产品广告登在一起。两年后,即1926年两家公司正式合并,组成戴姆勒-奔驰汽车公司(Daimler-Benz),生产出梅赛德斯-奔驰轿车。从此他们生产的所有汽车都命名为"梅赛德斯-奔驰 Mercedes - Benz"。

1925年7月21日,在德国慕尼黑举行第一次老爷车拉力赛上,81岁高龄的卡尔·本茨驾驶着他发明的三轮奔驰汽车参加了比赛,这一赛事被载入《世界最初事典·体育篇》。

在戴姆勒汽车公司和本茨汽车公司合并的第三年(即1929年)春天,卡尔·本茨因病去世,享年85岁。德国各地的人们不断前来吊唁这位汽车工业的伟人。本茨离开了人间,他却把汽车永远留给了世界。

2. 戈特利布·戴姆勒

戈特利布·戴姆勒(1834—1900)是德国工程师和发明家,他发明了高速内燃机、摩托车和四轮汽车。他既被称为"汽车之父",也被称为"摩托车之父"。

戈特利布·戴姆勒毕业于斯图加特市技术学校。曾就职于奥迪建立的道依茨发动机公司。自1882年和好友威廉·迈巴赫一起从事高速内燃机的研制工作。1883年8月15日,戴姆勒研制成功世界上最早的高速内燃机。

1885年他将此发动机安装于木制双轮车上,并让儿子保罗驾驶。这辆取名"骑式双轮车"的双轮车获得德国专利,这是世界上第一辆摩托车。

1885年为纪念妻子43岁生日,戴姆勒订购一辆马车,拆下车轴,装上了链条和自己设计的单缸汽油发动机,并装上了转向等装置,制成一辆四轮汽车。

1885年11月,由迈巴赫成功地完成了试车,从坎斯干塔特开到温特吐海姆行驶3km,没有发生故障。

在相距约100km的曼海姆和坎斯塔特,本茨发明了三轮汽车,戴姆勒发明了四轮汽车。所以本茨和戴姆勒都被称为"汽车之父"。

1890年,戴姆勒创建了自己的汽车公司。1897年戴姆勒的公司生产出"凤凰"牌小客车,尤其是1903年,以公司主要投资人埃米尔·耶利内克的女儿名字"梅赛德斯 Mercedes"命名的小客车投产,并取得成功。其前置发动机有35ps,有前照灯、挡风板、双门5座位,敞篷车造型更加接近现代轿车的特征,还有比原来更轻、动力更大的发动机、更长的轴距、更低的重心,大大提高了戴姆勒公司的商业地位。

1900年3月6日戈特利布·戴姆勒卒于德国斯图加特的巴特坎施塔特。据戴姆勒儿子回忆,就在1900年,父亲曾从外地寄一张明信片给母亲,上面画了一颗星,他期望有一天会看到这颗星在他的公司上空升起。1911年,戴姆勒汽车公司和汽车商标采用了把三叉星镶嵌在圆圈内的商标。百年沧桑,世纪变迁,在戴姆勒-奔驰汽车总部大厦顶上"三叉星"依旧是星光明亮,"三叉星"随着梅赛德斯-奔驰轿车在世界各地闪闪发光。

3. 威廉·迈巴赫

威廉·迈巴赫(1846—1929)一生最大的传奇在于创造了两个举世闻名的豪华品牌:梅赛德斯与迈巴赫,分别在豪华车的不同领域演绎着各自的辉煌。他是戴姆勒-奔驰公司(梅赛德斯-奔驰公司前身)的3位主要创始人之一,更是世界首辆梅赛德斯-奔驰汽车的发明者之一。

在威廉·迈巴赫所有的设计发明中，最为杰出的一项就是在戴姆勒于1900年去世后发明的第一辆"梅赛德斯"汽车，这辆车是戴姆勒汽车公司以前所从未制造过的。同时，这一历史上"真正"汽车的设计概念为汽车工业指明了未来发展方向，并开启了汽车工业设计之门。

1919年，迈巴赫父子在4辆梅赛德斯轿车的底盘上开始了试验，并进行了全面的实地测试，这就是第一辆"迈巴赫"轿车，一个象征着完美和昂贵的轿车。1921年，卡尔·迈巴赫在柏林车展上公开表示："我要造最昂贵的轿车"，从而正式确立了迈巴赫的市场定位和未来发展方向。迈巴赫也成为汽车家族中最璀璨、最耀眼的一颗星。

为了让父亲能够夙愿得尝，与父亲有着浓厚感情的卡尔·迈巴赫将原用于飞艇的发动机不断改进，终于在父亲临终前研发出"齐柏林"轿车。

1931年，"齐帕林"DS8问世，它的长度约为5.5m，采用功率为200ps的8L发动机。作为迈巴赫的旗舰车型，"齐柏林"轿车代表了豪华轿车的巅峰，是当时声望最高的德国轿车：以无与伦比的典雅风范和动力性能征服了世界。

1941年，迈巴赫由于战争原因而被迫停产，从此进入到一个长达60年的沉睡期。截至1941年，这种高级轿车生产了1800辆左右，其车身完全按照顾客的要求精心设计和装备而成。当时，艺术品般的迈巴赫产品包括堂皇的豪华轿车、高贵的普尔曼轿车（Pullman）、动感的2~7座跑车、时尚的敞篷车以及运动型活顶轿车等。每辆迈巴赫轿车的内饰都各具特色，包括精美的皮革和织物内饰，精选的木材和油漆以及众多的精致附件，这使得每一辆带有"MM"徽标的轿车看上去都各不相同。

而今，这个曾经显赫一时的超级品牌，已经在梅赛德斯-奔驰集团的强力支持下复出。不同于引领时尚的梅赛德斯-奔驰品牌，迈巴赫是作为该集团庞大产品金字塔中的最高端品牌展示在世人面前的。经过半个世纪的沉默，这个历经沧桑的豪华品牌在2002年末重新进入了人们的视野。时至今日，迈巴赫的品牌已经远远超出了顶级豪华车的意义，正以无其左右的气势席卷着豪华车领域。

4. 威廉·杜兰特

威廉·杜兰特（1961—1947）出生在美国马萨诸塞州波士顿市，1878年，杜兰特17岁时便辍学，在祖父的木柴厂当起了办事员。不仅出色完成了各项分内工作，而且很快成长为一个企业管理者和成功的推销员。24岁时，年轻的杜兰特便已经成为富林特（Flint）保险公司的合伙人。

1886年，杜兰特对马车制造产生了极大的兴趣，于是，他投资1500美元在弗林特市与道拉斯·道特（J. Dallas Dort）共同建立了一家马车制造公司。经过15年全美范围内推销各种款式和颜色的马车，他将最初的2000美元变成了200万美元，并且他的马车业务也走向了世界，成为当时美国最大的马车制造商。

无论从原来的木柴生意，还是到后来的专利药品、雪茄，以及到后来的马车生意，杜兰特一再表现出他出众的销售以及经营才华。对此，他的朋友是这样评价的："杜兰特可以把沙子卖给阿拉伯人，然后还能把筛沙子的筛子卖给他们。"

杜兰特曾一度不看好汽车的发展，甚至阻止自己的女儿去驾驶汽车。1904年8月，当杜兰特听说已经能生产优秀的2缸12ps发动机的别克公司正在期待别人购买时，杜兰特打算去探个究竟。经过在郊外坑洼的泥土上测试了别克汽车之后，杜兰特预感到这是一个使他涉足汽车制造业的天赐良机，果断地拿出巨款买下了别克汽车公司，他被选为别克汽车公司的董事长，别克汽车公司是杜兰特在世界汽车工业成名的起点。

随着别克汽车业务的蒸蒸日上，杜兰特便开始为自己勾画一个更宏伟的蓝图，一个更庞大的收购计划。这个收购计划与他在马车制造行业的经营理念如出一辙，他打算能提供众多品牌的汽车产品，能让消费者有更多的产品进行选择，并且通过众多品牌的打造，将公司做到最强最大。

1908 年，杜兰特以别克汽车公司为核心创建了通用汽车公司。仅过两年，通用汽车公司出现了严重的资金困难。董事会接受了通用汽车公司举债的请求，也提出杜兰特必须辞职的要求，于是他被迫离开了通用汽车公司。这时，妻子、女儿、地位、事业……似乎一切都离他而去。

此后，杜兰特并没有气馁，1911 年 11 月 3 日，他和路易斯·雪佛兰创建了雪佛兰汽车公司，并且经营得非常成功，获得了巨额利润。另外，由于美国化工大王皮埃尔·杜邦财力的支持，1916 年，杜兰特秘密买下了通用汽车公司的大部分股权，重新控制了通用汽车公司。1916 年 6 月，杜兰特再次任通用汽车公司的总经理。

在重新获得了通用汽车公司领导权以后，杜兰特完全凭个人的力量经营公司，但是只热衷于公司规模的扩大，却忽视公司生产效率的提高。分公司各自为政，产品重复……杜兰特的一系列失误，导致 1920 年公司再次出现严重危机。1921 年杜兰特又被迫离开了通用汽车公司，并彻底离开了汽车界。1947 年，杜兰特黯淡地离开人世。虽然斯人已去，但是他一手缔造的通用汽车公司，却成功地存活下来，后经斯隆等人的成功经营，开创了通用汽车时代，使它成了现在世界上最大的汽车公司。

杜兰特创建了通用，通用也险些毁于他手中。杜兰特的失败，表明管理是现代企业的生命。

5. 亨利·福特

亨利·福特(1863—1947)推出经济型 T 形汽车，创造了用流水线装配汽车的方式。福特被誉为"汽车大王"，可谓是前无古人，后无来者。

福特小时候就对蒸汽机、火车感兴趣。他父母常说："我们的孩子是一台机器"。

在底特律市，他当过工人、工程师，被爱迪生照明公司聘为机械师。下班以后，他经常在家中的棚子里研究制造机械。1893 年圣诞节，福特研制的汽油机试验成功，1896 年造出了汽车。1903 年 6 月 16 日，经过两次创业失败的福特和 11 名合伙人按股份制模式建立了福特汽车公司。

尽管公司只有 10 位雇员，但他们却制造了性能稳定的 A 型汽车，它在不到一年时间内就创造了销出 650 辆的业绩。

当时的汽车很昂贵，1907 年美国平均每辆汽车售价 1000 美元，一般人无能力购买。1908 年，福特生产出 T 型汽车，接着又创造了用流水线装配汽车的方式使汽车装配时间缩短，成本降低，即发生了汽车工业的第一次变革。

20 世纪 20 年代后期，美国开始形成了一个巨大的旧车市场，大批质量相当不错的二手车只需几十甚至十几美元就可买到，这对一向以"价廉物美"而著称的 T 型车是一个极大的冲击。

同时，由斯隆领导的通用汽车公司生产出了许多时髦多样和先进豪华的汽车，满足了不同阶层的购买需求，也对 T 型车形成了较大的竞争压力。1927 年，福特公司转产新的 A 型车。由于转产组织匆忙、耗资巨大，加之接踵而来的经济大萧条的影响，福特公司元气大伤，整个 20 世纪 30 年代都未能恢复，分别被通用(1927 年)和克莱斯勒(1936 年)超过。1945 年，福特让位于亨利·福特二世。1947 年 4 月 7 日,亨利·福特因脑溢血死于底特律,终年 83 岁。

亨利·福特留下的不仅仅是"福特"汽车这个品牌,他还代表着一种执着的、永不言弃的创业精神。

1947 年 4 月,《纽约时报》对福特这样评价:"当他未来到人世时,这个世界还是马车时代。当他离开人间时,这个世界已成了汽车的世界"。

《福特传》作者对福特有这样的评述:"亨利·福特创造了历史,并生活在这个历史阶段的建树超过其他任何人。他发现和开拓机器的未知领域,从而改变了人类形象。当年轻的他离开农庄时,5 个美国人中有一个住在城市,而当他离开人世,由于福特汽车扩大了人类活动,比例正好反了过来。在他去世时,福特公司生产的汽车和他出生时的美国人一样多。正是由于他,美国有七分之一的人在制造汽车或在与汽车有关的企业里工作。"

6. 亨利·利兰

亨利·利兰(1843—1932),是凯迪拉克公司的创始人,他非常重视加工精度、制造质量和零件的互换性,利兰在其工厂推行零件标准化及武器级精度。公差为 0.05mm,这在 20 世纪初简直是不可思议的奇迹。

正是在这种非常新颖的思想指导下,到 1906 年,凯迪拉克在底特律的工厂已成为当时世界上最大、最完善和装备最好的汽车厂,生产出来的汽车也最好。当时公司的口号是"技术是我们的信念,精度是我们的法律"。

1909 年凯迪拉克公司加入通用汽车公司,通用汽车公司总裁阿尔弗雷德·斯劳因评价利兰:质量就是他的上帝。

第一次世界大战爆发后,通用汽车公司开始生产航空发动机。但利兰坚决反对并不止一次地重复:不想参与人类的屠杀。利兰离开了公司,当时的利兰已年逾七旬,但仍与其儿子创建一家名为利兰发动机 Ko 的新公司,并生产利别尔基发动机。许多人都离开凯迪拉克公司而追随利兰。战争结束后,利兰把注意力又转向了汽车。利兰相信夹角为 60°的 V8 发动机比他们在凯迪拉克公司生产的夹角为 90°的发动机运转更为平稳。事实证明利兰是对的,1920年第一辆林肯轿车问世,就好评如潮。新闻界对装备 66.2kW V8 发动机、113km 时速的林肯 L型车大为赞赏。但这种车型却是战后经济衰退的受害者,在 1921 年林肯 L 型车销售狂跌近一半,公司每月亏损达 10 万美元。没有出路的利兰只好去找福特汽车公司的亨利·福特寻求援助。

福特对利兰的公司不感兴趣,但他的儿子埃德赛说服了父亲,在 1922 年 2 月以 800 万美元收购了林肯公司,利兰及儿子威尔法莱德任总裁和副总裁。但没过多久,利兰父子二人在自主权和股东的责任等问题上与亨利·福特发生争执,直至他于 1932 年逝世。

虽然利兰早早地离开了他所热爱的汽车工业,但凯迪拉克、林肯两大品牌却依然传承着百年来的豪华精粹,以领先时代的科技精髓勇拓未来,他们的傲岸英姿,无论身处何地,都以其永远的夺目显耀,当仁不让地成为人们关注的焦点。

100 年来,凯迪拉克已经是声望、尊贵与豪华的代名词,同时也代表了锐意进取和技术创新。步入新世纪的凯迪拉克更是融汇了高新科技与现代化设计的精华,令新一代成功人士尽显今朝风流。在 2002 年百年大庆前夕,凯迪拉克承诺将继续秉承其豪华尊贵的传统,充分演绎其"艺术与科学"的主题,造就具备卓越感受、超凡性能、安全舒适和创新技术的车型。

7. 雪佛兰三兄弟

雪佛兰商标含义:雪佛兰商标表示了图案化了的蝴蝶结,Chevrolet 是瑞士的赛车手、工程师路易斯·雪佛兰的名字。象征雪佛兰轿车的大方、气派和风度。

1878年圣诞节,一个男孩出生在瑞士小镇La Chaux-de-Fonds。父母给他取名叫路易斯·雪佛兰(Louis Chevrolet)。1887年雪佛兰一家搬到法国的Beaune居住。路易斯在全家的7个兄弟姐妹中排行第二。

1900年,路易斯·雪佛兰远渡重洋来到美国,于当年开始驾车参赛,并不断取得好成绩。不久,他的两个弟弟也来投奔哥哥,三兄弟从此一起闯天下。三兄弟均热爱汽车,他们的才华被别克汽车厂老板杜兰特看中,并邀请路易斯加入别克赛车队,亚瑟·雪弗莱(老二)则成了杜兰特的私人驾驶员,盖斯顿·雪弗莱(老三)则热衷于汽车设计。随着别克赛车队的成绩上升,雪佛兰三兄弟的名声也在提高。杜兰特趁机请三兄弟自己设计一种汽车,于是,雪佛兰汽车公司诞生。

1911年11月3日,杜兰特与雪佛兰合伙成立了以设计师名字命名的"雪佛兰汽车公司"。1912年初,雪佛兰的第一批6款经典车型顺利地驶出了底特律车厂。

但是,好景不长。路易斯·雪佛兰一直梦想着生产高品质的跑车,而杜兰特却很早就认识到了汽车大众化的必然发展趋势,他坚持公司走廉价汽车路线。结果双方互不让步,在经营战略上的矛盾逐渐激化。1913年,路易斯·雪佛兰不得不离开了自己的公司。而他的名字"雪佛兰"却永远地保留了下来。

之后,在1914年,路易斯·雪弗兰与他两个兄弟合作创办了弗朗台那克汽车公司,并开始参加汽车比赛。路易斯仍像以前那样,不断取得胜利;亚瑟则主要负责赛车维修工作;盖斯顿·雪弗莱(老三)在1920年驾驶自己公司研制的弗朗台那克牌汽车夺得印第安纳波利斯大赛冠军。然而,就在1920年11月,盖斯顿不幸因车祸丧生。

只会设计汽车及夺取赛车胜利的路易斯缺乏商业管理经验,他们的公司也终于被法院宣布破产。

而此时,通用公司的雪弗兰牌汽车却推出了第一款四缸汽车——雪佛兰Fours,在美国受到了热捧。而1917年推出的定价490美元的490轿车帮助雪佛兰公司将年销售量提高到19万辆。之后,雪佛兰很快就在美国的4座城市建立了工厂,并在全国范围内建立了零售商体系。

1918年,雪佛兰被通用汽车公司并购并依然保持强劲的增长势头,到1920年,雪佛兰公司的销售量达到15万辆,占到通用汽车公司销售总量的39%。至今,雪佛兰依然是通用汽车公司的著名品牌。

8. 大卫·别克

大卫·别克(1854—1929)凭着一个建造汽油发动机的创意,吸引了有如沃尔特·马尔以及后来尤金·理查德这样的机械天才,创造了超级发动机。100多年以来,已经有4000万辆汽车拥有了"别克"这个名字。大卫·别克荣登"汽车名人堂",他的名字被永久地镌刻在底特律和苏格兰的历史中。

1899年大卫·别克凭借着对社会发展的敏锐洞察力选择离开他们朝夕相处的船机及农机修理行,开始研制汽油发动机,并于1900年造出了第一辆别克车。1903年5月19日,大卫·别克在布里斯科兄弟的帮助下创建了别克汽车公司。该公司以技术先进著称,曾首创顶置气门,自动变速器等先进技术。

1903年前,别克只生产出两部小汽车,大卫·别克虽然是一位很有成绩的发明家。但由于不善经营,通用汽车的技术人员也辞职而去。正当工厂要关门之际,1903年9月11日,福林特市货车厂经理杰姆斯将别克买下,并将别克从底特律迁往福林特。1904年夏,第一辆别克汽车正式生产,1904年11月1日,别克被当时是福林特最大的马车制造商威廉姆·杜兰特相中。当他看到别克汽车时,知道自己找到了一棵"摇钱树"。他观察到,别克汽车比其他汽车在翻山或穿过泥泞路段时具有明显的优势,别克汽车才是真正的实用汽车。1905年他组织别克汽车参加了"纽约车展",由此,很快接到1000辆汽车的订单。别克汽车在赛车场上也连创佳绩。在1906年芝加哥至纽约1000km接力赛上,别克是唯一跑完全程的汽车。1914年,别克汽车率先横穿南美洲。在全美的穿越山脉比赛中,别克汽车大获全胜,其中包括1904年首批生产的别克汽车。1908年,凭着8000多辆的生产总量,别克成为美国汽车业的一匹"黑马"。杜兰特于当年以别克汽车公司为中心,成立了美国通用汽车公司,这就是当今世界最大的汽车工业公司——通用汽车公司。

9.道奇兄弟

道奇兄弟是一对亲兄弟,哥哥约翰·道奇(John Dodge)出生于1864年,弟弟霍瑞德·道奇(Horade Dodge)出生于1868年。他们都出生于美国的密歇根州,在1886年,他们全家才移居到底特律。

在19世纪90年代,自行车是底特律的主要交通工具。霍瑞斯·道奇就靠一辆自行车上下班,但是它并不十分可靠。1897年,他发明了防尘轴承。之后,道奇兄弟与佛瑞德·埃文斯成立了合伙企业,在改良型滚珠轴承(贺瑞斯·道奇的专利)的基础上制造"埃文斯-道奇"自行车。

3年后,这家公司被加拿大国家自行车公司收购,道奇兄弟得到了7500美元现金和轴承的专利权。他们用这笔钱购买了机器设备并在底特律的拉菲特和伯宾大街租了块地,于是,1901年,第一个道奇机械商店开业,当时共有12个雇员。道奇兄弟为汽车行业制造零部件,从而开始了他们的终生事业。

其后,道奇兄弟和福特汽车公司保持着稳固的合作,道奇兄弟一度为福特汽车公司制造发动机并且成为其股东。然而1913年,道奇兄弟开始注意到福特有自给自足的倾向。于是在1914年7月17日,兄弟投资500万美元组建了道奇兄弟公司,同时建造了世界上第一个汽车试验场,开创了汽车公司自己投资建立试车道的先河,为道奇汽车的质量提供了重要保证。1914年11月14日道奇兄弟公司成功推出第一辆道奇车。

第一次世界大战期间,协约国在欧洲战区使用了道奇汽车和军需品。第二次世界大战期间道奇生产40万辆载重车和数千辆坦克。战争中对军用汽车的要求是极其严格,甚至苛刻的,然而道奇品牌汽车却以其过硬的质量在两次世界大战中都成了军方用车的首选车辆。为全世界反法西斯战争的胜利立下了不可磨灭的功勋。

1920年,创始人约翰·道奇和霍瑞德·道奇兄弟,在几个月内相继因肺炎去世。之后,道奇公司被多次易手,直到1928年,克莱斯勒收购了道奇兄弟公司,道奇兄弟公司成了克莱斯勒公司的一个分部。

1983年,道奇推出全球第一款前轮驱动厢式旅行车——道奇Caravan。在1987年这种车型登陆欧洲后,产生了一个新的概念——它被欧洲人命名为"多用途汽车",也就是我们所说的MPV(Multi-Purpose Vehicle)。而作为MPV的鼻祖之一,道奇也名正言顺地成了克莱斯勒汽车公司的重要力量。

10.恩佐·法拉利

恩佐·法拉利(1898—1988)是法拉利汽车公司的创始人,他毕其一生,致力于提高赛车的性能以不断夺取桂冠。恩佐·法拉利说："他最中意的赛车是他还没有造出来的赛车,他最大的成功是他还没有达到的成功。"这位被誉为"赛车之父"的意大利人,嗜车如命的血液从小就在他的身上沸腾。

恩佐·法拉利于1898年2月18日出生在意大利北部莫德拉的一个小钣金工厂主的家中。从小爱好汽车赛,13岁开始独自驾驶汽车。

第一次世界大战时法拉利被征入伍,战后先在都灵汽车公司当验车员,后转入米兰CNN汽车公司当试车手。1919年他驾驶CNN赛车参加了战后第一次探戈·弗列罗大赛(环西西里岛拉力赛),这是他第一次参加汽车赛,获得了第九名。1920年,法拉利进入阿尔法·罗密欧车队。1923年,法拉利驾驶阿尔·罗密欧汽车公司制造的赛车在拉文纳汽车赛中获胜,法拉利和阿尔法·罗密欧车队也一举成名。

1929年,法拉利在莫的那创建了飞毛腿有限公司,掌管阿尔法·罗密欧的车赛活动,维护客户的赛车,并且在参加的一系列比赛中取得了辉煌战绩。

1938年,法拉利离开了阿尔法·罗密欧汽车公司。由于法拉利掌握着阿尔法·罗密欧汽车公司的技术资料,该公司于是向法院起诉。1939年,法院裁定法拉利在四年内不得以自己的名字制造汽车。但这一判决是多余的,第二次世界大战的爆发使法拉利制造自己的超级赛车的梦想暂时成了泡影。

1945年,第二次世界大战结束,法拉利全力实现自己造车的心愿。1947年,第一辆以跃马为商标的红色法拉利赛车诞生。从此,法拉利为世界赛车史写下无数辉煌的篇章。由于赛车的性能需要在赛车场上才能得到检验,因此,法拉利积极参加各种汽车大赛,借以检验、宣传自己的赛车。汽车强劲的动力会使得车辆难于操控,但恩佐·法拉利设计的车辆悬架系统有独到之处。弹簧减振装置由推杆启用,并且可以在驾驶舱内通过电子方式将减振器调整到两个不同的位置。通过前后的防侧倾杆可以使四轮独立悬架更加稳定。

1956年,经过法拉利改造的蓝旗车一举夺得世界汽车竞赛的最高荣誉——一级方程式赛车年度总冠军。这一连串的胜利,奠定了法拉利赛车在世界车坛至高无上的地位。

人们普遍认为法拉利汽车公司制造的汽车,不是现实的汽车,而是超越时空的艺术品。

恩佐·法拉利赛车在许多方面的设计都酷似喷气式战斗机。想象一下飞机机翼的形状——机翼的上表面形成的低压可以帮助产生上推力。法拉利赛车的车身形状就像一个倒置的机翼,车身的造型,无论是阻流板,还是底盘,均使其产生下压力,差不多就是将赛车吸附在地面上。

1969年法拉利汽车公司被菲亚特汽车公司收购,但法拉利以他无可比拟的威望保持对法拉利汽车公司的绝对控制。虽然岁月流逝,法拉利日益衰老,可他对赛车的热情和对法拉利汽车公司影响不减当年。直至20世纪80年代末期,近90岁高龄的法拉利还到公司上班,并扮演决策者的角色。

1988年9月14日,90岁的恩佐·法拉利与世长辞。但他不可能被人们忘记,红色法拉利赛车在世界各地赛车场上强劲飞奔的景象已印入人们脑海。1995年,英国著名的AUTOCAR杂志在评选"世纪汽车英才"时,恩佐·法拉利以绝对优势当选。

二、中国汽车名人

1. 汤仲明——木炭汽车发明人

汤仲明(1897—1980),原名汤俊哲,河南孟县人。1919年6月,汤仲明被北京法语翻译学校保送到法国学习,并先后在法国南台火车制造厂、巴不来格飞机制造厂、巴黎来诺汽车制造厂实习,积累了相当丰富的实践经验。1928年,汤仲明凭着他的专业技术和个人有限的财力,在河南省城开封开始了木炭取代洋油炉的研究。

1931年,汤仲明试验成功,造出了第一台木炭汽车。12月,汤仲明第一次驾木炭汽车在郑州西郊碧沙岗公开试验,并邀请各界参观,这次公开试验轰动全市,观众如潮。这次试验效果良好,时速达到40km,每千米仅耗木炭500g,价值是汽油的十分之一。

1935年,汤仲明在近代著名实业家、同宗汤允青的经济支持下在沪开设了制造煤气发生炉的专业工厂——仲明机械股份有限公司,并呈请国民政府军事委员会在全国各公路运输单位推广使用代燃汽车,限期将汽车全部改装为煤气车,并限制汽油进口。得到当局的肯定,并通令全国公路运输企业改装使用。当年,各地私营长途汽车运输企业也陆续购置煤气发生炉,改装代燃汽车。上海还设有汤仲明办公室负责推广汽车代燃技术。这为抗战时期尤其是1941年太平洋战争后,汽油进口中断,作为主要交通运输工具的木炭汽车,完成了抗日战争时期繁重危险的运输任务,为保障战时的公路交通运输做出了不可磨灭的贡献,也在抗战文化中留下了浓墨重彩的一笔。

1949年10月1日,新中国成立,汤仲明先后在杨公桥水利厂、洪发利机械厂、西南工业部206厂、重庆柴油机厂、重庆水轮机厂任工程师、总工程师、总设计师等技术职务,他的爱国精神和科技知识得到人民的拥护,被选为重庆市人民代表和政协委员。

1980年3月,汤仲明因患脑溢血抢救无效,不幸病逝,享年83岁。

2. 饶斌——中国汽车工业的奠基人

饶斌(1913—1987)是"中国汽车工业的奠基人",也被誉为"中国汽车之父"。他为中国的汽车工业的发展做出了卓越贡献。

饶斌于1913年1月,出生于吉林省吉林市。1952年,饶斌被任命为中国第一汽车制造厂厂长,从此结束了中国不能制造汽车的历史。1965年,中国汽车工业公司决定成立第二汽车制造厂筹备处,饶斌是5人领导小组的负责人,在困难重重的条件下,终于建成了第二汽车制造厂。1977年后,饶斌调到北京,曾任第一机械工业部副部长兼汽车工业管理局局长、第一机械工业部部长兼汽车总局局长、中国汽车工业公司董事长、中顾委委员等职务。1987年夏天,饶斌到上海,视察为上海桑塔纳轿车配套的几家零部件厂,他还提出了上海发展轿车工业的建议。

饶斌在第一汽车制造厂参加解放牌载货汽车出车30年纪念大会上曾激动地说:我老了,无法投入中国汽车工业的第三次创业。但是,我愿意躺在地上,化作一座桥,让大家踩着我的身躯走过,齐心协力把轿车工业搞上去……

饶斌由于过度劳累,长期的高血压迸发了脑溢血,抢救无效,于1987年8月29日在上海与世长辞。

党和政府对饶斌为中国汽车的发展所做出的贡献给予崇高的评价,称他是"中国汽车工业的奠基人"。外国人把他称为"中国汽车之父"。

3. 孟少农——中国汽车技术奠基人

孟少农(1915—1988),原名庆基(参加革命后改为孟少农)。孟少农是中国科学院学部委员,著名的汽车专家,中国汽车工业的创始人、奠基人之一。

1932年进长沙高中。高中毕业全省会考,他获第一名。高中毕业后,孟少农考入清华大学机械工程系。两年后,卢沟桥事变,北京落入日寇手中,清华迁入长沙。1940年,西南联大招考一批留美公费生,孟少农以出色的成绩被录取。1941 年,孟少农赴美学习,进入著名的麻省理工学院机械系。1943 年至 1946 年 5 月期间,他先后在美国福特汽车公司、锤上兰森机器公司、司蒂贝克汽车公司、林登城中国发动机厂任技术员和工程师,学习考察汽车、发动机的产品、工艺、工具、机械加工和汽车工厂设计等方面的理论。因孟少农学习、工作极为严谨认真,成绩突出,福特等几家公司很器重他,愿留他工作,答应给他提供优越研究条件和优裕的生活待遇,但他都婉言谢绝。1946 年 5 月,孟少农乘战后中美通航第一班轮船离开了美国。

孟少农回国后,回到母校清华大学任教,先后任机械系副教授和教授。执教期间,孟少农看到内战四起,政治黑暗,对国民党政府极为不满,并和一些进步教授联合提出抗议,支持学生运动。1947 年 7 月,他毅然参加了中国共产党。1948 年 9 月,他又抛弃大学教授这个高级职位,奉命奔赴解放区参加革命工作,成了一名普通的革命战士。

在新中国诞生后的几十年中,孟少农坚持在中国汽车工业企业里,全心全意地做技术指导工作,为中国第一汽车制造厂、陕西汽车制造厂、第二汽车制造厂的创建和发展,做出巨大贡献。

1956 年 7 月 15 日,一汽经过 3 年艰苦奋战,胜利投产,结束了中国不能生产汽车的历史。此时,他不失时机地把主要精力转移到考虑如何提高质量和发展多品种问题。他对一汽产品处同志多次说过:"中国汽车工业需要大发展,技术工作要走在前头,要有准备,要学会自己走路。"

他最早提出并重视中国轿车的开发。1958 年 5 月上旬,中国第一辆东风牌轿车,在党的八大二次会议期间开到了中南海,毛主席和中央其他领导同志第一次坐上中国自己制造的轿车。这期间孟少农做了大量的改进和新产品开发研制等工作。

在二汽,他根据建厂需要和大学不能正常输送人才的情况,大胆地创办职工大学,自任校长,自编教材,亲自授课,使一大批文化水平较高,又有多年生产经验的青年工人获得深造。

孟少农一生集多重角色于一身,他是抗日学生、进步青年,又是海外学子、留学归国专家、著名大学教授,更是汽车工业创始人、汽车技术权威、汽车工业领导人,这期间他遇到过各种艰难困苦,而贯穿始终的是他从未改变的强国梦和为中国汽车教育事业灌注的心血。因此,一些老的汽车界领导和技术专家都一致认为,孟少农是新中国突出的较全面的汽车工业技术人才。

为缅怀中国这位著名的汽车专家孟少农,二汽遵照国家科委提议,为他塑造半身铜像两座,一座安放在湖北汽车工业学院,一座安放在武汉工学院。

4. 支秉渊——中国发动机先驱

支秉渊(1897—1971),机械工程专家。近代中国机械工业奠基人之一,中国内燃机研制的先驱。

支秉渊于 1915 年进入上海南洋公学(现上海交通大学)电机科学习。1920 年毕业,获得电机工程学士学位。

1925 年受"五卅"运动的影响,支秉渊联络了大学同学和校友,在上海泗泾路 6 号设事务所筹办新中工程股份有限公司(现上海新中动力机厂)。他以企业为根基,以对外经营为窗口,实现"实业救国"远大抱负,开始仿制、试制一系列机器产品,承接设计一系列工程项目。于 1929 年,开始仿制成 36ps(1ps = 0.735kW)双缸狄塞尔柴油机,开中国制造这种柴油机之先河。

1935 年,支秉渊买了辆英国 Commer 牌卡车,在自己原来研究的基础上,委托工程师陆景云主持仿制该车的 Perkins(狄塞尔高速柴油机)牌发动机。

1938年，在没有任何有关资料的情况下，支秉渊及其团队在长沙全面展开仿制狄塞尔高速柴油机的工作，同年6月，65ps柴油汽车发动机在新中祁阳制造厂制成，装在原来的已修复的旧汽车上，试用成功。

1939年夏，太平洋战争爆发后，德国附件和原料供应中断，新中无法批量生产柴油机。另外，战时柴油成了十分紧张的战略物资，柴油发动机因缺油而几乎停用。支秉渊审时度势，1939年6月以后新中开始试制煤气机，翌年初试车成功。该煤气机功率为45ps，额定转速1500r/min。支秉渊将它装在一辆卡车上。1942年他和驾驶员驾驶这辆汽车从祁阳出发，经湖南、广西、贵州的崎岖山路，成功地驶抵重庆，开创了国产煤气发动机驱动汽车的历史，成为中国近代机械史上的一件要事。当时重庆《大公报》发表文章将支秉渊喻为"中国的福特"。就这样，第一辆纯中国人制造的汽车诞生在抗战炮火下的湖南山区。

抗日战争胜利后，支秉渊出任吴淞制造厂（现上海柴油机厂）厂长，在他的领导设计下于1948年3月制造出第一批汽油机，原设计5ps，实际达到5.5ps，因此称5匹半汽油机，当年就生产了50台，用它同二次世界大战"救济物资"中美国制造的水泵配套，作为农业排灌机械的动力。

中华人民共和国成立后，支秉渊到华东工业部任机械处处长，领导整理各种机器工厂的资产，重新分配任务，恢复生产。

1950年10月4日，建国两周年的礼炮余音里，又响起了太原重型机器厂正式破土动工兴建的喜庆鞭炮声。它的高速建成和投产，凝聚着支秉渊等专家的高度智慧和辛勤洒下的汗水，为中国独立自主建设大型企业闯出了一条新路。

1954年，支秉渊被调往沈阳矿山机器厂任副厂长兼总工程师。值得一提的是，1954年，中国机械行业开始实行标准化，支秉渊马上在厂里成立了标准化科，并多次阐述它的重要性，使一些同志积极投入到此项工作中。在他的领导下仅用了4年时间就制订出700多个标准，这在中国机械行业中是最早制定统一技术标准的。

1971年8月25日支秉渊病逝于河南省信阳市，终年74岁。支秉渊毕生致力于农业机械、动力机械、起重机械、矿山机械、桥梁工程等方面的研究设计和制造工作。为中国机械工程技术的发展做出了贡献。

第四节　全球十大汽车城简介

在世界上的许多地方，汽车，是一群人对于一座城市的全部印象，这里被称为"汽车城"。当今世界上有58个国家与地区从事汽车生产和制造。中国、美国、日本、德国等15个国家的汽车产量占全球总产量的90%。除了中国，其他国家的汽车工业大多表现出明显的地域集群特征，从而形成了世界十大汽车城。这10个城市在汽车界都是赫赫有名，可以说是汽车王国的首都。

1. 美国底特律

美国汽车城，密歇根州最大的城市。与加拿大安大略省的温莎隔河相望，是世界最大的汽车工业中心，号称"世界汽车之都"。美国拥有汽车1.57亿辆，平均每1.5人就有一辆。垄断美国汽车工业的通用、福特和克莱斯勒汽车公司的总部均设在底特律城，全国四分之一的汽车产于这里，全城442万人口，有91%的人以汽车工业为主。

汽车制造业是这个城市工业的核心，与汽车制造业有关的钢材、仪表、塑料、玻璃以及轮胎、发动机等零部件生产也相当发达,专业化、集约化程度很高。

由于受金融危机的重创,2013 年 7 月 18 日,底特律于当地时间申请破产。底特律的债务非常庞大,180 多亿美元的长期债务和数十亿美元的短期债务。美国当地时间 2013 年 12 月 3 日上午,美国联邦破产法官罗兹做出裁决:底特律市符合联邦破产法第 9 章的相关规定,符合申请破产保护的资格。这座曾经风光无限的汽车城正式宣告破产,它成了美国历史上规模最大的破产城市。

2. 日本丰田

日本汽车城,此城原名爱知县,因丰田公司建于此而闻名于世,有"东洋底特律"之称。全城从业人员均服务于丰田汽车公司,丰田年满 20 岁的职工即可分到一辆丰田汽车。丰田市的出口港名古屋,建有世界上第一个最高容量为 5 万辆的丰田汽车专用码头。丰田市有人口 28 万,其中丰田汽车公司及其公司的人员、家属占 62%。丰田公司有 10 座汽车厂,生产几十个系列的轻重型汽车,此外,它还有 1240 家协作厂。全公司每个职工平均年产值 13 万美元,居世界之首。

3. 德国斯图加特

德国汽车城,全城人口 60 万,是生产世界第一辆汽车的戴姆勒-奔驰汽车公司和著名跑车保时捷的所在地。这个以奔驰汽车为旗帜的工业城市基本上就是一个大车间,从城市的富裕程度来看,斯图加特也仅次于慕尼黑,排名德国第二,这足以令其他城市的德国人艳羡。

劳动创造财富,汽车带动经济,全德国的人都可以嘲笑这个城市没文化,但是却不能否认这里的产业工人最有钱。

4. 意大利都灵

意大利汽车城,全市人口 120 万,其中 35 万多人从事汽车工业,每年生产汽车占意大利总量的 75%。菲亚特公司 1899 年在这里创建汽车厂时,仅有 41 名职工,现在已发展为世界第七、欧洲第二大汽车公司。

都灵的名气来自两方面,尤文图斯足球队和菲亚特汽车。都灵有座汽车博物馆,是世界上著名的汽车博物馆,里面的汽车主要以意大利品牌为主。

5. 德国沃尔夫斯堡

大众汽车公司所在地。大众汽车集团的工厂遍布全球,但其从 1934 年成立以来,总部一直就在德国下萨克森州的沃尔夫斯堡市。沃尔夫斯堡也称狼堡,狼堡市民中的 40% 都在大众汽车厂上班。大众集团在狼堡的员工达 5 万人,因此可以说狼堡是因大众汽车的存在而存在的。

从一个汽车厂的规模、产量上看,沃尔夫斯堡的大众汽车厂是世界上最大的单一性汽车厂。厂房占地面积为 145 公顷,全厂总面积达 2000 公顷,汽车入库用的铁路线长约 72km。

6. 日本东京

日产、三菱和五十铃汽车公司所在地。与传统意义上的汽车城不同的是,东京不单依靠汽车产业而活,同时,在这座城市里包容了其他各种各样的支柱产业。也许你并不会因为东京而想到汽车,但提到汽车却不能忘了东京,这里,浓缩了日本汽车的精华。

7. 法国巴黎

标致和雪铁龙汽车公司所在地。

8. 英国伯明翰

利兰汽车(Leyland)公司所在地。世界各大汽车生产厂商在这里都设立了公司,使它的工业产值占全国工业产值的 1/5，并享有"世界车间"之美称。

9. 德国吕塞尔海姆

欧宝汽车公司所在地。在这里欧宝一辆汽车从冲压开始到组装完毕只需 15h。现代起亚的欧洲研发中心也设在了吕塞尔海姆市。

10. 法国比扬古

雷诺汽车公司所在地。

复习思考题

1. 查阅资料，请分析是什么原因导致美国通用汽车公司破产。

2. 亨利·福特如何让汽车走进美国家庭？

3. 查阅资料，简述克莱斯勒汽车公司的吉普由来，并说明吉普车的特征。

4. 什么是甲壳虫型汽车？它在汽车发展中的意义是什么？

5. 查阅资料，被公认为世界著名的汽车公司有哪 10 大公司？它们的创始人是谁？

6. 查阅资料，如何评价威廉·杜兰特的一生？有何经验和教训？

7. 沃尔沃汽车以什么著称？

第四章　汽车运动与军事

第一节　汽车运动杂谈

一、概述

"赛车"一词来自法文（Grand Prix），意思是大奖赛。在国外，汽车比赛几乎与汽车具有同样长的历史。今天，各式各样的汽车比赛被统称为现代汽车运动，它是世界范围内一项影响较大的体育运动。多姿多彩的汽车运动使这一冷冰冰的钢铁机器充满了柔情蜜意，同时，汽车运动的激烈、惊险、浪漫、刺激，不仅仅使成千上万的观众为之痴迷，而且还使世界汽车技术的发展日新月异。1904 年 6 月 10 日，在赛车运动兴盛的法国成立了国际汽车联合会（缩写为 FIA），如图 4-1 所示。它负责管理全世界的汽车俱乐部和各种汽车协会的活动。为国际汽车联合会会标。国际汽车运动联合会（缩写为 FISA）是国际车联合会的下属机构，成立于 1922 年，其任务主要是制订有关参赛的车辆、车手、路线和比赛方法等相应规则，认可比赛记录，并在各地举行汽车赛时作必要的调整或协调。

中国汽车运动联合会（FASC）于 1975 年在北京成立，会标如图 4-2 所示。1983 年加入国际汽车联合会，其任务主要是配合国际汽车联合会的工作，协调、组织有关赛车事宜。

图 4-1　国际汽车联合会会标　　　　图 4-2　中国汽车运动联合会会标

二、汽车运动的起源

使用汽车在封闭场地内、道路上或野外进行速度、驾驶技术和性能的运动项目称为汽车运动。19 世纪 80 年代，欧洲大陆出现了最早的汽车，汽车运动也随着汽车工业的发展而兴起。起初，汽车比赛的目的是为汽车生产厂家检查车辆的性能，宣传使用汽车的安全性和可靠性，因此汽车厂商对此积极资助，以期推销其产品。

世界上最早的汽车赛是 1887 年 4 月 20 日由法国的《汽车》杂志社主办的，不过参赛的运动员只有一个人，名叫乔尔基·布顿，他驾驶 4 人座的蒸汽汽车从巴黎沿塞纳河畔跑到了努伊伊。1888 年，法国《汽车》杂志社再次举办了车赛，赛程为从努伊伊到贝尔塞，全长 20km，结果驾驶迪温牌三轮汽车的布顿获得冠军，第二名也是最后一名为驾驶塞尔波罗蒸汽汽车的车手。

世界上最早使用汽油汽车进行的长距离汽车公路赛,是在 1895 年 6 月 11 日由法国汽车俱乐部和《鲁·普奇·杰鲁纳尔》报联合举办的,赛程为从巴黎到波尔多往返,全程长达 1178 km。此次比赛获得第一名的埃末尔·鲁瓦索尔共用 48 h 45 min 跑完全程,平均车速为 24.55 km/h。但是,由于比赛规定赛车上只许乘坐 1 人,而他的车上却乘坐 2 人而被取消了冠军的头衔,结果落后很多的凯弗林获得了冠军。此次比赛共有 23 辆车参赛,跑完全程的有 8 辆汽油汽车和 1 辆蒸汽汽车。

在以后的车赛中,为避免汽车在野外比赛时扬起漫天尘土影响后面车手的视线,造成伤亡事故,车赛逐渐改为在封闭的赛场和跑道上进行,这就是汽车场地赛的雏形。

最早的汽车场地赛于 1896 年在美国的普罗维登斯举行。为了吸引更多的人参加汽车比赛,使比赛更富刺激和更富有挑战性,法国的勒芒市在 1905 年举行了第一次真正意义上的场地汽车大奖赛。从此,汽车大奖赛成为世界体育舞台上一项非常重要的赛事,小城勒芒因此闻名于世。

赛车运动开展的初期出现过两次危机。一次是 1901 年的巴黎—柏林公路赛,一名男孩跨入赛道去看一辆开过去的车,被后来一辆车撞到后死亡。法国政府随后禁止了比赛,但最终在汽车业的强大压力下,恢复了比赛。另一次是 1903 年的法国汽车俱乐部举办的巴黎—波尔多—马德里的比赛中,有近 300 万观众在赛道两旁观看比赛。赛车在丛林行驶中,扬起的尘土阻挡了车手的视线,赛车撞向观众,很多人被撞。比赛随后被法国、西班牙政府终止。后来,法国政府再一次妥协,恢复了比赛。但为赛车运动制定了一些规则:为了避免汽车在野外比赛扬起漫天的尘土影响后面车手的视线,造成伤亡事故,车赛逐渐改在封闭的赛场和跑道上进行,赛道两旁围上护栏,比赛选在人口稀少的地方举行。这就是汽车场地赛的雏形,它被认为是封闭赛道开始的标志。

20 世纪初人们开车去看汽车比赛,为了吸引更多的人参加汽车比赛,使比赛更加富有刺激性和挑战性,法国的勒芒市在 1905 年举行了第一次真正意义上的场地汽车大奖赛。此时赛车已经职业化,德国、意大利、英国、美国都有了自己的赛车参赛,涌现出 Felice Nazzaro、Georges Boillot、Jules Goux 等一批新的车手。具有讽刺意味的是,法国汽车俱乐部举办的第一次汽车大奖赛,恰恰标志着法国车坛统治地位的结束。在欧洲,德国、英国、意大利各国都想自己举办比赛。1907 年,第一条专为比赛修建的赛道在英国萨里的布鲁克兰建成。由于经济萧条,比赛规则及场地利益的冲突,法国于 1909 年退出了汽车大奖赛。20 世纪前 10 年,美国在汽车大奖赛中,美国的车队及赛车手与车队冠军、赛车手冠军无缘,从 1909 年印第安纳波利斯竞速比赛(the Indianapolis Motor Speedway)起,情况有了转机。赛车运动开始向西部扩展,越来越多的赛道在西部修建完成,最著名的是 1mile 和 2mile 的椭圆形赛道。这种赛道建造较快,采用经济的木材作为原料。经营商很喜欢这种赛道,因为,观众座位得到规范,便于收费。观众也喜欢,因为,他们可以看到整个赛道。这样的赛道使比赛更加紧张,快速,更加危险;这样的赛道使比赛过程变幻莫测,更加突显了车手的智慧与勇气。从 1917 年起,美国汽联(American Automobile Association)组织的全国冠军联赛全部采用椭圆形赛道,其中大多数是木制的,它也被人们戏称为"马达轰鸣的木版"(Roaring Boards)。这一时期著名的车手有:Ralph de Palma, Dario Resta。

1911 年经济开始好转。第一次世界大战前的几年里,欧洲的赛车运动有了短暂的发展。赛道开始重视转弯和曲折的设计与修建。赛车的设计不再一味追求大功率的发动机,更加关注操纵性、机动性和制动性,要求发动机在各种速度时都具有较好的可靠性。1914 年时的赛车基本构造,在以后的 40 年中都没有大的改变。

第一次世界大战中,欧洲赛车运动基本处于停顿状态,战后相当一段时间才恢复起来。战争中,比赛虽然没有举办,但欧洲工程师们却从战争里学到了很多技术,欧洲人正走向一条通往先进科技的道路。第一次世界大战有两个重要的结果:一是意大利自此开始统治欧洲车坛;二是美欧在赛车上的科技差距开始拉大。

美国汽车制造商生产了许多车身瘦长的赛车,如 Miller 122,它们是为竞速赛道(Speedways)量身定做的。在欧洲,FIAT 正在研制高转速顶置凸轮轴发动机,与之匹配的是轻质量的 805 底盘,这种组合使车速达到 170km/h。1922 年的法国斯特拉斯堡(Strasbourg)大奖赛上,Felice Nazzaro 驾驶这辆 FIAT 轻松夺冠。这次比赛也是赛车史上第一次集中发车。1923 年,专为大奖赛设计的 FIAT805.405 问世,它安装了增压器,它的设计还应用了风洞。但出乎意料的是,在 1923 年的法国大奖赛上,它被一辆英国车击败。Henry Segrave 驾驶的 Sunbeam 赢得了比赛,这辆 Sunbeam 是 1922 年 FIAT 的抄袭版本。从此以后,FIAT 加强了保密工作,使用自己单独的人马,车手也固定为 Pietro Bordino 和 Nazzaro。阿尔法·罗密欧在 1923 年生产了 P1,在此基础上,1924 年生产了大奖赛赛车 P2。P2 轻松赢得了 1925 年新举办的全年大奖赛的年度车队总冠军。P2 的全胜一直保持到法国 Montlhery 大奖赛出现事故为止。

由于参赛过于昂贵,阿尔法宣布退出车坛。这时一场席卷全球的世界性经济危机(1929—1933)即将到来,它对欧洲的政治、经济、社会生活产生了很大的冲击,当然也对蓬勃发展的赛车运动也产生了巨大的影响和冲击。赛车的这一黄金时代的结束就像它的开始一样突然。

三、汽车运动的魅力

汽车运动不仅是车手个人技艺、意志和胆量的竞争,而且是汽车设计、产品质量的角逐,这种独具特色的双重性运动,更能体现人类精英与高新科技最完美的结合,体现人类对自然的征服能力。汽车比赛不断推动着世界和各国汽车工业的技术革命,如今汽车甲级赛(即 F1)驾驶员,他们身穿类似潜水员潜水服的长袖防火服,头盔和宇航员戴的差不多。现在的汽车赛已完全成为一种职业活动,出现了空前繁荣的局面。在赛车场,那些五彩缤纷的赛车,随着一声令下,竞相出发,开足马力冲向前方。车手们你追我赶的争先表演,赛车如万马奔腾而过的彩场面非常壮观,这对 20 万 ~ 30 万的现场观众和数以亿计的电视观众来说极丰富刺激。

汽车运动的魅力可以表现为以下几个方面:

1. 有助于改善汽车的性能

汽车赛有助于改善汽车的性能,尤其是它的动力性。汽车诞生百年来,汽车技术得以不断的发展的原因,在很大程度上是根据各式各样车赛所做的大量实验。赛车场是汽车技术的试验场。汽车赛可以作为汽车新构造、新材料实验等的最重要的手段。在比赛中获得的赛车往往就是制造厂日后生产新车型的参考样本。20 世纪 50 年代,当日本汽车厂家决定加快汽车生产步伐时,首先选中的"基地"就是赛车场。20 世纪 60 年代,他们又将自己的赛车驶向国际赛场。向车坛霸主欧、美赛车宣战,在屡败屡战中吸收了对手的优点,找到了自己的不足,通过改进,他们不仅在赛车场获得了一席之地,而且为日本汽车工业的全面崛起奠定了坚实的基础。

如今,几乎所有赛车都采用了增压涡轮发动机,只有这种发动机才能达到 700 ~ 800ps 的输出功率。轮胎不断加宽、制动系统制冷及底盘的日臻完善,使赛车的速度日新月异。在高级赛车运动中,稳操胜券不仅仅靠驾驶者的天赋能力,还取决于发动机、底盘和轮胎三位一体的综合技术水准。从这个意义上讲,赛车活动是一场技术水准的大较量。

图4-3 F1赛车紧急制动

2. 强化的道路实验

汽车赛实质上是一种强化的道路实验。它能使汽车所有零部件都处于最大应力状态下工作,将正常使用条件下几年之后出现的问题在短短的几个小时就能暴露出来,节省了大量的时间。图4-3所示为F1赛车紧急制动。

3. 动态车展

汽车赛可喻为动态车展。一级方程式汽车比赛每年举行16场,分赛场遍布全世界。赛车几乎总是先进技术的结晶,今天,在汽车大赛中推出的每一部新的赛车,几乎都代表着一家汽车公司甚至一个国家。汽车方面的最新技术水平,如图4-4所示。不仅如此,赛车还体现了普通汽车发展的方向。比较当代新型轿车与20世纪30年代的赛车设计,不难发现它们之间有一些共同点,如较高的发动机转速、较大的压缩比、较小的汽车质量和流线型的车身等。从某种意义来说,赛车是汽车发展的先驱。最能代表赛车技术的一级方程式赛车,主要出自德国波尔汽车公司、意大利法拉利汽车公司、美国福特汽车公司和日本本田等汽车公司的精心杰作。福特汽车公司形象地把一级方程式汽车大赛称作高科技奥运会,如图4-5所示。

图4-4 一级方程式赛车

图4-5 一级方程式汽车大赛场面

在汽车大赛中推出的新型赛车,从设计到制造都凝聚着众多研制者的心血。在德国约有2000多名专门人才直接从事赛车的研制,设计和制造工作,美国约有1万人。正是这些专家。使得赛车成为最佳车展的代表品。

4. 最佳广告

汽车赛是生动的广告。组织得好的汽车赛,尤其是国际性高水平大赛能够吸引成千上万的观众。比赛中赛车和车队是汽车制造商和赞助商的最佳广告宣传载体,可以促进产品销售,为企业带来巨大的经济利益。因此,许多车队才高薪争聘优秀的车手,大的公司才慷慨解囊赞助大型车赛,如图4-6所示。

5. 促进汽车大众化

汽车赛促进了汽车大众化。除职业性比赛外,世界各地的汽车爱好者们还自行组织进行一些小型的汽车比赛,这对汽车工业的发展有着另外一层意义。许多地方性的汽车俱乐部,联系着千千万万汽车运动爱好者,其广泛性和群众性是汽车大赛所无法比拟的,地方汽车俱乐部组织的汽车赛吸引大量参赛者和现场观众,通过比赛掀起了汽车热,把众多的人吸引到汽车上,传播汽车技术,扩大了汽车爱好者队伍,培育了潜在的汽车制造、使用、维修方面的人才和汽车市场,如图4-7所示。

图4-6　大型车赛广告

图4-7　小型的汽车比赛

6. 集人与车为一体的综合较量

汽车赛是集人与车为一体的综合较量。与通常的体育运动相比,汽车运动不仅是车手个人技艺、意志和胆量的竞争,而且是汽车设计,产品质量的角逐。这种独具特色的双重性运动,更能体现人类精英与高新科技最完美的结合,体现人类对自然的征服能力。

作为一项群众性体育活动,赛车不仅体现着技术革新的步伐,也体现出人类驾驭自然的能力。它壮观而激烈,充满着冒险的情趣,因而激起越来越多人的狂热。每次大奖赛到来,总有成千上万的爱好者趋之若鹜。英国以每张1500美元的往返机票组织人们前往巴西观看汽车大赛;葡萄牙人和意大利人则成群结队地乘火车直奔奥地利观看比赛。联邦德国、英国和南非,是甲级赛车的会聚之地,每次都有不下10万人前往观看。

汽车赛是车战还是商战,是金融战还是科技战,谁也无法说清。它那丰富而又复杂的内涵超过了世界上任何一项体育运动。总之,有了具有高科技产品的汽车公司做后盾,有了拥有雄厚经济实力的企业集团的资助,再加上热心汽车运动的人们的积极参与,这就是汽车运动能够经久不衰的关键所在。

四、各类汽车运动

汽车运动的类型很多,按照比赛路线划分主要有场地赛车和非场地赛车两大类。

1. 场地赛车

场地赛车是指赛车在规定的封闭场地中进行比赛。它又可分为方程式汽车赛(图4-8)、轿车赛、运动汽车赛、耐久赛、场地越野赛、直线竞速赛(图4-9)、勒芒24h耐久性短道拉力赛(图4-10)、场地越野赛、直线竞速赛等。

方程式汽车赛是指参加该类比赛所使用的赛车,必须依照国际汽车联合会制定颁发的车辆技术规则规定的方程式制造。方程式赛车不注重汽车的舒适、经济、外观或费用,注重的只是性能。方程式汽车赛项目有F1、F3、3000/F3、A1大奖赛、亚洲方程式、雷诺方程式、卡丁车方程式等。

图4-8　方程式汽车赛

图4-9 直线竞速赛

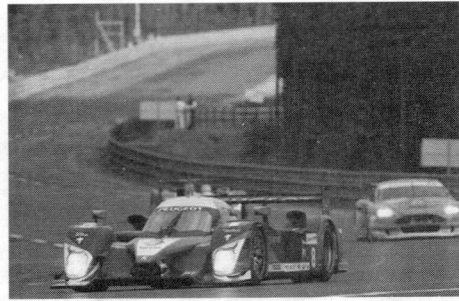

图4-10 耐久性短道拉力赛

2. 耐久赛(Grand Touring Car,简称GT赛)

1)长时间耐久性汽车比赛

使用的汽车与通常的汽车外观相似。它是在规定的时间内看谁完成的路程长或看哪辆车行驶的圈数多来决定名次。耐久赛中最著名的是法国勒芒24h世界汽车耐久锦标赛和日本铃鹿(Suzuka)8h耐久赛。

2)非场地赛车

非场地赛车是指比赛场地不是封闭的,主要分拉力赛(Rally)、越野赛(Rally-cross)及登山赛、沙滩赛、泥地赛等。正式的汽车拉力赛是在1911年才开始举行的参赛的汽车集合在一起进行分阶段比赛,最后根据每辆赛车的总成绩排出名次。世界汽车拉力赛通常在世界各地确定若干站,最后一站比赛结束后,根据车手和车队各站比赛的总积分,排定年度冠军车手和冠军车。

著名的达喀尔汽车拉力赛(法语名称为Le Dakar),如图4-11所示,是世界行程最长、最严酷和最富有冒险是世界行程最长、最严酷和最富有冒险精神的汽车拉力赛。从1995年后,巴黎—达喀尔汽车拉力赛改为格拉纳达—达喀尔汽车拉力赛,如图4-12所示。

图4-11 达喀尔汽车拉力赛

图4-12 格拉纳达—达喀尔汽车拉力赛

越野赛是在一个国家的公路和自然道路上举行的汽车比赛。经过几个国家的领土、总长度超过10000 km或跨洲的比赛称为马拉松越野赛。越野赛的比赛形式与拉力赛大致相同,不同的是越野赛是在荒山野岭、沙漠戈壁等条件艰苦的地域展开,增加了比赛的难度。越野赛的赛程不得超过15天,比赛必须在白天进行,比赛每经过10个赛段后至少休息18h。每个赛段的最大长度,越野赛规定不超过350 km,马拉松越野赛规定不超过800 km,必须使用在国际汽车联合会注册的全轮驱动汽车参赛,如图4-13所示。达喀尔拉力赛,被称为勇敢者的游戏、世界上最艰苦的拉力赛。作为最严酷和最富有冒险精神的赛车运动,为全世界所为知晓,受到全球5亿人以上的热切关注,每年的赛会都以赞助商或地区名称冠名。2009年,由于非洲大陆受到了恐怖主义的威胁,出于安全考虑,赛事组委会决定把比赛转移到南美洲进行。中国车手卢宁军是参加该比赛次数最多的中国人,这位中国老车王先后参加了 6 届的达喀尔拉力赛,分别在 2004 年、2005 年、2006 年、2007 年、2009 年及 2010 年连续出席。2011 年卢宁军将继续参加达喀尔拉力赛。1996 年国际汽车联合会首次对越野赛实行世界杯赛制,其中较著名的比赛有:巴黎—达喀尔越野赛、突尼斯国际汽车赛、巴黎—莫斯科—北京马拉松汽车越野赛、阿拉伯联合酋长国沙漠挑战赛等。

图 4-13　全轮驱动汽车

3. 卡丁车运动

卡丁车(Karting)运动兴起于 20 世纪 50~60 年代的欧美国家。由于卡丁车既可以从事竞技比赛,又可作为娱乐活动,因而成为全世界参与人数最多的汽车运动项目,如图 4-14 所示。

卡丁车结构简单,如图 4-15 所示,车身是统一的轻钢管车架,可根据需要装配 100mL、125mL 或 250mL 汽油发动机,组装成 4 轮单座位微型赛车。驾驶卡丁车不仅可以给驾驶者带来身体上、视觉上的高度刺激,还是普及汽车驾驶技术和汽车基础理论知识及机械常识的课堂。

图 4-14　卡丁车运动

图 4-15　卡丁车结构

现代卡丁车分为娱乐型和竞赛型两种。娱乐型的卡丁车多采用小型四冲程汽油发动机,其行驶速度在 50 km/h 以下。竞赛型卡丁车分为两大类共 12 个级别,适用于方程式比赛的卡丁车 A 级和 B 级执照由中国汽车联合会呈报国际汽车联合会卡丁车委员会颁发,适用于其他级别比赛的卡丁车执照由中汽联颁发。1997 年举办了首届中国卡丁车锦标赛,近年来,我国卡丁车运动得到了较大发展,从车手培养选拔到运动的组织管理都趋于正规化。

4. A1 世界杯汽车大奖赛

A1 世界杯汽车大奖赛是国际汽联正式批准的高水平场地汽车系列大赛之一,各个国家都有机会在世界级汽车系列大赛上公平地竞争,展现国家风采。

A1 世界杯方程式汽车大奖赛有限公司(简称 A1GP)委托生产统一规格、高水平的比赛,如图 4-16 所示,旨在使各国家队之间使用完全相同的车辆,进行纯驾驶技术的比赛,故称之为"世界杯方程式汽车大奖赛"。因而享有"赛车运动世界杯"的美誉。

"赛车运动世界杯"来源于阿联酋迪拜王室成员马克图姆王子的灵感,他希望创造一项世界上独一无二的赛事,该赛事能够将奥运会这样的全球赛事所包含的激情和爱国主义与高速赛车运动的技术、魅力和惊险刺激结合到一起。

A1 大奖赛首战于 2005 年 9 月 25 Et 在英国布兰兹哈奇赛道开赛,如图 4-17 所示。比赛结束时在赛车运动历史上第一次将 25 个国家聚集在一起同场竞技。根据 A1 大赛参赛规定,各参赛国只准组建一个车队代表该国参赛,每支队只允许一辆车参赛。赞助商必须是该国品牌,车手必须拥有该国国籍。A1 大奖赛的赛制是一站比赛为期 3 天,周五练习赛,周六进行排位赛,周日进行第一回合的短程赛和第二回合的正赛。

图 4-16　A1 方程式汽车

图 4-17　英国布兰兹哈奇赛道

2006 年 3 月,A1 汽车大奖赛 05/06 赛季的收官之战在中国上海国际赛车场成功举行,在这次意义非凡的国际赛车运动的盛宴在,近 8 万名观众现场见证了 A1 汽车大奖赛历史上第一个年度冠军——法国队的加冕。

5. F1 方程式锦标赛

F1 是 Formule One Championship(一级方程式锦标赛)的缩写,F1 是方程式汽车赛的最高级别,也是最精彩、最刺激的汽车比赛。参加比赛的队伍,按照 FIA 所制定的技术规章与比赛规则,在全球各地进行巡回赛,并依各场比赛的结果排名取得积分,并在年度,以积分的多少,决定年度名次。F1 方程式锦标赛首届世界一级方程式锦标赛于 1950 年 5 月 13 日在英国的银石赛道举行。F1 方程式锦标赛标志,如图 4-18 所示。2004 年,中国上海首次成为一级方程式锦标赛中的一站,图为上海站赛道,如图 4-19 所示。

图 4-18　F1 方程式锦标赛标志

F1 赛车主要出自保时捷、宝马、法拉利、福特和丰田等几家大公司。目前,由车队制作车架、车壳,由车厂制作发动机已成为赛车制造的主流,如图 4-20 所示。

图 4-19　上海站赛道示意图

图 4-20　F1 赛车

F1 赛车的发动机是比赛取胜的关键因素。从 2006 赛季开始，FIA 规定 F1 赛车使用排量 2.4L，不加增压器的自然吸气式 V8 发动机，并且限制进排气门的尺寸。发动机采用高标号汽油作燃料。机油和水的冷却全靠行驶时产生的气流进行"风冷"，如图 4-21 所示。

F1 赛车外形是综合考虑减小车身迎风面积和增加与地面附着力以及赛车运动规则而成型的。发动机位于中后部。底盘采用碳素纤维材料，质量很轻，很坚固。赛车底盘最小离地间隙仅有 50～70mm。通过减小迎风面积并采用扰流装置，来减小空气阻力。另外，在赛车尾部安装后翼板，可以增加下压力，使赛车行驶时的附着力增大。

为了使发动机的动力能可靠地传递到路面，轮胎制作得相当宽大（前轮约为 290mm，后轮约为 380mm），用以增加与地面的接触面积。四槽轮胎在干地时可发挥最大性能，而湿地轮胎的触地面会有花纹，方便排出车道表面的雨水。中间型轮胎适用于潮湿天气。比赛前，地面工作人员还要用特制的轮胎保温袋对其进行加热或保温，使橡胶具有黏性和韧性，以获得较大的附着力。赛车轮胎只有一个紧固螺栓，便于中途迅速拆装及更换轮胎，如图 4-22 所示。

图 4-21　自然吸气式 V8 发动机

图 4-22　赛车轮胎

制造一级方程式赛车要经过一个漫长而复杂的过程，从开始设计到第一次试车需要 6～10 个月时间。在这一过程中计算机起着主要作用，计算机的容量和模拟软件使工程师们能够估算出赛车的性能。然而，即使在那些能够自己生产 90% 零部件的超现代化工厂里，机器还没有完全取代人的技能。

一级方程式赛车的制图室和车间被看守得像银行一样严密，用围墙围起来，有保安人员巡查，夜间灯火通明，以保证机密不外泄。

一级方程式赛车的制造要有一流的技术人员参与，包括：技术主任、设计室经理、比赛工程师、复合材料部主任、机械师、机械加工车间主任、电子工程师、油漆与装饰工、空气动力工程师等。其中技术主任是真正的"赛车之父"，他要作总指挥，指导各个部门的工作。

制造赛车前，先用缩小的比例模型在风洞中做试验，以 300km/h 的风速，模拟赛车在跑道上的速度，以此为参考，再设计真正的赛车。

一级方程式赛车的生产一般分为六个阶段：

（1）在喷漆之前，先将层状的碳素纤维做成的车壳在真空炉内焙烧。

（2）将组装好的发动机牢固地安装在车的后部。

（3）将车壳的边舱罩上散热网。

（4）将组装好的变速箱与发动机连接成为一体。

（5）安装横臂、悬挂、制动器和后传动装置。

（6）装上翼板、车身和车轮，赛车就能启动了，只有变速箱和发动机的电子管理系统留待赛车就要开走前才安装。

国际汽车联合会规定，参加 F1 比赛的选手，必须持有"国际汽联超级执照"（FIA Superli-cence）。而每年，全世界有资格驾驶 F1 赛车的车手不能超过 100 名。

F1 车手必须集身体素质、车技、经验和斗志于一身。要取得好成绩，必须具有娴熟的驾驶技术和丰富的赛车经验，掌握拐弯时的各种战术可以说是车手取胜的法宝。

第二节　著名汽车赛车车队及车手简介

F1 比赛已走过半个多世纪的历程，涌现出众多的著名车手。被誉为"赛车王子"的埃尔顿·赛纳（图4-23），在 20 世纪 80 年代末～90 年代初以其勇敢、智慧，奔驰在赛场上。他夺得了 F1 比赛年度总冠军，塞纳几乎成了 F1 比赛的代名词。1994 年 5 月 1 日，在意大利伊莫拉赛道的坦布雷罗弯道上，塞纳驾驶的 2 号赛车以 300km/h 左右的高速撞上了水泥防护墙。塞纳之死震撼了全世界。

当今世界 F1 车坛最负盛名的是德国车手迈克尔·舒马赫（图4-24），1991 年，他在乔丹车队首次参加了 F1 大奖赛。1994 年，他第一次夺得世界冠军。1996 年，他加盟法拉利车队。2012 年，舒马赫挥别 16 载 F1 赛车运动生涯宣布退役。舒马赫共获得 91 个分站冠军，并创纪录地获得 7 次 F1 比赛年度总冠军。

2013 年 12 月 29 日，舒马赫在贝尔滑雪场滑雪，在他往下冲刺的时候，离开了赛道并被绊倒，他倒下的时候，脑袋不幸碰到了一块石头上，导致脑部严重受伤。2014 年 6 月 16 日，舒马赫从昏迷当中清醒过来，但一代车坛巨星从此而凋谢。

图 4-23　埃尔顿·赛纳　　　　　图 4-24　迈克尔·舒马赫

一、F1 车队

由于 F1 受世界经济影响较大，每年的车队名称和车手都会有一些变化，截至 2012 年，F1 车队共有 12 家，见表 4-1 所示。

一般 F1 赛车可分为两类：厂商车队（如法拉利、雷诺）以及非厂商车队（如红牛一、二队）。车队由 3 部分组成：一是厂商车队其赛车的引擎、车架、底盘多为自主研发；而非厂商车队则主要依赖赞助。一般每个车队有 1～2 辆参赛车辆。二是拥有 FIA 颁发的"国际汽联超级执照"的车手。三是一流的汽车维修人员，负责赛车的维护。

序号	车 队	车 手
1	红牛赛车	(1)塞巴斯蒂安·维特尔(德国)
		(2)马克·韦伯(澳大利亚)
2	沃达丰–迈凯伦–梅赛德斯	(3)简森·巴顿(英国)
		(4)里尤兹·汉米尔顿(英国)
3	法拉利车队	(5)费尔南多·阿隆索(西班牙)
		(6)费利佩·马萨(巴西)
4	梅赛德斯 AMG 马石油 F1 车队	(7)迈克尔·舒马赫(德国)
		(8)尼克·罗斯伯格(德国)
5	莲花 F1 车队	(9)吉米·莱科宁(芬兰)
		(10)罗曼·格罗斯让(法国)
6	萨哈拉印度力量 F1 车队	(11)保罗·迪·莱斯塔(英国)
		(12)尼可·胡肯伯格(德国)
7	索伯 F1 车队	(13)小林可梦伟(日本)
		(14)塞尔吉奥·佩雷兹(墨西哥)
8	红牛车队	(15)丹尼尔·里卡多(澳大利亚)
		(16)让·埃里克·维尔格尼(法国)
9	威廉姆斯 F1 车队	(17)帕斯托·马尔多纳多(委内瑞拉)
		(18)布鲁诺·赛纳(巴西)
10	卡特汉姆 F1 车队	(19)海基·科瓦莱宁(芬兰)
		(20)维塔利·佩德罗夫(俄罗斯)
11	HRTF1 车队	(21)佩德罗·德拉·罗萨(西班牙)
		(22)纳拉·卡西基扬(印度)
12	玛鲁西亚 F1 车队	(23)蒂姆·格洛克(德国)
		(24)查尔斯·皮克(法国)

二、F1 车手

1990—2013 年一级方程式汽车赛世界冠军车手和获胜赛车,见表 4-2。

1990—2013 年一级方程式汽车赛世界冠军车手和获胜赛车一览表 表 4-2

年 份	车手姓名	车手国别	获胜赛车	赛车国别
1990	塞纳	巴西	麦克拉伦:本田	日本
1991	塞纳	巴西	麦克拉伦:本田	日本
1992	曼塞尔	英国	威廉姆斯:雷诺	法国
1993	普罗斯特	法国	威廉姆斯:雷诺	法国
1994	舒马赫	德国	贝纳通:福特	美国
1995	舒马赫	德国	贝纳通:雷诺	法国
1996	达蒙·希尔	英国	威廉姆斯:雷诺	法国
1997	维尔纽夫	加拿大	威廉姆斯:雷诺	法国

年　份	车手姓名	车手国别	获胜赛车	赛车国别
1998	哈基宁	芬兰	麦克拉伦:梅赛德斯	德国
1999	哈基宁	芬兰	麦克拉伦:梅赛德斯	德国
2000	舒马赫	德国	法拉利	意大利
2001	舒马赫	德国	法拉利	意大利
2002	舒马赫	德国	法拉利	意大利
2003	舒马赫	德国	法拉利	意大利
2004	舒马赫	德国	法拉利	意大利
2005	阿隆索	西班牙	雷诺	法国
2006	阿隆索	西班牙	雷诺	法国
2007	莱科宁	芬兰	法拉利	意大利
2008	汉密尔顿	英国	法拉利	意大利
2009	布朗	英国	GP 车队:梅赛德斯	德国
2010	维特尔	德国	英菲尼迪－红牛车队	意大利
2011	维特尔	德国	英菲尼迪－红牛车队	意大利
2012	维特尔	德国	英菲尼迪－红牛车队	意大利
2013	维特尔	德国	英菲尼迪－红牛车队	意大利

1. 冠军车手

1)7 次世界冠军车手

获得 7 次世界一级方程式汽车赛冠军车手是麦克尔·舒马赫——德国人,他获得了 1994 年、1995 年、2000 年、2001 年、2002 年、2003 年、2004 年 7 次世界一级方程式汽车赛冠军。

2)5 次世界冠军车手

获得 5 次世界一级方程式汽车赛冠军车手是阿根廷人胡安·凡乔。他获得了 1951 年、1954 年、1955 年、1956 年和 1957 年 5 次世界一级方程式汽车赛冠军。

3)4 次世界冠军车手

(1)获得 4 次世界一级方程式汽车赛冠军车手是法国人阿兰·普罗斯特。他获得了 1985 年、1986 年、1989 年、1993 年 4 次世界一级方程式汽车赛冠军。

(2)塞巴斯蒂安·维特尔——德国人,他获得了 2010 年、2011 年、2012、2013 年 4 次世界一级方程式汽车赛冠军。

4)3 次世界冠军车手

获得 3 次世界一级方程式汽车赛冠军车手有以下 6 位:

(1)杰克·布拉海姆——澳大利亚人,他获得了 1959 年、1960 年、1966 年 3 次世界一级方程式汽车赛冠军。

(2)杰克·斯图尔特——英国人,他获得了 1969 年、1971 年、1973 年 3 次世界一级方程式汽车赛冠军。

(3)尼克·劳达——奥地利人,他获得了 1975 年、1977 年、1984 年 3 次世界一级方程式汽车赛冠军。

（4）尼尔逊·皮盖特——巴西人，他获得了 1981 年、1983 年、1987 年 3 次世界一级方程式汽车赛冠军。

（5）埃尔顿·塞纳——巴西人，他获得了 1988 年、1990 年、1991 年 3 次世界一级方程式汽车赛冠军。

（6）塞巴斯蒂安·维特尔——德国人，他获得了 2010 年、2011 年、2012 年 3 次世界一级方程式汽车赛冠军。

2. 车坛明星

1）胡安·凡乔

胡安·凡乔（1911—1995）从 20 世纪 30 年代～50 年代一直是活跃在赛车场上的一名伟大赛车手，获得 5 次世界一级方程式汽车赛年度总冠军。他是世界赛车史上一位传奇人物。

1911 年凡乔出身于阿根廷一个工厂主家庭，1934 年进入赛车界。1950 年，他代表阿尔法·罗密欧车队夺得世界一级方程式汽车赛年度总成绩第二名。1951 年，他还是驾驶阿尔法·罗密欧赛车，获得了世界一级方程式汽车赛年度总冠军。1954 年，奔驰汽车公司决心参加一级方程式汽车赛，为取得好成绩，奔驰汽车公司请到了凡乔。这样，1954 年、1955 年两年凡乔驾驶着奔驰 W196 赛车夺得两个一级方程式汽车赛年度总冠军。1956 年，他转入法拉利车队，并驾驶着新型法拉利赛车第四次夺取一级方程式汽车赛年度总冠军。1957 年凡乔离开了法拉车队，他没有再加入任何一家车队，而是以个人身份驾驶一辆玛沙拉蒂赛车参赛。在这一年的一级方程式汽车赛上，46 岁高龄的凡乔写下了他在赛车生涯中最辉煌的一页。1957 年 8 月 4 日在德国纽柏林赛场内，凡乔在世界难度最大和最危险的赛车道上九次打破世界车赛单圈速度纪录，又夺得他的第五次世界一级方程式汽车赛的年度总冠军。但在这次比赛中，赛车的座椅架折断，使他膝部受伤，这使凡乔终于在翌年退出赛车运动。

2）阿兰·普罗斯特

阿兰·普罗斯特共夺得 4 次世界一级方程式汽车赛年度总冠军，在世界一级方程式汽车赛的历史上目前居于第二位。

普罗斯特 1955 年出生于法国的圣日耳曼，早年以卡丁车赛起家。1980 年加盟麦克拉伦车队，开始了一级方程式汽车赛的历程。第二年他转入雷诺车队，就在这一年 7 月 5 日，夺得了一级方程式汽车赛分站冠军。他在雷诺车队效力的三年期间，成绩不断提高。1984 年，普罗斯特又转入麦克拉伦车队，这一年他仅以 0.5 分之差负于队友尼克·劳达。1985 年，他如愿以偿成为法国第一个世界一级方程式汽车赛年度总冠军。接着他在 1986 年、1989 年又两度获得了一级方程式汽车赛年度总冠军。1993 年，他加盟威廉姆斯车队，第四次获得了一级汽车方程式汽车赛年度总冠军。

退役后的普罗斯特没有离开汽车运动。1997 年，他接受法国政府的邀请执掌法国唯一一家一级方程式汽车赛历基亚车队，因此，该车队也更名为普罗斯特车队。

3）埃尔顿·塞纳

埃尔顿·塞纳（1960—1994）被公认为是赛车史上最具有天才的车手之一。

塞纳于 1960 年 3 月 21 日，出生在巴西圣保罗市一个富裕家庭，13 岁就参加了卡丁车比赛。1984 年，他加盟托勒马车队（即目前的贝纳通车队）。1985 年，转入莲花车队。1985 年 4 月 21 日，葡萄牙埃斯托利赛车道因连日的大雨变得异常难行。普罗斯特、毕奇等车手退出比赛，然而塞纳驾驶赛车冒雨比赛，以绝对优势获得了一级方程式汽车赛分站赛冠军。因此，塞纳有"雨中塞纳"之称。1988 年,塞纳加盟于麦克拉伦车队。同年,塞纳战胜队友普罗斯特夺得了一级方程式汽车赛年度总冠军。接着他又连夺 1990 年、1991 年两次一级方程式汽车赛年度总冠军,成为第七位头顶"三顶王冠"的车手。人们认为,塞纳将成为打破凡乔创下的 5 次世界冠军车手纪录的第一人选。1994 年,塞纳转入了威廉姆斯车队,决心 4 次夺冠。然而,他于 1994 年 5 月 1 日在比赛中殉难。

赛车界无不为失去一个天才车手而惋惜。凡乔悲痛地说:"塞纳是最有希望打破我纪录的人。"塞纳的遗体运回巴西后,巴西政府为他举行了国葬。

4)塞巴斯蒂安·维特尔

塞巴斯蒂安·维特尔出身于德国,现效力于红牛一队,2010 年 11 月 14 日,维特尔在阿布扎比夺冠,成为最年轻的车手年度世界冠军。2010 年、2011 年、2012 年,2013 年维特尔连续第四年拿下车手年度世界冠军,成为 F1 历史上最年轻的车手年度世界冠军"四冠王",也是最年轻的车手年度世界冠军"四连冠"获得者,堪称当代继塞纳、舒马赫的新一代天才赛车手。

三、F1 比赛规则简介

1. 原则性规则

考虑到公平竞争及安全性等方面的需要,FIA 制定了以下 3 条原则性的规则:

1)条件对等规则

尽可能使参赛者在同等条件下比赛,同等的发挥潜力和竞技水平,以最大可能地发挥出比赛和体育运动水平。根据这一原则,对赛车的汽缸排量、燃料类型、轮胎尺寸、赛车质量、赛车尺寸等都有详细规定。同时对空气动力装置的安装也有具体规定,因为这一装置对轮胎具有下压力,可以提高车速。

2)安全保障规则

确保提供最大可能的安全措施,以防止事故的发生。这条原则包括对赛车基本结构的限定:军用航空轮胎、安全型橡胶燃料箱、燃料阻燃器、安全衣帽等装置的限定;燃料库地点和维修站燃料放置地点的限定及采用专门保护措施;车手出入驾驶舱以及驾驶舱的大小也必须限定。

3)厉行节约规则

限制开支,禁止增加比赛场次,以防止给个人和车队带来财政上的沉重负担。根据这一原则,限定发动机的汽缸数目不超过 12 个,而且外观上应呈圆形,同时还必须是四个冲程互换理和自然吸气式;限定赛车只能有四个车轮,其中两个车轮可以驱动。限定每年只举办 16 场比赛。

2. F1 赛场

F1 车赛必须在专用赛场进行,对专用赛场的长度和宽度、路面情况、安全措施等均有极为严格的要求。

(1)F1 赛道。F1 专用赛道均为环形,每圈长度为 3～8km,每场比赛距离为 300～320km。

(2)F1 赛程。周五和周六将安排练习赛,周六进行排位赛,周日进行正赛角逐冠军。

(3)F1 比赛花色旗帜的含义:

①红旗:在起终点线,当红旗出现时即比赛已暂停或提前终止。

②白旗:表示前方赛道有慢车,可能是救护车、吊车等。

③黑旗:黑旗并标示白色车号在起终点处出现,表示有车手在赛道上行为不规范,该车手必须在当圈完成之后马上进站,接受处罚。

④黑底红圈旗:通常伴随着一个号码旗,警告该车手赛车出现了问题,必须进站,如图4-25所示。

⑤蓝旗:在比赛中,如果蓝旗舞动,则表明后方有车准备超车,应立即让路,否则将可能被处罚。

⑥黄底红条旗:警告车手前方赛道路面较滑。

⑦黄旗:显示有事故或者危险,禁止超车。单黄旗舞动表示放慢车速,双黄旗舞动表示放慢车速并随时准备停车。

⑧绿旗:表示跑道无障碍,黄旗的状况已解除,车手可以回复正常速度比赛。

⑨黑白相间旗:表示比赛或赛段结束,如图4-26所示。

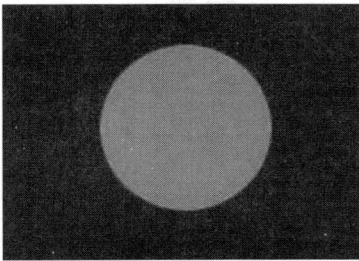

图 4-25　黑底红圈旗　　　　　　　　　图 4-26　黑白相间旗

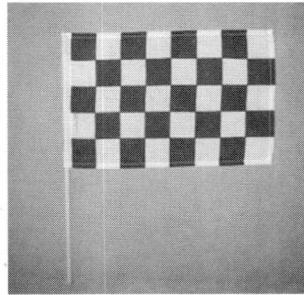

3.排位赛与决赛

(1)正式比赛分计时排位赛和决赛两个阶段。每场比赛只能有26辆赛车参加决赛,如果报名者超过26辆,则对以往成绩较差的车手进行一次预赛,取出前4名与上一场的26辆赛车一起编组进行计时排位赛,最后确定26辆参加决赛。

(2)F1比赛积分规则如下:F1比赛通过各站累计积分,方可决出本年度的世界冠军。第一名10分,第二名8分,第三名6分,第四名5分,第五名4分,第六名3分,第七名2分,第八名1分。

4.修理站

为保证比赛顺利进行,并赢得胜利,每一支F1车队必须配备由高素质人员组成的赛车维修队伍。由于赛车允许中途更换轮胎及加油,这就意味着修理站内维修人员的工作配合必须无懈可击,目的不仅仅是使时间的损失减小到最低程度,更重要的是减小与此相关的致命危险,因为只要有一滴汽油滴到炽热的排气管上,赛车就有遭受失火的巨大危险。

第三节　汽车在军事中的贡献

一、古代战车

根据通常的定义,古代历史爆发的战争更大程度上依赖于军队组织形式,而非技术,城邦制的出现和其后帝国的兴起,使人们有条件组建并维持这种有着严格组织形式的军队。随着城邦制国家和帝国的崛起,军队的规模也得到了相应的扩大,同时还产生了"职业军人"。

然而,在古代战争中,技术仍旧发挥了重要角色,而且,当时的军队也在战场上运用了各种杀伤力巨大的专门武器。这种超级武器往往预示着战争的进程以及运用的战术。在战场上,许多武器都能够在敌军中引发恐慌情绪,甚至令对方全军上下一片惶恐,无心恋战。战车就是其中一种武器。

1. 战车的出现

公元前 2300 年—公元 6 世纪是战车的盛行时期。闪米特人发明的战车可算作历史上一项重大的军事创新。最早期的战车是由公牛或驴子拉动的,速度慢,也很笨重,不适于实战。后来,人们用马拉战车,大大提升了战车速度及其作战灵活性。在公元前 2000 年左右,这种轻便灵巧的双轮马拉战车便在战争中大量普及应用,从欧亚大草原西部和美索不达米亚、叙利亚和土耳其传播开来,南至埃及,东至中国。

战车的优越性在于它的速度和作战灵活性。在战争中,希泰人把他们的重型战车作为一种类似坦克的震慑性武器,他们会驾驶战车直冲敌军阵营。波斯人在战车轮轴的两端装上镰刀,于是当战车开过敌军阵线时,完全可以将敌人拦腰斩断。

然而,战车的主要优势在于其为弓箭手提供的机动性。一队载有弓箭兵的战车可以放出雨点般密集的箭矢,远距离射杀敌军步兵,同时还能轻松摆脱追兵。如果敌军步兵散开阵形以最大程度避免弓箭的伤害,他们将失去相互保护,这时重型战车和骑兵就能伺机冲入敌阵,大肆屠戮。此外,历史上还曾制造了能够装载 5 名士兵的大型战车,但这种战车在战场上的实战功效有待于进一步考证。

公元前 1300 年,希泰人和埃及人为争夺对叙利亚的控制权而展开了加低斯战役;这场战役经常被视为历史上规模最大的战车大战。在这场战役中,500 辆希泰人的战车攻击了一支正在朝加低斯进发的 5000 多人的埃及部队。希泰人驾驶重型战车冲入埃及军团,使埃及军队陷入一片恐慌,溃不成军。希泰人以为胜利唾手可得,于是在埃及军团中开始肆无忌惮地劫掠战利品,竟然浑然不觉法老拉美西斯二世已经收到一些幸存士兵警报,并带领埃及军团向希泰军队突然发起了反攻。在随后的拉锯战中,又有 500 辆埃及战车飞驰而来,为法老助阵。尽管埃及军团赢得了胜利,但因受到重创,最终,只能将叙利亚的控制权拱手相让。

2. 中国古代战车简介

我国古代战车,适于在平原上冲击追逐,行军时可运载粮饷、军需,扎营时可用于防卫;是我国古代一种重要的军事兵器。我国使用战车作战始于商代,(据现代考证似乎夏代即有较高的制造工艺,也有可以已用于战争。)鼎盛于西周春秋,在其后的年代中也一直是一种有力的辅助力量。

我国古代战车一般用两匹或四匹马,车体为独辕,辕长近 3m,或直或曲,辕前端有衡口,衡长约 1m,上附有木轭用于驾马;战车一般为双轮,轮子用木制,直径约 1.4m;长毂口;车轴一般长约 3m,在两端镶有铜;车身为方舆口,车厢长约 1m,宽约 0.8m,四周设有栏杆,后方设有门以供人员上下。到西周春秋时期,对战车结构作了进一步改进:加大了车辕的曲度,抬高了辕端,从而减轻了马的压力,提高了车速;加宽了车厢,使车体宽度一般为 1.5m 左右,有利于作战人员更灵活的在车内自由挥动兵器作战;在口、辕、轭等关键部位上大量使用铜制铸件加固或装饰,使车体更牢固,更耐用,这类车被称为“金车”“攻车”或“戎车”。

一般的战车配备甲士 3 名,3 人各有不同的分工,一人负责驾车称为“御者”,一名负责远距离射击称为“射”或“多射”,一名负责近距离的短兵格斗称为“戎右”。战车的主要武器有两类,格斗兵器和远射兵器。车战的主要格斗兵器为戈,戈是一种长柄的钩状兵器,有锋利的双面刃和前锋,战车所配备的戈一般长 3m 左右,由"戎右"使用在战车交错时用于勾击或啄击。到了春秋时期戈大量的为戟所取代。车上的甲士一般配备有青铜剑用于防身,在战车毁坏或敌人冲上战车时作贴身战斗。战车上的远射兵器主要为弓或弩,这些远射兵器由射手负责使用,主要在战车较远距离冲击时,进行射击。战车上的人员防护主要靠皮制的甲胄和盾,(也有少量的铜制防具)战车的成员主要直立战斗,所以甲士兵用的皮甲都有较长的甲身,并且根据人员分工的不同有不同侧重,如"戎右"需要挥动戈、戟等武器格斗所以他的"披膊"一般只到肩部,而"御者"则把"披膊"向下延伸到手手腕,并连有护手。战车上一般使用大型盾,多数为皮制,并在盾加缀青铜部件用于加固。到了春秋时期开始给驾车用的马配备马甲,用于保护战马免受杀伤。除此之外,一般的战车还在不作战时运输一些辎重,载有一些修理战车所需的工具。

战车兴起于我国商代,鼎盛于西周、春秋,没落于战国至汉初。在长达千年的时间里它曾经成为战场的主宰,它的结构战术也几经变革,但是它本身造价高昂,机动性低,地形要求高(基本只适于在开阔平原作战)等缺点也使它最终为更灵活多变的步骑兵所取代,最终成为一种辅助型防御兵器。以后出名的汉代卫青所用的武刚车,晋将马隆所造成的偏箱车,所起的作用就都是一种辎重的运载工具和机动防御工事。

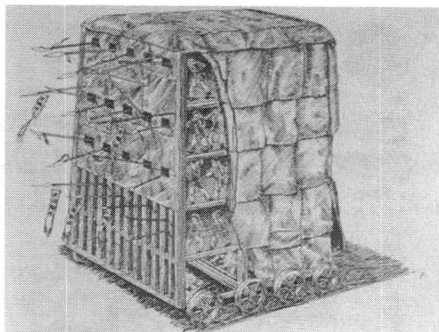

图 4-27　冲车

我国古代的战争中出现了各种各样的战车,主要有以下几种:

(1)冲车:图 4-27 所示为诸葛亮攻击陈仓的武器,也是历代进行攻城的时候使用的重要战车,在陈仓,被郝昭用链球式磨盘所破。

(2)巢车:图 4-28 所示为古代的装甲侦察车,用于窥伺城中动静,带有可以升降的牛皮车厢,估计是唐代出现的。

(3)洞屋车:图 4-29 所示为用于攻城的战车,侯景曾经用它和它的改进型尖头木驴攻克建康,上面抗矢石,下面可以挖掘破城。

图 4-28　巢车

图 4-29　洞屋车

(4)偏箱车:图 4-30 所示为戚继光对抗北方游牧民族军队的战车,一侧的装甲可以作为初步的掩体。

(5)流马:图 4-31 所示为源自诸葛亮的运输车,根据推测绘制。

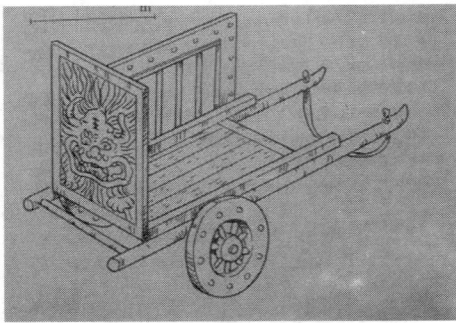

图 4-30　偏箱车　　　　　　　　　　图 4-31　流马

（6）正箱车：图 4-32 所示为三面带有装甲，可以用于推出去进攻了。

（7）塞门车：图 4-33 所示为守城的武器，一旦城门被撞开，这就是活动的城门。

图 4-32　正箱车　　　　　　　　　　图 4-33　塞门车

（8）云梯车：图 4-34 所示为云梯可不是一般电影上那样一个简单的梯子，它带有防盾，绞车，抓钩等多种专用攀城工具。

（9）塞门刀车：图 4-35 所示为加以改进的塞门车，这样对方很难攀援，形成活动的壁垒甲可以作为初步的掩体。

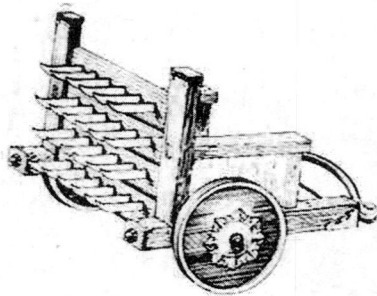

图 4-34　云梯车　　　　　　　　　　图 4-35　塞门刀车

二、近现代战争中的汽车

1. 吉普车的诞生

战争是各种新技术，新产品的催生婆。美国工程师在第二次世界大战中发明了许多新产品，战争的需要加上美国人丰富的想象力和创造力，再加上美国强大的工业基础，对赢得第二次世界大战的胜利发挥了巨大的作用，吉普车就是其中一种重要的新产品。

138

第一次世界大战开始时,主要的作战方式是机动作战。随着机关枪的诞生和广泛使用,徒步冲锋的步兵和骑兵,在高速发射的自动武器面前和枪靶没有区别,战争也随之演化为长期对峙和极为惨烈的阵地战。战争末期,为了突破对方阵地,坦克应运而生。战后,不少有远见的军事理论家断言:今后的战争将逐渐改变为以坦克装甲兵为主的机动作战方式。世界各大国都逐步开始建立自己的机械化部队。为了伴随装甲战车遂行作战任务,承担机械化部队的侦查搜索任务,需要乘轻便机动车的机动小分队。按照当时的技术水平,英国和德国都在部队中编入了两轮和三轮摩托车。德国军队在秘密扩军备战中,还用摩托车俱乐部的名义在德国青年中广泛培养摩托车手,以适应今后战争的需要。作为轻型侦察车,摩托车的性能十分欠缺:通过性差,作为稍微重型的武器运载平台或小量物资的短途运输能力也很差,对乘员无法进行任何防护,因此极不理想。

第一次世界大战后,各国军方都推崇"战争胜利 = 机动 + 火力 + 通信"的公式,美国军方也从未放弃过努力。美国军方一直寻找一种牢固的、多用途的、全地形的轻型乘用车和侦察车。虽然美国军队在第二次世界大战前对坦克在今后战争中的重要作用认识不足,机械化和装甲化的速度比较缓慢,美国陆军装备也少不了两轮和侧三轮摩托。

1937 年,美国军方发展了一种新奇的产品——"Belly-flopper",一种将冲浪板和轻型摩托车接合在一起的车辆。一个平板装上 15ps 的发动机,驱动前转向桥和 9in❶ 的轮胎,再装上一挺 0.30mm 口径机枪,两个卧姿的乘员。可以想象,这种车辆在野外一定行动缓慢;悬架系统简陋得使乘员难以忍受越野时的颠簸。这种车辆虽无实用价值,却以低矮的外廓使军方受到启发。

1940 年,纳粹的铁蹄已踏遍了欧洲,战争的危险已威胁美国。德军高速的机动能力使美国军方感到了差距,尤其是装备的坦克和伴随车辆均不是德军的对手,因而加速了研制新装备的步伐。7 月 11 日,美国军方向 135 个制造商发出了研制一种轻型侦察车的招标说明书。最苛刻的条件是:在 49 天内完成设计并交付样车;含 70 辆样车的总费用不得超过 175000 美元。这样的条件使大多数公司望而却步,只有班塔姆、威利斯、福特 3 家公司揭标。

在这 3 家公司中,班塔姆公司规模最小,只有 15 个雇员。在 20 世纪 30 年代,班塔姆公司的前身——美国奥斯汀公司破产,更名后的公司也一直在惨淡维持,财务状况十分恶劣。公司总裁 Frank Fenn 很清楚,美国军方一直在寻找一种轻型侦察车,而获得军方的合同将使公司走出困境。1938 年班塔姆制造了 3 辆车,交给宾夕法尼亚州国民警卫队试验。这 3 辆车运作情况良好,引起了军方兴趣,军方要求班塔姆公司利用这种底盘发展一种轻型侦察车。1940 年 5 月班塔姆公司邀请美军军需采购团对工作进行视察。军方将视察获得的意见和印象表示在招标书中。49 天的最后期限对每个公司都是一个挑战,即使在事隔半个世纪的今天也是这样。威利斯公司曾要求军方延长期限,但遭到了拒绝。班塔姆公司的救星来自外部。公司有意聘请来自底特律的 Karl. Probst 工程师和他的 PSM 设计室承担设计。在了解军方的要求和期限后,Probst 拒绝了班塔姆的请求。在美国政府国家防务咨询委员会委员。通用汽车公司总裁 Williams Kundsen 的游说下,这位天才的工程师才接受了挑战,并且在工作初期未向班塔姆公司索取报酬。1940 年 7 月 17 日 Probst 和他的设计室开始工作。由于造出原型车的期限短,不可能全部新设计,全车的许多总成和零件都必须沿用现成的部件。首先,他用了两天时间研究零部件承包商的问题:价格;性能;生产能力;交货距离,确定了承包商。承包的部件有:海克利

❶ in:英寸,非法定计量单位,1in = 0.025m。

斯发动机(稍后用 45ps 的大陆人发动机代替);Spicer 车桥和分动箱;Warner 的 T84 变速器。在承包商中,Spicer 公司承包的四轮驱动部件按时交货是保证如期交付样车的关键。接下来的两天,设计出全套图纸。最后,用了一天时间估算了造价。7 月 22 日,设计方案通过军方审查。一共只花了 5 天时间。

1940 年 9 月 21 日手工制造的第一辆样车完工被称作 Bantam BRC(Bantam Reconnaissance Car.班塔姆侦察车)或 Blitz Buggy(闪电汽车)。40 ~ 45 英里/h,83 磅/英尺扭矩;车质量为 2050 磅;轴距 79 英寸;三速变速器;前照灯装在前挡泥板上。当日下午 5 时最后交货期限前,样车开进了巴尔的摩市的 Holadbird 军需采购团仓库。军方采购员立刻被样车征服了。Herbert. J. Lawes 少校说:"在过去的 20 年里,我驾驶过军方采购的每一种汽车。我能在 15min 内对车辆做出准确评价。我敢断言这种车绝对是出类拔萃的,我相信它会创造历史。"军方立即对样车进行严格的试验,一共行驶了 5500km,其中铺筑的道路只有 400km,其余的试验都是进行的越野试验。整个试验中样车表现十分出色,只发现了一些需要小修改的地方。军方宣布:车辆动力充沛,满足了所有的招标要求。在整个试验过程中威利斯和福特的代表作为见证人参加了,样车也给他们了许多启发,从多方面影响了两个公司的设计方案。在设计方案中,两个公司都采用了 Spicer 公司的车桥和分动箱,底盘部分和 Bantam BRC 大同小异,只是在发动机、变速器、前格栅、前挡泥板上有所不同。

1940 年 11 月 11 日威利斯公司的样车 Willys Quad 完成。60hp "Go Devil"发动机,105 磅/英尺扭矩;车质量 2450 磅;轴距 80 英寸;三速变速器(Warner T84);前照灯在前挡泥板上。

1940 年 11 月 23 日福特公司的样车 Ford Pygmy(侏儒)完成。45 英里/h Ford 9N 发动机,85 磅/英尺扭矩;车质量 2150 磅;80 英寸轴距;三速变速器(Ford A);水箱护罩是平板式的,两个装前照灯的凹状开口嵌在垂直条的两边。两辆样车都顺利地通过了军方试验。军方要求 3 家公司根据试验结果对样车进行改进。经过改进后,分别定型为:Bantam BRC 40. Willys MA. Ford GP (General Purpose 多用途)。军方分别与 3 个公司签订了 1500 辆的生产合同。福特从 1941 年 4 月开始交货,班塔姆和威利斯稍后也开始交货。第一批车在美军中装备后,立刻引发了一场轻型军用车的革命。原来装备的二轮、侧三轮摩托在新型车辆面前,显得十分过时和不中用,几乎立刻被废弃。1941 年中的生产量为:Bantam BRC40 为 2675 辆;Willys MA 为 1500 辆;Ford GP 为 4458 辆。很显然,战争期间同时生产 3 种型号,会带来后勤支援的不便。而且,3 种车各有优点,军方都难以割舍。因此,军方立即委托威利斯公司进行标准化设计。主要以 Willys MA 为基础,综合其他两种车的优点:Willys MA 的大功率发动机;坚固的结构;车辆的外表轮廓最低。Bantam BRC 在保证功能的前提下,简化结构。Ford GP 的平板状发动机盖,冲压成型的前脸(组合了前照灯),使制造工艺简化,价格也更便宜(MA 的成本为 26 美元,GP 的成本为 8 美元)。这种标准化的车就是 Willys MB,一代名车最终诞生了。

考虑到班塔姆公司的财务状况和生产能力小,军方安排威利斯公司为 MB 的供应商。1941 年 12 月 7 日,美国参战。美国需要在最短的时间内生产出大量的车辆。美国政府要求威利斯公司放弃 MB 的专有生产权,许可其他公司按 MB 的图纸进行生产。军方选择福特公司为第二个供应商,生产 GPW 吉普。"W"代表威利斯提供的图纸。GPW 和 MB 完全通用,但是不知出于什么考虑,福特公司的 GPW 在一些小地方仍然保留了和 MB 的不同。首先,GPW 的垂直格栅条呈"U"形剖面,而 MB 的呈"O"形。其次,福特公司在一些零件上打上 "F"标志,表示这是福特的产品。随年份不同,"F"的字体不同。凭借这两个区别,今天的二战吉普爱好者可以将二者区别,并大致判定 GPW 的生产年份。

很不幸,第一台吉普车的创始者班塔姆公司在生产了军方的合同1500辆和为苏联红军生产了1000辆后,整个战争期间没有再生产吉普车,而是为美军生产用于拖运坦克和重型装备的重型拖车。最终在1956年被出售。但是,班塔姆公司对吉普车诞生所起的重要作用是重大的。

从1941年到1945年,美国一共生产了640000辆吉普车,占整个军用车产量的18%。其中威利斯公司生产了360000辆,其余为福特公司生产。值得一提的是,和美国其他军需品生产线一样,女工在吉普车生产线中占了相当比例。美国妇女通过在"民主国家兵工厂"的辛勤工作,为赢得反法西斯战争胜利所做的巨大贡献,为每一本二战史所记载。

为了便利运输,美军在世界各地建立了装配车间,就近为各战线提供车辆。在澳大利亚昆士兰州装配的车辆,主要供应南太平洋战区的美、澳军队;在英国装配的车辆,提供给欧洲和北非的盟军;在伊朗装配的车辆,长途行驶过伊朗北部的荒漠和高加索山区,提供给苏联红军。

据统计,640000辆吉普车中的30%,即近200000辆提供给盟军。

1941年10月,美国(还未参战)和苏联签订了一个秘密协定,保证迅速向苏联运送200架飞机、250辆坦克、5000辆吉普车、85000辆卡车。1941年,美国国会同意将苏联包括在租借法案的范围中。1942年夏季,援助计划进一步扩大。330万吨物资通过北海抵达摩尔曼斯克和阿汉格尔斯克,440万吨物资通过新建成的伊朗公路运抵(1941年8月英苏军队为了保证援助物资运抵,出兵攻占了伊朗)。整个战争期间,美国一共向苏联提供了51503辆吉普车和700000辆卡车。第一批吉普车是1941年年底抵达的1000辆Bantam BRC40。

1941年3月,罗斯福总统签署了"租借法案",法案最主要的受惠国就是英国。应当说英国,包括英联邦国家的军队(加拿大、澳大利亚、新西南、南非、印度)的轻型侦察车都是由美国提供的。

1943年后美国开始装备自由法国的军队,在北非装备了8个法国师和300个支援单位。随着攻入法国,在法国本土又装备了3个师和40个辅助单位。

1941年12月美国宣战后,中国军队也大规模的用美国武器装备,包括使用的车辆。

当然,美军的每一个单位更是广泛地装备了吉普车。随着盟国军队的作战行动,吉普车的轨迹也遍及世界各地,从北极圈内的摩尔曼斯克到赤道附近的新几内亚岛;从北非的利比亚沙漠到缅甸的热带雨林;从欧洲良好的公路到泥泞崎岖的滇缅公路,为赢得战争的胜利做出了巨大的贡献,如图4-36所示。

图4-36 吉普车

至于"jeep"一词的来历,许多人认为吉普名称的来源可以追溯到19世纪30年代连环漫画形象,那是个相当顽皮的细长小动物,取名为尤金尼吉普。尤金尼吉普喜欢到处乱跑,机智勇敢并善于应付各种突如其来的险境且屡屡化险为夷,正如一辆吉普车。

依照另一些人的说法,"吉普"的发音,是源于一种载质量为0.25t的美国军队侦察车的名字"通用功能"的两个英文单词词首字母"GP"连续读音的效果。另据传说,早在1934年人们就把一种拥有特殊装备的钻油井卡车称为"吉普"了。

吉普名字从何而来至今仍然是公开争论的话题。但是,尽管公司和市场发生了许多变化,吉普商标在数十年中依然幸存,其商标权益及全球性的公认足以证明这一点。

2. 汽车在军事中的作用

印象中的军车应该像二战电影《巴顿将军》里那样，在战火纷飞中如入无人之境，当硝烟散尽，车身上的五星光彩依旧，在阳光照射下，向空中的敌机发出蔑视的闪光。

用今天的眼光看第二次世界大战的吉普车，会觉得它看上去非常简陋，几乎没有什么和行驶无关的零件和装饰。见棱见角的车身，所有的外观线条尽量取直；车辆的离地间隙大，但车辆的高度又很低，驾驶者端坐在座椅上，高高在上地驾驶车辆，用美国大兵的话说，"就像坐在家门口的最高一级木台阶上一样"；连门都没有，只是在通常应该装门的地方开了一个缺口；转向盘和仪表功能看上去极简陋，四根辐条就是铁圆条；刮水器是手动的，有一个手摇的曲柄，一边开车一边用一只手摇动曲柄刮水；前桥前突，从侧面看前轮胎在整个车辆的最前端，车身也很短，后排的乘员显得比较局促；悬架比较硬，乘坐舒适性很差；可折叠的车篷只能象征性地遮风避雨……可是，这种简陋的汽车却是美国大兵们最钟爱的武器，远胜于对电影明星，因为当明星们在后方享乐的时候，只有吉普车"像狗一样"忠诚地和大兵们守在战场。而最根本原因，在于吉普车是一种纯种的军用车辆。虽然简陋，却符合当时战争的需要，满足了美军作战方式的要求，大幅度提高了美军的战场机动能力和战斗力。

早在 1938 年，西欧战火爆发之际，美国军方向全国所有汽车生产厂家言明，他们正在寻求一种执行通讯及先遣侦察任务的新车以替代传统的三轮摩托车。到 1940 年夏季，军方把其想法确定为寻找一种通用功能的车。该新车应该是一种轻型、容易驾驶、坚固、具有可靠安全性以及操作灵敏的特点，且其设计规格必须达到军方提出的要求。

福特汽车公司、班特汽车公司及威利斯·奥夫兰多汽车公司狂热地进行开发工作，每一家公司各自生产出 1500 车型用于场地试验。最终是威利斯·奥夫兰多汽车公司的车型得到了军方的认可（尤其是其 738.74 美元的价格），同时采用了福特及班特车型的部分特点对该车型做了一些改进。1941 年 7 月 23 日，俄亥俄州托莱多市的威利斯·奥夫兰多汽车公司与美国军方签订合同生产世界二战期间使用的威力 MB 车。从此，吉普便开始了它的历程。

军队喜欢 MB 车。著名的军方记者俄尼派尔报道说："我认为没有吉普我们无法继续战争。她任何事情都能做。她像狗那样忠诚，像骡子那样强壮，像山羊那样敏捷。她实际载质量是其设计的 2 倍，且能够不知疲倦地跑路。"吉普的用途如此之多，以至于该车各种部件的其他用途不断地被发现。

在第二次世界大战中，在各个战区，吉普车扮演了诸多的角色：担架、机枪架、侦察车、轻型卡车、前线用车、枪支弹药运输及出租车等。吉普车把伤病员运送到安全地带，把 37mm 反坦克加农炮拖到战火纷飞的战场中去。在二战期间，共生产了 60 多万辆吉普车。这个事实足以证明吉普车所发挥的作用。

二战结束后，作为美军轻型军用车的吉普车尽管需求量减少，但随着时间的推移，其军旅风格愈加深厚，战后美国最著名的军用吉普当属悍马。1983 年，美国陆军和 AM（通用）公司签订了首批供应 55000 辆的合同。此时，悍马系列车辆已生产超过 14 万辆，美军装备了 10 万辆，并出口到 30 多个国家和地区。除了美国海军和空军装备外，美国陆军大约每十个人就拥有一台"悍马"。"悍马"参加了"沙漠风暴"战斗和索马里 - 波黑的维和行动。"沙漠风暴"行动中，大约有 20000 辆"悍马"被运到海湾地区。其中，美军最精锐的第 82 空降师和第一步兵师已全部换装"悍马"。在战斗中，"悍马"承担人员和物资的运输任务；配备"陶"式反坦克导弹，遂行反坦克任务；担任通信中继任务；担任火炮牵引任务等。美国五角大楼公布题为《波斯湾战争的胜利》的最终报告中称："悍马"满足了一切要求，或者说超出了人们的要求……显示了极好的越野机动能力。其可用性超过了陆军的标准,达到90%。很高的有效载重能力对美军来说也是绝对的保证。

伊拉克战争早已是争夺视线的全球焦点,战争的残酷不言而喻,但实战中频频现身的军车难得一见,战争中,美伊军力对比悬殊。美军投入28.5万人的兵力,其中陆军14万人,除了每天执行狂轰滥炸任务的空中纵队外,地面机动装备是战场上的主要角色。

3. 吉普车趣闻

第一次世界大战中,"玛恩何汽车出租队"将法军奇迹般运至前线扭转战局,成为历史上第一支摩托化部队。卡车从此取代骡马,成为军中不可缺少的装备。

卡车的作用不容置疑,可其庞大笨重的车身在前线极易遭到炮火的攻击。摩托车体小灵活,但噪声大、载质量小、安全系数低。战争迫使军方寻找一种更坚固、灵活、多功能的小型越野卡车。1940年,五角大楼拟定了一份研制"低车身侦察车"计划。

标新立异的美国人要制造一种质量不足0.5t,载质量1.25t、短轴距、四轮驱动的轻型卡车。这种轻型货车高为1m,前风窗玻璃可以放倒,在当时美国135家汽车制造商中只有两家对研制这种车辆略感兴趣。

1941年,班特姆公司试制出第一辆样车,设计师以时速40km一气开了400km,将车送到热带沙漠和沼泽地带接受越野测试,又从1m多高的平台上飞驰而下,在5500km的破坏性驾驶时,汽车底盘出现了裂缝,但历史上还从未出现如此皮实的汽车。

定型的吉普车装有一台4缸汽油发动机,载质量1.25t,结构简单坚固,性能齐全。由于装有分动器,可以四轮驱动越野行驶,爬60°陡坡,涉越小河,其公路最大时速可达105km,由于机动性灵活,它很快成为运往苏联、英国、中国等盟国的重要军事物资。

吉普车除运送人员和武器弹药外,放倒前风窗玻璃便可装上重机枪或无后坐力炮;装上电台等通信装置则成为指挥车,稍事伪装便可充作侦察车或当作轻型战斗车辆直接投入战斗。

此外,安装担架可以用于战场救护;装上装甲可充作轻型装甲车随坦克部队作战;装上螺旋桨推进和防水外壳可作为两栖登陆车使用;其超过额定马力要求的发动机还能够保障吉普车拥有拖拉机才有的牵引力。

第二次世界大战的战地记者把吉普车说得无所不能:"它像狗一样忠诚,像骡子一样强壮,像羚羊一样机敏。"五星上将马歇尔把吉普车誉为"美国对第二次世界大战最大的贡献"。盟军司令艾森豪威尔把吉普车列为"赢得战争的三大武器"之首。

最富传奇色彩的集团军司令乔治·巴顿把红皮座椅拧在吉普上,在车身涂上自己的将星,装上高音喇叭和警报器,从北非一直开到欧洲,直到第二次世界大战结束时却因车祸撞死在德国境内。

美国总统在卡萨布兰卡会议期间撤开劳斯莱斯改坐吉普,使得利比亚总统巴克利羡慕不已,利比亚为此还专门发行了一套两位总统乘坐吉普的纪念邮票。

1942年,阿拉曼战役前夕,北非的英国第8集团军组织了一支吉普突击队,以90km的时速在沙漠中昼伏夜出,专门袭击隆美尔的后勤补给线,屡屡得手。

同年,史迪威借助吉普车穿过热带雨林,把中国远征军的几个师和部分战争难民传奇般地从缅甸撤至印度。1943年,在"哈斯基"作战行动中,巴顿的美第7军攻入西西里,在靠近默西拿海峡的一个小山村,贫困的山民正为榨油机发生故障断了生计而走投无路。美军当即拨出一辆吉普,一位机灵的士兵将吉普发动机的传动装置连在榨油机上,5天便榨出44t橄榄油。

此外,美国兵还将吉普车的前轮抬起,用帆布带将前轮联结一台轮式锯,用吉普做动力带动轮式锯锯木头。

在北非,吉普车成为美军的身份卡,"G. I."(美国兵)和"G. P."(吉普车)密不可分。突尼斯人一直以为美国兵在领取身份识别牌和军装的同时也配发了吉普车。

一天深夜,值勤的法国哨兵突然向一帮步行的美国兵开火,尽管对方一再声称自己是美国人。可法国哨兵就是不信:"如果是美国兵,你们不坐吉普车?"这成为二战中的一个趣谈。

战地记者发现,一线士兵对吉普的感情远远超过电影明星,因为正当影星们在享乐时,吉普车正忠诚地与士兵们一起浴血奋战。大兵把吉普车看成是有血有肉有生命的活人。麦克阿瑟一辆在太平洋战争中战功卓著的吉普因为负伤而荣获勋章。

到第二次世界大战结束时,美国已把60多万辆吉普车装入板条箱运往世界各地,吉普被列为《租界法案》发往反法西斯盟国的头号战略物资。为了显示吉普的神威,参议员米德干脆亲自驾驶吉普在国会山的花岗岩上表演爬台阶。

乔治·S·巴顿将军(1885—1945)是二战时期世界上最知名的美国将领之一,因为只要一提起巴顿的名字,人们的脑子里就无不出现一个英勇、威严、暴躁、善战的典型军人和司令官形象,人们称他是"最有指挥大军的天才",并且特别擅长进攻、追击和装甲作战,而他的作战脚力,一个是坦克,另一个就是吉普。

在《巴顿将军战争回忆录》里,后人根据巴顿在二战转战北非、西欧期间的日记,撰写成了他本人的一个连续性故事。其中就有奉行"狭路相逢勇者胜"的巴顿,在战场上经常亲驾坦克、吉普车冲在一线的描述。他以"军人因奋勇向前而死的概率远远小于被动防御而亡概率"的观点,赢得了一次又一次战役的胜利,而也正是因为他勇往直前的作战风格,再加上吉普车轻巧灵活、马力强劲的特点,才使得美军可以在二战战场上名扬一时。

但是,由于吉普在作战战场上太过神速的特点,也经常导致了车祸的频频发生,以至于有多次差点撞到老百姓牛车的经历。当时,美国士兵并没有严格执行在战争期间不让老百姓在公路上行走的军规,这种好心也因此给部队造成了不少伤亡。但是无论如何,在战争中,"时间=生命"都是不变的真理,而吉普又为士兵们争取到了多少时间和挽救了多少人的生命呢,恐怕其数据之庞大已经无人可以统计了。

4. 军车——"悍马"

美军的大部分军车是通过地中海沿岸的土耳其伊斯肯德伦港口运送到东南部马尔丁省克泽尔泰佩地区。其中少不了二战后几乎成为美军象征的悍马,还有主要承担运输任务的重型卡车,新型轮式装甲车和主战坦克等。这些车辆的总体特征是越野能力更强、机动性更强、注重乘员的保护和通用部件的使用,便于维护。

1991年海湾战争时,美军无论重装师、轻装师,还是后勤部队均大量换装使用"悍马"。该车在沙漠中具有良好的行驶特性,经受住了海湾地区风沙及高温等各类恶劣条件的考验。

这次美对伊行动,也动用了多种悍马车辆,为了适应不同的需要,经过改装后,变种车达30余种。它们主要承担着人员/物资输送车、轻型战斗车、反坦克导弹发射车、防空导弹发射车、指挥通信车、装甲输送车、野战救护车等任务,可见在战争中的作用是至关重要的。

以基型车M1038为例:车辆自重2416kg,载质量1077kg,比一般的军用吉普车要大一些。除驾驶员外,有3个座位。后座中间和后部是一个宽阔的载货平台。V形8缸6.2L水冷柴油机的最大功率为150ps。带液力变矩器的主变速器有3个前进挡和一个倒挡,副变速器有高低两挡。有动力辅助转向器、泄气保用轮胎。车长4.72m,宽2.18m,高1.83m。车底由于采用双A臂独立悬架,离地间隙已达410mm,与现代主战坦克不相上下,具有突出的越野性能。公路最大速度 113km/h，最大爬坡 30°，涉水深 0.76m。车体采用高强度合成树脂和铝合金制造，质量轻、强度高，可以空运，C-141 运输机一次可运 6 辆，适合快速应急部署的要求。

另外，悍马军车前照灯的设计还带有欺敌性：两部前照灯设置的位置相当靠近，如在夜间使用，可使敌方误以为是小型吉普车，而掉以轻心；两部尺寸较大的示宽灯间距又过远，且位置靠上。这样设计可使敌方误认为重型装甲车，造成误判，如图 4-37 所示。

1）悍马的装备

（1）军车的武器装备。现代军队的战斗力由机动、火力、防护和通信 4 大要素组成，机动是 4 大要素之首。因此，机动水平自然成了军用汽车发展趋势之一，提高机动性能、通过能力和通用能力也成为现代军车发展的重点。军车的机动性更重视车辆在一定负载下，通过松软地面、坎坷不平地面以及各种障碍的能力。另外，注重通

图 4-37　悍马军车

用性也是军车发展的重要因素，这方面通过军用与民用车辆技术的结合可以达到良好的效果，并且可以大大降低经费。事实上，从二战以来，军车的研发都是依托于民用车辆技术的。

美国军队的所向披靡很大程度上依赖于先进的现代化装备，其中机动设备是最为关键的。很难想象美国大兵用小米加步枪能打胜仗。要减小伤亡程度，先进的军车中武装工具必不可少。

军车作为战场上的运输工具很多时候都将直接参与战斗。美国 M2A2 坦克在车辆很多部位安装了爆炸反应式装甲，包括车体正面、两侧和炮塔正面、侧面等。其次，在车体两侧和炮塔部位加装了附加装甲。火炮弹药、驾驶员热成像仪和导向仪、核生化防护装置、车内炮弹贮放方式和陶式导弹储放位置均进行改进。

在重型攻击性武器中，自 1980 年 M1"艾布拉姆斯"坦克问世以来，20 年间先后经历了 M1、M1A1、M1A2、M1A2SEP 等发展阶段。M1"艾姆拉姆斯"系列坦克采用大量电子设备和微处理器，数字化设备占 90%，它是美国主战坦克中首先采用车载燃气轮机作为动力装置的主战坦克，至少在今后 30 年内，M1 系列坦克仍将是美国陆军装甲力量的核心力量。

M1A2 坦克是加装贫铀装甲后的 M1A1 坦克改进型，它于 1992 年开始生产，1993 年开始用于部队，同年达到初始作战能力。M1 系列坦克具有低轮廓炮塔。4 名乘员，车体前部是驾驶舱，中部是战斗舱，后部是动力舱。旋转炮塔位于车体中央，其外形特点是低矮而庞大，几乎与车体一样宽。采用新型发动机，输出功率大，可达 1500ps，结构紧凑、可靠性高、即使在极寒冷的条件下也易于起动。但是燃气轮机也存在耗油大、成本高和寿命周期费用高的严重缺憾。

（2）车辆的高科技装备。现代军车的数字化程度和信息感知能力有很大提高。轮式装甲车最为突出的特点之一就是采用了以网络化为核心的信息技术，使整个车族具备了系统集成化的特点，可满足高技术战争的要求，适合在作为信息化战争时代初期阶段的高技术战争时期内使用。新型轮式装甲车具有 CISR（指挥、控制、通信、计算机、情报、监视和侦察）支持能力，使过渡型旅级战斗部队实现网络化。

M1A2 也已装备了 M1 系列坦克的最新改进型,大量采用了数字化技术和微处理技术,形成区别于以往坦克技术结构的数字电子技术结构。M1A2 坦克上,数字化技术占 90%,而 10% 的仅为模拟技术。车际信息系统大大提高了战场指挥与控制能力,使协同动作始终处于最佳状态。科学的人 – 机结合,极大提高了坦克的战场生存率。车上装了和 M1 主战坦克相类似的车际通信系统,再通过单信道地空无线通信系统保密电台,便可以和 M1 主战坦克、阿帕奇武装直升机以及指挥部等实现数字化的信息交换。这样,使美军的空 – 地重点武器联成一个网,实现了统一指挥和通信,大大增强了整体的战斗力。

2)悍马具备的功能

(1)重型卡车确保后勤保证。在后勤保障车方面,重型卡车发挥着重要的作用。美军轮式车辆中的重型运输车是指载质量在 8 ~ 10t 的车辆。美军现装备的重型运输车主要有 M915 系列 14t 车、M123 系列 10t 车和 M977 重型扩大机动性运输车等。

目前,美军装备部队的重型运输车主要是 M977 重型扩大机动性战术卡车。该车基本上是一种民用车,在民用车的基础上稍加改进而成,并喷了军绿漆,安装了后挂钩和防空灯。其中 6×4 型适于公路行驶,6×6 型和 8×6 型可用于公路也可用于越野。

海湾战争中出现了一种"斯特莱克"新型轮式装甲车。它是美国陆军自 20 世纪 80 年代开始使用"布雷德利"战车系统以来装备和采购数量最大的一种装甲车辆,也是将来美军要重点发展的装备,因此,这次的使用含有一定的试验性。未来这种车辆的用途主要是:人员输送、机动火炮系统、反坦克导弹发射、侦察、火力支援、工程班组、泊车族中最重的医疗救护车战斗质量为 16t,最重的机动火炮系统战斗全重为 20.5t,所有各型"过渡型装甲车"都应该能够用 C –130 飞机运输,以提高旅级战斗部队的战略空运能力和战区部署能力,达到在 96h 之内将一个旅级战斗部队部署到世界任何地方去的要求。每辆车都可以在无须外部支援的情况下坚持 72h。它采用中央轮胎充放气系统,能够确保在软硬地面及泥泞地上的良好行驶性。其最大速度 96.5km/h,最大越壕宽度达 1.65m。

(2)提高生存保障能力。为了提高对乘员的保护,美国军方在防弹性能方面下了很大的功夫,新增的各种强化型装甲将车体裹了个严严实实,据称可以对付 100m 距离上 7.62mm 穿甲弹的攻击,车底还加装了一层防地雷的特种装甲。

为尽量减少人员伤亡,M1 坦克采用了装甲隔离措施,用装甲隔板将炮塔内弹药舱和乘员舱分隔开,一旦弹药舱被命中或着火爆炸,气浪会先将炮塔顶部 3 块泄压板冲开,使乘员免受二次效应的伤害。并且降低车辆总高,提高越野速度和加速性。车内安装了"哈隆"全自动灭火系统,动力舱和战斗舱中安装的红外传感器能在 2ms 内发现所有失火点并自动启动灭火系统,能在 150ms 内把火灭掉。在炮塔前部两侧各安装一组 6 管 M250 烟幕弹发射器,车上还装有发动机热烟幕施放装置等。

另外,为了使坦克乘员能在沙漠高湿环境条件下工作,特意在坦克上安装了冷冻湿控系统。M1A2 整个坦克采用集体防护系统,无须个人防护装置。科学的"隔舱式"结构设计,使动力系统、战斗系统、防护系统本身形成一个强大的生存系统。采用新式装甲,形成绝对的抗击毁能力。与 M1A1 相比,M1A2 前装甲的实际抗击毁能力可达 1.3 ~ 1.5m。

3)悍马在战场上的维护

战争突发事件极多,无论哪种武器出现故障,都不允许长时间的测试和分析,"时间就是生命"这句话在战场上被诠释得淋漓尽致。因此,车辆的维护一定要做到简单,部件一定要尽可能通用。

M1 系列坦克的维修就极其简便,整机更换极快(不超过 1h)。过渡型装甲车除机动火炮系统外,各变型车都将以人员输送车为基础加以改进。一个旅之内的各型车辆之间有 85% 的部件通用。各型都将采用与目前陆军中型战术车族相同的 260kW 卡特皮勒柴油机和阿里逊 MD3066P 自动变速器。使一个旅级战斗部队的燃油消耗、维修所需要的备件、维修所需要的人员等都可减少。一个由各过渡型装甲车装备起来的战斗旅的使用与维护费用估计每年为 470 万美元,比一个重型旅每年需要的 760 万美元的使用与维护费有明显减少。

4) 运输实战

交通运输是军队作战的生命线。这次对伊作战,在拟订作战计划的同时,就拟订了军事运输计划,由海运司令部和空运司令部承担海空战略运输任务。从 2002 年 8 月份开始进行战前部署,先后动用了各种军民用运输机 1100 余架、大型滚装船舶 70 余艘,向海湾地区输送了 300 多万吨物资、700 余架直升机、1500 余辆坦克和装甲车,以及大量的火炮和车辆。

美英联军为了保证地面进攻作战,对伊拉克境内的交通线,采取了主动控制和利用的战略。在沙特阿拉伯东部地区的公路上,运输车穿梭往返于沙特 - 科威特之间。大型运输车装载的大部分是瓶装饮用水、果汁饮料、纸装鲜牛奶、罐头等食品和日常用品。自战争爆发以来,沙特大发水财,其中大部分饮用水将紧急调往伊拉克境内的美英前线作战部队。

海湾战争中,由于美英联军大量使用了地面部队,而且投入作战的时间早,使地面作战的补给量剧增,运输保障面临空前的压力。美军一个机动步兵师日消耗物资约 4000t,80% 是油料和弹药,运送这些物资需要 8t 运输车 500 多辆。为了完成运输任务,美英动用了大量装有先进定位设备的运输车。

在现代高技术条件下的战争,是一场陆、海、空、天、电五维一体的作战,军用汽车成为军队的重要装备之一,在军队战斗力中机动能力和后勤服务方面都起着举足轻重的作用。

5. 中国军用汽车的历史与现状

中国在 20 世纪 50 年代研制的 WZ521 轮式装甲车,由于工业基础薄弱,这种装甲车只是起到了部分的临时替代作用。实际上只是一种装甲汽车,并不是真正的轮式装甲车,如图 4-38 所示。

图 4-38 WZ521 轮式装甲车

1) 从无到有,取之于敌

对中外军用汽车曾做过系统研究的北京特种工程机械研究所认为,根据现有文献资料,有关我军军车的历史最早可追溯到抗日战争时期的 1937 年底,当时,由中央军委组建了往返于延安和西安、重庆等地的我军第 1 支汽车运输队。它主要由国内外友人赠送和自购的十几辆汽车组成。到了 1945 年抗日战争结束时,全军共有缴获的军车 400 余辆。

解放战争时期,我军军车的主要来源仍是从敌方手中缴获的战利品。如我华东野战军在鲁南战役中,一举全歼国民党军队第 1 快速纵队,缴获汽车 470 辆,并以此为基础组成华东野战军特种兵纵队;从各个战场第 1 年缴获的汽车为 1200 余辆,第 2 年缴获汽车 2000 余辆,第 3 年缴获汽车成倍增加。在 4 年各次战役中总共缴获各种汽车 2.2 万余辆。

"取之于敌"的军车在一定程度上提高了我军在战场上的机动力和战斗力,从解放区人民夹道欢迎子弟兵的炮车队到毛泽东主席、朱德总司令在南苑机场阅兵时的美式吉普车,都形象地反映了那个时期我军军车的状况。

2) 从依靠进口到仿制

新中国成立后,为保卫新中国的胜利果实,一方面要平息国内的残余敌对势力,另一方面要解决赴朝参战志愿军的前线作战的急需,这对几百万军队和民兵的装备运输和机动性提出了很高的要求。据有关资料统计,自1951年起,国家每年进口1万多辆汽车。到1957年底,全军的汽车装备总数已达9.2万余辆。其中苏式汽车5.5万余辆,占70%以上;法国等国家的汽车数量为2.2万余辆,占了近25%;东欧其他国家汽车近3000辆,仅占3%左右。然而,处于帝国主义经济封锁和军事包围的建国初期,无论是从国家安全还是军队的正规化建设的需求,都不可能只依靠国外进口的汽车来维持。国际、国内形势都刻不容缓地要求我国必须具有自行制造军用汽车的能力。

在第一个五年计划的1953年,毛泽东主席亲自写下"第一汽车制造厂奠基纪念"的题词。3年后"一汽"建成投产,结束了我国不能生产汽车的历史,开始扭转军用汽车完全依靠进口的局面。通过苏联的援助,一汽开始仿制嘎斯系列越野车,投产3年即为军队装备3.5t级4-2型CA10汽车7000余辆,两年之后又试制出2.5t级6-6型CA30越野汽车,如图4-39所示。

而对于0.5t级和1t级的轻型越野车,当时除了从苏联进口的约4000辆外,大部分是战后遗留下的美式吉普。重庆长安汽车厂的工人与技术人员在没有任何经验和生产基础的艰苦条件下,对美制CJ-5吉普做了测绘设计,于1958年5月研制出我国第一辆越野车"长江牌"46型,在1959年国庆10周年阅兵式上成为振奋国人的一个激动场面。值得一提的是,"长江牌"46型越野车实现了近1400辆生产量,其积累的资料和成功经验为北京汽车制造厂日后的发展打下了重要的基础。

3)城市猎人

自力更生的"第一代"军用汽车。1960年12月13日,中央军委总参谋部下达第一机械工业部所属的北京汽车制造厂研制、生产轻型越野车的任务。12月30日,第一机械工业部汽车局召开了由总参谋部和总后勤部等7个部门参加的专题会议,明确了我军迫切需要的用于军用指挥车的轻型越野车,并具备牵引轻型火炮、防化、无线电通信设备等功能,要求尽快组织实施试制,根据部颁标准将车型定为BJ210型,如图4-40所示。

图4-39　2.5t级6-6型CA30越野汽车　　　　　图4-40　BJ210型汽车

为了实现国产军车的系列化,中央军委科学技术委员会于1961年6月批准成立的军用轮式车辆专业组统一制定了军用汽车发展规划,组织研制、试验、定型,协调生产。经过两年多的努力,拟定出《军用轮式车辆系列化方案》,经中央军委贺龙、聂荣臻、罗瑞卿等领导同志审批,于1963年5月1日颁发实施。方案确定研制生产0.5t、1t、2.5t、3.5t、5t和7t级的6种军用车辆基本车型。以这6种车型为基础,可发展20多种变型车,改装成若干种专用车,基本达到军用车辆装备系列化、通用化和标准化要求。

1963 年开始，一机部按照军用车辆系列化方案，分别在第一汽车制造厂和南京汽车制造厂组织 1t、2.5t 和 3.5t 级越野汽车的生产。1964 年确定了在三线新建以生产越野车为主的第二汽车制造厂、四川（重庆红岩）和陕西汽车制造厂，生产 0.5t、5t 和 7t 级的越野汽车。20 世纪 60 年代后期，由北汽制造的 BJ212 轻型越野车和南汽的 NJ230 先后投产；洛阳拖拉机厂研制的 5t 级东方红 665 重型牵引车也开始装备部队。1974 年，第二汽车制造厂建成 EQ240 汽车生产线，开始生产 3.5t 级 EQ245 越野汽车。到 1980 年，国产第一代军用轮式车辆的 6 种基本车型（0.5t 级 4－4 型 BJ212、1t 级 4－4 型 NJ230、2.5t 级 6－6 型 CA30、3.5t 级 6－6 型 EQ245、5t 级 6－6 型 SX250、7t 级 6－6 型 JN252 和 CQ261）全部实现了批量投产的预期目标。与此同时，20 世纪 70 年代初期研制的 6－6 型延安 SX250、黄河 JN252、红岩 CQ261 越野汽车与东方红 DFH665 一起构成了我国军用重型越野汽车的第一代装备，扭转了重型武器牵引车不相匹配，小车拉大炮的状况，满足了部队的部分急需，为国民经济的发展和国防建设做出了贡献，并对我国整个汽车工业水平的提高起了重要的推动作用。

从 20 世纪 60 年代中期开始，我国已形成每年为军队提供万余辆汽车的生产能力，总后勤部于 20 世纪 70 年代初开始，以国产军车底盘为基础，研制改装通用特种车和专用配套车，解决各军兵种所需的特种车辆装备需求。据资料统计，到 1985 年，全军经改装的国产通用特种车和专用配套车已占装备车辆总数的四分之一，其中仅海军、空军、炮兵、坦克、通信、雷达、工程、防化、导弹等军兵种的专用配套车，就接近全军装备总车数量的六分之一；而空军装备的通用特种车和专用配套车，已占其总车数量的一半以上。在此期间，海、陆、空军的车辆的装备有了很大改善，炮兵、工程、通信、防化兵部队基本实现了摩托化；组建了两个摩托化军，步兵团开始装备汽车，并淘汰了部分马车。军队车辆开始更新换代，陆续替换苏式车辆和 20 世纪 60 年代初装备的旧式国产汽车。

中国军车在这一发展时期，体现了中央政府强大的领导组织能力及我国工程技术人员的高度责任感和非凡的创造能力，在技术数据、图纸资料和制造设备都极其贫乏的艰苦条件下，凭"自力更生"的精神为我国军队的现代化建设做出了历史性的贡献。在这一时期所锻炼出来的自行开发能力及其自力更生的精神一直延续至今，也成为今天中国汽车产业中能够不依赖"合资"模式而自主发展的一片空间。

图 4-41 523 式轮式装甲车

523 式轮式装甲车参加了 1984 年国庆阅兵，但该车越野能力明显不足，如图 4-41 所示。

4）第一代军车

"引进技术"带动"第二代"军车研发，基于自力更生的第一代军车其意义是巨大的。但受制于我国汽车工业的基础，车辆的技术性能、质量指标、越野载质量和牵引质量还不能适应军队武器装备发展和现代化建设的需要。为此，从 1975 年开始，总后勤部会同各军兵种车管部门和科研单位，拟定了《第二代军用汽车系列型谱》。20 世纪 90 年代初期开始第二代军用汽车的研制，确定采用 0.5t、1.5t、3.5t、5t、7t 和 12t 等 6 个吨级的基型车。在前 30 年自行开发、自行制造的基础上，逐渐形成了以北汽、南汽、二汽、东风等为骨干的轻型越野车板块；以中国重汽集团属下的陕西汽车制造厂、济南汽车制造厂和四川汽车制造厂、包头北方奔驰重型汽车有限责任公司、西南车辆制造厂等为骨干的中型越野车板块；以泰安特种车制造厂、万山特种车辆制造厂等为骨干的重型、超重型越野车板块以及以汉阳特种汽车制造厂为代表的重型特种车基地。

随着"改革开放"政策的深入,军车的开发工作亦获得了"引进技术"的带动,1984年1月15日,北京汽车制造厂与美国汽车公司(1987年后被美国克莱斯勒兼并)合资经营北京吉普汽车有限公司,标志了中国的汽车制造业拉开了"引进"、"合资"的序幕;中国重汽集团也成为国内率先引进奥地利斯太尔等先进系列车型的成功范例。中国的汽车制造业由此进入了"全球化"的发展期。

在轻型越野车吨级段有代表性的车型是:北京吉普自主开发的 BJ2022 型 4×4 越野车;南汽集团利用 IVECO 技术开发的 1.5t 级 NJ2045 型软、硬顶型、卡车型越野车;东风汽车公司开发的 4t 级 EQ2061E、EQ2102 等全军通用的、为多军兵种专用配套的中型系列越野车;还有陕汽总厂生产的 SX2150 型 5t 军用越野汽车等。

在中型越野车板块中,中国重汽集团的"黄河"系列(后采用奥地利斯太尔技术)在我军在役载重车中占有重要地位。另外还有陕汽(也采用了斯太尔技术)研制的 SX2190 型 7t 级、SX2270、SX2300 型 12~15t 级越野车,北方奔驰公司 7t 级 1926A 和 10t 级 2629A 型越野车,西南车辆制造厂 7.5t 级 6×6 型 XC2030 载重车、8t 级 8×8 型 XC2200 系列多用途车等,用于我军现代化装备和防空武器系统的运载。

在重型和超重型越野车板块中有代表性的车型是万山特种车辆制造厂 WS2300 型 15t 级、WS2400 型 20t 级、WS2500 型 28t 级越野车。该系列车主要用作导弹发射车和运弹车。泰安特种车制造厂以 20t 级 TA5380 重型火箭炮武器系统的配套车辆、地空导弹武器系统发射车、装填车、相控雷达车配套车辆为主,还生产了 25t 级 TA5450 变型车作为火箭炮发射车底盘;30t 级 TA5570 和 TA5570A 变型车作为导弹运输车和导弹运输转载车底盘。

作为军用特种车的重要制造基地汉阳特种汽车制造厂已有近 40 年的历史,自 20 世纪 80 年代以来开始研制为武器系统配套的重型特装车,代表性的产品有汉阳 HY473(6×6)牵引车和 HY962 半挂平板车等。

目前主要系列产品是 20t 级以上的用于重型装备运输的半挂式牵引车。这类军车一方面是为现代高科技战争的重型武器装备配套;另一方面,为了在极短时间内为部队进行巨大消耗物资的补给。研制承载能力更大的重型化军车和满足复杂武器系统配套的军车已不仅成为军用装备的一个重要发展趋势,也是对一个国家汽车制造基础和能力的巨大挑战和有力牵动。

92 式轮式步兵战车从 1995 年开始在解放军地面部队陆续服役,主要装备快速反应轻机械化步兵师。

5) 步兵战车

如果把运载型军车比作军队的"好马",那么装甲军车则是锐利的"快刀"。装甲军车在部队中的装备数量是衡量陆军攻击力的重要标志之一。我国自 1958 年开始研制用于输送步兵协同坦克作战的 531 履带式装甲人员输送车。1963 年,首批 531 装甲输送车交付部队,命名为 63 式装甲输送车。1968 年,改进型 A531 装甲输送车开始大量生产,在 1981—1985 年期间形成了系列型号。1987 年改进为 531H(又称 85 式)装甲输送车。在 20 多年中,大量生产和装备了中国部队,如图 4-42 所示。

步兵战车是装甲输送车的进一步发展。由于装甲输送车上通常没有供乘车步兵使用的射击孔,到达战场后步兵须下车徒步战斗,这就使步兵在某些战场条件下难以协同坦克前进、攻击,并容易受到敌方火力杀伤。而步兵战车能使步兵能乘车协同坦克作战,提高作战部队进攻速度,自 20 世纪 50 年代起,一些军事大国就开始研制步兵战车,美国军方甚至还提出了要用轮式装甲车辆替换陆军的履带式装甲车辆。

在 20 世纪 80 年代以前,我国几乎没有装备轮式装甲车。我国轮式装甲车辆的起步虽然较晚,但发展速度很快,其制造水平的提高与我国汽车自行研发的能力紧密相连。目前,由中国北方工业(集团)总公司研制的 WZ551 系列轮式装甲车在技术性能上已经达到国外同类先进装甲车的水平,其中有代表性的是 92 式轮式步兵战车(全称为 ZSL92 式轮式步兵战车,也称作 WZ551 步兵战车),并正在向车族化发展。在装备上,已不局限于装备快速反应部队,也开始在其他野战部队服役,如图 4-43 所示。

图 4-42　531H 装甲输送车　　　　　　图 4-43　92 式轮式步兵战车

92 式轮式步兵战车配套的部件在技术上成熟可靠,安装了与 89 式履带式装甲输送车通用的 25mm 机关炮、超压式半自动集体三防系统、战斗室抽风机、潜望镜、射击孔球形座,并借用了 63 式水陆两栖坦克上的电动排水装置、防浪板传动箱等。战车的战斗室装有一座顶置式单人炮塔,装备一门 ZPT90 式 25mm 机关炮和一挺并列的 86 式 7.62mm 机枪,在炮塔内备有榴弹和穿甲弹。在炮塔两侧各有 4 具 76mm 烟幕弹发射器,单排布置,能在前方 100m 处形成长 120 ~ 150m、持续时间 2 ~ 4min 的烟幕。该车于 1986 年首次亮相。

92 系列轮式装甲车辆是我军现行装备中的性能较为先进的装甲车辆,在我军现役机械化装备中占有重要的地位。在该系列中包括:轮式重型反坦克导弹发射车、轮式突击炮车等。轮式步兵战车的出现极大地提高了我军快速反应部队的火力和机动力,被我军官兵亲切地称作"步兵的风火轮"。在 1999 年国庆 50 周年大阅兵中,92 式步兵战车接受了党和国家领导人的检阅。

此外,我国还与英国联合研制了 NVH1 步兵战车。由中国研制底盘,英国维克斯(Vickers)公司研制双人炮塔,装有美国 M242 式 25mm 外能源机关炮 1 门和 7.62mm 并列机枪 1 挺;从德国克罗克纳·霍姆伯特·道依茨股份有限公司(KHD)引进用于 92 式步兵战车的 320ps8 缸 4 冲程直喷式风冷增压柴油发动机的生产技术;引进了德国 ZF 公司的机械式变速器,以充分利用发动机的功率,满足车辆高越野机动性的要求等。这些国际一流的先进技术引进成为我国军车制造中"开放式"自主发展和创新的成功典范。以下为部分中国军车,如图 4-44 所示。

从取之于敌到一代又一代新型军车的诞生,记下了半个多世纪以来中国军车所走过的不平凡的历程。本文以粗略的框架勾画了中国军车成长中的轨迹,而在这些生硬的型号和数字背后,却凝聚了几代人的期盼和憧憬,凝聚了无数人的汗水和智慧,其曲折和艰辛已在中国军车威武的轰鸣声中得到了满意的回应。

a)

b)

c)

d)

图 4-44　中国军车

复习思考题

1. 简述汽车运动的发展史。

2. 由于世界经济的不断变化, 你认为 F1 赛车运动在中国有发展前途吗?

3. 查阅相关资料, 分析中国当代军车与世界军事强国的差距。

第五章　汽车花絮

第一节　汽车的"第一"与汽车变革

一、汽车的第一

1. 汽车史上的若干个"第一"

第一辆最贵的车是 2003 年大众集团法国布加迪公司生产的布加迪 EB16.4 威龙，打破两项世界汽车工业的纪录：最高车速 406km/h，0～100km/h 加速时间为 2.9s。比 F1 纪录还快 0.3s，每辆售价（含税）约 120 万美元，相当于 2 辆法拉利。拥有 16 缸 64 气门和 4 个涡轮增压器的发动机。最大功率为 1001ps。这部车的成本在 100 万美元左右，堪称世界最贵的车，如图 5-1 所示。

2. 第一辆最长的轿车

1930 年 10 月初，在巴黎车展上。奔驰公司展出了"大梅赛德斯"，它在当时是世界上最长、最昂贵的家用轿车。长 5.6m，质量 2.7t，8 缸，147kW，最高车速 160km/h。这款汽车主要为国家元首的座驾，如图 5-2 所示。

图 5-1　布加迪 EB16.4 威龙汽车　　　　　　　图 5-2　梅赛德斯轿车

目前，世界上最长的轿车是美国加利福尼亚州伯班克市杰·奥尔伯格设计的超级轿车，车身长达 30.5m，有 26 个车轮。车内设有豪华套房、特大的水垫床，有电脑控制的自动化酒吧、高科技电话、音响系统、卫星电视等。更为奇特的是车后还有一个小型游泳池，盖上盖后，可以让直升机在轿车顶部直接停靠，如图 5-3 所示。

3. 第一辆摩托车

1885 年德国工程师戴姆勒将自己试制的功率为 1.1ps 的发动机装在一辆木制自行车上，通过采用一根装有小齿轮的中间轴传递动力，使固定在后轮的内齿圈转动驱动车轮旋转。由此诞生了世界上第一辆摩托车，如图 5-4 所示。

4. 第一个销售达 100 万辆的汽车

1964 年美国福特公司生产的野马牌汽车，在出厂后的第 23 个月零 23 天里，卖出了 100 万辆。是第一个销量达到 100 万辆的汽车，如图 5-5 所示。

5. 第一个试制汽油汽车的人

最早试制成功汽油汽车的人是澳大利亚的德国人齐格菲·马克思（1831—1898）1875 年他试制成功了汽油汽车，这部车现保存在维也纳博物馆，如图 5-6 所示。

图 5-3　世界上最长的轿车

图 5-4　世界上第一辆摩托车

图 5-5　野马牌汽车

图 5-6　第一辆汽油汽车

6. 第一个使用充气轮胎的人

世界上第一个在汽车上使用充气轮胎的人是法国的爱德华和安德鲁·米其林兄弟，如图 5-7 所示。米其林兄弟在 1894 年发明了充气式轮胎，给轮胎技术带来了新的革命。从此木制的、金属的轮胎就被充气轮胎所代替。

7. 第一个使用安全带的人

1885 年，安全带出现并使用在马车上，目的是防止乘客从马车中摔下去。1902 年，有一位美国工程师沃尔特·贝克，在他驾驶的电动汽车座位上钉上了一根带子套在身上以防不测。此后，瑞典人尼尔斯·波林发明了现在最常见的三点式安全带。1959 年的沃尔沃轿车首次把安全带作为标准配置，1968 年，美国将使用安全带定为强制性的联邦法规，由此开始了安全带的大规模普及，如图 5-8 所示。

图 5-7　爱德华和安德鲁·米其林兄弟

图 5-8　三点式安全带发明人
尼尔斯·波林

8. 第一家汽车修理厂

1895 年 12 月，法国波尔多的桑克雷尔大街 41 号，由波罗尔开办了世界上第一家汽车修理厂。波尔多的修理厂设备齐全，还设有所有种类的保养、维修和洗车车间。修车者只需要一个晚上即可修妥。

9. 世界上第一辆汽油汽车

卡尔·本茨就是现今德国大名鼎鼎的"奔驰"汽车公司的第一代祖宗，戴姆勒-奔驰汽车公司的创始人之一（图 5-9）。1878 年他 34 岁时，首次研制成功了一台二冲程煤气发动机。1883 年开始创建"奔驰公司和莱茵煤气发动机厂"。1885 年 10 月，公司设计制造了一辆装汽油机的三轮汽车。本茨最早制造的这辆车，由于性能不过关，经常熄火抛锚。但本茨并没有因此而丧气。1886 年 1 月 29 日，本茨取得了专利权。此后这辆车终于以全新的面貌行驶在曼海姆城的大街上。因此，德国人把 1886 年称作汽车的诞生年。本茨的这辆三轮汽车，现珍藏在德国慕尼黑科技博物馆，保存完损无缺并可以发动，旁边悬挂着"这是世界第一辆汽车"的说明牌。这辆汽车 1994 年曾以 1 亿马克的高价保险运到北京"国际家庭轿车研讨及展示会"上展览。

另一位工程师名叫戈特利布·戴姆勒（图 5-10），是世界第一辆四轮汽车的创始者，被人们称作"世界汽车之父"。1882 年，戴姆勒辞去奥托公司职务，与朋友们共同创建汽车制造厂。1883 年，他发明成功了世界第一台高压缩比的内燃发动机，成为现代汽车发动机的鼻祖。1885 年，戴姆勒把它的单缸发动机装到自行车上，制成了世界上第一辆摩托车。接着，在迈巴赫的协助下，在一辆四轮马车上装上自己的发动机，这便是世界上最早的四轮汽油汽车。1890 年，他创建戴姆勒发动机公司，1926 年同奔驰汽车公司合并，成立戴姆勒-奔驰汽车公司。

10. 世界上第一个女汽车驾驶员——贝尔塔

贝尔塔，是世界上汽车发明者之一卡尔·本茨的妻子，如图 5-11 所示。

图 5-9　卡尔·本茨　　　　图 5-10　戈特利布·戴姆勒　　　　图 5-11　卡尔·本茨的妻子贝尔塔

卡尔·本茨发明的汽车获得专利后，由于经常抛锚，在公开场合不敢驾驶它上街。如果永远不能抛头露面，丈夫发明的汽车就会永远搁浅在试验室里，贝尔塔对两个孩子说："如果你们的爸爸没有勇气把汽车开上街，那么我来开。"

这天清晨，丈夫还在梦乡中，贝尔塔便唤醒了两个孩子，把汽车推出试验室，然后发动马达。她要把它从曼海姆城开到 100km 之外她的娘家普福尔茨海姆。汽车离开曼海姆城不久，东方就渐渐亮了，马路两旁早起的人们一听到机器的响声都从窗口伸出头看热闹，有些人还走近正在慢慢行驶的汽车，但是一闻到汽油那刺鼻的气味就又纷纷散去。贝尔塔开着它走了好久才走了十几公里。忽然，汽车停住了，贝尔塔忙叫大儿子检查，发现油箱里没有燃料了，母子 3 人几乎是一筹莫展，只好推着汽车走了一段路。那时路边没有加油站，也没有大桶的汽油销售,只有药房零售小瓶的汽油。她们费了很大的力气才把汽车推到一条街上,买了几十瓶汽油,倒满油箱。大儿子使出浑身的力气才把车子发动起来。可是刚走了一会儿,制动则失灵了。原来是皮革做的制动器磨损了。贝尔塔不得不再次停下来,到处找皮匠。临近中午才在公路附近的一个小村子里找到,把制动器修好。

一路上,贝尔塔带着两个孩子驾驶着世界上第一辆汽车走走停停,终于把汽车开到了目的地。这时已经是傍晚时分,她的娘家人以及成千上万的人对贝尔塔的勇敢行动惊叹不已!兴奋的贝尔塔立即给丈夫拍了一个电报:汽车经受了考验请速申请参加慕尼黑博览会。丈夫接到电报时两手发抖,几乎不敢相信这是真的。从此,世界上第一辆汽车终于被世人认可。这位勇敢的女性试行了 100 多公里,成为世界上第一个试车者和女驾驶员。从此,卡尔·本茨的事业蓬勃发展,拥有了德国最大的汽车制造厂。

11. 世界上第一辆蒸汽汽车

1765 年,英国人瓦特发明了蒸汽机,带领人类进入了"蒸汽机时代"。许多发明家也纷纷把瓦特的发明应用到"自走式车辆"的设计中。

法国人居尼奥花了 6 年时间,于 1769 年制成了世界第一辆具有实用价值的蒸汽汽车。这辆式样很奇特的汽车,车身用硬木制成框架,由 3 个一人多高的铁轮支撑。车的前面放着容积为 50L 的梨形大锅炉,锅炉后边有两个容积为 11 加仑(1 加仑 = 4.54609 立方分米)的汽缸。锅炉由简单的曲拐把活塞的运动传给前轮,使前轮转动。同时前轮还是转向轮,由于前轮上压着很重的锅炉,所以操纵转向杆很费力。

这辆蒸汽车存在一个致命的缺点,每行驶 15min,锅炉的压力就损耗尽了,只得停下来再加上水烧开成为蒸汽,而它的最高时速也只有 4km/h,如图 5-12 所示。

这辆车由于方向杆操纵困难,试车中不断发生事故。一次在般圣奴兵工厂附近下坡时,因转弯不及时而撞到了兵工厂的墙上,值得纪念的世界第一辆汽车,被撞得七零八落,面目全非。

12. 第一辆吉普车

1940 年,进入全面战时动员的美国军方开始向全美汽车制造商征招"低车身侦察车",一家叫班特姆的公司利用各种市售件拼装出一辆样车并一举中标。由于班特姆公司无力批量生产该车,美国陆军把生产任务交给了威利斯 - 奥佛兰德公司,这种临时拼装起来的吉普车因其四轮驱动、爬坡能力极强的特点成为"盟军制胜法宝"和战后受欢迎的车种,如图 5-13 所示。

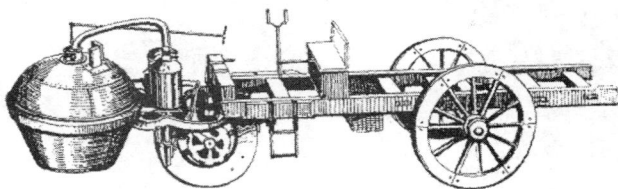

图 5-12　第一辆蒸汽汽车

图 5-13　第一辆吉普车

13. 第一台柴油机

顾名思义,汽油机是以汽油作为燃料,与空气混合进行工作的。当时本茨和戴姆勒发明的汽车都采用汽油机。但是,石油产品中的汽油只是分馏的一部分,还有柴油等油料。因此,人们在研制汽油机的同时,也尝试用其他燃油作为内燃机的燃料。

1897 年,德国人鲁道夫·狄塞尔(1858—1913)摘取了柴油机发明者的桂冠,他成功地试制出世界上第一台柴油机。柴油机从设想变为现实历经了 20 多年,狄塞尔柴油机是冒着生命危险和在一片指责声中试制的。狄塞尔虽未能活到柴油机用于汽车的那一天,但他亲眼看到了自己的发明成功地用于造船业,以绝对优势取代了蒸汽机车。如今全世界的许多工厂都在生产柴油机,柴油汽车的产量迅速增长。

鲁道夫·狄塞尔于 1858 年 3 月 18 日出生在巴黎,由于父母是德国移民而遭到法国当局的驱逐,家中生活相当窘迫。12 岁时,他又回到法国,在奥格斯堡实科学校毕业后即进入当地技校学习。两年后又以获国家奖学金的优等生资格被当时德国最有名的学府——慕尼黑高等技术学校录取。读书期间,狄塞尔萌发了研制新式经济型发动机的念头。毕业后,当了一名冷藏工程师。为了实现研制经济型发动机的理想,狄塞尔利用业余时间在一些作坊式的小工厂里以自制的设备开始试验。一次用氨蒸气试验时,发生爆炸,险些丧命。1892 年,狄塞尔经过多年潜心研究,提出了压燃式柴油机的理论。1893 年,制造出第一台试验样机。通过试验,狄塞尔决定必须对 1892 年所获专利的结构作若干改动,其中重大改动之一是不能以煤粉作燃料。安装工根据试验结果修改了最初的设计,并对其新结构重新注册了专利。这些修改实在来之不易,狄塞尔周围不乏对其每一次失败所发出的恶意嘲讽,他身边的助手也寥寥无几。狄塞尔在困境下,坚持第二台试验样机的研制工作。1894 年 2 月 7 日,第二台试验样机运转了 1min,转了 88 圈。狄塞尔在日记中写道:第一台不工作,第二台工作不好,第三台会好的。第三台试验样机制成终于运转了,但两年后才进行正式试验。因此,狄塞尔的柴油机诞生年代定于 1897 年。这一年狄塞尔发动机被正式承认并公布。柴油机的出现不仅为柴油找到用武之地,而且它比汽油省油、动力大、污染小。可惜的是,这位对柴油机做出重大贡献的狄塞尔结局悲惨。1929 年 9 月 29 日,狄塞尔在自安特卫普至英国的轮船上结束了生命。鲁道夫·狄塞尔以其改变了整个世界的发明——压燃式内燃机而青史留名。人们为了纪念他,就把柴油机称作狄塞尔发动机。

14. 世界上最便宜的汽车

“1922 红甲虫”由美国威斯康星州密尔沃基的布林格斯特雷顿公司制造,当时市场价为每台 125 ~ 150 美元。该价格相当于 1998 年的 1130 ~ 1870 美元。它的轴距为 1.57m,质量为 111kg。早期的“侏儒王”的模型产于美国,以整套零配件形式销售,由用户自己组装,1948 年售价为每台 100 美元。

15. 世界上最贵的汽车

“劳斯莱斯”是两位英国人的名字,一位叫 Charles Rolls,另一位叫 Henry Royce。1904 年,他们开始合作生产汽车,并于 1906 年成功制造出一辆名为“银魂”型的 4 座位开篷房车,此车目前仍然可以行驶,但已经被收藏于“劳斯莱斯”的博物馆内。现时的价值为 1500 万英镑,折合约 1.8 亿人民币,把它视为全世界最贵的汽车,相信没有人会有异议,如图 5-14 所示。

图 5-14　世界上最贵的汽车

16. 世界上最轻的汽车

世界上最轻的汽车是由英国伦敦的路易斯·博瑞斯制造并驾驶的,质量为 9.5kg。该车配有排量 2.5mL 的发动机,最大速度达到 25km/h。

17. 世界上最重的汽车

近年内制造的最重的汽车是苏联生产的吉尔–41047 式高级轿车,轴距 3.88m,质量为

3.335t。扩展型吉尔汽车每年的产量仅为 2～3 辆。直到 1991 年 12 月为止，苏联总统一直使用该车。它质量为 6t，在关键地方使用了 75mm 厚的不锈钢防弹层。装有 8 缸 7L 发动机，耗油量惊人，高达 2.1km/L。

18. 行驶里程最长的汽车

图 5-15　马自达 MX5 跑车

行驶里程最长的汽车有文字记录的汽车行驶最长里程是 1906879km，这是 1978 年 8 月从一辆 1957 年生产的梅赛德斯-奔驰 180D 型车上记下的数据。该车的主人是美国华盛顿州奥林匹亚的罗伯特·奥莱利。

19. 最畅销的跑车

1989—1998 年，马自达公司制造了 492645 辆 MX5 跑车。该车在美国叫作"密阿达"，在日本叫作"公路明星"。这种车销售非常成功，使得双座跑车充斥了市场，如图 5-15 所示。

20. 第一件汽车专利证

19 世纪末叶，世界上出现了许多人自称是汽车发明家，长期难以定论。在 1986 年举行汽车诞生一百周年庆典时，国际汽车工业界一致推举由德国奔驰汽车公司主办，各国汽车界著名人士均参加了这次庆典，原因是 19 世纪末已兴起了专利制度，本茨发明的汽车拥有专利证。如图 5-16 所示是一件在当时德意志注册的汽车专利证，注册号是 37435，日期是 1886 年 1 月 29 日，专利人为卡尔·本茨。因此这一日期，被确认为是汽车的诞生日。

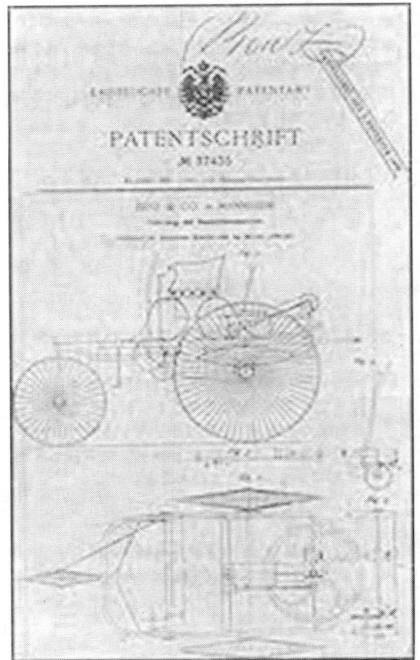

图 5-16　第一件汽车专利证

21. 中国汽车之最

1）中国第一汽车制造厂

1953 年 7 月 15 日举行第一汽车制造厂奠基典礼，地点是长春孟家屯车站西北侧地区。毛泽东主席为奠基题词："第一汽车制造厂奠基纪念"。工厂于 1956 年 7 月 15 日建成。当时在方圆数十里的荒原上，汇集了成千上万的建设大军。

1956 年 7 月 14 日，第一批 12 辆试生产的解放牌汽车开下一汽的总装配线。建厂时期，一汽从厂长到工人，都如饥似渴地学习，过文化关，过生产技术关，过企业管理关。早晨天不亮就跑到教育大楼，晚上在办公室、宿舍里学到深夜。一汽从建厂之初就养成了良好的学习风气，成为一汽的一个传统，一种企业精神，如图 5-17 所示。

图 5-17　第一批解放牌汽车下线

2）中国的骄傲——红旗

红旗轿车是中华民族自己品牌的轿车，翻开国际汽车工业的发展史，你会发现没有任何一种汽车像"红旗"那样曾经系民族汽车工业兴衰于一体；没有任何一种汽车像"红旗"那样受到几代国家领导人的热切关注,结下了不解之缘;也没有任何一种汽车像红旗那样,让她的创业者心驰神往,奋发不息,那是因为"红旗"忠实地记录着中国民族轿车工业发展的历史,"红旗"饱含着几代创业者的青春年华,如图 5-18 所示。

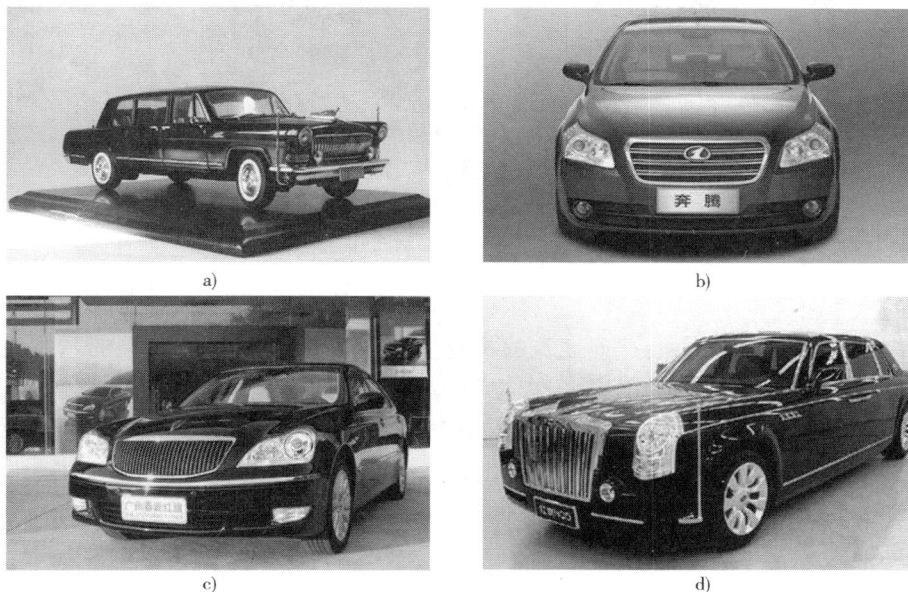

图 5-18 红旗轿车

3)中国第一辆国产轿车——东风

1958 年 5 月,中国一汽解放牌汽车正式投产还不到两年,中国历史上第一辆国产轿车在一汽诞生,取名"东风"。因为当时毛泽东主席对世界形势有个著名论断:"东风压倒西风"。东风轿车发动机仿制"奔驰-190",底盘、车身参考"西姆卡-维迪娜":车头标志为一条金龙,因为世界上常以龙象征中国,如图 5-19 所示。

图 5-19 东风牌汽车

二、汽车变革

100 多年的汽车发展史表明:汽车诞生于德国,成长于法国,成熟于美国,兴旺于欧洲。在百余年的汽车发展史中,世界汽车工业经历 3 次重大变革。

1. 第一次变革

第一次变革是美国福特汽车公司推出了 T 型车,发明了汽车装配流水线,使世界汽车工业的发展从欧洲转向美国。

为了制造理想的大众化汽车,1908 年亨利·福特推出了 T 型车(图 5-20),并在 1913 年建成。

1912 世界上第一条汽车装配流水线(图 5-21),汽车装配时间从 12.5h 缩短到 1.5h。

从 1908—1927 年,T 型汽车生产了 1500 多万辆,这一车型累计产量记录直到 1972 年才被甲壳虫型汽车打破。售价从开始一辆 850 美元,最后降到 295 美元,高节拍大批量的流水线生产的 T 型车的出现,使汽车成为大众耐用的消费品;同时也为汽车产品市场的拓展提供了可能。从那时开始,汽车工业才有条件发展为具有广泛用户群体和宏大产业规模的世界性成熟产业。

图 5-20　早期的福特 T 型车　　　　　图 5-21　福特公司的第一条汽车装配生产线

2. 第二次变革

欧洲的汽车公司针对美国车型单一、体积庞大、油耗高等弱点，开发了多姿多彩的新车型，实现了汽车产品多样化。例如：严谨规范的梅赛德斯-奔驰、宝马；轻盈典雅的雪铁龙；雍容华贵的劳斯莱斯、美洲 I 虎；神奇的甲壳虫、法拉利；风靡全球的迷你车等新车型纷纷亮相，多样化的产品成为最大优势，规模效益也得以实现。到 1966 年，欧洲汽车产量突破 1000 万辆，比 1955 年产量增长 5 倍，年均增长率为 10.6%，超过北美汽车产量，成为世界第二个汽车工业发展中心。到 1973 年，欧洲汽车产量已提高到 1500 万辆。世界汽车工业发展又由美国转回欧洲。

3. 第三次变革

第三次变革是日本通过完善管理体系，形成精益的生产方式，全力发展物美价廉的经济型汽车。进入 20 世纪 60 年代以后，日本经济高速发展，内需强劲增长。日本各汽车公司及时推出物美价廉的汽车，日本出现了普及汽车的高潮。1963 年日本汽车国内销量为 100 万辆，1966 年为 200 万辆，1968 年为 300 万辆，1970 年为 400 万辆，在此期间，年递增率接近 19%。同时，以丰田汽车公司为代表的几家汽车公司，将"全面质量管理"和"及时生产系统"两种新型管理机制应用于汽车生产，推动了日本汽车工业的发展。1973 年和 1979 年发生了两次世界石油危机，日本生产的微型轿车成为全世界的畅销品。日本汽车出口量 1970 年为 100 多万辆，1973 年为 200 多万辆，1977 年为 400 多万辆，1980 年为 597 万辆，首次超过国内销售量，1985 年达到巅峰，出口量达 673 万辆。由于日本实现了国内销售量和出口量双高速增长，迎来了日本汽车工业的发展，创造了世界汽车工业的发展奇迹。日本成为继美国、欧洲之后的世界上第三个汽车工业发展中心，即世界汽车工业的发展又发生了由欧洲到日本的第三次转移。

现将世界一些国家在汽车发展史上的地位概括如下：

德国人发明了汽车；美国人发展了汽车；法国人以高科技推动着汽车；英国人以精心制作着汽车。日本人以雄心创新着汽车，中国人以壮志追赶着汽车。

世界汽车工业的发展表现为 3 个特点：第一，世界汽车年产量在波动中增长，产品结构逐年有所变化；第二，跨国企业为实现新兴市场的扩张不断调整战略布局，全球化成为必然；第三，世界汽车的技术进步的步伐越来越快，汽车工业正处于科技创新时代。

第二节　汽车传说与典故

一、汽车发展史传说

人类经历了漫长的靠双足跋涉的时代后，发明了车轮，车轮改变人类在陆地上的运动方式,使人类步入两轮和四轮马车的黄金时代。它是人类历史上使用时间极长和最有影响力的陆地交通运输工具。然而,人类永远不会满足现状,坐在马车上的人们期望着比马更具耐力和比马跑得更快的移动工具,于是机器动力被发明了。蒸汽机和内燃机的发明为汽车的发明开辟了道路。

1886年1月29日,德国人卡尔·本茨发明了世界第一辆三轮汽车。然而,汽车的发明不是偶然的,更不是一人之功,汽车发明和发展是集体智慧和劳动的结晶。

1. 车轮和车

很早以前,人们无论是狩猎、耕种,还是搬运东西,只能靠手拉肩扛、众人抬搬。后来,人们开始学着把东西放在木制的架子上,用马或牛在前面拖拉,发明了最初的运输工具——橇,如狗拉雪橇、牛拉托橇、马拉托橇。就这样,人们用滑动实现了运输方式的第一次飞跃。

据说,人们从野草被风吹得在地上滚动得到启发,便在拖拉重物时,把圆木、滚石等放在重物的下面,拖运重物变得轻松多了,于是人们发明了原始的轮。轮子的直径越来越大,后来又对实心轮加以改进,逐步演变为用辐条支撑轮辋的车轮。轮子的发明不仅是创造了一种器具,它还带给人类一种新的运动方式,这就是从滑动到滚动的第二次飞跃。

到了罗马帝国时代,西欧的塞尔人造出了第一辆前轴可以旋转的车,还发明并安装了硬木的滚筒轴承,车轮在轴上滚动,细长的轮辐用榫眼接合在轮辋上,用长铁片做成的轮箍套在轮辋的外围上,使轮更加耐磨。最初的车辆都是肩拉手推的。随着动物的驯化,人们在牛颈上加上牛,让牛拉车,便出现了牛车。到公元9世纪,法兰克人发明了一种硬性颈圈,套在马的肩胛骨一带,让马拉车。后来,人们给四轮马车又加上制动、椭圆弹簧,真正的实用马车诞生了。

中华民族具有悠久的古代文明,相传在夏初大禹时代,有一个叫奚仲的车正(夏朝初期,专门设立的管理和制造车辆的官员)造出了两个轮子的车辆。春秋战国时期,由于各国战争频繁,马车用来当战车使用,使造车技术进一步提高。秦始皇统一中国后,为了更好地实现全国政治、经济、文化的统一,大力发展国家车马大道(称驿道),形成了以咸阳为中心的陆路交通网,当时的造车水平已达到了相当高的程度,秦始皇陵发掘出的铜马车,造型精巧,华贵富丽,代表2000年前我国造车的水平。公元230年,诸葛亮为了北伐曹魏,亲率大军出祁山而北上,为了便于在崎岖的山路上运送粮草,他创造了"木牛流马"。所谓"木牛",据传就是一种装了车闸的人推独轮小车;所谓"流马",则是装了闸的四轮小车。在中国历史上,这种形式的车子曾经得到过极为广泛的应用。在隋朝,官府曾用独轮小车30万辆运送军粮。我国解放战争时期,仅山东烟台地区就动员了10万辆小车支援淮海战役。就在今天,许多农村仍可见到独轮小车。也是在三国时期,马均发明了指南车,如图5-22所示,这种车无论朝何方行驶,车上站立的小木人的手总是指向南方。

在宋代,有一个叫燕肃的进士发明了记里鼓车,如图5-23所示,记里鼓车每行驶500m,车上的一个小木人就击鼓一次,而每行驶5000m,另一个小木人就击锣一次。

无论是人力车还是畜力车,由于其动力的限制,无法满足人们的使用要求。在1250年的英国,现代实验科学的鼻祖、著名的哲学家培根预言:"我们大概能造出比用一群水手使船航行得更快,而且为了操纵这艘船只要一名舵手的机器;我们似乎也可以造出不借用任何畜力就能以惊人的速度奔跑的车辆;进而我们也可以造出用翅膀、像鸟一样飞翔的那种机器。"多么美妙而大胆的预言,轮船、汽车、飞机都让他想到了。人们渴望着能制造多拉快跑的"自动车"。茫茫宇宙,何处寻找动力源?1420年,英国有人发明了滑轮车。1465年,意大利人罗伯特·巴尔丘里奥设计了风力推进车;1600年,荷兰人西蒙·斯蒂芬发明了双桅风帆车,1630

年,法国人汉斯·赫丘发明了发条车。

以上所谓的自动车尝试,都存在着先天不足,均以失败而告终。但车的出现是人类的福音,假如没有当初的车,也不会诞生汽车。

图5-22 马均发明的指南车

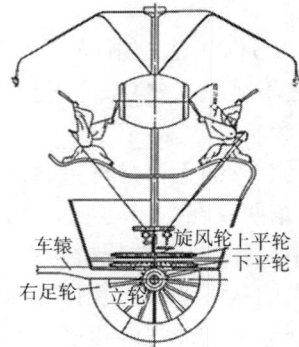

图5-23 记里鼓车

1774年,英国发明家詹姆斯·瓦特(1736—1819)对前人研制的蒸汽机作了重大的改进,研制出世界上第一台有真正意义动力机械——蒸汽机。这一成果轰动了整个欧洲,掀起了轰轰烈烈的世界第一次工业革命,这一成果为实用汽车的发明创造了必要的条件。

2. 有真正意义的第一台蒸汽机

1712年,英国托马斯·纽科等人发明了蒸汽机,这种蒸汽机被称为纽科门蒸汽机。

英国人瓦特早年在格拉斯哥大学做仪器修理工,他对纽科门的蒸汽机产生了兴趣。有一天,他在修理蒸汽机模型中发现,纽科门蒸汽机只利用了气压差,没有利用蒸汽的张力,因此热效率低、燃料消耗量大,他下决心对纽科门蒸汽机进行改进。1763年5月的一个早晨,正在散步的瓦特突然产生一个想法:将汽缸里的蒸汽送到另外一个容器里去单独冷凝,既可以获得能

图5-24 瓦特及其发明的蒸汽机

做功的真空,又使汽缸里的温度下降不多,可大大提高热效率。他又设想:为防止空气冷却汽缸,必须使用蒸汽的张力作为动力。他立即把这个看似简单的想法付诸实践。1769年,瓦特与博尔顿合作,发明了装有冷凝器的蒸汽机。1774年11月,瓦特和博尔顿又制造出真正意义上的蒸汽机,如图5-24所示。蒸汽机曾推动了机械工业甚至社会的发展,并为汽轮机和内燃机的发展奠定了基础。

3. 第一台蒸汽汽车

1769年,法国陆军工程师、炮兵大尉尼古拉斯·古诺(1725—1804)经过6年的苦心研究,将一台蒸汽机装在了一辆木制三轮车上,这是世界上第一辆完全凭借自身的动力实现行走的蒸汽汽车(汽车由此而得名)。这辆汽车被命名为"卡布奥雷",车长7.32m,车高2.2m,车架上放置着一个像梨一样的大锅炉,前轮直径为1.28m,后轮直径为1.50m,前进时靠前轮控制方向,每前进12～15min的路程,需停车加热15min,运行速度为3.5～3.9km/h。后来在试车途中撞到石头墙上损坏了。虽然世界上第一辆蒸汽汽车落得个如此的悲惨结局,但它作为汽车发展史上的一座重要里程碑的地位是无可非议的,为车辆自动行驶迈出了可喜的一步。

162

1801 年,英国工程师理查德·特雷蒂克(1771—1833)制成了能够乘坐 8 人,车速为9.6km/h 的蒸汽汽车,试车时锅炉烧毁。

1825 年,英国人哥尔斯瓦·嘉内公爵(1793—1873)制造了一辆蒸汽公共汽车,如图 5-25 所示,该车 18 座,车速为 19km/h,并开始了世界上最初的公共汽车营运。尽管蒸汽汽车没能成为一种理想的运输工具,但蒸汽汽车在汽车发展史上占有重要位置。

图 5-25　嘉内研制的蒸汽公共汽车

4. 第一台实用内燃机

内燃机的发明是从往复活塞式开始的。这种内燃机的工作原理是:吸入空气和燃料、压缩并点燃混合气、燃烧做功、排出燃烧后生成的废气。这些是按照一定的行程顺序连续进行的。内燃机使用煤气、汽油、柴油等为燃料。

1794 年,英国人斯垂特首次提出把燃料和空气混合形成可燃混合气以供燃烧的设想。

1801 年,法国人勒本提出了煤气机原理。

1824 年,法国热力工程师萨迪·卡诺在《关于火力动力及其发生的内燃机考察》一书里,揭示了“卡诺循环”的学说。

1860 年,法国籍比利时出生的技师勒诺瓦赫,他 1859 年制成以照明煤气为燃料的二冲程发动机,取得法国第 43624 号专利。

1861 年,法国的铁路工程师罗夏发表了进气、压缩、做功、排气等能燃烧的四冲程发动机理论。这一理论成为后来内燃机发展的基础;他于 1862 年 1 月 16 日被法国当局授予了专利,但因罗夏拖欠专利费,使其专利失效。

图 5-26　尼古拉斯·奥托试制成功的活塞式四冲程内燃机

1866 年,德国工程师尼古拉斯·奥托(1832—1891)偶然在报纸上看到了一篇关于勒诺瓦赫内燃机的报道,下决心对勒诺瓦赫发动机进行改进,并研究了罗夏的四冲程内燃机论文,成功地试制出在动力史上有划时代意义的立式四冲程煤气内燃机。1876 年,又试制成了第一台实用的活塞式四冲程内燃机,如图 5-26 所示。这是一台单缸卧式、功率为 2.9kW 的煤气机,压缩比为 2.5。这台内燃机被称作奥托内燃机而闻名于世。奥托于 1877 年 8 月 4 日取得四冲程内燃机的专利。后来,人们一直将四行程循环称为奥托循环。奥托以“内燃机奠基人”载入史册,奥托内燃机的发明为汽车的诞生奠定了基础。

二、汽车传说

1. 受冷遇的蒸汽汽车

人们都知道,世界上第一次工业革命是从蒸汽机的发明和实用而开始的。蒸汽机曾被试图用在最早期的汽车上,但这种外燃机由于固有的缺陷——笨重和迟钝,没有能够使汽车走上实用和工业生产的道路。

1769 年,法国人尼古拉斯·古诺制成了世界第一辆蒸汽汽车,在试车中撞到般圣奴兵工厂的墙上,完全损坏。

19 世纪中叶是蒸汽汽车的"黄金时代",其车速最高已达 55km/h。起初,英国的蒸汽车发展的最快,欧美其他各国也紧随其后。

蒸汽汽车发展引起了马车商人的不满。因为蒸汽汽车比马车拉得多,跑得快,大有取代马车之势,所以,马车商人对蒸汽汽车都采取歧视态度。那时候,欧洲各国马车公司的势力都很大,对政府政策的制定起着举足轻重的作用,因此,政府官员也不支持蒸汽汽车。加之蒸汽汽车刚刚诞生,锅炉爆炸事故和车祸不断,许多人把蒸汽汽车视为魔鬼。

英国于 1986 年颁布了"红旗法",不仅规定在市区、郊区行驶的蒸汽汽车的限速,还规定在蒸汽汽车前方的 55m 处要有一个车务员手持红旗,以使行人知道将有"危险之物"接近他们。还严禁驾驶员鸣笛,以免惊吓马匹。与马车狭路相逢时,要为马车让路。英国的蒸汽公共汽车不久销声匿迹,在汽车发展史上结束了英国先行的时代。随后,马车又兴旺起来。但最终历史证明,马车阻挡不了汽车的发展。

2. 梅赛德斯-奔驰车名的由来

奔驰轿车的全称为梅赛德斯-奔驰(Mereedes-Benz)。

梅赛德斯是法国一位女孩的名字。1899 年 3 月 21 日,在法国著名的地中海海滨城市尼斯举行了汽车大奖赛,一辆车头上标有 Mercedes 的戴姆勒汽车获得了头奖。车主是著名的汽车爱好者艾米尔·耶利内克,梅赛德斯是他女儿的名字,当时 10 岁。

1900 年,耶利内克和戴姆勒汽车公司达成协议,他取得在法国、比利时、奥匈帝国和美国独家销售戴姆勒汽车公司汽车的权利,并用梅赛德斯为他定购的汽车命名。从此,梅赛德斯成了戴姆勒轿车的车名。戴姆勒汽车公司和奔驰汽车公司合并后,生产的轿车叫梅赛德斯-奔驰。梅赛德斯在法语中有幸福的意思。梅赛德斯为汽车带来美好名字和前程。

3. 慈禧太后把汽车打入冷宫

1902 年,袁世凯从国外进口了第一辆汽车,供慈禧太后使用。当时中国没有会驾驶汽车的人,慈禧下令招募汽车驾驶员。当时共有 11 人应试,其中给皇亲国戚赶马车的孙富龄被慈禧选中。

孙富龄因聪明好学,能随机应变,在皇亲佣人中,很受慈禧的赏识。孙富龄驾驶汽车后,朝中有一批王公大臣,联名上奏章道"历朝帝王,未闻有轻以万乘之尊,托之彼风驰电掣之汽车者……"这些王公大臣生怕翻车送了慈禧的性命。

可是,慈禧一心要以坐洋车兜风为乐。一天,孙富龄将汽车从颐和园长桥开到万寿山下,慈禧望着坐在她前面的驾驶员,忽然想,她的地位至高无上,达官贵人莫不跪拜她的面前,而眼前开车的奴才,竟傲然地坐在她前面,成何体统。慈禧傲慢地问:"你知道你是给谁开车吗?""给至高无上的慈禧太后开车。"孙富龄惊恐回答。慈禧又说:"你得跪着开车!"孙富龄立即下跪,不敢不从。但他手握转向盘,不能代替脚踩加速踏板,汽车开不走,吓得孙富龄出了一身冷汗。他脑子一转,跪拜道:"启禀老佛爷,车子坏了。"从此,这辆汽车一直停放在颐和园中。孙富龄一家惧怕慈禧降罪,赶着马车,借浓雾掩护,仓皇逃出北京。

孙富龄是我国第一个汽车驾驶员,也是世界上唯一跪着开车的汽车驾驶员。

4. 车灯史话

1887 年,一个驾驶员在黑暗的旷野上迷路时,一农民用手提灯把他引回家。1989 年,哥伦比亚号电动汽车把电用于前照灯和尾灯,这样车灯就诞生了。最初的前照灯不能调光,所以在会车时有些晃眼,为了克服这个缺点,后来采用了附加光度调节器。这种前照灯可以在垂直方向移动,但驾驶员必须下车搬动夹具装置。1925 年,导航公司推广了双丝灯泡,远光和近光的调节通过装在转向柱上的开关来控制。

转向信号灯的使用非常有趣。1916 年,美国一个名叫 C. H. 托马斯的人把一带电池的灯泡装车时,对方驾驶员就能看到他打的手势。1938 年,别克汽车制造商提供了转向灯作为选用的附件,但当时只在汽车尾部安装,到 1940 年后,汽车前面也装有转向信号灯,而且信号开关具有随时调节的功能。

1906 年,世界上第一次用一个蓄电池供电的电灯照明。

1909 年,首次把乙炔灯作为变光装置。

1916 年,美国使用了行车灯。

1920 年,当选用倒挡装置时,使用了倒车灯。

1920 年,美国通用汽车公司首次安装了内饰灯。1926 年,通用汽车公司把前照灯变光开关从转向盘移到地板。

1938 年,第一次采用封闭的内灯。

1898 年,美国电气公司将电灯抛物面反射镜推广于前照灯,侧灯和尾灯。

汽车改变了人类交通状况,拥有汽车工业成了每一个强大工业国家的标志。回首百年,从蒸汽机三轮车到以煤炭瓦斯为燃料的汽车发动机;从三轮汽车到 T 型汽车,现代汽车工业的发展推动着现代文明的繁荣。应该说,汽车确实载着人类向前发展,向前奔驶,使人类更追求自由,视野更加开阔。

三、汽车车名的由来

给汽车命名是一项点石成金的智慧性工作,不仅关系到汽车形象的塑造,也意味着汽车商战的胜败。

1. 汽车命名原则

汽车命名应有名有形,以便于呼叫和记忆。奔驰、雪铁龙不仅读起来朗朗上口,而且词汇也显得铿锵有力。

1)汽车命名具有个性

汽车命名需具有独特个性,车名的特色使消费者能够从众多的汽车名称中做出有效的识别。如果某种新车型采用了与别人类似的名称命名的话,那么,它在推向市场以后恐怕就很难被消费者区分开来,甚至以假乱真,从而影响销售。例如:野马、烈马、战马、奔马、小马、天马等。如此之多的马牌汽车在同一时期同一地域销售的话,肯定会引起名称上的混乱。

2)汽车命名具有内涵

汽车命名需具有文化韵味的深刻内涵。所谓文化韵味,是指汽车名称不仅要成为一个听觉信号、视觉图形,而且还要给人们以艺术上的享受。这样,既可美化人们的生活,又能使你的汽车平添三分魅力。另外,许多厂家在将自己的产品推向市场时,也希望车名和车标含有吉祥、珍贵之寓意。作为丰田汽车公司的第一代豪华轿车,"雷克萨斯"一名是丰田人花了 3.5 万美元请美国的一家取名公司命名的。之所以以此命名,原因在于丰田汽车公司生产该车型的主要目的在于出口欧美,参加世界上最大豪华轿车市场的角逐,与通用、福特、宝马、戴姆勒-奔驰等老牌豪华轿车生产厂家一决雌雄,借以改变丰田汽车公司只能生产中低档轿车的印象。因此,当美国的取名公司将 5 个备选名称提供给丰田汽车公司以后,决策者们选中了读音与英文"豪华"（Luxe）一词相近的"雷克萨斯"（Lexus）。"凯迪拉克"本是法国贵族、探险家、底特律城创建者的名字。凯迪拉克汽车部将自己的高级豪华轿车以他的名字予以命名,既是表示对他的敬意和纪念,也寓意着凯迪拉克汽车部作为汽车业的先驱者,与凯迪拉克建立底特律城具有同样重要的意义。

2.汽车译名方法

当一种牌号的汽车准备出口时,一定要选择另一种或几种语音的翻译名称。从某种意义上来说,这不亚于对汽车的命名,在汽车命名时没有考虑各国语言文化的差异,待出口遭遇挫折时再起个外国名也常有其事。

翻译家严复先生说过:翻译的标准是信（忠实于原文）、达（通顺畅达）、雅（有文化和美感）。基于这一原则,汽车出口商或进口商应该认真对待汽车的译名,在另一语言文化中创造出形神兼备的称谓。汽车译名的方法有意译、音译、音意译结合。

1）意译

皇冠（Crown）、世纪（Century）、云雀（Skylark）等属于意译,它们不仅字数少,朗朗上口,而且揭示了车名文化韵味的内涵。

2）音译

有时无法采用意译就得采用音译。音译也有许多优秀作品:菲亚特（FIAT）、雷诺（Renault）、桑塔纳（Santana）、雪佛兰（Chevrolet）等就是成功的例证。

3）音、意译结合

有时音、意结合的译名会创造出更响亮的车名。奔驰（Benz）、标致（PEUGEOT）、雷克萨斯（Lexus）、夏利（Charade）就是这方面的典范。显然,这种译法要比单纯的音译为本茨、别儒、列克塞斯、夏来多好听也有意义得多。

"奔驰"是音译和意译结合的佳作。看到"奔驰"两个中文字,会立刻在脑海中浮现出一辆风驰电掣的"奔驰"牌轿车,真可谓"奔"腾飞跃,"驰"骋千里。

3.浓缩人类文化的车名

汽车命名题材包罗万象,集中地反映了人类文化。

1）以人命名

汽车工业早期,一些汽车公司都是以创建者的名字命名。历经沧桑之后,创造出了名车,名人名车相辉映。汽车以公司创始人命名的如:福特、克莱斯勒、劳斯莱斯、波尔舍、法拉利等。林肯·凯迪拉克、梅赛德斯等人的名字也为汽车带来了辉煌。

2）以山河命名

美好的河山为人们欣赏,名河名山自然是汽车命名的对象,如桑塔纳、太脱拉、日古利、泰山、井冈山、伏尔加、卡马兹、黄河、松花江等。

3）以动物命名

动物充满活力,动物象征空间。以动物的名字给汽车命名是汽车厂商的通常爱好,马、虎、豹、狮子、鹰就都被采用过。例如:通用汽车公司的凤凰、火鸟、天鹰、云雀;福特汽车公司的烈马、猎鹰、野马、彪马、雷鸟、眼镜蛇等;原美国汽车公司的鹰、金鹰;日产公司的猎豹、羚羊;三菱公司的奔马;富士重工的雄狮、麋鹿;德国大众的甲壳虫;意大利菲亚特的熊猫;阿尔法·罗密欧的蜘蛛;英国陆虎公司的杜鹿;英国美洲虎汽车公司的美洲虎等。

4）以历史背景命名

我国早期的汽车的车名多带有时代特征。我国第一辆载货汽车是随旧中国的解放而诞生的,毛主席给车命名解放理所应当;红旗轿车诞生在红旗飘飘的年代;南京第一汽车制造厂的第一辆轻型载货汽车诞生"大跃进"期间,车名叫跃进自然合拍;"东风"本出自于古诗,毛主席关于东风与西风的论断,使东风具有历史背景。中国第二汽车制造厂,正好诞生于东风浩荡的时代,它生产的汽车被顺理成章地命名为东风。唐代有"东风变梅柳,万江生春光"的佳句,显然把东风视于春风,赋予它温暖、能使草木萌芽、万物生长的神奇功能。中国人心目中的东风是温暖、有活力的象征。

5)以神话命名

神话是历史的序幕,是文学艺术不竭的源泉。汽车命名对希腊神话故事中诸神尤为青睐。泰坦是希腊神话故事中的大力神,马自达汽车公司生产的一种轻型载货汽车名为大力神。丰田汽车公司生产的一种轻型载货汽车名为戴娜,是希腊神话故事中的月亮女神名字。

还有些汽车公司是从幻想、体育等角度给汽车命名的。例如:鬼怪、险路、短跑家等。

四、汽车名称杂谈

汽车如果有一个让人难忘的名字,就能够让消费者更快地记住它。这自然不会被各大汽车集团的市场人员忽视,尤其是面对肥沃的中国市场,怎样给自己的产品起一个好的译名更是让他们煞费苦心。中文本来博大精深,何况港台地区与大陆的文化习惯不尽相同却又相互影响,其中又掺杂上一些商标抢注的事件横生其中,更是让精明的厂商们头疼。我们不妨看看这林林总总的车名背后,到底有着怎样的纷争?

有时候,中国大陆、香港、台湾在汽车文化上有很大差异。罗尔斯·罗伊斯与劳斯莱斯同指一个皇室贵胄,奔驰-平治-宾士分别是大陆-香港-台湾对于Benz的称呼,那么"积架"是什么? 它是香港对于JUGUAR的音译,也译为捷豹,大陆在很长时间译为美洲虎,现在统一为捷豹,应该说这个翻译是最好的。类似的情况还有大陆所称的"本特利"(Bentley)也随香港一起称为"宾利"。VOLVO在中国音译为沃尔沃,在台湾被称为富康。VOLVO的本义是"滚滚向前",和富康其实关系不大,不过以沃尔沃安全、高贵、大气的品牌风格,富康确实是对沃尔沃车主的最好描述。到现在为止,大陆、香港、台湾还保持着不同叫法的品牌很多,如兰博基尼叫作林宝坚尼,法拉利叫作费拉里,爱快·罗密欧叫作阿尔法·罗密欧,标致叫做宝狮,Sabaru,也就是以前所称的富士,现在在大陆称为斯巴鲁,而在台湾被译为速霸路。如此种种,不一而足。很多人在看香港的网站时常常会见到"福斯"不明何物,它就是大名鼎鼎的Volkswagen,也就是我们所说的"大众"。

在这些泛泛的称呼之外,还有一些值得寻味。首先要提到的是刚刚进军中国市场的Saab,在珠海国际航空展览中心展开的激情特技表演以及通用汽车中国公司举行"心自驰,与谁同"Saab 9-3运动型轿车上市发布活动,已经表达了它进军中国的决心。可是当通用意图把Saab推向中国市场时,却意外地把Saab称作"绅宝",这是来自香港方面的音译,但是后来才发现某家杭州汽配厂已经注册了"绅宝"名称,由于中国法规规定同行业不能使用同一商标。在中国,Saab只能将中文名称定为"萨博",这一新名字无疑让很多老车迷觉得不习惯。

同样命运在日本人的身上也发生。Lexus是丰田的豪华轿车品牌,几十年的辛苦经营已经为Lexus这个品牌注入了巨大价值。但谁又曾想到Lexus这一商标当年险招灭顶之灾。曾有一个米德的数据公司拥有注册商标"LEX-IS",与丰田公司的豪华轿车品牌Lexus有些类似,米德因此上诉公堂,称Lexus稀释了其品牌价值,要求丰田停止使用Lexus商标,丰田经过艰难诉讼终于苦胜,保住了 Lexus 品牌。Lexus 在中国就是大名鼎鼎的"凌志"。但是凌志在中国被改成拗口的"雷克萨斯",虽然丰田公司一再声称 Lexus 的改名并不涉及被别的公司抢注问题,更新中文名称,是相信新的名字能帮助中国消费者更容易地联想到 Lexus 品牌。

在确定车名时,有时候却也令人意想不到,丰田曾有一个豪华客车品牌 COASTER,中文译名考斯特。虽然没有什么特点,但也算不过为失。可是在中国却被改成了"柯斯达",这一改名实在令人费解,因为,许多消费者会将其误认为是 Skoda"斯柯达"。以丰田的实力,似乎还不需要借助其他的品牌来打开销路。在这一点上与之形成鲜明对比的是 Land Rover,以前大家都叫"陆虎",现在都统一改为"路虎"。而 2004 款新神行者发布的时候,路虎公司还特别强调了统一的名称:路虎、新神行者、揽胜。而不是以前的陆虎、新自由人、览胜。其原因是避免与陆风、富康的新自由人混淆,毕竟 Land Rover 的高贵血统是决不允许与别人分享的。

第三节　汽车分类续谈

一、老爷车

所谓"老爷车"(图 5-27),通常泛指早期使用现在仍可工作的老式汽车。"老爷车"一词,最早出现在 1973 年英国出版的一本《名人与老爷车》的杂志上,此名称很快得到了各国汽车界人士的认可,并迅速蔓延,成为世界各地及爱好者对老式汽车的统一称谓。

图 5-27　老爷车

美国老爷车俱乐部把其属意的品牌或车型(如 1925—1948 年生产)列为完全古典车,其定义为"非凡的汽车,拥有优良设计,高工艺标准及制作",其取向偏好美国品牌,欧洲产品则有沧海遗珠之憾。

美国古老车俱乐部的分类标准:

(1)古董车(Antique):1930 之前的所有汽车。

(2)量产车(Production):1930 之后的所有汽车。

(3)古典车(Classic):1930—1948 年所产的非常优质汽车。

(4)威望车(Prestige):1946—1972 年的优质汽车。

(5)限量车(Limited Production):二战后少量生产的特殊兴趣汽车。

英国的大不列颠古老汽车俱乐部(Veteran Car Club of Great Britain)则把老爷车简单地划分为:古老(Veteran)及爱德华七世(Edwardian),全面地划分为:

(1)1918 年前的所有汽车统称为古董车(Antique),细分为爱德华七世(Edwardian)及其元老(Eteran)。

(2)1918—1931 年的汽车为早期名牌(Early Vintage)。

(3)1932—1945 年的汽车为名牌(Vintage)。

(4)古典车(Classic)以 1925—1948 年美国老爷车俱乐部的完全古典汽车名册(Full Classic List)为准。

战后有代表性的汽车尊为现代经典(Modern Classic),实际上,Classic 一字包含古典/经典双重意义。

二、出租车

1907年初春的一个夜晚,美国一富家子弟亚伦同他的女友去纽约百老汇看歌剧。散场时,他去叫马车。虽然他的目的地离剧场只有半里路远,车夫却漫天要价,向他们索要的车钱是平时的10倍。亚伦感到太离谱,就与车夫争执起来,结果被车夫打倒在地。

亚伦伤好后,为了报复这个马车夫和其余爱敲竹杠的马车夫们,就想利用汽车来挤垮马车这种交通工具。但要解决两个问题,一是汽车要小巧灵活,二是要有计程仪表。亚伦首先请了1位修钟表的朋友根据他的构想发明了计程表。为了标明这些汽车是出租的,又是按路程远近计费的,需要给汽车起一个简单的名字。亚伦想到了在巴黎看到的一个词"Taximeter",即计程付费的汽车。这就是现在全世界通用的"Taxi"(计程车)一词的来历。1907年10月1日,出租计程车首先在纽约街头出现。若干年以后,计程马车确实被挤垮了,如图5-28所示。

图5-28　出租车

三、轿车

早在汽车发明之前就有Sedan一词,它指欧洲贵族乘用的一种豪华马车,不仅装饰讲究,而且是封闭式的,可防风、雨和灰尘,并提高了安全度。18世纪传到美国后,也只有纽约、费城等大城市中的富人才有资格享用。

1908年美国汽车大王福特推出T型车时,车由原来的敞开式变为封闭式,其舒适性、安全性都有很大提高,在当时是个了不起的进步。福特在推销时很想突出他的伟大改进,于是就灵机一动,将他的"封闭式汽车"(Closed Car)称为Sedan,让购车人有一种心理上的满足。从此,供老百姓代步使用的普通汽车都被称为Sedan。

我国古代早有"轿车"一词,是指用骡马拉的轿子。当西方汽车大量进入中国时,正是封闭式方形汽车在西方流行之时。那时汽车的形状与我国古代的"轿车"一样可以显出荣耀。于是,人们就将当时的汽车称为轿车。

一般地说,轿车发动机的总排量,可以作为区分轿车级别的标志。

国内外一些型号的轿车,后围板或翼子板上标有1.8或2.0或2.8等符号,这是轿车发动机总排量的标志。发动机总排量是指发动机全部汽缸的工作容积之和,单位是升(L)。我国轿车分级法,就是以发动机排量为依据的。

按照国家规定,排量小于或等于1L,属于微型车;排量大于1L且小于或等于1.6L,属于普通级轿车;排量大于1.6L且小于或等于2.5L,属于中级轿车;排量大于2.5L且小于或等于4L,属于中、高级轿车;排量大于4L,属于高级轿车。

世界一些国家的轿车也都是以轿车发动机的排量来划分级别。

一般来说,排量越大的轿车,功率越大,其加速性能也越好,车内的内装饰也可以搞得越高级,其档次划分也就越高。如英国的劳斯莱斯轿车,排量就达到9.8L。

四、概念车

图 5-29　红旗概念车

概念车一词由英文 Conception Car 意译而来。概念车并不是即将投产的车型,它仅仅是为向人们显示设计人员新颖、独特、超前的构思而已。概念车还处在创意、试验阶段,很可能永远不投产。图 5-29 所示为红旗概念车。

世界各大汽车公司都不惜巨资研制概念车,并在国际性汽车展览会上亮相。一方面了解消费者对概念车的反应,从而继续改进;另一方面,也可向大众显示本公司的科技进步,从而提高自身形象。在 1999 年上海国际车展上,我国首辆概念"麒麟"亮相。

五、多用途汽车（MPV）

多用途汽车（Multi – Purpose Vehicle,简称 MPV）,也叫多功能汽车,俗称"子弹头"。有时为了运送更多的人或货物,汽车需要更大的空间。1985 年法国雷诺汽车公司首推单厢式 Espace 多用途汽车。这种车外有优美的流线型车身,内有可移动的座椅,不仅有 8 人的乘车空间,并兼具轿车的舒适性,可以变成小公共汽车、野营汽车、家庭用车、小型货车或移动式办公室等,如图 5-30 所示。

图 5-30　多用途汽车

六、休闲汽车（RV）

图 5-31　休闲汽车

休闲汽车（RV）的英文原意是 Recreational Vehicles,即娱乐、消遣、休闲用汽车。休闲车最早出现于美国,由皮卡及厢式车改装而来。它没有十分明确的定义和标准,一般指轻型越野车、小"子弹头"、新型皮卡等外形新潮、模样可爱的微型汽车,如图 5-31 所示。

七、运动型多用途汽车（SUV）

运动型多用途汽车简称 SUV,是英文 Sports Utility Vehiles（运动型多用途汽车）的缩写,是指造型新颖的四轮驱动越野车,它不仅具有 MPS 的多功能性,而且有越野车的越野性,同时还有休闲车的可爱模样。SUV 没有明确的概念,有时很难断定某辆车是 SUV、越野车,还是休闲车,甚至有人把 SUV 作为休闲车的美国叫法,如图 5-32 所示。

170

八、高级旅行车（GT）

高级旅行车（Grand Touring Cars），简称 GT 车，它是一种敞篷或封闭式汽车。车身两边每侧最多有 1 个门，最少要有两个座位。这种车不仅在开放的公路上性能表现卓越，而且适合在环形跑道及封闭赛道上参加比赛，如图 5-33 所示。

图 5-32　运动型多用途汽车

图 5-33　高级旅行车

九、皮卡

"皮卡"一词由英文 Pick-up 音译而来。皮卡（Pick-up）又称轿货车，它是以轿车基本型改成的客货两用的、敞开货箱的运输车型。它只保留轿车车头及驾驶室，前半截与轿车一样，后半截则为敞开式货箱。皮卡分单排、双排及厢式等 3 种，如图 5-34 所示。

十、公共汽车

公共汽车又叫巴士（Bus）。巴士最早是公共马车的名字，出现于 19 世纪初的巴黎。巴士源于拉丁语"奥姆尼巴士"（Omni Bus），是"为了大家"的意思。

1823 年，巴黎一位名叫斯塔尼拉斯·鲍德雷的商人，重新开创公共马车事业，用于接送客人到温泉洗澡。他的马车在途中可随时上下车，车费比别的马车便宜，发车准时，非常受欢迎，事业不断扩大。后来鲍德雷想给自己的马车起个让人一听便知的动人名字。这时他注意到了一家店门前写着"奥姆努的奥姆尼巴士"的招牌，而"奥姆尼巴士"有"为了大家"的含义，非常适合他的公共马车事业，于是就选择了"奥姆尼巴士"这个名字，后来简化为"巴士"。它就理所当然地成为后来淘汰了公共马车的公共汽车的名字，如图 5-35 所示。

图 5-34　皮卡车

图 5-35　公共汽车

十一、迷你车

迷你（MINI）车是指车身短、外形小、百公里油耗在 3.5L 以下的微型轿车。

1956 年苏伊士危机爆发,欧洲各国石油价格猛涨。在严峻的经济形势下,原英国汽车公司(即 BMC,陆虎汽车公司的前身)决定设计一种燃料经济性好的微型轿车,以满足广大普通民众的需求。阿历克·埃斯戈尼斯大胆地选择了新的设计方案,汽车布置形式为发动机前置、前轮驱动。

1959 年,迷你汽车问世,在市场上很受欢迎,目前累积生产量为 530 多万辆。在研究汽车产品中,常将风靡全球的迷你汽车称为"汽车工业技术史上的第五座里程碑",如图 5-36 所示。

图 5-36 迷你车

十二、改装车

随着汽车时代的到来,"汽车文化"一词已渐渐地为人们所了解,各种各样的汽车娱乐、汽车旅行、驾车探险以及赛车等文化形式已成为广大车迷津津乐道的生活方式。与此同时,一种全新的汽车文化也正在悄然兴起,它就是令所有追求个性、追求速度的车迷趋之若鹜的汽车改装。

汽车改装文化源于赛车运动。最早的汽车改装只针对提高赛车的性能,以便在比赛中取得好成绩。但随着汽车工业的发展以及赛车运动的深入人心,汽车改装已揭开以往的神秘面纱、成为普通车迷汽车生活中的组成部分,并渐渐成为一种时尚。在欧洲大陆、美国乃至亚洲的日本、中国香港、马来西亚等地,汽车改装早已蔚然成风,"无车不改"成为青年车迷的座右铭。

现在,世界各大著名汽车厂商相继推出了它们的专业改装厂和改装品牌,如:奔驰的 AMG、宝马的 AcSchnitzer、三菱的 RALLIART、丰田的 TOMS、日产的 NISMO、本田的无限 MUGEN 等,真是不胜枚举,而今天这些改装品牌都已成为高品质的标志,亦成为车迷"梦中情人"。

车迷朋友也许会问,为什么"改装"有如此大的吸引力? 其实答案非常简单,真正的改装是围绕着"提高汽车的性能、操控等内在技术指标"这个核心而进行的,这正是车迷所最关心和急待解决的问题。目前,国内一些所谓的改装厂、汽车装饰部的做法给人造成了一种错误的印象,好像汽车改装"不过是加装一套大包围而已"。我们反对此种说法和做法,真正的改装是涉及车辆整体性能提升方面的,如:行车电脑、悬挂系统、点火系统、进排气系统、制动系统、轮圈、轮胎等诸多方面。由于不同车辆之间存在的性能方面的差异,所以改装的方法也各有不同,要根据车辆的具体情况制订适合的改装方案,如图 5-37 所示。

图 5-37 改装车

十三、汽车列车

20 世纪 60 年代,企业界掀起了一场技术革新运动。为了让国产的解放牌汽车"多拉快跑",1960 年 5 月,汽车运输局襄阳分局大胆"创新",将汽车列车化,决定用一辆型号为 CA10 的解放牌货车,拖挂 10 辆 3t 的拖车,以增加运量,运货到汉口。

一辆主车加 10 辆拖车的总长度将近 50m,总载质量约 30t,加上主、拖车自重约 20t,共有 50t。一辆 CA10 解放牌货车发动机功率只有 95ps,却要牵引 50t,实在是"敢想敢干"。这辆"汽车列车"起步后,只能低速行驶,时速只有 6~7km。遇有弯道,主车必须提前 100m 靠近路边,低速慢转。为了确保行车安全,车上派有专人手执红旗,监视"列车"前后。

由于速度慢得像老牛拉破车,"列车"从安陆出发后到达目的地汉口新华路车站,花去了近20h,而正常情况下只需要3～4h。

当"列车"进入汉口解放大道时,交警吓了一跳,叫车停下询问情况,街道两旁的围观群众也越来越多。为了保证交通安全,交警不得不派出警车开道,让所有的机动车一律停靠路边,让"列车"先行,如图5-38所示。

图5-38　汽车列车

十四、世界微型汽车的起源和发展

微型汽车起源于世界能源危机的20世纪50年代。60年代,因继承微型汽车节省油料的精神,并加以发挥,微型汽车步入前所未有的黄金时代,之后,微型汽车又十分艰辛地度过了70年代,在80年代它又重新获得世界的青睐,90年代后,微型汽车更表现出随时代脉动的强烈趋向。

虽然世界上最早的微型汽车起源于美国,但微型汽车真正得到了长足发展的国家却是在日本。

目前,在日本的企业中,有三菱、本田、富士重工、大发、铃木等五家大公司生产微型汽车,车类繁多,品种丰富。据不完全统计,上述5家公司推出的微型汽车车型超过160种,堪称世界之最。

由于我国国内的微型车基本上是从日本引进的,因此,人们对其他国家的微型车发展状态不是很了解。以至于在一般人的印象中,世界上除日本以外的国家都是不主张发展微型汽车的,其实不然。很多国家都十分重视微型汽车的发展,不少国家还对微型汽车的发展给予了特别的政策。

十五、救护车的由来

1895年初,美国俄亥俄州的杨斯登医生使用的出诊汽车是世界上最早送病人去医院的"急救车"。此车是由卡路斯·尔罗斯·波斯自行设计改装的一辆能装简单医疗器械和药箱的出诊汽车,它便是救护车雏形。同年12月法国的帕纳尔·爱·罗巴尔索公司,在巴黎产业宫举办的"帕纳尔牌"救护车揭牌仪式,车门上标有"十"字标志,它被称为世界上最早的"救护车"。1906年7月法国陆军正式启用救护车运送在战火硝烟中的受伤的士兵去医院治疗,揭示了救护车实用价值,携带不同急救设备的救护车使救死扶伤成为人类崇高的社会道德规范。

十六、自行车和摩托车的由来

摩托车的名称出自英文的 Motorcycle,它起源于 Motobicycle,有时简称为 Motorbik,或 Bike,BI 是双的意思,说明摩托车是在自行车上安装小型发动机发展而来,最早的摩托车都是两轮的,也译作两轮机轮车,1885年第一辆最古老的摩托车诞生在德国莱茵河畔的一个小村庄里,它的发明者是德国工程师戈特利布·戴姆勒,他将与好友威尔赫姆·迈巴赫合作发明并改进的发动机,安装在木制底盘的车身上,车轮是木制的,上面装配着铁质轮椅,车身两边还安装了两支撑轮,该车最高速度为12km/h,于1885年8月29日申请了专利。

1887年英国人爱德华制造成采用链传动的三轮汽油机脚踏车。1893年意大利的埃里克·拜那特制造了安装单缸四冲程汽油机的助动自行车。1894年1月10日德国工程师米勒和汉斯·盖森霍夫制造了双缸四冲程发动机,并将其安装于车上,同年1月20日向皇家专利局申请了专利。但真正系统地生产和销售的摩托车是德国的希尔德·布兰德兄弟,他们在慕尼黑批量生产了1000辆,希尔德·布兰德与沃尔米勒牌摩托车,该车装有四冲程发动机,速度为24km/h,1887年7月27日阿·沃尔米勒向皇家专利局申请了专利,并正式将此车取名为摩托车。希尔德·布兰德与沃尔夫米勒公司不但是世界上首家摩托车制造和销售公司,也是摩托车一词的创造者。

十七、高级豪华防弹轿车的来历

最早的高级豪华防弹轿车是德国独裁者阿道夫·希特勒为预防反纳粹势力的暗杀,于1933年1月30日命令戴姆勒-奔驰汽车公司研制出的一辆由国家元首专用乘坐的奔驰牌770型超长高级豪华轿车。该车在770型轿车的基础上,精心加装了5cm厚的防弹风窗玻璃和2.5cm厚的防弹装甲钢板,采用直列8缸发动机。车身为4mm的特殊钢板锻造而成,底盘为4.5cm厚的防弹装甲钢板,整车质量为5t,最高车速为140km/h,车内各个暗格内备有多支满弹待发的袖珍手枪和冲锋枪,具有超强的自卫能力。

1946年由苏联利加乔夫汽车厂根据斯大林的指示,在吉斯牌高级110型轿车的基础上加装防弹设施,而特别研制了一辆吉斯牌110型防弹轿车。此后该车改型为吉斯牌115型防弹轿车。斯大林曾将此车送给中国共产党和国家领导人。

中国第一汽车制造厂在20世纪70年代研制出红旗CA772型高级防弹轿车,成为中国国家主要领导人的专用汽车,曾接待过外国元首尼克松等。图5-39所示为新一代红旗高级防弹车。

图5-39　新一代红旗高级防弹车

第四节　汽车的"美学"

汽车既是现代化的交通工具,又是流动的"艺术品",以其科学、艺术的外形和色彩,使世界变得更加美丽和丰富多彩。

关于汽车"美学",犹如人的穿着打扮一样,以设计美学为指导,建立全方位的、立体的审美观。从人们对汽车美的性质认识及审美欣赏出发,研究提出了汽车车身造型美的4对美学特征:汽车的内在美与外在美;汽车的静态美与动态美;汽车的理性美与感性美;汽车的刚性美与柔性美。当然,汽车的设计是否符合人们的审美观,与当时的社会现状、社会的文明程度、社会的科技发展水平等都有着很大的关系,有可能今天流行复古美,明天就已抽象美为主,仁者见仁智者见智。随着科技的发展,未来汽车造型的美学和空气动力学的完美结合将衍生出一个多姿多彩的汽车艺术世界。

一、汽车的外形

行驶在道路上的汽车外形各有不同,而确定汽车外形有3个因素,即机械工程学、人体工程学和空气动力学。机械工程学要求动力性好,操纵稳定性好等;人体工程学要求驾乘人员有足够的活动空间。

舒适性好;空气动力学要求汽车外形应该具有良好的流线型。所谓流线型是指空气流过不产生旋涡的理想形状,流线型应用的最高境界是飞机的机翼。目前汽车的外形均是流线型的变化形。从 1886 年开始,在此后的 100 多年里,汽车技术有了很大的变化,其中最富特色、最有直观感的当数车身外形的演变。

1. 马车形车身

1886 年,德国戴姆勒和本茨分别试制成功第一辆汽车。但当时汽车车身基本还是沿用马车造型,如图 5-40a)、b)所示。当时的马车形车身与我国古代的兵车车身并无本质上的区别,不过是在车轮上加上座椅,车身上部敞开或用活动篷布避雨遮光。这样的车身难以抵挡强烈的风雨侵袭,对于乘坐者仍然有极大的不便。

a)   b)

图 5-40 马车形车身汽车

a)戴姆勒汽车;b)奔驰汽车

2. 箱形车身

由于马车形汽车很难抵挡风雨的侵袭,美国福特汽车公司在 1915 年生产出一种新型的福特 T 型车,它很像一个大箱子,箱子上部装有门窗,实际上只是将原来的马车车身上做了局部的改进,人们把装有这类车身的汽车称为箱形车身,如图 5-41a)、b)所示。

a)   b)

图 5-41 箱形车身汽车

说起箱形车身,不由让人想到我们现在乘坐的客车,现在的客车车身不论是豪华型还是普通型,也不论车身内饰和外形如何变化,供乘客使用的空间不过是一个长方体的箱形空间,也就是说,箱形车身延续至今仍然有着不可替代的生命力。箱形汽车的行驶阻力妨碍了汽车高速行驶,所以人们又开始研究新的车形。

3. 流线型车身

1934 年,美国克莱斯勒公司生产的气流牌汽车,首先采用了流线型的车身外形。1936 年福特公司研制成功林肯和风牌流线型汽车。此车散热器罩颇具动感,俯视整个车身呈纺锤形,很有特色,如图 5-42a)、b)所示。

1933 年德国波尔舍把甲壳虫的自然美如实地、天才地运用到车身造型上,设计出了类似甲壳虫外形的汽车。甲壳虫形车车身迎风阻力很小,空气动力学的原理在这种车身上得到了很好的应用,也为以后在车身外形设计上运用"仿生学"开了先河。波尔舍最大限度地发挥了甲壳虫外形的长处,使其成为同类车中之王,"甲壳虫"也成为该车的代名词。

图 5-42　流线型车身汽车
a)气流牌汽车;b)林肯和风牌汽车

4. 船形车身

美国福特公司经过几年的努力,于 1949 年推出具有历史意义的新型福特 V8 型汽车。这种车形改变了以往汽车造型的模式。使前翼子板和发动机罩、后翼子板和行李舱罩融于一体,

前照灯和散热器罩也形成一个平滑的面,整个车身造型犹如一艘船形,所以人们把这类车称为船形汽车,如图 5-43 所示。

福特 V8 型汽车还把人体工程学应用在汽车设计上,强调以人为主体来设计便于操纵、乘坐舒适的汽车。由于船形车身使发动机前置,从而使汽车重心相对前移,而且加大了行李舱,使风压中心位于汽车重心之后,避免了甲壳虫形车身对横风不稳定的问题。

图 5-43　船形汽车

5. 鱼形车身

由于船形汽车尾部过分向后伸出,形成阶梯状,在高速时会产生较强的空气涡流。为了克服这一缺陷,人们把船形汽车的后风窗玻璃逐渐倾斜,倾斜的极限即成为斜背式。这类车被称为鱼形汽车。与甲壳虫形汽车相比,鱼形汽车的背部和地面的角度较小,尾部较长,围绕车身的气流也比较平顺,涡流阻力较小。另外,鱼形汽车基本上保留了船形汽车的长处,车厢宽大,视野开阔,舒适性好。并增大了行李舱的容积,如图 5-44 所示。

图 5-44　鱼形汽车

最初的鱼形汽车是 1952 年美国通用公司生产的别克牌汽车。1964 年美国克莱斯勒公司顺风牌也采用了鱼形造型。自顺风牌以后,世界各国开始逐渐生产鱼形汽车。针对鱼形汽车后风窗玻璃倾斜太甚和横风的不稳定性,人们想了许多方法加以克服。例如在鱼形车的尾部安上一只翘翘的"鸭尾",以克服部分升力,这便是鱼形鸭尾式车型。

6. 楔形车身

1963 年,美国斯蒂旁克公司第一次设计了楔形的阿本提汽车,如图 5-45 所示,就是将车身

整体向前下方倾斜。车身后部像刀切一样平直,这种造型能有效地克服汽车的升力问题.使汽车高速行驶的稳定性有了显著的提高,当之无愧地成为目前最为理想的车身造型。

楔形造型对于目前所考虑到的高速汽车来说,无论是从其造型的简练、动感方面,还是从其对空气动力学的体现方面,都比较符合现代人们的主观要求,具有极强的时代气息。

图 5-45　楔形车身汽车

7. 多用途厢式汽车

楔形汽车造型基本上圆满地解决了汽车的升力问题。但人们追求完美的心态是永不满足的,制造商们又从改变汽车的基本概念上做文章。

图 5-46　多用途厢式汽车

进入 20 世纪 80 年代以后,雷诺汽车公司和克莱斯勒汽车公司先后推出了多用途汽车。克莱斯勒道奇分部和顺风分部推出了"商队"(Caravan)和"航海者"(Voyager)两种新型多用途汽车(MPV),其车身造型一改轿车传统的二厢或三厢式结构概念。在小型客车(面包车)车型概念的基础上进一步延伸发展,使之成为既有轿车的造型风格、操纵性能和乘坐感觉等特性,又具有小客车的多乘客和大空间的优点,如图 5-46 所示。

综观汽车造型设计的发展,可以看出它一直在围绕着"高速、安全、舒适"这一主题不断创新。随着时代的发展,人们对汽车车身的审美意识也提到一个很高的层次。未来汽车造型的美学和空气动力学的完美结合将衍生出一个多姿多彩的汽车艺术世界。

二、汽车色彩

在汽车外观、性能、配置日趋同质化的今天,很多消费者将车体颜色作为购车的重要因素来考虑,汽车色彩已成为区别汽车造型重要的外部特征之一。同样品牌型号的汽车可能会因车身颜色不同而有不同价格。色彩已经成为汽车品牌的符号特征。

色彩是人们视觉的反映,既然是人体器官的反映,就会有一种群体心理趋向性,也就是人们常说的"流行色"。汽车流行色与"流行色"一样,具有时间性、区域性和层次性。同时,汽车流行色还具有鲜明的种类性。

1. 汽车流行色的时间性

世界上凡是可以流行的东西都有时间性的共性。但是,汽车流行色的变化是缓慢的,它在一段时期内只是呈现一种增长或者衰减的趋势,不像服装流行色那样一年一种色调。专家认为,由于传统文化习惯等因素的作用,人们对某种色彩会产生根深蒂固的观念,不会轻易改变。某种色彩会在某一国家、某一地区、某个民族或某个职业群体中保持相对稳定,体现为较高的消费比例。但是,随着社会的发展,在一定的条件下也会发生变化,新的常用色与流行色互相转化,形成某种色彩的盛行与衰退。例如,20 世纪 80 年代末,白色汽车占 60%,如图 5-47 所示。大批白色轿车和小型客车大行其道,20 世纪 90 年代初则下降到 30%。进入 21 世纪的今天,银色又成为主色调,如图 5-48 所示,从白色依次过渡到银色,再过渡到灰色、深灰色,形成整个银色系列。

图 5-47　白色汽车

图 5-48　银色汽车

2.汽车流行色的区域性

我国的北方城市偏好比较凝重沉稳的色彩,南方城市对清新明快的颜色情有独钟。热带地区的人们喜欢浅色调,例如,白色、浅灰色、黄色(图5-49)等。寒冷地区的人们喜欢深色调,例如枣红色、蓝色(图5-50)、黑色等。这与地理环境、气候有关。

图 5-49　浅色调汽车

图 5-50　深色调汽车

3.汽车流行色的层次性

在我国,黑色车往往被作为公务车的主色调(图5-51),因为黑色被视为庄重、大方。而在文莱这个赤道上的富裕小国,皇室豪华轿车以白色为主,这与文莱所处的地理位置及宗教信仰有着密切的关系。年轻人喜欢选择色彩艳丽的汽车,而在家庭用车方面,人们会根据自己的喜好选择鲜艳的颜色,例如银灰色、碧绿色、金黄色、枣红色等,也喜欢双色组合,如图5-52所示。

图 5-51　黑色公务车

图 5-52　彩色公务车

4.汽车流行色的种类

大型轿车与微型轿车的流行色彩是有区别的。大型轿车以黑色、白色为多,而普通型轿车则以鲜艳颜色为主。体现活泼、靓丽、动感、鲜艳及跳跃感,因此,红色(图5-53)、绿色 、蓝色、橙色被广泛运用(图5-54)。从视觉上看,红色可使物体看起来大一点。因此,普通型轿车很多是红色系列的,例如,大红色、枣红色等。

178

汽车色彩的名称都很悦耳,这也是汽车色彩营销的策略。例如,法拉利红(图5-55)、阿拉斯加绿、皓白、皇家海军蓝等,令人产生遐想,以迎合消费者的个体性和感觉性等。

图5-53　红色轿车

图5-54　橙色轿车

图5-55　法拉利红轿车

颜色与油漆质量也有密切的关系。因为,油漆长期经紫外线照射会老化的汽车,使用何种颜色差别不是很大。但是,如果面漆质量比较差的汽车,用深颜色就比较好,例如深灰色、墨绿色等,长期使用后漆会变色,这种变化程度与油漆及喷涂质量密切相关。对于面漆质量表面不会有太明显变色。

随着汽车逐渐成为大众时尚产品,消费者不仅会看重汽车的功能和性能,更会在意汽车的色彩,颜色作为消费者选择、购买汽车的因素之一,正日益凸显其重要性。

复习思考题

1. 本书列举了汽车上的若干"第一",根据当今汽车的发展,你还能列举哪些?
2. 你对汽车的取名有何独到的见解?在印象中有哪些比较深刻的汽车名称?
3. 你对汽车美学的内涵有何认识和见解?

第六章　汽车对社会的伤害

　　汽车,这个现代文明的产物,给人们的生活带来了便捷和舒适。然而,能源的消耗使得石油资源不断地向人类发出警报;同时,汽车尾气造成的大气污染已然是"过街老鼠",但车内空气质量却远在公众的视线之外;另外,车祸在城市、乡村道路上四处游走,它出没无常、暴力凶残、无情地吞噬着人们的健康和财富,导演一幕一幕惨烈的人间悲剧;再者,交通拥堵与停车场问题也是当今每个城市管理者面临的重大课题。

第一节　汽车与石油危机

　　人类能够在地球上繁衍生息,不仅因为这里具有我们生存的基本条件:适宜的温度、阳光、水、广袤的陆地和浩瀚的海洋;同时还为我们提供了可以在一定限度内发展、繁荣所需要的资源,包括种类繁多的动植物和储量丰富的矿藏。

　　纵观历史,人类对资源的利用是比较有限的。除了赖以维生的食物和水,对其他资源的消耗很少。生一把火也仅仅是为了取暖和煮食,加上人口有限,因此,几乎没有什么大规模的资源开发。那时候最大的能源可能就是人的体力了。

　　我们的先人虽然生活很清贫,但是他们却拥有清新的空气、洁净的水、灿烂的阳光和茂密的森林。相比而言,今天的我们享受着现代化带来的便利交通、通信,却也渐渐失去了良好的自然环境。尤其是对资源、能源不可逆转的开发利用,使许多人联想到了一个忧心的课题:资源、能源总有耗尽的一天,到那时候人类靠什么生活?

一、石油危机概述

　　石油危机(Oil Crisis)为世界经济或各国经济受到石油价格的变化,所产生的经济危机。1960年12月石油输出国组织(OPEC)成立,主要成员包括伊朗、伊拉克、科威特、沙特阿拉伯和南美洲的委内瑞拉等国,而石油输出国组织也成为世界上控制石油价格的关键组织。迄今被公认的3次石油危机,分别发生在1973年、1979年和1990年。

　　第一次危机(1973年):1973年10月第4次中东战争爆发,为打击以色列及其支持者,石油输出国组织的阿拉伯成员国当年12月宣布收回石油标价权,并将其沉积原油价格从每桶3.011美元提高到10.651美元,使油价猛然上涨了两倍多,从而触发了第二次世界大战之后最严重的全球经济危机。持续3年的石油危机对发达国家的经济造成了严重的打击。在这场危机中,美国的工业生产下降了14%,日本的工业生产下降了20%以上,所有工业化国家的经济增长都明显放慢。

　　第二次危机(1978年):1978年底,世界第二大石油出口国伊朗的政局发生剧烈变化,伊朗亲美的温和派国王巴列维下台,引发第二次石油危机。此时又爆发了两伊战争,全球石油产量受到影响,从每天580万桶骤降到100万桶以下。随着产量的剧减,油价在1979年开始暴涨,从每桶13美元猛增至1980年的34美元。这种状态持续了半年多,此次危机致使20世纪70年代末西方经济全面衰退。

第三次危机(1990年):1990年8月初伊拉克攻占科威特以后,伊拉克遭受国际经济制裁,使得伊拉克的原油供应中断,国际油价因而急升至42美元的高点。美国、英国经济加速陷入衰退,全球GDP增长率在1991年跌破2%。国际能源机构启动了紧急计划,每天将250万桶的储备原油投放市场,以沙特阿拉伯为首的欧佩克也迅速增加产量,很快稳定了世界石油价格。

此外,2003年以色列与巴勒斯坦发生暴力冲突,中东局势紧张,造成国际油价暴涨。

几次石油危机对全球经济造成严重冲击。

二、石油危机对汽车市场的影响

通常情况下,高油价本身对乘用车销量的影响并不像一般人想象得那么大。数据表明,高油价导致乘用车销量大幅下滑的主因在于经济体本身无法承受如此之高的油价而出现滑坡。另外,在经济高增长时期,乘用车销量同GDP增长率并不会表现出明显的相关性,而消费者第一次购车意愿的释放是推动乘用车销量变化的主要原因。

从发达国家乘用车行业在高油价时期的经验来看,在无相关政策引导,仅由市场自由主导的话,石油危机对于小排量的微型车并非是想象中的利好,相反的,大排量乘用车和高端的商务车在油价变化时表现更佳。

从发达国家卡车行业在高油价时期的经验来看,卡车的销量增长更多受到总体经济需求变化的影响,而非高油价本身带来的使用成本的上升。在高油价时期,重型卡车的表现会好于轻型、微型卡车,而一旦油价企稳后,轻型、微型卡车的销量反弹则更为强劲。分析日、韩客车行业在高油价时期的表现,也会得到类似的结论。

中国成品油的低价时代已经渐行渐远,并很可能一去不复返。如果成熟汽车市场的上述发展轨迹在中国汽车市场能够重现,探讨高油价前景预期之下汽车行业的走向,其本质上是要对宏观经济前景给出明确答案。

2001年底世界原油价格从谷底开始回升,而2007年6月以后,更是从60美元/桶飙升至近期的最新高点146美元/桶。同油价高度关联的汽车行业,在这种高油价的新形势下将会有怎样的表现,为此,我们特意回顾了过去几次石油危机期间日、美汽车行业的境遇。

1.销量的变化

1)乘用车

从历史数据可以看出,前两次石油危机中油价的大幅飙升都重创了乘用车的销售,但是从20世纪90年代后期开始,这种联系似乎逐渐失灵。高油价对于乘用车销量的影响似乎并未有着必然的负相关性。

美、日和韩都极度依赖原油进口,因此,每次油价的飞涨都对其经济造成了重大冲击,石油危机都引发了实际GDP增长率的下滑,并且这种影响将持续了1~2年。

日本和韩国在后两次油价大涨的阶段出现明显背离常态的情况,我们认为的主要原因:一是,第三次石油危机期间,日本GDP增长依然处于高位,主要是由于当时日本股市、楼市的非理性繁荣所致;二是,1999—2000年日、韩的异常走势则是因为两国从1997—1998年亚洲金融危机造成的动荡中缓解过来。

日本在经历1955—1973年的高速增长期后,步入发达国家行列,和美国一样,经济发展进入平稳发展期。1968—2006年,美国和日本的实际GDP增长率同乘用车销量增长率呈现了高度的正相关。根据测算,皮尔逊相关系数分别达到0.705和0.769。这主要是由于作为汽车工业比较成熟的发达国家,国内汽车销量主要是由更新需求构成。一旦经济增长回落(加速)使国内消费者对未来产生悲观预期(乐观预期)后,其在新车上的开支势必减少(增加),因此乘用车销量受整体经济增长的影响非常明显。

1968—2006年,韩国的实际GDP增长率同乘用车销量增长率的相关性并不强。根据测算,皮尔逊相关系数为0.572。但是,韩国的经济高速增长期是1962—1991年,分为1962—1990年经济高速增长期和1991—2006年经济平稳增长期。其皮尔逊相关系数分别为0.404和0.787。在经济高速发展期,乘用车销量增长率同GDP增长率的关联度不高,主要原因是消费者初次购车意愿的释放是推动乘用车销量变化的主要原因。但是,在4个油价大涨的时间段,韩国乘用车销量增长率也保持了实际GDP增长率的一致走势。

2)卡车

从日本的历史数据来看,卡车的销售增长同油价变化两者并未表现出明显的相关性,而同日本实际GDP增长率则保持了较高的一致性。根据测算,两者皮尔逊相关系数为0.605。高油价→GDP增速放缓→需求下降→卡车销量增速滑落,看起来这个影响是造成卡车在高油价时期销量变化的主因,而高油价本身引起的使用成本上升这个因素对商用车销量的影响则很小。另外,在油价企稳阶段,一般卡车销量增速会随着实际GDP增速的反弹而出现一次明显的回升。

韩国的卡车销售增速同油价涨幅几乎没有合理的关联性,而和GDP增长率却保持了比较好的正相关。根据测算,两者的皮尔逊相关系数为0.704。再次印证了我们之前的推论,即油价本身引起的使用成本上升对商用车的影响并不大,卡车销量更多的是受到总体经济增长变化的影响。

美国的统计标准比较特殊,它的轻卡中包括了SUV,因此我们将在下面按轻卡和重卡两大类分别进行分析。

美国的历史数据显示,轻型卡车、越野车和重卡同油价并未显示出特别明显的相关性,但是可以看到的是当油价出现大幅度上升时,两者的销量一般都会受到比较明显的冲击。我们会发现这两大类车的销量增速同美国的GDP增长率呈现了明显的正相关性,显示了卡车同总体经济需求的高度关联性。根据测算,轻卡和重卡的销量增长率同实际GDP增长率的皮尔逊相关系数分别为0.639和0.773。美国的历史数据再次为我们关于卡车销量变化原因的判断提供了有力的依据。

从日、美、韩三国的历史数据来看,卡车的销量变化更多受到总体经济需求变化的影响,而非高油价本身带来的使用成本的上升。

3)客车

从日本的历史数据来看,同卡车的情况一致,销量增长率和油价涨幅并没有显示出明显的关联性,同实际GDP增长率则有比较好的同步性。前两次油价的飙升都令当时GDP增速明显放缓或出现了负增长,客车的销量增长率受此影响也表现不佳,而后两次油价出现大涨的时期GDP增长率依然保持了稳中有升,客车销量增长率也因此保持了稳定。因此总体经济增长变化可能是影响客车销量变化的主要因素,而非高油价本身。

韩国从1982—2006年的数据中,可以看到其客车销量增长几乎同油价涨幅保持了一致的走势,主要是由于韩国的实际GDP增长率在这15年间意外地同油价走势相同。根据测算,韩国客车销量增长率和韩国实际GDP增长率的皮尔逊相关系数为0.601。这进一步佐证了客车的需求更多的是受到总体经济增长变化的影响,而非高油价本身。

日本的客车分级标准是载客人数等于或小于29人的为小型车,大于29人的为大型车。观察1970—1990年日本每5年的客车分级别销售数据。1970—1975年,5年中仅有1973年的客车销量实现了正增长,造成了1975年客车总销量较1970年大幅下挫了28.72%,其中小型客车销量下滑达37.30%,大型客车则为14.02%。1975—1990年间,除了1976年、1985年、1988年和1990年客车销量有比较明显的增长外,其他年份几乎没有什么波动,但是我们发现无论是销量的下滑还是反弹,小型客车的波动均明显大于大型客车。因此我们判断,在高油价带来的实际GDP增长放缓的时间段,大型客车的销量下滑会小于小型客车,而在油价平稳后,小型客车的销量反弹会更强劲。

分析日、韩客车行业在高油价时期的表现,我们得到类似于卡车行业的推论:客车的需求更多的是受到总体经济增长变化的影响,而非高油价本身;在高油价带来的实际GDP增长放缓的时间段,大型客车的销量下滑会小于小型客车,而油价平稳后,小型客车的销量反弹会更强劲。

2. 需求结构的变化

1)乘用车

比较美国历史上个人消费支出中乘用车新车支出,私人固定资产投资中乘用车新车支出,可以看到后者波动明显较前者小,而在油价回落后也表现出更强劲的反弹。因此,我们认为商务(公务)型乘用车在高油价期间会有更加出色的销售情况。

观察到日本1970—1990年每5年的乘用车分排量销售数据。1970—1975年第一次石油危机过后,550mL以下的微型车销量大幅下滑78.09%,并且其后也未出现明显反弹。直至1985—1990年,由于财富效应刺激汽车整体销量大涨,以及日本政府采取的一系列推广、支持小排量乘用车的政策手段,微型车销量才得以恢复到1970年的水平。而661mL以上各个排量的车型则在每个时间段都保持了一定的增长,尤其是2001mL以上的大排量车受到石油危机的影响微乎其微(其中不能忽视日本经济迅速崛起过程中,中产以上阶级大幅度增加的原因)。由此可见,在石油危机期间及之后一段时间,小排量微型车并未受益,反而受到的冲击最大。而大排量的中高端乘用车在应对油价变化时有更好的表现。

从发达国家乘用车行业在高油价时期的经验来看,在无相关政策引导,仅由市场自由主导之时,石油危机对于小排量的微型车并非是想象中的利好,相反的,大排量的乘用车和高端的商务车在油价出现大幅变化时表现更佳。

2)卡车

美国个人消费支出中轻型商用车及越野车支出增长率和私人固定资产投资支出中卡车支出增长率相比,在高油价时期,其变化幅度明显更为剧烈。其原因可能是由于个人消费支出同固定资产投资和政府支出相比,对于使用成本和经济形势变化的敏感性更高。由于前者以SUV和微型、轻型商用车为主,后者主要以重卡为主,因此在高油价阶段重卡的销量可能会较轻型商用车更平稳,但在油价平稳后,轻型商用车的销量反弹更为明显。

观察到日本1970—1990年每5年的卡车分级别销售数据。1970—1975年,由于1974年销量的大幅滑落和1975年仅为0.73%的增长率,致使1975年的总销量比1970年大约下滑了10%,而其中微型车和普通型车的销量下滑都超过了20%,小型车则难能可贵地略有增长。1975—1980年的高油价时期,日本卡车行业由于货运增速高涨的原因保持了高增长。1980—1985年,微型卡车的反弹之强烈令人惊讶,几乎达到了100%的增长。1985—1990年,1990年的总销量同1985年相比微升9%,但小型车和普通车都出现了50%的高增长,而微型车销量再次大幅回落。因此,在高油价造成实际 GDP 增长率下行的时期,我们预计普通型或小型卡车将有比较好的销售表现,微型卡车可能会举步维艰,而油价企稳、实际 GDP 增长率复苏时,微型卡车的销量反弹更加出色。

从日本和美国的历史情况来看,在高油价时期,重型卡车的表现会好于轻型、微型卡车,而一旦油价企稳后,轻型、微型卡车的销量反弹则更为强劲。

3. 新车价格的变动

1)乘用车

同一般的认识不同,需求的下降并没有引发汽车厂商大规模的价格竞争,美国的数据显示,在油价出现大幅上涨的时间段,乘用车新车价格都出现了一定幅度的上升,并且这种趋势会保持 1~2 年。判断其可能的原因:一是原油作为经济发展的基本物资,其价格大幅上升势必推动原材料及工业品的价格上涨,从而形成高通胀的局面。而汽车作为一个低毛利率行业,一旦出现成本的大幅度抬升后,提价或许是其不得已的出路;二是大排量的乘用车和高端的商务车在油价出现大幅变化时表现更佳,这种产品需求结构的变化导致了产品价格的变化。

2)卡车

同乘用车情况类似,在油价出现大幅上涨的时间段,卡车的新车价格增长率也有上升的趋势。主要原因,还是通胀压力和产品需求结构变化。同时,我们注意到,重卡的产品价格的提升幅度要明显大于轻型车,这可能是由于重卡价格对原材料价格的敏感性更高。

4. 中国市场的借鉴意义

2007 年以后成品油价飙升,并且在短期内难见趋势性下跌的现实,使得中国长期以来采取的低价成品油政策一方面承受着空前的成本压力,另一方面来自发达国家的政治压力也日渐加剧,因此,国内的低油价看起来已经越来越难以为继。燃油税推出,成品油价格改革,这些政策措施的实施,使得中国的成品油价格将初步同国际油价接轨。低油价的时代已经渐行渐远,并很可能一去不复返。

高油价时代的到来,引发了资源价格的整体重估,使得中国长期以来的高能耗的粗放式增长方式难以继续,经济增速的放缓是转型阵痛期的必然代价。由于汽车行业的销量增速同 GDP 增长率有密切联系,因此,需要关注的是未来经济增长能够维持在何种水平,是否已经告别了以往的这种高速增长阶段,而非关注油价本身。

三、石油危机对汽车技术发展的影响

世界范围内石油资源的严重短缺,使得节约使用石油产品成为人们的共识。石油危机到来之前,节油技术在汽车设计、制造以及使用方面已得到了广泛的应用,并朝着多元化的趋势发展。让人记忆犹新的 1973 年石油危机,曾触发石油价格上升 4 倍以上,从此汽车业开始了降低燃油消耗量的长期努力。

目前,节油技术在汽车设计、制造以及使用方面已得到了广泛的应用,并朝着多元化的趋势发展。

1. 优化汽车设计,实现节油

1)优化燃烧系统设计

内燃机技术的发展在很大程度上与燃烧技术的发展密切相关。燃烧室结构是影响燃烧过程的主要因素,它涉及活塞顶和缸盖的形状,火花塞的位置,进、排气门的尺寸和数量,以及进气口的设计等一系列问题。设计者对燃烧室形状、燃烧室布置以及喷射系统进行了优化设计,

具体目标有以下几点:

(1)在全部工况下都能实现快速、稳定、连续的燃烧。

(2)在节气门全开时有高的容积效率。

(3)由燃烧室壁散发最少的热量。

(4)排放污染物低。

(5)抗爆燃性能好。

2)优化供油系统设计

现代内燃机向着提高功率、改善燃油经济性和符合环境保护法规的方向发展。供油系统可以通过以下几种方式提高燃油效率。

(1)采用增压技术。这样不仅能提高发动机功率,还能降低燃油消耗和减少有害排放物。

(2)改善燃油经济性。为达到这一目的,车用柴油机越来越多地采用直喷燃烧系统,并要求较高的喷油压力和喷油率。

(3)精确控制喷油过程参数。随着电子控制技术在供油系统中的广泛应用,实现了内燃机在每个工况点上对喷油过程参数(喷油定时、喷油率、持续时间)的控制,从而达到了最低油耗,控制了排放污染和噪声污染,使供油系统达到最佳化。

3)优化传动系统设计

汽车的机械损失主要包括运动部件摩擦损失和驱动功率损失,这两大类损失约占总机械损失的90%以上。发动机附件所耗功率占发动机总功率的12%左右,其中,冷却风扇消耗的功率为5%~10%。

目前,某些汽车上装用一种带有离合器的风扇,它随水温的变化而改变工况。该措施可降低燃油消耗6%左右。此外,还可以在降低运动副的摩擦系数和提高传动效率方面做文章,即主要通过减少活塞组、曲轴与连杆、配气机构、传动系统、各驱动装置的机械损失实现。

另外,使用时在润滑油中添加各种减摩剂,也可使各运动副摩擦系数降低。目前,使用的减摩剂主要有二硫化钼、石墨和有机钼、有机硼、GRT、YGC节能减摩剂等,还有一些摩擦改进剂,如磷酸酯、硫磷酸钼、油酸环氧脂等。

4)采用新材料,促进节油

由于汽车质量的大小影响到滚动阻力、爬坡阻力与加速阻力,因此,汽车质量与其燃油消耗有着极为密切的关系。一般说来,当汽车每减轻1kg时,每升汽油可多行驶0.011km;如果该车行驶10万千米,则减轻1kg可节省11L汽油;若减轻500kg,则可节省燃油5500L。德国专家称:如果汽车减轻质量10%,则可降低油耗8%~9%,汽车行驶所耗能量为78%。由此可见,汽车轻量化与节省燃油的关系是十分密切的。

5)改善车体设计

空气阻力与汽车的外形尺寸、空气阻力系数和速度的平方成正比。通常汽车速度越快,空气阻力也越大,从而消耗在克服空气阻力上的功率也就越多。所以,无论是轿车,还是载货汽车,都应在车体设计上尽可能地减小空气阻力。

6)动阻力的轮胎实现节油

车轮滚动阻力与路面、车速、轮胎的构造、材料和气压有关。发动机输出功率的30%~40%用于克服轮胎的滚动阻力。子午线轮胎是早已为国内外公认的一种可以减小滚动阻力的轮胎。据专家计算,如果美国所有载货汽车都改用子午线轮胎,每年可减少油耗700万吨左右。

7）发动机柴油化提高节油率

汽油发动机的热效率为 20% ~ 30%，柴油发动机为 30% ~ 40%。如能广泛地使用柴油机，将会节约大量燃料。柴油机的优点还在于它可以使用纯度比较低、价格比汽油便宜的柴油作燃料。据统计，将汽油机转换为柴油机，每升燃料的行程里程平均可增加 35%，同样质量和功率相同的柴油机与汽油机相比，油耗可降 15% ~ 25%。因此，各汽车制造商都积极地增加柴油车的比重。目前绝大多数商用车都装备柴油机，而各汽车厂商提供的装有柴油机的轿车、旅行车也日益增多，如宝马、奔驰、奥迪、丰田、本田、马自达等都在全力开发并推出环保型柴油车。在欧洲，轿车柴油化的比例已高达 40%，且有不断上升之势。

2. 汽车诊断与检测技术

现代技术特别是微电子技术极大地促进了汽车诊断与检测技术的发展，实践证明，如能及时地借助诊断设备对汽车状态进行诊断，使汽车技术状况经常保持良好，对于节约能源、环境保护和交通安全具有重要意义。

资料表明，如能定期诊断汽车废气，并及时对汽车排放加以限制，可使被查汽车油耗降低 5% 左右；相反，点火系统如在有故障的情况下工作，则油耗最大可超过标准的 80% 左右。

3. 节油技术的合理选用

1）按功效选用

根据节油技术的功效选择适当的节油技术，如在节省柴油方面，若发动机工作以重负荷为主，可选用重负荷工况区段节油效果好的节油技术，如乳化柴油、惯性增压等。若发动机工作以中轻负荷为主，则可选用整个工况区段都具有节油效果的节油技术，如磁化柴油等。如果从提高发动机功率角度选择，可选用惯性增压、磁化柴油、进气喷水等。如果从环保要求选择，可选用磁化柴油、乳化柴油等。

2）按季节选用

高温、干燥的季节，可选用能够强化冷却的一些节油技术，如进气喷水、乳化柴油等，而在低温、潮湿的季节，则不宜采用上述技术。风冷发动机、废气涡轮增压柴油机往往热负荷高，发动机容易过热，影响工作效率和可靠性，可选用有强化冷却作用的节油技术。

鉴于汽车对减少排放污染要求较高，其发动机可选用减少排放污染效果突出的节油技术。由于汽车对防火安全要求较高，可选用具有一定安全防火作用的节油技术（乳化柴油等）。

3）按地域选用

不同的地域特点，导致选择不同的甚至相反的节油技术。这主要表现在南方的炎热和北方的寒冷上。南方温度高，一些兼有强化冷却作用的节油技术效果较好；而北方寒冷，则宜选用具备预温加热的燃油系统。这不仅可以达到节油的良好效果，还可以解决发动机的高温散热不良或低温起动困难的问题。

4. 正确地调整和维护汽车有利节油

对汽车的调整和维护，会影响发动机的性能与汽车的行驶阻力，因而对油耗有相当大的影响。发动机及其附件有故障或失调，以及发动机过热、过冷都会影响发动机的功率，使油耗增大。此外，前轮定位的正确与否、轮胎气压是否符合规定、制动间隙与轮毂轴承松紧度以及传动系箱体内润滑油质量好坏等均会影响燃油消耗率。一般情况下，驾驶员常用滑行距离检查汽车底盘的技术状况，经正确调整与维护，技术状况良好的汽车，行驶阻力小，滑行距离长。

5. 提高驾驶员的技术水平促进节油

提高驾驶员的技术水平也是降低汽车燃油消耗量的重要途径之一。驾驶员要遵守汽车使用维护手册的规定。如冷却液的温度对油耗有着重大影响：水温过低时要比最佳水温油耗多10%～14%；当水温高于最佳水温时，油耗也将增大5%～10%。一家美国公司所做的试验表明，汽车燃油大约有30%消耗在最初行驶的8km或更少的行程之内。据俄罗斯有关部门统计，不同熟练程度的驾驶员驾驶同一辆汽车，其油耗差为20%～25%。

6. 使用添加剂，调整燃油品质，实现节油

最近，国内外已研制出应用纳米技术的汽油微乳化剂，使用时，只需将该微乳化剂以适当比例加入汽油中即可。试验表明，此措施可降低油耗10%～20%，增加25%的动力性，污染物排放也大有下降。

综上所述，降低燃油消耗与汽车的动力性、排放状况、结构设计、车身选型、新技术和新材料以及使用条件等各方面均有密切的关系。可以说，探讨如何降低燃油消耗的途径在一定程度上反映了汽车设计制造水平和汽车运用管理的先进程度。值得一提的是，无论是汽车的设计制造人员还是汽车的维修使用人员，都应不遗余力地去挖掘降低燃油消耗的潜力，把寻求改善汽车燃油经济性的实用方法作为长期的目标。我们相信，随着新材料、新技术的发展，并通过广大汽车设计、制造人员的不懈努力，汽车节能技术必将有一个更大的发展和提高。

四、中国汽车如何应对石油危机

发展汽车工业对于中国意义重大，无论怎样说都无法完全说明白它的重大意义和价值。如果一旦发生所谓的能源危机，我们的汽车工业又该沿着什么样的道路发展？

1. 酒精汽车

"酒精汽车"不是什么新鲜事物。20世纪70年代发生世界石油危机，油价上涨，巴西政府凭借产糖大国的优势，大力推行"全国酒精计划"，利用甘蔗和木薯渣等制作酒精。在汽车中掺入20%酒精，可节约10%的汽油。这样，不仅降低了石油消耗，还减少了污染。

价格一直是"酒精燃料"能否代替汽油的关键因素，"酒精燃料"在制作成本、销售价格上能否做到比汽油便宜，直接决定了"酒精燃料"能否长久被推广的主要因素。有关专家算了一笔账：生产1t燃料酒精需要3.1t玉米。今后，一旦"酒精燃料"规模化生产，使用成本无疑可以再次降低，"酒精燃料"也将越来越便宜。

2. 电动汽车

世界范围内出现了积极研发电动汽车的潮流。虽然能源转型是一个长期过程，但汽车动力的电气化率与电驱动功率的比例必将逐步提高。电动汽车包括混合动力车、纯电动汽车与燃料电池车3大类。经过近20年的大力推进，混合动力车已渡过批量生产的起步阶段，迈入较快速增长期。

现在的电动汽车已经有了大量实践和应用。毋庸讳言，我们可能与国外先进水平还有一定距离，但是，如果有一种能够大量上市的电动汽车，可能这种差距就会缩小，也或者有所领先。为什么这样说呢？如果真的会发生石油危机或者说能源危机，最开始出现的所谓电动汽车可能不是最先进的，但却是最可行的。

当石油不再作为一种战略需要时，就不会像今天这样缺少它了。其实完全可以发展所谓的混合动力车，既解决了依赖石油问题，又解决了传统汽车的继承问题。

3. 新能源汽车

在能源和环保的压力下，新能源汽车无疑将成为未来汽车的发展方向。"十二五"期间，我国新能源汽车将正式迈入产业化发展阶段。2011—2015年进入产业化阶段，在全社会推广

新能源城市客车、混合动力轿车、微型电动车。"十三五"期间即2016—2020年,我国将进一步普及新能源汽车,多能源混合动力车、插电式电动轿车、氢燃料电池轿车将逐步进入普通家庭。

发展节能汽车方面,近期内可产生显著效果的主要措施有优化现有以石油和内燃机为基础的车用动力系统;实施汽油、柴油清洁化;大力发展各种合成燃料并与汽油、柴油混合,形成新型清洁燃料。发展先进的柴油轿车、发展节能汽油发动机技术、实现内燃机的混合化,并在技术经济成熟的基础上迅速推进产业化与规模化应用的工作,可望在交通节油中做出重要贡献。

代用燃料汽车包括天然气汽车、液化石油气汽车、醇醚类燃料汽车和生物燃料汽车4类。这些燃料的转型需要发展相应的新型车辆,以及代用燃料的基础设施与供应网络。气体燃料汽车包括压缩天然气(CNG)、液化天然气(LNG)、吸附天然气(ANG)与液化石油气(LPG)等,已进入商业化应用阶段,全世界约有500万辆在使用。其他代用燃料汽车还有一些影响产业化和大规模应用的问题,需要在实际进程中逐步明晰。

可持续发展是当前人类面临的重大任务,能源发展有着特殊重要性,全国上下都十分重视。

当前汽车产业的大力发展使我国的能源紧缺问题进一步加剧,我们必须发展新能源代替石油等不可再生的资源,并且发展新的交通运输方式,才能有效缓解能源紧缺压力,从根本上解决汽车行业发展带来的能源压力。

目前来看,我国已经取得了初步的成功,但是要实现大规模产业化与应用还有很长的路要走。

第二节　汽车与环境污染

自汽车工业快速发展以来,汽车已经成为我们生活中不可缺少的一部分。我们现在很难想象没有汽车的生活。汽车给我们的生活带来很多的便利和好处,有了汽车使我们直接见面变得容易,工作效率大大提高。

随着汽车的发展以及人们的生活水平的提高,越来越多的汽车走进了家庭,私家车越来越多。

当然,随着汽车的增多,它在给我们生活带来便利的同时也产生了社会问题以及环境问题。比如,汽车尾气污染。尾气中所含的一氧化碳、二氧化碳等温室气体是造成全球气候变暖的一个重要因素;其中还含有碳氢化物、氮氧化合物、铅化合物及颗粒物扩散到空气中会造成空气污染,直接影响人的身体健康,还有汽车过后的扬尘会造成一定的污染和一些疾病的传播,70%的环境污染来自汽车尾气,如图6-1所示。

图6-1　汽车尾气带来的污染

一、汽车的污染源

汽车从生产到使用直至报废的全过程中,每一个环节都有不同程度的环境污染问题。包括汽油、柴油或其他汽车燃料涉及的原油开采、原油运输、油品加工、成品油运输等过程,如钢铁、塑料、玻璃、橡胶等的开采、制造过程;汽车生产过程中,如零部件制造加工、汽车组装、汽车表面涂装等过程;汽车在使用过程以及报废汽车处理及回收过程中排放的有害物质等。汽车在生产、使用、回收过程中都对大气、水体和土壤造成污染,因此,汽车的污染和治理已经成为汽车工业和谐发展的瓶颈。

二、汽车对环境的破坏

1.汽车对大气的污染

汽车尾气的排放是主要的污染源,对大气造成污染。汽车的尾气排放物中成分非常复杂,有100种以上,其主要是一氧化碳、碳氢化合物、氮氧化物、硫化物、铅、苯及一些悬浮颗粒物(包括碳粒等)。

据调查,广州市空气污染的主要污染源是:机动车尾气占22%、工业污染源占20.4%、建筑工地扬尘污染占19.2%。汽车尾气被市民评为"最不可忍受的污染物"。

深圳市的大气污染中机动车尾气污染已占70%,每年排放的各种有害物质达20多万吨,并且还在以每年超过20%的速度上升。

在北京,汽车尾气在大气污染中CO、NO_x的污染分担率已分别达80%和40%。生活在这个环境中的人经常会有胸闷、嗓子干痒、头晕等感觉,人的生命健康受到严重的威胁。

2.汽车对水体的污染

汽车在生产、使用过程中所用的材料、燃料以及报废汽车处理及回收过程中排放的有害气体和废渣粒,在污染大气和土壤的同时,经过形成雨水渗透土壤流到河流小溪中,有害物质对水造成污染。被污染的水对土壤的性质有很大影响,往往会破坏土壤原有的结构、性能,使农作物直接或间接受到危害。

国家标准要求灌溉水的铅及其化合物的含量应小于0.1mg/L。其最高允许量不得超过10mg/L,否则将抑制植物生长。当污灌水中铅的浓度为50ppm(ppm为百万分比浓度)左右时,对水稻产生毒害作用。作物可以通过根吸收土壤或灌溉水中的铅,并主要积累在根部,然后通过食物链富集危害人体。

3.汽车对土壤的污染

土壤的污染是指人类活动产生的有害物质进入土壤,当其含量超过土壤本身的自净能力,并使土壤的成分、性质发生变异,降低农作物的产量和质量,并危害人体健康的现象。土壤中的污染物超过植物的忍耐限度,会引起植物的吸收和代谢失调;一些污染物在植物体内残留,会影响植物的生长发育,甚至致遗传变异。

矿山开采、金属冶炼、汽车废气是环境中铅的主要来源。大气中的铅污染源主要是汽车废气。汽油中通常加入抗爆剂四乙基铅。汽油中铅的质量浓度为200～500mg/L。虽然近年来,市面上汽油已换成无铅汽油,但在广大农村仍有不少汽车使用含铅汽油。

铅是土壤重金属污染较普遍的元素。污染源主要是三烷基铅。沉降在土壤中的三烷基铅是一种极不易溶解的强有力的诱变剂,它干扰动植物细胞分裂的纺锤纤维机制。当重金属铅土壤里超过10(mg/kg),植物的叶绿素含量下降,植物的呼吸及光合作用受到影响。对于农作物而言,含铅超标的土壤影响小麦和水稻的籽粒和秸秆产量,造成粮食减产。对于树木而言,一般阔叶树的叶片变小,叶缘和叶片有枯斑呈棕色,严重时叶片干枯脱落。有的树木表现为多次萌发新梢及开花,芽干枯。针叶树针叶枯黄,严重时整枝或全株枯死,其结果是影响城市的绿化。对人体而言,铅进入人体后会引起铅中毒的症状,头晕、头痛、失眠、多梦、记忆力减退、乏力、食欲不振、上腹胀满、暖气、恶心、腹泻、便秘、贫血、周围神经炎等;重症中毒者有明显的肝脏损害,会出现黄疸、肝脏肿大、肝功能异常等症状。

4. 汽车对土地资源的浪费

2003 年中国高速公路总里程超过日本,居世界第二。有关部门每年岁尾都要宣布中国高速公路总里程的最新突破。各省(区)高速公路里程也会"排座次"。然而,一个严酷的事实已无法回避:汽车要与人"争食",按交通部门估算,公路每延长 1km,意味着将 1000t 沥青、约 400t 水泥钢筋,以及大量砂石等填料铺在人们世代耕种的土地上。平坦、排水性能良好的耕地,修路也特别理想。但是铺上沥青的土地几乎不可能逆转为良田。按平均每两人一辆汽车,每辆车占地 $10m^2$ 计算,到中国汽车达到 6 亿辆时将会占用 60 万公顷土地,这相当于 2010 年我国稻谷播种面积(2983 万公顷)的 2% 还多。

北京高峰期时,市区一些主要道路的均速为每小时 11km 左右,这是普通人蹬自行车的速度。堵塞浪费大量时间和金钱,使企业蒙受严重损失。经济学家茅于轼认为:"北京一年堵车大概造成 60 亿元的直接损失。"事实上堵车已不再是北京、上海及广州的"特有景致"。目前,全国每年因交通堵塞和交通事故造成的经济损失约为国内生产总值的 2%。在交通问题的压力下,城市拼命扩张版图,甚至一些中等城市都在筹划三环、四环。然而城市平面膨胀又进一步恶化了土地供求形势。

国土资源部统计表明,目前全国城市发展是建立在大量占用土地资源外延扩张基础之上的。自 1996—2001 年,全国城市、建制镇用地分别增长了 $2648km^2$ 和 $2337km^2$,每年扩大 $530km^2$ 和 $467km^2$,基本上是靠征用城镇近郊土地,主要是优质农田。长此以往,我们赖以生存的土地,将越来越少,直至威胁人类自身的生存。

5. 汽车带来的温室效应

汽车尾气排放的一氧化碳、二氧化碳(加上水蒸气)是温室效应的主要因素。它们能吸收地球表面的红外辐射,并以波长辐射的形式将一部分能量返回,使地面实际损失的能量比其长波辐射放出的能量要少。如果大气中 CO_2 的浓度增加 1 倍,温室效应将造成地球气温上升 $1.5 \sim 4.5℃$,飓风的能量将增加 5%。地球温度的升高还将导致两极冰川的融化及海水的膨胀,海平面随之升高,许多地区将会被淹没,生态环境将遭到严重破坏。

6. 汽车噪声污染

汽车的噪声污染包括发动机噪声、道路噪声和喇叭噪声。虽然噪声是瞬间消失的,与排放污染的持久危害不一样,但对大量车辆聚集的城市来说,仍然是令人难以忍受的。我国轿车、吉普车噪声 a 声级均为 $82 \sim 90dB$,载货汽车、公共汽车的噪声 a 声级为 $89 \sim 92dB$,汽车的喇叭声则高达 105dB,尤其是汽车启动、制动时发出的噪声比正常行驶时高出 7 倍,远远超过了国家规定的城市环境噪声标准。

7. 汽车电气设备对无线电通信及电视广播等的电波干扰

汽车电气设备中有很多导线、线圈等电气元件,它们具有不同的电容和电感。而任何一个具有电容和电感的闭合回路都会形成振荡。因此,在汽车的电气设备中有很多振荡回路。当火花放电时,就会产生高频振荡以电磁波的形式放射到空中切割无线电、电视广播等通信设备的天线,从而引起干扰。在汽车电气设备中,点火系统的干扰最为严重,此外,还有发电机、调节器、刮水器以及灯开关等。

控制电波公害,主要是限制点火系统产生的电波杂音强度。为此,很多国家或地区对汽车(或汽车内燃机)点火系统的电波杂音强度制定了强制标准,并规范了测量仪器和测量方法。

电波公害虽然没有像排气污染和噪声污染对人们生活环境造成严重影响,但是它仍然被认为是汽车所引起的弊病,同样引起了普遍的重视。

8.汽车其他污染

汽车从生产、使用到废弃的全过程中还会对人和环境造成其他一些危害。摩擦衬片中的石棉是致癌物质,磨损后形成石棉尘浮游在空气中,是城市肺癌增加的主要原因之一。汽油中的苯和芳香烃具有较强的挥发性,长期接触会造成皮肤化脓、呼吸道感染和败血症。空调器中的氟利昂会使大气臭氧层产生"空洞",一方面会加剧温室效应,另一方面使紫外线辐射增加,不仅破坏地球生态环境,也增加了皮肤癌的发病率。

三、减少汽车排放的措施

减少汽车大气环境公害的基本方法有两类:一是从源头着手的降低技术,称为源头法;二是采取一些措施减少已产生的汽车环境公害的技术称为后治理法。

1.源头控制法

源头控制法是把燃烧污染物消灭在燃料化学能转化为机械能的过程之中的有关技术。包括4个方面的内容:

(1)对现有的车用发动机进行改造。

(2)设法使发动机始终工作在低排放工况。

(3)电动汽车技术。

(4)在汽车使用中控制污染的排出法,主要是使汽车保持良好技术状况和采用合理的驾驶方法。

2.后治理法

主要技术是各种催化净化器和过滤器。

在实际的汽车排放控制措施中,都是源头控制和后治理法并用。

第三节 汽车与交通安全

在汽车载着人类驶入崭新世纪的同时,却留下了一道长长的阴影——交通安全问题正日益困扰着我们。

美国著名学者乔治·威伦在他经典著作《交通法院》中写道:"人们应该承认,交通管理已成为今天国家的最大问题之一。它比消防问题严重,因为每年由于交通事故死亡的人数比火灾更多,遭受的财产损失更大。它比犯罪问题严重,因为它与整个人类有关,不管是强者或弱者,富人或穷人,聪明人或愚蠢人,每一个男人、女人、小孩或者婴儿,只要他们在道路上或者在街上,每一分钟都有可能死于交通"。

法国一位学者指出:"汽车比战车凶残,战车只能在战争时在战场上才能杀伤敌人,它受时间、地点和对象的限制,而汽车则不管是何时、何地,不管是敌人还是朋友,只要是在道路上都有可能被行驶着的汽车轧死、撞伤的危险"。

世界各国都把交通事故视为"永无休止的交通战争",如图6-2所示。

一、有关道路交通事故的基本问题

1.道路交通事故的基本概念

由于国情不同,世界各国的交通规则和交通管理规定也不同,对交通事故的定义也不尽相同。道路交通事故可以是由于特定的人员违反交通管理法规造成的,也可以是由意外造成的,如由地震、台风、山洪、雷击等不可抗拒自然灾害所造成。

美国国家安全委员会对道路交通事故的定义为：在道路上所发生的意料不到的、有害的或危险的事件。这些有害的或危险的事件妨碍着交通行为的完成，常常是由于不安全的行动、不安全的因素及二者的结合所造成。

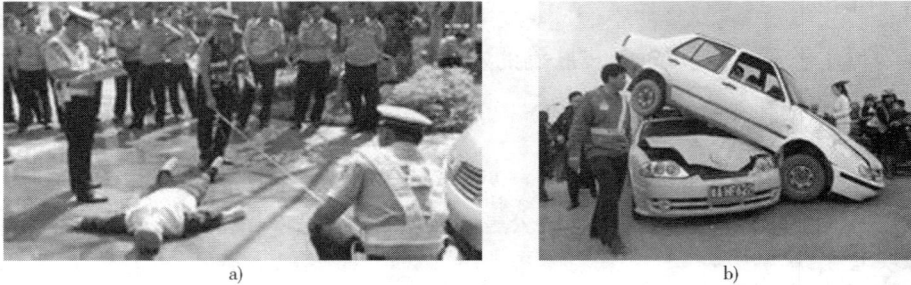

图 6-2　道路交通事故

日本对道路交通事故的定义为：由于车辆在交通中所引起的人的死伤或物的损坏，在道路交通中称为交通事故。

在我国，根据《中华人民共和国道路交通安全法》，道路交通事故是指车辆在道路上因过错或者意外造成的人身伤亡或者财产损失的事件。

根据我国对道路交通事故的定义，判定道路交通事故必须具备 5 个基本要素：

（1）事故主体：车辆。

（2）事故环境：道路上。

（3）事故要点：车辆在移动中。

（4）事故主观：过错或意外。

（5）事故后果：人身伤亡或者财产损失。

2. 道路交通事故的分类

对道路交通事故进行分类，目的在于分析、研究、预防和处理道路交通事故，同时也便于统计和从各个角度寻找对策。由于分析的角度、方法不同，对道路交通事故的分类也不同。通常，道路交通事故分类方法主要有以下 5 种。

1）按事故责任分

通常分为机动车事故、非机动车事故和行人事故 3 种。

（1）机动车事故。机动车事故是指事故当事方中，汽车、摩托车和拖拉机等机动车负主要责任以上的事故。在机动车与非机动车或行人发生的事故中，如果机动车负同等责任，由于机动车相对为交通强者，而非机动车或行人则属于交通弱者，也应视为机动车事故。

（2）非机动车事故。非机动车事故是指自行车、人力车、三轮车和畜力车等按非机动车管理的车辆负主要责任以上的事故。在非机动车与行人发生的事故中，如果非机动车一方负同等责任，由于非机动车相对为交通强者，而行人则属于交通弱者，应视为非机动车事故。

（3）行人事故。行人事故是指在事故当事方中，行人负主要责任以上的事故。

2）按事故造成的后果分

通常分为轻微事故、一般事故、重大事故和特大事故。

（1）轻微事故，是指一次造成轻伤 1~2 人，或者财产损失机动车事故不足 1000 元，非机动车事故不足 200 元的事故。

（2）一般事故，是指一次造成重伤 1 ~ 2 人，或者轻伤 3 人以上，或者财产损失不足 3 万元的事故。

（3）重大事故，是指一次造成死亡 1 ~ 2 人，或者重伤 3 人以上 10 人以下，或者财产损失 3 万元以上不足 6 万元的事故。

（4）特大事故，是指一次造成死亡 3 人以上，或者重伤 11 人以上，或者死亡 1 人，同时重伤 8 人以上，或者死亡 2 人，同时重伤 5 人以上，或者财产损失 6 万元以上的事故。

3）按事故原因分

通常分为主观原因造成的事故和客观原因造成的事故两种。

（1）主观原因造成的事故。主观原因是指造成交通事故的当事人本身内在的因素，主要表现为违反规定、疏忽大意或操作不当，分别对应思想方面的原因、心里或生理方面的原因以及技术生疏、经验不足的原因。

（2）客观原因造成的事故。客观原因是指引发交通事故的车辆、环境和道路方面的不利因素。目前，对于客观原因还没有很好的调查和测试手段，因此在事故分析中往往忽视。这一点需要引起重视。

4）按事故对象分

通常分为车辆间的交通事故、车辆与行人的交通事故、机动车与非机动车的交通事故、车辆自身事故和车辆对固定物的事故 5 种。

（1）车辆间的交通事故。指车辆之间发生刮擦、碰撞等而引起的事故。碰撞可分为正面碰撞、追尾碰撞、侧面碰撞和转弯碰撞等；刮擦可分为超车刮擦、会车刮擦等。

（2）车辆与行人的交通事故。指机动车对行人的碰撞、碾压和刮擦等事故，包括机动车闯入人行道及行人横穿道路时发生的交通事故。其中，碰撞和碾压常导致行人重伤、致残或死亡；刮擦相对前两者后果一般比较轻，但有时也会造成严重后果。

（3）机动车与非机动车的交通事故。在我国主要表现为机动车碾压骑自行车人的事故。

（4）车辆自身事故。指机动车没有发生碰撞、刮擦情况下由于自身原因导致的事故。

（5）车辆对固定物的事故。指机动车与道路两侧的固定物相撞的事故。其中固定物包括道路上的工程结构物、护栏、路肩上的灯杆、交通标志等。

5）按事故地点分

交通事故发生地点一般是指哪一级道路。在我国，公路可分为高速公路、一级公路、二级公路、三级公路和四级公路共五个等级；城市道路可分为快速路、主干路、次干路和支路四个等级。另外，还可按在道路交叉口和路段所发生的交通事故来分类。

二、道路交通事故是一个世界性问题

随着社会的发展、进步、旅客和货物的运输量增多，特别是随着机动车拥有量的扩大，道路交通事故日益严重，已成为和平时期严重威胁人类生命财产安全的社会问题。

全世界 60 亿人口每年死亡约 6000 万中死于交通事故的约 130 万人，约占总死亡人数的 2.1%，排在人类死亡原因的第 10 位。而且自汽车问世以来的 100 余年中，死于交通事故的人数逐年增加。据联合国统计，20 世纪全世界每年死于道路交通事故的人数由 70 年代的 30 万人，增加到 80 年代的 50 万人，超过同期马耳他全国总人口；受伤人数每年为 2000 万人，是比利时全国总人口的 2 倍；受公路交通事故影响的驾驶员受害者及其亲友则更多。

道路交通事故的严重性还表现在它的经济损失是巨大的。全世界道路交通事故死亡人数每年死亡 50 万人,1988 年,国际交通安全协会(PRI)在加拿大蒙特利尔召开的国际交通安全会议上,著名经济学家米塞尔(Michael)提出全世界道路交通事故每年的经济损失为 3500 亿美元,也就是说,地球上平均每一个人每年所承担的道路交通事故经济损失为 68.5 美元。调查表明,无论什么国家,车祸造成的经济损失约占国民经济生产总值的 1%。

在美国,100 多年来,因车祸死亡人数约 300 万人。在各种死亡原因中,交通事故死亡占第五位。

相对而言,日本的道路交通管理较好,交通事故较少。2001—2005 年日本加强了交通制度管理。2005 年已经将交通事故死亡人数降到 7000 人以下。2012 年降到 4500 人以下。在一个汽车王国,拥有汽车近 8000 万辆的国家,这是对世界交通安全做出的一大贡献。

2012 年 11 月 18 日联合国秘书长潘基文致辞说,今年以来,世界各地的道路交通事故已夺走约 120 万人的生命。他呼吁各国致力于最大限度地减少道路交通事故造成的伤亡。潘基文说,目前每年还有 5000 多万人在道路交通事故中受伤,其中许多人落下终生残疾和心理创伤。约 90% 的道路交通事故死伤人数集中在中低收入国家,大部分受害者是行人或骑自行车和骑摩托车者。他指出,世界卫生组织已发出警告,如不采取紧急行动,到 2030 年,道路交通伤害将成为人类第五大死亡原因。

2005 年 10 月 26 日,联合国大会通过一项决议,呼吁各国政府将每年 11 月第三个星期日作为世界道路交通事故受害者纪念日。以此缅怀道路交通事故受害者,并关注受害者亲属所处的困境。2010 年 3 月 2 日,联合国大会通过决议,宣布 2011—2020 年为“道路安全行动 10 年”,目标是通过全球共同行动,减少因道路交通事故造成的人员伤亡。

三、我国道路交通事故概况

1. 我国道路交通事故的基本情况

在我国,汽车保有量(截至 2012 年年底为 1.2 亿辆)约占世界汽车保有量的 10%,成为仅低于美国的世界第二大汽车保有国,但交通事故死亡人数却连续多年世界第一。

近 10 年来,我国每年道路交通事故死亡人数 9 万人左右,如图 6-3 所示,占全国安全事故死亡人数的 75%,平均每天死亡 250 人,每 5.8min 就有 1 人死于车祸,相当于每天坠毁 1 架满载乘客的空客 310 型飞机。我国的道路交通事故死亡人数在全国总死亡人数中已排在脑血管、呼吸系统、恶性肿瘤、心脏病、损伤与中毒以及消化系统等严重疾病之后,居第七位,而全世界的道路交通事故死亡人数在总死亡人数中居第十位。

各种交通工具按客运周转量相比,汽车事故死亡率大大超过火车、飞机和轮船等其他交通工具。人们往往对一次飞机失事死亡几百人震惊不已,但对每天死于汽车的数百人却熟视无睹。

交通事故致死率:日本约为 0.9%,美国约为 1.3%,我国的致死率平均为 27.3%。

道路交通问题成为当前需要解决的重要社会问题之一。

从图 6-3 中的数据可以看出,我国道路交通事故(不管是事故数还是死亡人数)自 2003 年开始逐年呈下降趋势,说明我们在道路交通方面的管理已经初见成效。但是,从数据趋势来看,事故起数下降的速度比死亡人数下降的速度要快,即单车事故死亡人数呈上升趋势已经是一个不争的事实,说明群死群伤是我国当前道路交通事故的最大现实。加强道路运输企业的交通安全管理是摆在我们面前的重大课题。

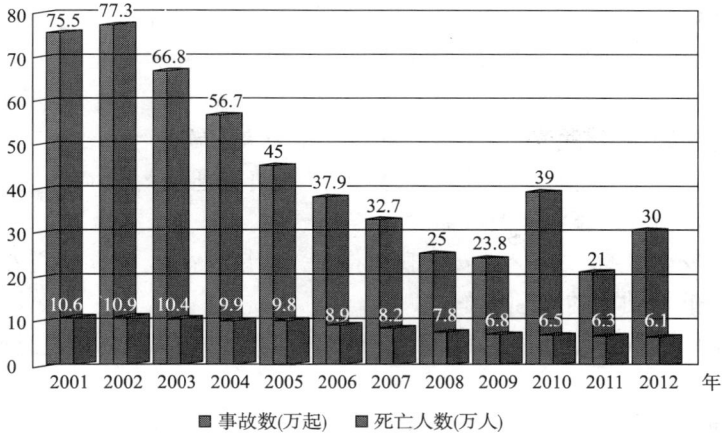

图 6-3　2001—2012 年我国道路交通事故死亡人数统计

2. 我国道路交通事故原因分析

1）我国道路交通的保障体系（图 6-4）

人、车、路、站场和法规 5 大因素构成我国道路运输安全的保障体系。

人员是影响道路交通安全的主体，包括驾驶员、管理人和行人。

车辆是影响道路交通安全的关键因素。车辆性能的好坏，直接决定了事故发生的原因。

道路是决定道路交通事故的基础条件，道路的基础缺陷直接导致道路交通事故。

站场是构成道路运输安全保障系统的枢纽。运输车辆起于站场，终点也是站场。运输站场的安全管理与监控直接关系到安全隐患的源头管理。

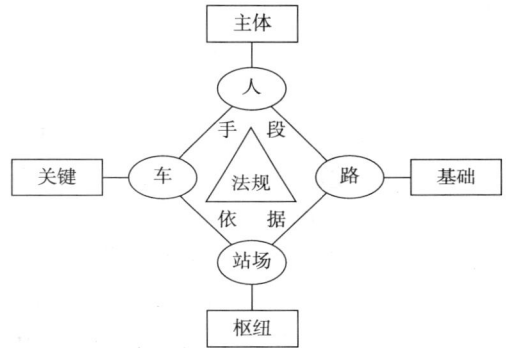

图 6-4　道路运输企业安全管理的保障体系

法规则是道路交通安全管理的核心，也是手段和依据。加强法律法规的贯彻和学习、增强法律法规意识，是从全方位、全过程、全天候以及全人员的高度预防安全事故的发生。

只要搞好人、车、路、站场以及法规 5 个方面的安全建设，并协调好相互之间的关系，就一定能使道路交通安全形成一个完善而有效的保障体系。

1999 年美国国家交通安全委员会主席吉姆·霍尔在与中国消费者协会负责人座谈时，介绍了美国交通安全的情况。他谈到 20 世纪 60 年代初的"五个没有"：美国没有一个机构负责研究公路建设的安全问题，而公路设计和质量的好坏恰恰是决定安全与否的重要因素之一；没有全面健全的驾驶员安全教育体系；没有商用车安全运输和安全装载的规定；没有全国统一的安全交通法规；没有规定驾驶员必须系安全带。据统计，系安全带可减少 46% 的死亡可能和 67% 的重伤可能，在美国每年可减少 1 万人的死亡。经过血的教训之后，美国已改正许多错误，在安全法规、安全技术和安全教育方面形成了一套比较完整的体系。霍尔先生强调，儿童交通安全不容忽视。美国在交通安全方面曾犯过的另一个严重错误就是忽视了儿童交通安全问题。在美国，青少年的杀手是汽车，对儿童最危险的地方是公路。所有车辆的安全设施都是为成人设计的，对儿童来说安全带和气囊是不安全的。针对儿童的交通安全问题，近几年来，美国采取了大量预防措施。首先是大力推广儿童安全座椅。其次,美国政府要求汽车的安全气囊应配有安全检测器。同时,美国政府还进行了大量儿童交通安全宣传工作。让公众了解儿童乘车最安全的位置是后排座椅,儿童安全座椅的最佳安装位置是后排座的中央。

日本也非常重视道路交通安全,体现在如下几个方面。

(1)1999年,根据道路交通的安全形势修订了《道路交通法》,修订的主要内容是:承担使用儿童安全座椅的义务;禁止汽车行驶时使用移动电话。

(2)加强交通安全教育,以《交通安全教育指南》为指导手册,完善交通安全教育体系。

(3)强化对老龄驾驶员的管理措施。

(4)实施汽车驾驶执照更新制度,例如汽车驾驶执照上的照片必须是近照,以确认是驾驶员本人等。

(5)改善交通事故多发地点的交通环境。

2)我国道路交通事故的原因分析

(1)人的因素主要有以下3种:

①驾驶员的因素:

a.文化素质和安全驾驶技术水平不高、缺乏职业道德、交通违法行为严重。这是造成交通事故的首要原因。

b.生理心理特征:疲劳过度、睡眠不足、酒后驾车、身体健康状况欠佳等。

c.违规行为特征:疏忽大意、超速行驶、措施不当、违规超车、不按规定让行等因素。

d.驾龄特征:驾龄在2~3年、4~5年的驾驶员发生交通事故次数多,死亡人数多,而驾龄为1年的驾驶员并不是事故最多的,但造成损失的比例却是最大的。

驾驶员素质是影响道路交通安全的一个因素。由于近几年私家车数量增长很快,大量驾驶学校应试教育培养出的“新手”已逐渐成为交通事故的主要肇事者。

近年来,我国驾驶员以平均每年2000多万人的速度快速增长,截至2011年年底,1年以下驾龄驾驶员达2613万人,占总数的10.91%。与此同时,新驾驶员素质不高、安全守法驾驶意识不强等问题突出,2011年,驾龄在1年内的新驾驶员肇事21845起,占同期事故总数的10.47%,造成人员死亡5505人,占同期死亡人数的8.94%。2011年国庆期间,驾龄不足1年的新驾驶员肇事导致的死亡人数占同期总量的16.2%。

欧美等发达国家普遍对实习期驾驶员采取严格的管理措施。如英国规定领取驾驶证2年内被扣6分,注销驾驶证,重新考试;法国规定实习期为3年,3年内只要被扣3分就要参加学习,扣6分则要重新考试;日本规定实习期被扣3分,要到驾校重新学习7h的交通法规和驾驶技能,否则将被吊销驾驶证。

②管理人的因素:管理队伍整体水平不高;各种管理措施没有落实;决策者的思想观念落后;各有关部门在管理上缺少严密和长期的合作。

③行人的因素:

a.不走人行横道、地下通道、天桥;

b.翻越护栏、横穿和斜穿路口;

c.任意横穿机动车道;

d.翻越中间隔离带。

《全球道路安全现状报告》:全球每年死于道路交通事故的约130万人中几乎一半是行人、骑摩托车者和骑自行车者。

（2）车辆因素分为主要特征和次要特征：

①主要特征。我国机动车种类多，动力性能差别大，安全性能低，管理难度大；汽车、总成、部件等由于结构和使用条件（如道路气候、使用强度、行驶工况等）不同造成机动车的性能不佳、机件失灵或零部件损坏等。

②次要特征。机动车拥有量增加的速度已大大超过了道路的增长速度，使得本来不宽裕的路面更是雪上加霜。

据若干统计资料表明，在事故次数中大约2%是由于车辆的技术状况不佳和行驶不当的原因所造成的，其数量虽不大，一旦发生其后果是相当严重的。

车辆技术状况不佳产生的事故，大多由于轮胎花纹被严重磨损，制动构件不灵，导致紧急制动而产生跑偏或侧滑，转向机构不灵，制动失控，加、减速运动构件不适应，零部件断裂所致，从而引起撞车、撞人、撞物、翻车、燃烧、爆炸等。加之违反交通规则侵占对向道路行驶、违章超车、超速、超载、超宽等不适当或错误的运行等所引起的事故数量则更大。因而在交通事故构成中，车辆是一个重要因素。为了确切地分析与判断其具体而直接的原因，就必须用事故现场调查的各种痕迹（如轮印、车体印迹、路面擦伤印迹和散落物等）进行分析和判断。尤其发生逃跑事故案时，这种分析与判断更具重要意义。

（3）道路因素分为直接特征和间接特征：

①直接特征。交通流中车型复杂，人车混行、机非混行问题严重；许多城市道路结构不合理，直线路段或弯道坡道过长，道路景观过于单调。

②间接特征。道路基础设施建设速度低于交通需求的发展速度，道路的设计要求与实际运行状况不协调；道路标志标线设置不科学、不合理、数量不足等。

道路是交通工程的基础，在道路交通安全中，它也占着一个不可忽视的位置。尽管在道路交通事故原因的统计中，道路条件的作用相对而言还不是主要的。但第十六届国际道路会议的报告中指出，"虽然3年期间发生事故在3次或3次以上的路段占道路网总长只有0.25%，但在道路上发生的事故数却占了总数的25%"。在英国文献中提到："如果在一路段上发生了多于3次的事故，那么就完全可以认为该处的道路条件在某种程度上给驾驶员造成一个不可靠的行驶条件"。又据莫斯科公路学院完成的，取自俄罗斯各地区Ⅰ～Ⅴ级公路上约13000个道路交通事故分析，并仔细考虑了事故地点道路的特征后，得出的结论为，不良道路条件的影响是交通事故直接或间接原因的70%。欧洲联合经济委员会关于预防道路不幸事件问题中指出，"事故数量的70%是由于道路的缺陷所致"。综上所述，绝不能认为交通事故与道路条件关系不大。

（4）法规因素。

中国近百年立法的历史，既与所有外源型法有共同特点，又有自己的独特之处；法律制度变革在前，法律观念更新在后，思想领域斗争激烈。"道路交通安全管理"的立法进程更是如此。

①法规宣传不到位，全民法规意识淡薄，没有真正意识到交通违法的严重后果；

②惩罚力度不够，许多交通违法人员铤而走险，违法频率较多。

交通法规的制定和实施的根本作用是为了建立和维护有利于广大人民利益的交通秩序和在交通管理活动中形成的各种社会关系。其规范作用一是指引作用，交通法规作为一种社会规范，为人们的交通行业提供了某种行为规则或行为模式，它告诉人们可以做什么、不能做什么、必须做什么；二是评价作用，交通法规具有判断、衡量他人的交通行为是合法还是违法的作用;三是预测作用,与交通法规的指引作用、评价作用相联系的是它的预测作用,也就是人们可以通过交通法规预测到或预见到自己的交通行为是否合法,会产生什么样的法律后果(交通法规本身为交通参与者的交通行为提供了一定的标准和方向,遵守或违反交通法规必然带来合法或违法的法律后果);四是教育作用,交通法规的教育作用表现为通过法律的实施,对一般人今后的交通行为发生影响,即通过法律制裁或法律褒奖,使人们从中受到教育,告诉人们应当怎样进行交通行为或不应当发生怎样的交通行为;五是强制作用,交通法规的强制作用不仅对违法者给予一定的法律制裁,而且对企图越轨的人产生一种心理强制,迫使他按照法律的规定行事,从而起到一种预防的作用。

交通的过程有其固有的特定的矛盾,这些矛盾主要表现在,通常是人与人、人与车、人与路、车与车、车与路以及人与环境、车与环境的矛盾等。这些矛盾在交通活动中,每时每刻都在产生。如果这些矛盾得不到及时处理,就会转化成交通混乱、交通事故,以致给人们的正常工作、生活带来不幸或使人民的生命财产受到损失,正常的工作秩序和日常生活就会受到干扰。

交通法规的上述作用,正是约束所有交通参与者或每个社会成员的交通行为,协调、统一各种交通矛盾。这是因为交通法律法规的内容反映了道路交通基本规律,反映了人、车、路以及环境的内在联系。它能够实现对行人、车辆的统一指挥、能够合理地利用现有道路,减少行人、自行车、机动车之间的相互干扰,也就是能够实现对道路交通科学管理。诚然,法律法规并不是万能的,要建立一种良好的社会秩序、社会环境,光靠法律法规的强制也是不够的。建立和维护良好的交通秩序,既要加强交通立法,增强人们的法制观念,提高人们遵守交通法规的自觉性,又要对人们进行思想道德等方面的教育,提高全体人民的道德水准。

(5)环境特征分为发达地区、内陆地区和偏远地区3种:

①发达地区。经济条件发达,交通设施较齐全,交通需求旺盛,交通流量大,导致交通事故频发。

②内陆地区。经济发展缓慢,交通需求量相对较小,交通设施未完善,交通流量小,交通事故相对较少。

③偏远地区。车辆管理"真空"区,致使道路上轮子飞转,各种车辆肆意横行,"三无"车辆随处可见,农村几乎是"黑车王国"。

3. 我国道路交通事故的一般规律

1)时间分布

一年中第三季度运输量大,交通事故也较多,绝大多数交通事故发生在白天,而西方晚间酗酒的人多,其交通事故也较多。

2)地点分布

我国交通事故主要发生在郊区道路上,其次发生在交叉路口上,这与国外50%以上的事故发生在交叉路口上有些不同。

3)人员分布

事故责任大多在驾驶机动车或非机动车一方,在城市,机动车肇事约占44.8%,非机动车肇事约占43.6%,与机动车肇事比例相近,这是我国交通事故的重要规律。

四、交通安全措施

1. 分隔带(图6-5)

机动车与非机动车分隔带对于防止由于混合行驶所造成的一系列的交通事故是非常有效

198

的,此外还能够提高通行能力。如宽度不足,一般可用画线或采用隔离栏杆将机动车与非机动车道分隔。新建道路则争取修建成有分隔带的断面。

2.导流岛渠化交通(图6-6)

在交叉口拓宽右转车道,或利用缩进分隔带或导流岛来组成左转车道,以及在狭窄街道利用对向车道组成左转弯车道实行分道行驶来渠化交通,在一些路口应设置交通岛和导流岛等构造物来渠化车流。

图6-5　分隔带

图6-6　导流岛渠化交通

3.道路标志

设置道路标志可使驾驶员熟悉路况,注意可能发生危险的地段,及早采取措施,避免事故发生。

1)导向标志

导向标志表明路线方向、目的地,沿途站名等。

2)警告标志

警告标志对危险的地段发出警告,如弯道、急坡、交叉口、铁路道口等。

3)禁止标志

禁止标志表示禁止事项,例如禁止通行、超车、停车等,并可表示限制事项,如限制质量、高度、速度等。

4)指示标志

指示标志指明人行横道、安全地带和正在施工等。

正确地设置以上标志,对预防事故发生能够起到很大的作用。必要时增画路面标线作导向、警告和指示用。

4.交通信号

随着车流的增大,多数平面交叉口必须用信号指挥交通,即用灯管来控制,这样就可以减少交叉口的事故发生。灯管有单独信号机和系统信号机两种。单独信号机分人工控制式、定期控制式和交通感应式。系统信号机是从面上来控制各交叉口的红绿灯开放时间,最大限度地提高交叉口的通行能力,减少事故的发生。

5.可变车道(图6-7)

在早晚高峰小时车流流向有明显变化的次要路段,可以按时间规定往复变向,将若干条车道在一定时间内专供某一方向行驶,这将提高道路通行能力和减少拥挤,提高安全性。

6.单向车道

实行单向交通可以减少交叉口的冲突点,减少事故,提高区间车速和通行能力。

7. 防护栅栏（图6-8）

在危险地带为防止汽车滑溜或某些意外，均设有防护栅栏，一般为硬质材料，如混凝土或钢护栏等。随着交通量和车速的提高，由于汽车的运动失误等其他因素而造成的重大交通事故，所以在危险地带和高速公路须设置防护栏并在材料上加以改进，如采用柔性材料钢丝绳作为防护栅栏，既能防止车辆冲出路外，又能对车辆起到缓冲作用。

图6-7 可变车道

图6-8 防护栅栏

五、我国预防和减少交通事故的基本对策

1. 加强交通安全宣传教育

交通安全管理是一个社会问题，必须通过深入、持久的舆论宣传，增加全社会的交通安全意识，才能使预防事故的工作形成广泛的群众基础。目前我国驾驶员素质不高，法纪观念不强，有规不依，有章不循。因此，只有通过加强交通安全宣传教育，才能提高驾驶员的交通意识和职业道德。同时，要加强对儿童和青少年的交通安全教育，将交通安全作为生活常识列入中小学校的教学计划之中，所以说，深入持久地进行交通安全教育是预防和减少交通事故的关键。据国外经验可知，不少国家都把交通安全纳入社会经济发展战略计划，从而使交通安全管理工作有了重大的进展，交通事故得到遏制。

2. 交通安全需综合治理

交通安全是交通管理工作的综合反映，是一项复杂的系统工程。它既是人、车、路、环境4者之间的关系，又是社会问题，必须综合治理。我国的实践证明，只有全社会通力合作，使全社会共同承担维护交通秩序、履行交通安全的责任和义务，这样预防和减少交通事故的工作才能落到实处，当前各地实行各种形式的交通安全责任制是保障交通安全的一项很有效的措施，应当进一步完善和推广。

3. 依靠科技进步

现代交通管理必须用先进的科学技术手段来管理，要从我国的国情和混合交通的特点出发，大力开发应用交通事故的预防、交通事故控制技术，事故快速勘察和紧急救援系统，通信网和信息网的建设，以及驾驶员心理和生理素质的研究等课题。

4. 严格执法

交通安全涉及各行各业和千家万户，必须用科学的、统一的交通管理法规来指导和规范人们的交通行为，做到有法必依，执法必严，违法必究，这样才能维护交通法规的权威性和严肃性。目前，在许多人的心目中交通违章不被认为是违法行为，方方面面干扰较多，以至于交通管理法规难以贯彻。

5.提高汽车安全性能

道路交通事故大多数是汽车事故,汽车安全性能的好坏直接关系到能否尽可能地避免交通事故的发生,事故一旦发生能否保护驾驶员和乘客的人身安全。因此,提高汽车安全性能是预防交通事故的关键。

6.改善道路条件

我国现有 410 万公里道路,其中 80% 以上的技术等级在四级以下,路况差,普遍缺乏安全设施,多数地方连必要的交通标志都没有。因此,改善道路条件,完善交通安全设施,是预防和减少交通事故的必备条件。

针对我国道路交通的实际情况并参考和借鉴国外在交通安全管理上的先进经验和有效做法,对进一步做好我国的道路交通安全管理工作提出以下建议:

(1)加大基础设施的投入,改善道路交通环境、消除安全隐患。

我国低等级公路通行速度低,设计流量少,工程缺陷多,与以便捷、快速、大流量为特征的现代交通矛盾突出,这个根本性问题没有引起重视。鉴于当前预防道路交通事故的需要,当前亟待解决的问题:一是进一步完善现有道路上的交通标志、交通标线。二是将新建、改建、扩建公路建设项目纳入"三同时"管理的范畴,在考核公路建设质量的同时,还要综合考核交通安全问题,对交通安全设施不完善、事故隐患没解决的工程项目不能竣工验收并投入使用。

(2)加强源头管理,制定预防道路交通事故工作长期规划,有效消除公路客运存在的事故隐患。

目前,我国干线公路 17.3 万公里,余下的 80% 以上是四级和等外级公路。随着农村经济的发展,农民出行迅速增多,县乡道路交通需求旺盛。但是,农村客运事业严重滞后,基本处于无序和自发状况,无客运线路和无专门客运车辆的现象非常普遍,非客运车辆载客的问题在一些农村地区非常突出,给群众出行造成重大安全隐患,以致不断造成群死群伤重特大恶性交通事故。

当前,我们需要重视培育和引导发展农村客运事业,采取切实措施,禁止农用运输车载客;强化对公路客运私营或个人承包、租赁、挂靠车辆日常的安全监督管理,并从交通运输政策上引导向公司化、规模化发展,同时,严格执行客运车辆淘汰更新制度和安全生产规范,确保客运车辆安全运营;尽快解决运价不合理,税费过多,运输成本高的问题,从源头理顺运价关系,有效防止客货车辆严重超载超员的现象。

(3)执行产业政策和道路交通安全法,强化市场准入,禁止不符合安全要求的机动车上路行驶。

《中华人民共和国产品质量法》等有关法律及行政法规规定涉及安全、环保的产品要进行强制性安全认证。汽车、摩托车、拖拉机、农用运输车和简易机动车是高速交通工具,直接关系人身安全。建议国家实施机动车安全认证制度,把不合格的机动车产品阻止在生产和流通前。同时,采取切实措施,加强生产、销售环节的监管,取缔各种拼装车辆。要从产业政策上引导汽车进入农村运输市场,逐步限制和取消农用运输车。明确规定拖拉机不能从事专业交通运输,应强制淘汰灯光装置不全、操纵和制动不灵的使用多年的老旧拖拉机、农用运输车和摩托车。

当前要急于解决的问题:一是取缔双层卧铺客车。由于双层卧铺客车重心高,抗倾覆能力差,极易失控翻车。因此,建议停止生产、销售双层卧铺客车。二是禁止生产销售农用客车和拼装组装的各种简易机动车。

(4)广泛进行交通安全宣传,普遍增强国民自我防护意识,减少交通事故的危害。

交通安全宣传的核心应当是强调人文精神,培养驾驶员逐步形成"礼让"习惯,倡导文明行车;培养交通参与者注意保护自己,避免交通事故,这应当是交通安全宣传的初衷:一是广开渠道,拓展宣传方式,充分利用各种形式和新闻传媒方式,把宣传工作做大做强,形成宣传高潮。二是精心策划出台一批品位高、效果好的电影电视宣传精品。三是针对不同层次不同年龄和文化层次、生活群体进行专项宣传,消除宣传死角。四是加强专业运输单位的宣传教育,紧抓交通运输安全宣传机构,扩大宣传深度。五是动员社会各有关部门、社会团体积极参与交通安全宣传,进行持久的交通安全宣传。

第四节　交通拥堵与停车场问题

道路交通环境中要求人、车、路3大要素协调发展,但是往往是由于汽车的大量生产和使用,道路系统是永远跟不上汽车的发展的,而道路的通行能力是有限的,于是,交通阻塞问题产生了。交通阻塞,给人们原本由于汽车而带来的高效率的梦想破灭了。同时,停车问题也随之产生。由于停车场地远远低于汽车的数量,人们往往会因为找不到合适停车的地方而烦恼,有时还会因为停车不落实而发生车辆的损失(损伤或被盗等)。

解决交通阻塞与停车场的问题,需要从根本上要搞好城市规划与城市交通规划。使我们所居住的城市交通状况符合该城市的人口、布局、经济发展、人们生活水平的需要。良好的城市公共交通系统,可以解决多数居民的出行问题和与之相适应的城市汽车容量的需要。世界上许多著名的大城市(如中国香港和新加坡),由于土地狭小,采取了限制轿车发展的做法,都有快速轨道交通系统(地铁)和公共汽电车系统,从而大大减少轿车的出行量,也减少了道路交通阻塞。另外一些城市(如洛杉矶),由于城市布局分散,在那里,没有轿车,简直寸步难行,采取了鼓励轿车发展的政策。因此,各城市采用什么样的做法,要根据自身的条件而定。

我国交通阻塞的主要原因是存在大量的非机动车与机动车在城市交通中形成混合交通。混合交通阻塞问题的解决,要转变规划观念,建立专用机动车道,另一方面,随着汽车的不断普及,这一问题有望得到根本解决。

总之,提高道路的通行能力是解决交通阻塞的根本途径,着重发展城市的立体交通和合理的交通控制系统是提高道路通行能力的有效方法。同时,汽车上安装自动导航系统,也是解决交通阻塞的一种发展趋势。

一、交通拥堵问题

改革开放以来,中国百姓的衣食住行发生了很大变化,中国的道路建设里程成倍增加,城市规模不断扩大。但是,城市中的交通拥堵状况越来越严重,行路难、乘车难已成为群众反映最大的社会热点。目前,我国大多数城市不同程度地存在着交通拥堵现象,全国三分之二的城市交通高峰时段主干道机动车车速下降,拥堵严重。交通环境脆弱,路网通行效率下降,主、次干道车流缓慢,经常发生大面积、持续时间长的拥堵。个别城市交通高峰主、次干道交通流已达到饱和或超饱和状态,而这种状态呈增长趋势且越来越严重。

1. 交通拥堵的社会危害

城市交通拥堵作为一个社会问题对人们的影响越来越大,它不仅给出行者造成时间上的延误、经济上的损失以及资源的浪费、环境的污染。

1)交通拥堵影响了人们正常的生活与工作

交通拥堵影响了人们的工作和生活的质量,它已成了都市人的一种心病,它不仅使得我们不得不将自己宝贵的时间浪费在道路上的等待中,而且还对我们的心理造成损伤。一位乘坐北京出租车的乘客,行程不到 2km,堵车车费就达 24 元,以至于驾驶员都不好意思收乘客的钱。一位家长送孩子上学,不到 3km 的车程,却堵在路上 40min。

根据有关研究数据显示,严重的交通拥堵可能造成驾驶员和乘客的烦躁不安和心理失衡,甚至增加交通事故概率,同时也会使一些部门的工作效率明显降低。交通事故产生的原因往往是由于急躁性驾驶,而交通拥堵是引发急躁性驾驶的原因之一。人们选择汽车的初始动机主要是为了出行快捷和节省时间,然而由于交通拥堵所造成的出行或通勤的低效率,往往使得人们的愿望与实际结果大相径庭。

2)交通拥堵使城市的污染愈加严重

我国城市机动车交通造成的污染约占整个城市污染的一半以上,交通拥堵是造成空气污染的一个重要原因。汽车频繁的怠速、低速、加速、减速,加重了城区的空气污染。北京市环科院研究结果表明:轿车的车速由 20km/h 提高到 50km/h,其排放的一氧化碳、碳氢化合物可减少 50% 左右。越来越频繁发生的交通拥堵使得城市空气污染更加严重,直接危害了人们的生命安全。

3)交通拥堵增加了社会成本

交通拥堵使交通参与者增加了时间成本和汽油成本。美国每年因堵车浪费的汽油和时间所造成的经济损失估计高达 680 亿美元。据中国社科院数量经济与技术经济研究所分析,若以 200 万人乘车计算,北京因为堵车造成的社会成本,一天就高达 4000 万元。交通堵塞向社会施加了一种额外的成本,该成本就是每个人在拥堵期间由于缓慢行驶甚至停止不前所花费的额外时间和额外付出。

交通拥堵还大大增加了交通管理成本。由于交通拥堵的愈加严重,我们必须增加更多的交通信号、岗亭等设施,这些额外的成本其实最终都是由整个城市或者社会承担的。

由于交通拥堵,我们购买的汽车很多设计性能在实际使用中被浪费,比如在绝大多数情况下实际驾驶速度甚至还不到设计速度的三分之一。我们以很高的价格购买了一部分几乎不能实际使用的功能,造成了资源的浪费。交通拥堵使得我们的汽车频繁的起步、停车,加速损坏。

此外,交通拥堵还加重了治理空气污染的社会成本,在成倍地增加社会成本的同时,交通拥堵几乎没有带来任何收益。

2. 交通拥堵指数

交通拥堵指数也称为"交通指数"(Traffic Performance Index,即"TPI"),是北京市创建的综合反映道路网畅通或拥堵的概念性指数值。它相当于把拥堵情况数字化。

交通指数取值为 0～10,每 2 个数一等级,分别对应"畅通"、"基本畅通"、"轻度拥堵"、"中度拥堵"、"严重拥堵"5 个级别,数值越高,表明交通拥堵状况越严重。

1)交通拥堵指数等级的描述

(1)0～2 为"畅通";

(2)2～4 为"基本畅通";

(3)4～6 为"轻度拥堵";

(4)6～8 为"中度拥堵";

(5)8～10 为"严重拥堵"。

2)拥堵指数与出行时间

交通指数是集交通拥堵空间范围、持续时间、严重程度的为一体的综合性数值,交通管理者及交通参与者可以通过交通指数,得到全路网或者区域路网的交通状态,以便及时采取有效措施,减少拥堵的发生。

交通指数能够帮助居民判断出行时间消耗,比如在畅通状况下,上班通勤的时间为30min,那么当路网处于中度拥堵的时候,就要多预留大约30min的时间提前出门以免迟到,交通指数预测见表6-1。

交通指数预测一览表   表6-1

交 通 指 数	对 应 路 况	出 行 时 间
0~2	基本没有道路拥堵	可以按道路限速标准行驶
2~4	有少量道路拥堵	比畅通时多耗时0.2~0.5倍
4~6	部分环路、主干路拥堵	比畅通时多耗时0.5~0.8倍
6~8	大量环路、主干路拥堵	比畅通时多耗时0.8~1.1倍
8~10	全市大部分道路拥堵	比畅通时多耗时1.1倍以上

3. 交通拥堵的原因分析

交通堵塞是社会进步、交通发展的衍生物,交通发展到一定程度,交通拥堵现象或多或少就一定会发生。透析这种现象,产生的原因是多方面的。

1) 机动化程度快速提高带来的安全隐患

截至2013年年底,全国机动车数量突破2.5亿辆,机动车驾驶员近2.8亿人。机动化程度的快速提高必然给道路交通安全带来隐患。

此外,我国机动化程度仍有大幅提高空间。与发达国家相比,我国机动化程度仍然较低,处于初级阶段。我国千人汽车保有量2012年为81辆,每公里道路汽车约为20辆;美国2011年千人汽车保有量达到800辆,每公里道路汽车为24.9辆;日本2011年千人汽车保有量达到375辆,每公里道路汽车位39.9辆。随着我国经济的快速发展,机动化程度也在快速提高,且仍有较大的提高空间。这将给我国道路交通安全带来长期影响。

2) 城市路网结构不合理,公路质量低,通行条件差

城市道路瓶颈路、断头路、畸形交叉口多。不少城市热衷于修主干道,不注重次干道、支路的建设,道路密度低,交通流量过于集中,主、次干道、支路比例严重失调,特别是在主、次干道过渡或衔接路口、路段通行能力低。因道路维修、自然灾害及其他突发事件等引发的交通堵塞时有发生。

3) 道路交通工具总体构成不合理,安全性能差

我国机动车种类多,动力性能差别大,安全性能低,管理难度大;汽车、总成、部件等由于结构和使用条件(如道路气候、使用强度、行驶工况等)不同造成机动车的性能不佳、机件失灵或零部件损坏等;交通流中车型复杂,人车混行、机非混行等问题的交通方式严重影响了道路通行效率和安全;许多城市道路结构不合理,直线路段或弯道坡道过长,道路景观过于单调;货运车辆"大吨小标"、超长超宽、超大吨位以及大量拼装、组装的摩托车,低质量的农用运输车和简易机动车等问题非常突出。

4) 违反交通法规现象十分普遍,交通秩序不好

国民的整体交通法律意识、交通安全意识和交通文明意识不强,道路通行秩序差。2012年,仅上海市就查处交通违法690万起,济南262万起,乌鲁木齐94.7万起。违法通行、交通秩序混乱是影响通行效率、造成交通拥堵,危害交通安全、导致交通事故的直接原因。据有关

方面统计分析,有三分之一的拥堵是因为交通参与人违章造成的。

2012 年 12 月 2 日,全国首个交通安全日,深入推进"文明交通行动计划",广泛发动全社会共同关注交通安全。从 2013 年 1 月 1 日开始,"驾驶机动车违反道路交通信号灯通行"扣分由目前的扣 3 分改为扣 6 分,"机动车经人行横道,不按规定减速、停车、避让行人的"扣分由 2 分改为 3 分,希望每一位交通参与者都能够守法出行、文明出行,避免因为交通违法而危及自己和他人的生命、财产安全。

5)政府管理道路交通的整体水平不高

有人把交通拥堵归结为自行车交通过多,也有人说交通拥堵的原因是因为公交车停车设置不当的原因。归其原因,城市交通拥堵总的原因有以下几个方面:

(1)政府及其职能部门没有把道路建设和交通的发展放在城乡发展,特别是城镇化进程中优先考虑的战略地位,交通发展与城乡发展、城镇化进程不相适应。

(2)交通总量没有得到合理地控制,道路建设的步伐低于汽车的发展。

(3)城市布局不尽合理,人们不能自由地选择居住地点,购物、上学、上班不能就近解决。

(4)道路建设、交通组织缺乏科学的规划,路网结构不合理,道路建设中设计标准低、功能不足、设施不全、通行能力低。交通结构不合理,特别是公共交通发展滞后。

另外交通工具的定价扭曲,发展不均衡;现有道路资源开发利用率不高、管理水平偏低,科技含量少;专业人员队伍包括交警素质不高。大部分城市的交通管理还停留在经验管理的水平,朝令夕改、有令不行或者随意行令时有发生;道路的使用也不科学,个别道路交通过分集中,混合交通现象也没有得到根本治理;全国还没有完全形成各有关部门参与、全社会联动的整体合力;民众的交通意识和时代发展不相称。在大部分人心目中违章并不等于违法。交通秩序则是随着交通治理行动而有所变化,治理严格了,就好一段;治理松了,就乱一些。

4.交通拥堵的基本特征

1)高发地段

城市交通拥堵主要发生在以下地段:

(1)城市交通中心或枢纽。在城市火车站、长途汽车站、多条干道交汇处等,交通特别集中,车流量特别大,交通组织复杂,交通流向多变,很容易造成交通堵塞。

(2)城市商业中心。在大多数城市,商业中心往往是车水马龙,成为城市交通难以解开的"结点"。以郑州市二七广场为例,1km² 内,聚集了金博大、北京华联、友谊百货大楼、亚细亚、天然、商城、华联、银基、市百货大楼等超过 10 个大卖场,几条商业街,几个批发市场,仅金博大每天人流量就超过 10 万人次。如此大的人流量必然给邻近的道路带来巨大的车流量,交通堵塞也难以避免。

(3)城市进出口。城市的城郊结合处是交通的节点,车流量大、流向紊乱,而且经常是交通管理的死角,加上城市进出口往往设有收费站、检查站等阻碍交通的设施,因此,城市的进出口往往是交通拥堵的高发地点。

(4)道路瓶颈。在路段上道路瓶颈是交通堵塞的常发地点。这种瓶颈的形成有时是天成的——道路建成之日就有,比如宽路突然变窄;有时是后天形成的——如道路施工占道、公交车站点设置不合理、公交车不按规定靠边停放等。

(5)事故现场或各种占道路段。交通意外事件往往是交通拥堵的直接因素。例如,在 2003 年 10 月,北京二环路上发生了一起偶然的汽车剐蹭事件。尽管 5min 后两辆事故车辆被拖走,但是二环路上却由此拥堵了近千米的车流。疏散这条车龙,交警们就要用整整 1h。被堵车辆大概将近3000辆,直接受到影响的人大概有5000人。除了交通事故外,各种性质的占道也是堵塞的直接原因之一。如建筑占道、集市占道、修建地下设施占道等。

2)交通堵塞高发时段

城市交通的流量并不是恒定的,是随时间的变化而变化的。一般情况下,除气候条件可能影响日交通量外,日交通量随节假日、季节的变化情况基本是一定的。而以一日为周期来看交通量的变化,同一地点,不同时间,小时交通量是各不相同的。这种变化有一个大致的规律。每日上午、下午分别有一个交通高峰时间,高峰时的小时交通量往往是全天交通总量的1/10 ~ 1/7。即使是同一个时段,交通量的表现也各不相同。比如北京晚间交通高峰有如下特点:一是晚上5 ~ 7时的下班高峰;二是7时30分 ~ 8时30分从父母家返家的年轻人居多;三是9 ~ 10时30分一些从事商业活动的人士返家。在这些交通高峰出现的时候,往往也就是交通拥堵的高发时段。

5. 解决城市交通拥堵问题的基本对策

纵观国内外交通发展进程,大城市的交通拥堵问题,归根结底在于交通运输服务供不应求和管理技术水平不足。从宏观角度看,迅速增长的交通需求与有限的交通供给之间的矛盾是导致交通拥堵的内在原因;从微观角度看,交通管理水平不高,不能合理有效地疏导交通流是导致交通拥堵的直接原因。毫无疑问,增加交通供给是解决大城市交通问题的重要手段,但交通供给似乎永远赶不上交通需求的增长,其中一个很重要的原因是迅速增长的交通需求没有得到有效控制。因此,要解决交通拥堵问题,必须采取增加交通供给与引导交通需求并举的措施,双管齐下才能做到标本兼治。在交通供给不能满足交通需求的状况下,治理交通拥堵应运用先进的交通控制与管理技术,在有限的运输能力下疏导已经产生的交通流量,从而减轻交通拥堵的程度。

1)实施交通需求管理,减少交通流量

交通需求管理就是通过减少或分散需求使供需平衡,保证交通系统有效运行。相对于传统的适应需求的被动管理,交通需求管理是一种主动式管理,其实质是通过交通政策的导向作用,运用一定技术,通过收费等手段影响交通参与者对交通方式、时间、地点、路线等的选择,使需求时间、空间均衡化,以保持一定的供需平衡。交通需求管理的根本目的就是要引导需求,抑制交通出行的产生,所采取的措施包括:车辆拥有控制政策,如车辆税、车辆定额配给、停车库许可制和车辆标准限制等;车辆使用控制政策,如道路拥挤收费、停车收费和车牌限制通行、鼓励合乘车和错峰上下班等。不论是哪种方法,基本都涉及经济手段和行政手段的综合运用。

拥挤收费和车牌限制通行是国外运用较广、效果较好的两种控制车辆使用的方法。从政策类型看,拥挤收费属于经济手段,而车牌限制通行则属行政手段。

道路拥挤收费是指对行驶于拥挤道路或高峰路段的车辆征收额外费用,国外称为拥挤通行费,其目的就是利用价格机制,引导交通需求,抑制交通出行产生,缓解交通拥堵。新加坡是最早通过实行拥挤收费来治理交通拥堵的城市。1975 年 6 月,为缓解城市核心区交通压力,新加坡实施区域通行证系统,在划定的控制区域内对车辆进行收费。收费费率根据区域的交通拥挤程度采取浮动制,车辆每通过电子收费站则收费一次。该方案实施后效果非常明显,高峰小时交通量显著下降,平均车速和公交出行比例得到很大提高。英国伦敦于 2003 年 2 月 17日开始实施拥挤收费。收费区域为内环线 $21 km^2$ 范围的交通设施,共 113 条道路、8 座桥梁。收费对象为私人汽车、货车,而公交车、出租车、紧急救援车辆、事故车辆、消防车、残疾人士和领取社会保障金人员驾驶的车辆则免费。收费时间为 7:00 ~ 18:30,周末和法定节假日不收费。收费采用车辆自动识别技术,根据车辆一天内是否进入收费区域,收费额为每天 5 英镑,区域内居民给予一定折扣。方案实施后,收费区域拥挤减少 40%,区内交通量减少 16%,排队减少 20% ~30%,车速提高 37%,公交出行比例增加,公交营运速度和可靠性提高。

国外成功实例表明,道路拥挤收费是一种有效的交通需求管理政策和措施。不过,这种办法在我国的实际运作尚需进行大量的论证和探索,其中最为关键的是合理确定拥挤收费标准体系,包括确定收费对象、收费费率、收费区域、收费时间和收费方式等。

车牌限制通行是指禁止某一类型车牌号码的车辆在规定时间和区域内通行,其目的是采用行政手段限制车辆使用,从而减少交通流量,缓解交通拥堵。韩国首尔❶是运用车牌限制通行比较成功的城市之一,曾多次短期采用车牌限制通行,实施交通需求管理。其中以 1995 年的管制时间最长、影响最大。1994 年 10 月,汉城市发生圣水大桥崩塌事故,市政府决定对城市所有桥梁实施安全检查,为缓解可能出现的严重交通拥堵,采取了车牌限制通行措施。1995年 2 月 3 日 ~5 月 30 日,汉城市对私人轿车实施管制,以车牌号码尾数 0 ~9 与日期尾数0 ~9为根据,实施同号车辆不准通行的规定。另外,在 1988 年举办汉城奥运会、2000 年举办亚欧首脑会议以及 2002 年举办世界杯足球赛期间,也都采取过短时间的车牌限制通行措施,唯一不同的是改用以车牌号码尾数单双号为依据的限制通行方法。从 1998 年开始,以汉城市为首,韩国各城市自觉实施车牌限制通行的措施,统计数据表明,这一措施减少了 10% 的小汽车交通量,由于小汽车占车辆总量的 60%,实际意味着该措施的效果是将交通量减少了 6%。一般认为,这一规模的减少量可以在一定程度上缓解交通拥堵问题。

车牌限制通行措施的有效性和易行性是不容置疑的,但作为行政手段不可避免地具有强制性,可能会损害一部分人的利益。因此,实施这一措施需要做好前期研究和配套工作,这样才能得到应有的效果。

2)大力发展公共交通,提高服务能力

缓解交通拥堵的传统做法是加大基础设施投入,即通过拓展道路宽度、增加道路里程,疏通路网节点、加大路网密度来提高路网通行能力。但是,道路和土地资源的稀缺决定了此举会受到很大的限制。实践中,国外治理交通拥堵的政策更加侧重于从运输装备角度扩大交通服务能力,其中最有效的措施之一就是大力发展公共交通。公交方式的优点是载客量大,单位人数占用土地面积小。交通部门通过实施优先发展公共交通政策,引导人们"弃车就乘",从而在扩大服务能力的同时减少交通量,使之成为解决交通拥堵的有效手段。国外公交优先政策鼓励发展的项目包括快速公交系统和轨道交通等。

快速公交系统是指利用改良型的公交车辆,运营在公共交通专用道路空间上,保持轨道交通特性且具备普通公交灵活性的一种便利、快速的公共交通方式。

按照道路运行形式不同,快速公交系统可分为 3 类:公交专用路、公交专用道、公交优先道。

(1)公交专用路是指公交车享有全部和排他性绝对使用权的特定城市道路。

(2)公交专用道是指在特定路段上,通过标志、标线等划出一条或几条车道给公交车专用,同时,公交车也有权在其他车道上行驶。

(3)公交优先道是道路条件受限制而无法实施专用道时的折中方案,是在多车道上开辟一条车道为公交车提供优先权,规定公交车比其他车辆享有优先使用权,其他车辆影响公交车运行时必须避让。

决策者在制定政策时具体采用何种形式,关键取决于政策的迫切性和道路资源的稀缺性。

---

❶ 韩国首都,旧称汉城,2005 年后其中文译名改称首尔。

公交专用路需要拥有整条道路的绝对通行权,但占用的道路资源较多,一般实施起来比较困难;公交优先道只能保证公交车辆的优先通行权,是道路条件受限制而无法实施公交专用道时的折中方案;而公交专用道拥有一条或几条车道的绝对通行权且占用道路资源较少,在 3 种方式中实施的可行性最强。

巴西库里提巴市的公交专用道系统是世界上应用最为成功的快速公交系统之一,其公交专用道系统是在 1974 年开始实施的,在公交线路布设、车站形式设计、公交车辆设计以及票价体系设计 4 个方面取得了显著的成就。它的建立为世界上其他地区的快速公交系统提供了可借鉴的典型范例。以公交线路布设为例,库里提巴市以区间和支线公交线路系统为补充,与快速公交系统共同构成 3 个不同服务层次的系统。这种分层次的公共交通系统发挥着与大都市地铁极其相似的作用,精心设计的公交线路发车调度使得车辆运行准时、可靠,乘客一次购票就可以进入该系统,换乘十分便利。在第一层次的快速公交系统上采取了一系列措施来保证公交车辆的速度,主要线路上的公交车驾驶员可以直接操作交通信号灯,为公交车行驶提供优先权。成功的运营和良好的效果加强了政府部门实施快速公交系统的决心,库里提巴市不断扩大公交专用道系统的实施范围,先后将周围的 13 个市区都纳入到这个统一的运营系统中。

快速公交系统是目前最具应用前景的一种新的交通方式,将逐步成为发展公共交通的优先方案,也是解决交通拥堵问题的有效措施之一。当然,在实践中,要注意根据城市的特点和交通拥堵的程度,选择最集约和最有效的方式来确定快速公交系统的具体形式。

轨道交通泛指以地铁、轻轨和有轨电车为工具的交通方式,目前世界各国大力发展的是地铁和轻轨。研究表明,轨道交通方式在单通道宽度、容量、运送速度、单位动态占地面积等指标上,都比一般交通工具有明显优势。1863 年,世界上第一条地铁线路在英国伦敦建成,开创了大城市客运快速轨道交通发展的先河。轻轨交通是德国首创,德国轻轨交通最发达。1972 年,西德为迎接第 20 届奥运会,在慕尼黑首次修建了地下轻轨,并与市郊铁路相连,构成城市快速运输系统。总体来看,自 20 世纪 70 年代起,国外轨道交通得到了快速发展。

首先,世界上很多国家都确立了发展轨道交通的方针并通过立法来解决建设轨道交通的资金来源;

其次,城市的高速发展要求轨道交通相应高速发展;

此外,技术的发展也促进了轨道交通的发展。

从发达国家城市交通的发展经验来看,现代化的城市结构由单中心向多中心转变,卫星城是大城市发展的有力支撑。大城市中心城内部,以及中心城与卫星城之间,客运交通高峰时期流向集中,流量极大。对此,地面公交通常无法满足需求,只有充分发挥轨道交通大运量、高效率的特性,才能解决这一难题。轨道交通系统所具有的技术经济特点完全符合城市对交通运输的要求,已在世界范围内成为不同城市的共同选择。轨道交通是显著提高城市交通供给能力的一种重要方式,可以为缓解交通拥堵提供根本保障。

3)应用智能交通系统,疏导交通流量

如果短期内无法改变供不应求的现状,也可以运用先进的交通管理和控制技术,综合考虑道路、驾驶员和车辆等因素,系统地解决交通问题。智能交通系统就是体现这一思路的最有效的交通拥堵治理措施。

智能交通系统(简称 ITS)是指将先进的信息、电子通信、自动控制、计算机以及网络等技术有效、综合地运用于整个交通运输管理体系,建立起一种在大范围内全方位发挥作用的实时、准确、高效的交通运输综合管理和控制系统。它由若干子系统组成,通过系统集成将道路、驾驶员和车辆有机地结合在一起,加强了三者之间的联系。借助于系统的智能化技术,驾驶员可以实时了解道路交通及车辆行驶状况,以最为安全和经济的方式到达目的地。同时,管理人员通过对车辆、驾驶员和道路实时信息的采集,提高其管理效率,以达到充分利用交通资源、缓解交通拥堵的目的。

国外交通部门在发展智能交通系统时大多得到了政府的大力支持。美国联邦政府从1990—1997年用于 ITS 研究开发的年度预算总计为 12.935 亿美元;欧盟从 1984—1998 年仅用于 ITS 共同研究开发项目的预算就达 280 亿欧洲货币单位;日本政府 1996—1997 年用于 ITS 研究开发的预算为 161 亿日元,用于 ITS 实用化和基础设施建设的预算为 1285 亿日元。美国是应用智能交通系统较为成功的国家之一。1995 年 3 月美国运输部首次正式出版了《国家智能交通系统项目规划》,明确规定了智能交通系统的 7 大领域和 29 个用户服务功能。7大领域包括:出行和交通管理系统、出行需求管理系统、公共交通运营系统、商用车辆运营系统、电子收费系统、应急管理系统、车辆控制和安全系统。据有关科学家和工程师预测,应用智能交通系统后,可有效提高交通运输效益,使交通拥挤降低 20%,延误损失减少 10%~25%,车祸降低 50%~80%,油料消耗减少 30%,废气排放减少 26%。

智能交通系统是一项高技术、高投入的系统工程,是解决交通拥堵问题的高效率方式,世界范围内广泛应用的趋势将不可逆转。为此,我们必须加快研究适应我国城市交通发展现状的系统和设备,研究相应的管理技术,全面引进和应用智能交通系统,来缓解日益严重的城市交通拥堵问题。

二、停车场问题

近年来,我国各地为了解决其交通拥堵问题,纷纷规划建设停车场。尽管各地在停车场规划上的蓝图都很亮丽,但是我国停车场建设步伐发展缓慢。

结合目前我国停车场建设现状来看,我国停车场建设市场容量巨大,根据前瞻产业研究院最新数据统计,汽车保有量从 2007 年开始,每年均保持着一定的增速发展,截至 2012 年末,我国汽车保有量达 12088.77 万辆,与之不匹配的是我国停车场极大的缺口。目前,北京市的停车位缺口在 60 万个,上海市为 30 万个,西安市为 40 万个。根据国际惯例,我国整体的停车位配备应达到机动车保有量的 1.2~1.4 倍,照此计算,我国汽车停车位的实际需求应该在1.45 亿~1.69 亿个,据初步统计,目前我国停车位不足 3000 万个。

1. 停车场严重不足的基本原因

我国停车场建设存在严重的供不应求,导致严重不足的主要原因集中在以下 3 个方面:

(1)我国停车场建设的主体主要集中在国有企业,据对停车场建设较为发达的上海市的调查表明,目前上海经营性停车场中主要的经营单位为国有企业,占所有单位数的 89.8%,集体所有制单位占 10%,其他经济的企业只占 0.2%。由此可见,投资主体未放开成为阻碍停车场建设的其中一个因素。

(2)假如未来停车场建设的投资主体放开了,就意味着市场能快速发展吗? 答案是:未必。结合我国停车场发展现状来看,我国停车场建设的投资效应对民间资本尚不构成吸引力,主要原因是我国停车场建设的成本高,但投资回报期长,具体分析如下:

我国停车场建设的成本主要分为土地成本、建设工程成本、设备成本、运营成本、贷款费用等,传统的停车场建设成本为 8 万~10 万元/个,而对于停车场的盈利模式,则可分为两种,一种采取出租的形式获得回报,另一种则像住宅小区采取的是出售的形式获得回报。通过调查发现,我国停车场出租的费用基本集中在 200～400 元/月,则年费用在 2400～4800 元,照此计算,以一个传统的停车场来看,采取出租的方式,则其投资回报期至少在 10 年以上,投资回报期长。

（3）我国部分停车场的使用率较低,通过对北京市停车场的调研发现,目前,北京市中心城内社会公共停车场的泊位利用率随其类型不同而不同,其中:弥补商业配建不足的社会公共停车场,泊位利用率较高,特别是在周末能达到 80% 以上。弥补办公类配建不足的社会公共停车场泊位利用率工作日大于周末。弥补文体设施配建不足的社会公共停车场,非赛时或非活动期泊位利用率低。除弥补商业配建不足的社会公共停车场之外,其他类型社会公共停车场的泊位利用率均小于 60% ,现状说明部分社会公共停车场存在利用效率低下的问题。使用率较低,直接影响停车场的收入,进而影响到停车场的经营效益。

2. 解决停车场严重不足的基本措施

从理论上来讲,未来,我国停车场建设的市场空间极大,但是,其发展必须建立在目前问题得到适当解决的前提下,对此,前瞻产业研究院针对以上 3 点提出相应的解决办法:

（1）放开停车场投资主体的门槛限制,引入民间资本。

（2）转变停车场的收费模式,如对于住宅小区可采用一次性买断的方式进行销售,快速收回其投资成本,而对于一些只能采取长期收费模式的,则应该对停车场收费进行合理定价,全面考虑其投资成本及回收期。

（3）合理规划停车场的建设布局。

复习思考题

1. 查阅资料,请分析石油危机对汽车技术造成的影响。

2. 请收集整理有关汽车与环境污染方面的相关资料,分析我国汽车工业对治理雾霾措施的影响。

3. 请分析我国近 10 年道路交通安全的基本现状、总结其基本规律、分析其基本原因,提出控制交通事故的合理化建议。

4. 世界各国对解决交通阻塞有些什么措施？结合所在地区的情况,拟定合理的解决方案。

第七章 汽车科技与发展趋势

21 世纪的汽车,已不是简单的代步工具,而成为集电子、多媒体、电脑、网络等高科技元素于一身的结合体。从 20 世纪 80 年代开始,以计算机广泛应用为标志的"信息时代"席卷全球,也引发了汽车新技术的革命,汽车电子化、网络化、智能化时代已到来。信息、能源和材料等科学技术的发展,为未来汽车的安全、节能、环保并向智能化、网络化等方向发展拓展了无限空间。未来汽车还可集陆运、水运和航运于一体,极大地方便人们的工作和生活。如图 7-1 所示。

图 7-1 未来汽车

第一节 汽车电子化与网络化

一、汽车电子化

汽车电子化是现代汽车发展的重要标志。从现代汽车上所使用的电子设备的价格比例看,欧美汽车上所用的电子设备的价格已占到整车价格的 15% ～20% ,而我国生产的汽车,所用的电子设备的价格只占到整车价格的 2.5% 。从世界汽车电子市场的销售来看,1991 年,每辆汽车平均消耗电子产品的费用只占到整车的 10% ,1998 年则接近 15% ,而 2003 年已经提高到 20% ,某些车型则更高。现代汽车电子技术的应用不仅提高了汽车的动力性、经济性和安全性,改善了汽车行驶的稳定性和舒适性,推动了汽车产业的发展。在未来的几年中,汽车电子产业的发展将会主要集中在汽车网络、通信系统、音响、动力总成、底盘控制、安全以及车身控制系统等方面。

1. 汽车电子化的发展过程

国外汽车电子技术的发展及其大规模地应用是从 20 世纪 70 年代末开始的,从 20 世纪 70 ～80 年代,大致经历了 3 个发展阶段。

第一个发展阶段:1971 年以前,开始生产技术起点较低的交流发电机、电压调节器、电子闪光器、电子喇叭、间歇刮水装置、汽车收音机、电子点火装置和数字钟等。

第二个发展阶段:1974—1982年,以集成电路和16位以下的微处理器在汽车上的应用为标志。主要包括电子燃油喷射、自动门锁、程控驾驶、高速警告系统、自动灯光系统、自动除霜控制、防抱死系统、车辆导向、撞车预警传感器、电子正时、电子变速器、闭环排气控制、自动巡航控制、防盗系统、实车故障诊断等电子产品。这期间最具代表性的是电子汽油喷射技术的发展和防抱死(ABS)技术的成熟,使汽车的主要机械功能用电子技术来控制。但是,在此阶段机械与电器的联接并不十分理想。

第三个发展阶段:1982—1990年,微电脑在汽车上的应用日趋可靠和成熟,并向智能化方向发展。开发的产品有胎压控制、数字式油压计、防睡器、牵引力控制、全轮转向控制、直视仪表板、声音合成与识别器、电子负荷调节器、电子道路监视器、蜂窝式电话、可热式风窗玻璃、倒车示警、高速限制器、自动后视镜系统、道路状况指示器、电子冷却控制和寄生功率控制等。

2005年,进入了汽车电子技术的第四个发展阶段。微波系统、多路传输系统、ASKS-32位微处理器、数字信号处理方式的应用,使通信与导向协调系统、自动防撞系统、动力最优化系统、自动驾驶与电子地图技术得到发展,特别是智能化汽车的出现。

2. 电子技术在汽车中的应用

1)汽油机电子控制系统

(1)汽油机电子控制系统的组成和功能。发动机电子控制系统又称为发动机管理系统EMS(Engine Management System),可分为汽油机发动机管理系统和柴油机发动机管理系统。

汽油机电子控制系统由电控单元控制发动机燃油喷射、点火时刻、怠速和排放等。发动机工作时,电控单元根据控制程序和各传感器输入的信号控制发动机的燃油喷射、点火时刻、怠速、燃油箱燃油蒸汽控制和废气再循环等。典型的发动机电子控制系统有博世公司的莫特朗尼克系统(MOTRONIC)、福特汽车公司的发动机电子控制系统(EEC-W)、通用汽车公司的数字燃油喷射系统(DFI)等。

(2)电子燃油喷射系统的类型及其特点。电子燃油喷射系统英文简称EFI(Electronic Fuel Injection),如图7-2所示。按照喷油位置和混合气形成方式分类,可分为间接喷射和直接喷射两大类。间接喷射系统是将燃油喷入进气管道和空气混合后形成混合气后吸入汽缸,是广泛应用的喷射系统。直接喷射系统由于成本过高等原因,目前应用较少。

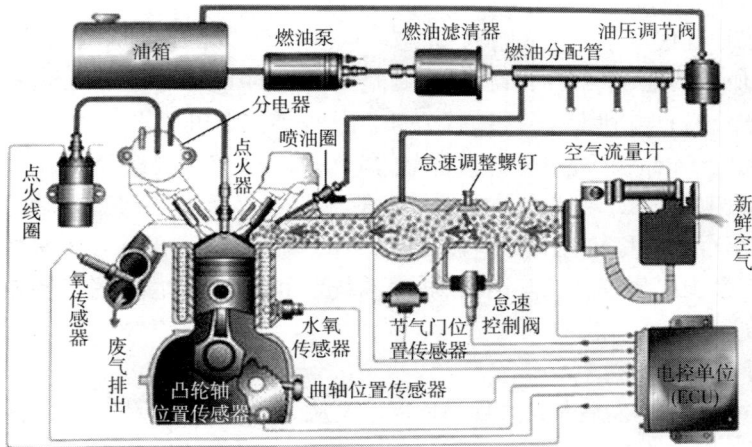

图7-2 电子燃油喷射系统

(3)微机控制点火系统。微机控制点火系统,如图7-3所示。可分为有分电器点火系统和无分电器点火系统(DIS)。有分电器点火系统主要由各种传感器、电控单元、分电器和点火线圈等组成。传感器的作用是检测发动机运行情况。主要传感器有:发动机转速传感器、曲轴位置传感器、凸轮轴位置传感器、空气流量计(或进气压力传感器)、冷却液温度传感器、进气温度传感器、爆燃传感器、气门位置传感器等。

电控单元(又称ECU),其作用是根据发动机各传感器输入的信息按照控制程序,控制点火线圈的闭合时间和断开时刻,实现闭合角和点火提前角的控制。

点火器的作用是根据电控单元输出信号,通过内部的大功率气极管的导通和截止,控制初级电流的通断完成点火工作。有些点火器只有大功率三极管,单纯起开关作用,有的除开关作用外,还有恒流控制、闭合角控制、汽缸判别、点火监视等功能。

(4)排放控制系统。排放控制系统主要包括燃油箱燃油蒸汽控制、废气再循环控制和三元催化转化装置等。燃油箱燃油蒸汽控制 EVAP(Evaporative Emission Control System)的作用是燃油箱蒸汽通入活性炭罐被活性炭吸附,当发动机工作时,电控单元向电磁阀输出电流信号使电磁阀开启,活性炭罐中的燃油蒸汽通过真空管进入发动机进气支管内,再进入发动机汽缸燃烧。如图 7-4 所示。

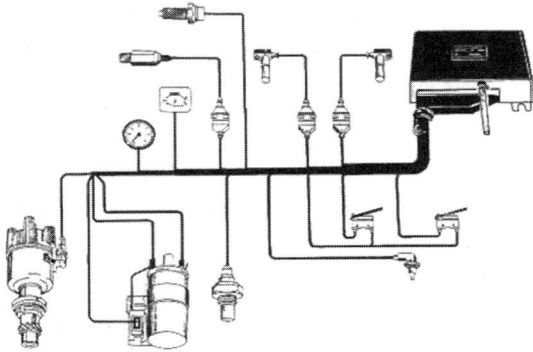

图 7-3　微机控制点火系统

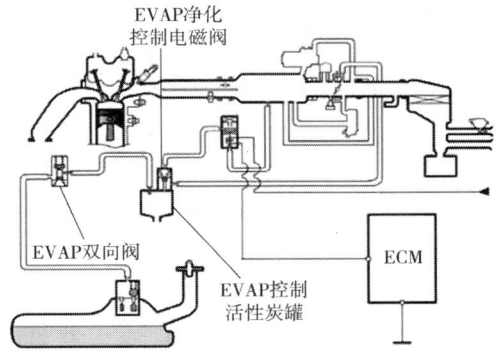

图 7-4　汽车排放控制系统

废气再循环,又称 EGR(Exhaust Gas Recirculation)是指将一定量的废气引入进气管中并与可燃混合气一起吸入汽缸,以降低发动机燃烧温度,减少废气中氮氧化物(NO)等有害气体的排放,废气再循环影响混合气的着火性能,降低发动机功率,故需要选择 NO,排出量多的工况进行适量的废气再循环。

三元催化转化器是发动机排气后处理的一种主要装置,其作用是将废气中的有害气体,通过氧化催化器转化无害的 H_2O、CO_2,同时将废气中的有害气体 NO 通过还原催化器转化无害的 N_2、O_2。三元催化转化器主要由耐振、绝热的壳体和带催化材料的载体组成。

2)柴油机共轨燃油喷射系统

为了适应日趋严格的排放法规,更有效的控制柴油机排气中氮氧化物(NO)和碳烟微粒(烟度)排放,在 20 世纪 80 年代后期至 90 年代初期,德国 BOSCH 等公司研究开发了柴油机高压电子喷射技术—共轨燃油喷射系统(Common Rail Fuel Injection System)。所谓"共轨"是指该系统中有一条各喷油器共用的保持恒定高压的公共油轨;所谓"喷射"是指该系统中各缸喷油器的喷油时刻和喷油量以电子方式控制,即电控单元的微机根据各传感器检测信号和控制程序计算各喷油器每次的喷油时刻和喷油脉宽,电子喷油器在最佳时刻直接向燃烧室喷入最适量燃油。由于喷油压力高,喷油时刻和喷油量实现电子控制,可显著改善发动机的动力性、经济性和排放性能。

3）电液自动变速器和电控无级变速器

（1）电控自动变速器（EAT）。电控自动变速器英文简称 EAT（Electronic Controlled Automatic Hydraulic Transmission），如图 7-5 所示。是由电控单元根据节气门位置传感器和车速传感器等信号控制换挡时机，电控单元控制换挡电磁阀改变液压回路，通过液压装置实现换挡。

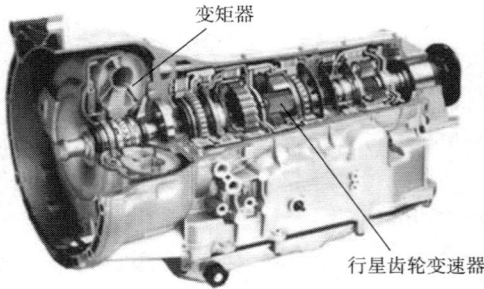

图 7-5　电控自动变速器

电控自动变速器又称电控—液压自动变速器，采用电控—液压方式使行星齿轮变速器自动换挡，各挡位具有固定的传动比。

电控自动变速器由液力变矩器、行星齿轮变速器、液压控制系统、电子控制系统和操纵机构等部分组成。

（2）电控无级变速器（ECVT）。电控无级变速器简称 ECVT（Electronic Control Continuously Variable Transmission），如图 7-6 所示。采用电控—液压自动控制，传动比在一定范围内可连续变化。无级变速器具有连续变化的传动比，能充分利用发动机的功率，减少燃料的消耗以及改善发动机的排放性能。

电控无级变速器主要由电磁离合器（或液力变矩器）、无级变速机构、液压系统、控制系统和前进—倒车机构等组成。

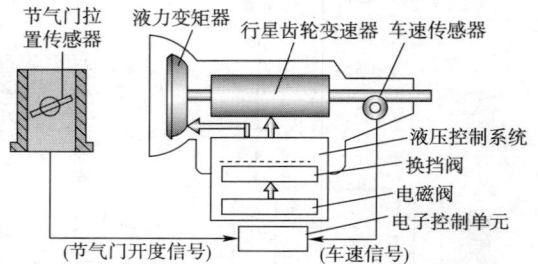

图 7-6　电控无级变速器

（3）动力传动总成控制。动力传动总成控制是将发动机控制和自动变速器控制集成为一个控制模块（PCM-Powertrain Control Module）。动力传动总成控制模块可实现对发动机的燃油喷射、点火、怠速、排放控制等，并可实现对自动变速器（EAT 或 ECOT）的换挡控制。此外，系统具有数据通信、故障自诊断等功能。

4）汽车四轮驱动系统（4WD）

图 7-7　汽车四轮驱动系统

汽车驱动轮所产生牵引力的大小受到地面附着的限制，并与车重的大小成正比。采用四轮驱动 4WD（Four Whell Drive）可以充分利用车重产生牵引力。在 20 世纪 80 年代以前，4WD 系统主要用于越野汽车和军用汽车，不过为了改善动力性能和操纵性能，特别是为了提高在低摩擦系数路面上行驶的动力性能和稳定性能，目前轿车上也广泛应用了 4WD。如图 7-7 所示。

该系统的控制信号主要有车轮转速传感器、转向角度传感器和横向速度传感器。四轮驱动系统电控单元与车载导航电控单元相组合形成一个整体，通过控制中间差速器向前后轮的动力分配，连续变化，得到无级调节特性。

5）防抱死制动系统、驱动防滑系统和电子稳定程序控制系统

（1）防抱死制动系统（ABS）。汽车防抱死制动系统简称 ABS，ABS 是 Anti-Lock Brake

System 的英文缩写,如图 7-8 所示。ABS 作为汽车的主动安全装置,现在已经成为汽车上的标准装备。

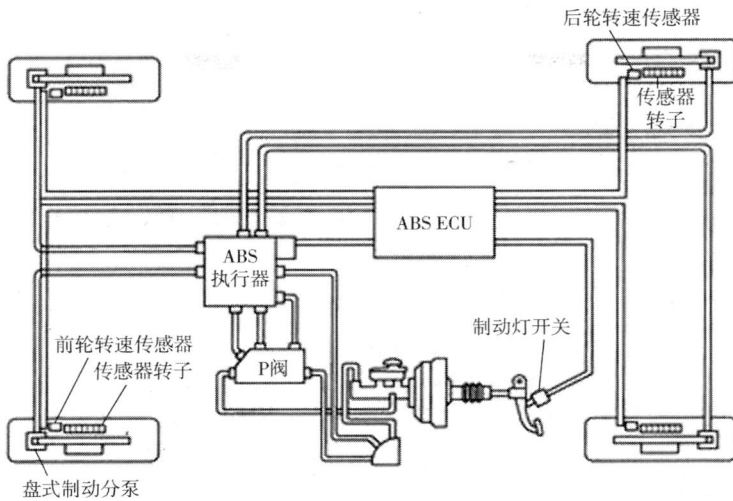

图 7-8　汽车防抱死制动系统

ABS 系统根据传力介质不同,可分为液压式和气压式两类。气压式 ABS 是利用压缩空气作为传力介质的,一般用在货车和大型客车上。液压式 ABS 是利用制动液作为传力介质的,主要用在轿车、小型客车上。

根据 ABS 电控单元所控制通道的数量,ABS 系统可分为三通道 ABS 与四通道 ABS 等类型。在三通道 ABS 系统中,电控单元对三路制动压力进行独立的调节控制,一般两个前轮制动压力分别控制,两个后轮制动按低选原则(在两个后轮中,以制动附着系数小的一侧为依据,同时控制两个后轮制动压力的原则)一同控制。四通道 ABS,电控单元对四路制动压力进行独立调节,分别控制 4 个车轮的制动滑移率。

(2)驱动防滑系统(ASR)。当汽车在易滑的路面上行驶时,驱动轮往往会产生打滑(空转)现象,这对前轮驱动的车辆来说就会失去转向操纵性,而对后轮驱动的汽车来说就会失去稳定性。因此,必须对汽车的驱动力加以控制,使轮胎与路面之间的驱动滑移率保持最佳值。实现上述控制功能的系统称为驱动防滑系统 ASR(Acceleration Slip Regulation)或称为牵引控制系统 TCS(Traction Control System)。驱动防滑系统的作用是控制驱动轮的驱动滑移率,以保持汽车行驶时的方向稳定性,并可提高车轮与路面间的纵向附着能力,提供最大的驱动力。

驱动防滑控制是建立在 ABS 控制和发动机调速控制的基础上的。当汽车行驶在易滑路面上时,打开仪表台上的 ASR 控制开关,电子控制装置可控制油门执行器减小节气门开度或控制器压力调节器对打滑车轮制动,从而控制驱动轮驱动滑移率,保持汽车行驶时的方向稳定性和提供最大的驱动力。

(3)电子稳定程序控制系统(ESP)。ABS/ASR 系统成功地解决了汽车在制动和驱动时的方向稳定性问题,但不能解决汽车转向行驶时的方向稳定性问题,因此,人们又在 ABS/ASR 系统的基础上发展成电子稳定程序控制系统(ESP)。电子稳定程序控制系统(ESP-Electronic Stability Program)又称汽车动态控制系统(VDC-Vehicle Dynamics Control),该系统把汽车的制动、驱动、悬架、转向、发动机等各主要总成的控制系统在功能上结构上有机的综合在一起,可使汽车在各种恶劣工况下都有良好的方向稳定性,表现出最佳的行驶性能。

6）汽车电动转向系统（EPS）

1955 年,Buick 汽车采用液压助力转向系统提高了汽车转向轻便性,其后液压助力转向系统在汽车上获得了广泛的应用。20 世纪 80 年代后,又出现了电子控制的动力转向系统。

电子控制动力转向系统简称 EPS 或 ECPS（Electronic Control Power Steering）,可根据车速、转向情况等对转向助力实施控制,使动力转向系统在不同的行驶条件下都有最佳的放大倍率,在低速时有较大的放大倍率,可以减轻转向操纵力,使转向轻便、灵活;在高速时则适当减小放大倍率,以稳定转向手感,提高高速行驶的操纵稳定性。

在电动转向系统中,电控单元通过控制直流电动机直接调节转向力,并且电动转向系统只是在转向时才向电动机供电,在不进行转向时几乎没有动力消耗采用电动转向系统的汽车比采用液压转向系统的汽车具有更好的燃油经济性。

7）四轮转向系统（4WS）

四轮转向系统又称 4WS（Four Wheel Steering）,是在前轮转向的基础上增加后轮转向机构和电子控制系统,转向时能够实现汽车前后 4 个车轮的转向和控制,4WS 不仅提高了高速时的稳定性和可控性,而且提高了低速时的机动性。系统中主要包含 ECU、车速传感器、转向角度传感器和执行机构。

8）主动悬架的电子控制

电子控制悬架属于主动悬架,可分为半主动悬架和主动悬架两类。主动悬架是指悬架元件中弹簧刚度和减振器阻尼系数均可根据需要进行自动调整的悬架。主动悬架可根据汽车载重、路面状况、行驶速度、起动、制动、转向等情况变化,自动调整悬架的刚度和减振器的阻尼以及车身高度,从而满足汽车行驶平顺性和稳定性等各方面的要求。主动悬架的控制部分是由传感器、电控单元（ECU）和执行器等组成的闭环控制系统。电控单元（ECU）将根据加速度经传感器输出的信号对车身的运动状态进行判别,并通过控制安置在悬架中的执行器调节空气弹簧（或油液）压力,既能自动调节车身的高度,抑制车身的跳动、俯仰或侧倾运动,又能衰减由于路面引起的车身振动。

9）巡航控制系统（CCS）

巡航控制系统英文简称 CCS（Cruise Control System）,又称为速度控制（Speed Control）系统,该系统工作时,驾驶员无须操作加速踏板就能保证汽车以设定的车速匀速行驶,从而给汽车驾驶带来了很大的方便。当汽车在高速公路上长时间行驶时,打开巡航控制开关,系统就能够根据道路行驶阻力的变化,自动地增减发动机节气门的开度,使汽车保持一定的行驶速度,从而将驾驶员从对加速踏板的持续控制中解脱出来。另外,巡航控制系统还可以限制节气门开度的变化幅度,改善汽车的燃油经济性。巡航控制系统主要由巡航控制开关、车速传感器、电控单元和执行器 4 部分组成。

10）安全气囊系统（SRS）

安全气囊系统又称 SRS 或 SIR,SRS 是辅助约束系统（Supplement Restrain System）的英文缩写,SIR 是气体发生器式辅助约束系统（Supplement Inflatable Restrain System）的英文缩写。安全带和安全气囊系统是汽车重要的被动约束系统。

安全气囊是美国机械师约翰·赫特里特（John Hotrich）发明的。1952 年,在一次车祸中,约翰为了躲避障碍物而猛打转向盘进行制动,他和妻子都用手臂本能地保护坐在前排座位中间的女儿。受此启发,两周后他提出了专利申请。1953 年 8 月 18 日他获得了"汽车缓冲安全装置"的美国专利。

安全气囊一般由传感器、电控单元(ECU)、气体发生器、气囊、续流器等组成,通常气体发生器和气囊等一起构成气囊模块、传感器感受汽车碰撞强度,并将感受到的信号传送到控制器,控制器接收传感器的信号并进行处理,当它判断有必要打开气囊时,立即发出点火信号以触发气体发生器,气体发生器接收到点火信号后,在很短的时间内气体发生器产生大量气体,氮气使气囊充气张开,随后驾驶员的头部和身体上部沉向气囊,气囊的排气口打开,其中的气体在高压下匀速地逸出以吸收人体与气囊碰撞能量,碰撞结束后驾驶员向前移动至最大距离,随后身体开始后移,回向座位,大部分气体已从气囊中逸出,前方重新恢复清晰视野。

11)汽车空调控制系统

汽车空调系统可以对车内空气温度、湿度、清洁度、风速、通风等进行自动调节。保证乘员在任何外界气候和条件下都能处于舒适的环境之中,并能够防止车窗上产生雾和霜,以确保驾驶员视线清晰使汽车能安全地运行。汽车空调主要包括压缩机、冷凝器、电子控制装置、膨胀阀和蒸发器等。

12)汽车防盗系统

汽车防盗控制系统的控制目标是对无授权进入车内、起动汽车和拆卸防盗系统的企图进行监测,在检测到任何无授权侵入行为时,起动报警系统进行声光报警,并阻止汽车起动。

通过防盗 ECU 识别带电子芯片的汽车钥匙,当点火开关打开时,防盗 ECL 通过读识线圈把能量感应地传送给钥匙中的脉冲转发器,脉冲转发器被激活,通过读识线圈把它的程控代码送给防盗器电控单元。在防盗器电控单元里,输入的程控代码与先前存储在防盗器电控单元的钥匙代码进行比较,然后,防盗器电控单元再核对发动机电控单元的代码是否正确,该代码是由发动机电控单元存储在防盗器电控单元中。每次起动发动机时,电控单元中的随机代码发生器都会发生一个可变的代码。如果核对后,代码不一致,发动机将在起动后即熄火,发动机无法运转。

13)42V 汽车电源系统

自 20 世纪 80 年代以来,汽车的电子化使汽车电器与电子设备的用电量以每年 4% 的速度增加。现有的 14V 汽车电源系统.最大只能提供 3kW 的动力。随着汽车电器与电子设备的增加,电源系统的总功率将达到 5～8kW,如果仍沿用传统的 14V,电流将超过 200～300A,这将会使整车线束和电器部件的成本大幅度升高。20 世纪 90 年代,德国大众、奥迪、宝马和保时捷等汽车公司成立了车载电源论坛,提出了 14V/42V 双电压供电系统的规范草案福特公司与麻省理工学院也发起组织了 MIT/T 业联盟,成员包括通用、戴姆勒一奔驰、宝马、雷诺、沃尔沃、西门子、博世、摩托罗拉、德尔福等知名汽车商、零部件商及电子电信商,该组织主要是研究 14V/42V 双电压供电系统对汽车电器与电子设备的影响及实现方法。

42V 电源系统可以将发动机水泵、冷却风扇、空调压缩机、转向助力泵等附件直接由电动机驱动、减少空转消耗,提高能源利用率。42V 电源系统,为电动转向、电子制动、发动机电控气门配气相位电磁阀、线控技术、智能化驾驶等技术的发展提供充足的动力。

二、汽车网络化

为了提高汽车的安全性、经济性和舒适性,电子技术在汽车上被广泛应用。汽车上的电子控制单元(控制器、控制模块)也越来越多,如果仍采用常规的布线方式,将导致车上电线数目急剧增加,增加了成本、降低了车辆的可靠性并增加了维修难度。一辆采用传统布线方法的高档汽车,其导线长度可达 2000m,电气节点达 1500 个,电线的质量可以达到 40～60kg。为便于多个电子控制单元之间相互连接、协调工作和信息共享,汽车控制器局域网络 CAN(Controller Area Network)应运而生。

随着汽车视听设备、通信设备和信息服务设备的广泛应用,1998 年 BMW, Daimler-Chrysler, Harman/Beeker 和 OASIS Silicon Systems 等公司建立了在汽车上推广使用汽车媒体网络 MOST 标准的合作机构,车上媒体网络从此诞生。

1. CAN 总线(CAN-BLS)

在现代轿车的设计中,CAN 总线已成为汽车网络的标准装备,奔驰、宝马、大众、沃尔沃、雷诺等汽车公司以及美国通用、福特汽车公司都采用了 CAN 作为控制器联网的手段。

目前汽车上的网络连接,通常采用 2 条 CAN,一条用于驱动系统的高速 CAN,速率达到 500kb/s;另一条用于车身系统的低速 CAN, 速率是 100kb/s。高速 CAN 的主要连接对象是发动机控制器、ABS 及 ASH 控制器、安全气囊控制器等。低速 CAN 主要连接和控制汽车内外部照明、灯光信号、空调、组合仪表及其他辅助电器等。动力系统 CAN 和车身系统 CAN 这两条独立的总线之间设计有"网关",以实现在各个 CAN 之间的资源共享,并将各个数据总线的信息反馈到仪表板上有些先进的轿车除了上述 2 条 CAN 总线外,还会有第 3 条 CAN 总线,它主要负责卫星导航及智能通信系统。CAN 具有多主节点、开放式结构、错误检测及自恢复能力等优点。

CAN 网络还可实现无线传输,在两个相对运动的子系统间进行连接时,可把 CAN 网络在适当地方打开,然后加入一对无线 CAN 网桥,通过这对节点实现无线连接的两部分的通信。实现这种无线连接的媒体可以是电磁波、红外线等。

2. 局部连接网络(LIN)

局部连接网络简称 LIN(Local Interconnect Network)是由 Audi、BMW、Daimler Chrysler、Motorola、Volcano Communications Technologies(VCT)、Volkswagen 和 Volvo 等公司组成的 LIN 联合体提出的一个汽车底层网络协议。其目的是给出一个价格低廉、性能可靠的低速网络,在汽车网络层次结构中作为低端网络的通用协议,并逐渐取代目前各种各样的低端总线系统。

LIN 网络及其开发应用,将会降低车上电子系统开发、生产、使用和维护的费用。LIN 网络典型的应用是车上传感器和执行器的联网。

3. 基于时间触发的车上网络协议标准 FlexRay

随着汽车电子控制系统、通信系统的发展以及"线控"CBW (Control By Wore)系统的增加,对车上网络提出了更高的要求。现在已经被广泛应用的一些基于事件触发的总线系统,如 CAN 总线,已经不能满足要求,尤其是不能满足分布式控制系统对通信时间离散性及延迟的要求。在这样的背景下,出现了一些数据传输速度高、可靠性高、通信时间离散度小并且延迟固定的车上通信网络标准,这些标准都支持时间触发通信方式。截至 2002 年年初,比较典型的这类车上网络协议标准有 FlexRay,Byteflight, TTP/C 和 TTCAN 等。

FlexRay 是一个为车上应用系统高层网络和"线控"系统开发的通信标准,已满足在提高数据传输率的条件下,能够满足汽车安全要求的可靠性指标。车上"线控"系统要求网络具有传输速度高、可靠性好和支持分布控制的性能,BMW、DaimlerChrysler、Philips Semiconductors、Motorola、Bosch 等汽车公司和半导体元件公司成立了 FlexRay 共同体,制定了 FlexRay 系统标准,并且组织开发一系列适合这个标准的软硬件。FlexRay 不仅是一个通信协议,而且包括特殊定义的高速发送和接收驱动器,以及各种 FlexRay 元件的硬件和软件接口标准。在汽车控制系统中,FlexRay 将被用于底盘控制、车身控制和动力传动系统控制。

4. 线控技术

线控又称 CBW(Control By Wire)，线控技术最早应用于航空领域，随着汽车电子技术和网络技术的发展，以网络通信为基础的线控技术将在未来汽车上普遍应用。所谓"线控"是指利用电子信息的传送和电气装置的动作取代传统的机械、液压、气动装置的连接和动作，如换挡杆、加速踏板拉线、转向机传动机构、制动油路系统等线控技术的广泛应用将带来汽车结构与汽车设计的革命。

采用线控技术的转向系统、制动系统、传动系统有望在未来汽车率先获得应用，国外 GM、Delphi、TRW、Benz 等公司已运用线控技术开发了概念车。

线控系统的基本结构原理是：驾驶员的操纵指令通过人机接口转换为电信号传到执行机构，控制执行机构的动作，传感器感知功能装置的状态，通过电信号传给人机接口，反馈给驾驶员。线控系统在人机接口、执行机构和传感机构之间以及与其他系统之间要进行大量的信息传输，要求网络的实时性好、可靠性高，而且要求具有冗余的"功能实现"，以保证在故障时仍可实现装置的基本功能。

线控技术的优势主要表现在以下方面：

（1）由于操纵控制通过驾驶员的手完成，不需要转向盘、转向管柱和加速踏板，这样就减少了正面碰撞时的潜在危险性，改善了汽车的安全性和舒适性，并为汽车设计提供了更大的设计空间。

（2）线控的灵活性大幅度降低了汽车设计、制造和生产成本。

（3）线控汽车节省了许多机械连接装置、液压装置和气压装置，简化了结构，简化了生产工艺，便于实现汽车轻量化。

（4）无须使用液压制动或其他任何液压装置使汽车更为环保。

（5）便于实现个性化设计，由于驾驶特性如制动、转向、加速等过程都是程序设定的，设计师可设计不同的程序供用户选择。

5. 光纤信息传输网络与汽车媒体 MOST 网络

汽车多媒体设备、信息设备的 MOST 网络(Media Oriented Systems Transport，简称 MOST)是媒体信息传送的网络标准。1998 年开始建立的 MOST 标准合作机构，PJ 2000 年已经发展为有 Audi、BMW、Daimler-Chrysler、FIAT、Ford、Opel、Porsche、PSA、Renault、SAAB、TOYOTA、VOLVO、VW 等汽车公司和 Bosch、Delphi、Fujitsu Ten、Infineon、Motorola、Nokia、Philips、Siemens 等几十家汽车部件公司加盟的联合体。

MOST 联合体的第一个目标是建立一个高速、低成本的汽车媒体网络标准 MOST 网络具有以下特点：

（1）保证低成本的条件下，达到 24.8Mb/s 的数据传输速度。

（2）不需要额外的主控计算机系统，结构灵活、性能可靠和易于扩展。

（3）使用光纤作为信息传输介质，可以连接视听设备、通信设备以及信息服务设备。

（4）支持"即插即用"方式，在网络上可以随时添加和去除设备。

（5）支持声音和压缩图像的实时处理、支持数据的同步和异步传输等。

MOST 网络的特点非常适应汽车多媒体设备应用环境的需要，具有可靠、成本低、系统简单、结构灵活、数据兼容性好和良好的抗电磁干扰性能使用光纤可以减少 250 线束，质量减轻 4.5kg。随着车上信息设备的不断增加，通过声控系统访问这些设备是最安全和最经济的方式，MOST 网络将是首选人机接口方式，通过 MOST 网络把人机语音接口与车上多体设备、通信设备以及其他信息设备连接,实现车上语音设备与操作者的对话。

第二节　智能运输系统与汽车智能化

一、智能交通系统

为有效地解决交通阻塞、事故处理、环境保护、能源节约等问题,20 世纪 60 年代末,美国、日本等开始了智能运输系统方面的研究。随着计算机技术、通信技术、电子控制技术的发展。20 世纪 90 年代以来,智能交通系统在美国、欧洲和日本得到发展和应用智能交通系统又称 ITS(Intelligent Transport System),是将数字通信网络、自动控制、人工智能等先进技术有效地综合运用于交通运输设施、服务控制和车载装备,加强人、车辆、道路三者之间的信息联络,所形成的一种高效、安全、环保、节能的综合运输系统。智能交通系统的开发与研究主要包括高级导航系统、电子收费系统、辅助安全驾驶、交通管理优化、公共交通支持、商业车辆管理等领域。未来智能化汽车,如图 7-9 所示。

图 7-9　智能化汽车

二、全球定位系统(GPS)

全球定位系统 GPS 是在 20 世纪 70 年代中期美国国防部在子午仪卫星导航系统基础上发展起来的,具有海、陆、空全方位实时三维导航与定位能力的新一代卫星导航与定位系统。它可以在全球范围内实现全天候、实时为用户提供静态或动态目标的精确位置、速度和高度等信息。

全球定位系统 GPS(Global Positioning System)、地理信息系统 GIS(Global Information System)和全球移动通信系统 GSM(Global System for Mobile Communications)的发展,为智能交通系统 ITS 的发展和应用奠定了基础。

三、车辆导航系统

车辆导航系统是指采用车载 GPS 定位装置确定车辆的行驶位置,与预先存储的数字地图数据进行地图匹配,实时动态地显示车辆在路网中的位置,并优化车辆到达目的地的最佳路径以及达到相应路段后的路径诱导。

车辆导航系统实现的主要功能有:

(1)车辆定位。通过车载 GPS 接收机接收卫星信号,并进行地图匹配后在电子地图上显示出车辆的实际位置。

(2)路径规划。根据驾驶员目的地和设定的起、终点,导航软件按"最短路径"原则设计路径,自动建立路径库。

(3)按设计路径进行导航。车载显示器将在电子地图上显示设计的路径,同时显示汽车运行的路径和方向,告诉司机达到下一个目的地的剩余距离和驾驶路径。

(4)查询功能。系统提供包括社会公用信息等在内的信息供用户查询,查询结果以图像及语音的形式显示,并通过显示器在电子地图给出。

四、电子收费系统

电子收费系统又称 ETC 系统(Electronic Toll Collection System),是智能交通系统的一个重要组成部分,它不仅为车主用户、高速公路运营商提供快捷的路桥收费的交易服务,ITS 领域智能化信息服务提供了技术支持。电子收费系统在发达国家已经得到大规模产业化运用。不停车电子收费系统采用 ETC 系统,车辆经过收费站时无须停车交费,理论上车辆能以最大 160km/h 的速度高速通过收费站,由计算机等设备自动完成对车辆通行费的征收工作电子收费系统从根本克服了由于收费过程造成的交通延误与交通拥堵,减少了停车次数和时间,减少了燃油消耗和排气污染,提高了道路运输生产效率。

五、汽车专用智能车道系统与自动驾驶车辆

汽车专用智能车道系统由车与路通信系统和车与车通信系统组成。车—路、车—车通信系统,通信系统主要包括 LCX 电缆(Leaky Coaxial Cables)、雷达探测器、CCD 摄像机、道路磁性标记和磁性传感器、天线及处理系统等组成。LCX 电缆沿路线连续设置,磁性标记埋设于车道中央路的表面。在每辆车上装备有数个磁性传感器,测距传感器即雷达探测器,用以测定车自身与前面行驶车辆或障碍物间距。CCD 摄像机也称图像传感器,用来辨别和区分道路与障碍、天线及处理系统,用于与 LCX 通信,接收并处理信息。车辆上还配备了自动控制装置和行驶状态传感器等。

车辆自动控制装置能够实现自动驾驶,进行行驶速率与行驶方向自动控制。进行速率控制时,控制系统往往控制一个车队,由 LCX 传递的指令控制"头车"的行驶速率,尾随车辆则需要控制和保持与前后车辆之间的距离。进行航向控制时,控制系统主要是调整车辆行驶过程中发生的偏移,控制车辆中心线与磁性标记参考线的相对位置,并由 LCX 向车辆传送道路线形信息。

当发生异常情况时,如路侧设备与车辆通信先进安全汽车中断,车辆本身会发出预警信息,车辆行驶状态由自动方式转为人工方式。

六、汽车智能驾驶系统与智能避撞系统

1.汽车智能驾驶系统

未来汽车智能驾驶系统的作用是代替驾驶员进行车辆的安全驾驶控制。汽车智能驾驶系统主要通过安装在汽车前后、两侧或四角的环境摄像系统对汽车前后左右的一定区域进行不停地扫描和监视,通过车载计算机、电子地图、光学传感器等对环境摄像系统传来的信号进行分析计算,并根据道路交通管理系统传来的交通信息发出指令代替人的大脑指挥执行机构操纵汽车,汽车智能驾驶系统的车载计算机是具有专家系统、语言识别处理系统、机器视觉系统等复杂的人工智能计算机。

2.汽车智能避撞系统

汽车智能防撞系统包括纵向防撞系统、侧向防撞系统和交叉口防撞系统。纵向防撞主要防止汽车高速行驶情况下的追尾事故,防撞系统须具有环境监视、防撞判定和车辆自动控制功能。汽车行驶时,系统始终进行道路和障碍物监测计算。当车头接近前面汽车的车尾时该系统发出防追尾警告。提醒驾驶员采取制动措施。若驾驶员没有及时采取制动措施,系统便启

动紧急制动装置,使车辆自动制动或减速。激光扫描雷达安装在车辆前端的中央位置,将检测车距和前面车辆方位信号输入防撞预测系统,激光扫描雷达监测范围在 5~120m,以保证在潮湿路面上,后车减速制动后,不致碰撞前面暂停车辆。

3. 声控系统

声控系统是未来汽车智能控制的一项重要内容。当汽车行驶时,驾驶员经常需要双手握住转向盘以随时调整行驶方向,在这种情况下,驾驶员可以通过声音下达指令,进行打开收音机和选择频率、调节车内空调温度、拨打移动电话等操作。世界著名的汽车公司均推出过各具特色的声控系统,如法国雪铁龙公司与美国微软公司共同开发了一种汽车用电脑网络系统,驾驶员可以通过这个系统口授各种指令,车上的电子系统则由一个"女士"的声音来回应他的指令,并按照指令执行相应的操作。德国奔驰公司的 5 级车的声控系统则能对车内显示屏周围的各种按钮进行控制,并采用了光纤技术,使驾驶员的口授指令能得到快速执行。

第三节　新型能源汽车

新型清洁能源汽车又称绿色能源汽车,是指节约能源、对环境污染极小或是零污染的汽车。绿色能源主要包括天然气汽车、液化气汽车、醇类燃料汽车、电动汽车、太阳能汽车等。

21 世纪,人类将面临石油资源的严峻挑战,按科学家预测,地球上的石油资源储量为 10195 亿桶,按目前消耗水平,资源的可供开采在 40~50 年。世界各国十分重视节能技术的研究和新能源技术的开发除石油能源外,还有天然气、人工合成燃料、氢气、煤炭、原子能、水力、风力、潮汐和太阳能等能源。其中,天然气、人工合成燃料、氢气可以直接作为汽车发动机的燃料或燃料电池电动汽车的燃料,其他能源都需要转化为电能,才能供汽车使用。电能将是人类长远使用的重要能源,开发和研制电动汽车是汽车发展的必然趋势,电动汽车将是 21 世纪的主角。

一、代用燃料汽车

代用燃料汽车,通常是指采用发动机代用燃料汽车。发动机的代用燃料主要有天然气、液化石油气、甲醇或乙醇、二甲醚(DME)、生物柴油、阳光燃油和氢等。

1. 压缩天然气(CNG)汽车、液化石油气(LPG)汽车

图 7-10　压缩天然气公共汽车

天然气是一种高效、清洁、价廉的燃料和化工原料,是继煤和石油之后的第三大能源。天然气的主要成分是甲烷(CH_4),其成本比汽油和柴油均低。由于天然气在车上与空气混合更加均匀,燃烧更完全,使一氧化碳、碳氢化合物和硫化物的排放大大降低,燃烧排放的炭烟也少,尾气较清洁。

液化石油气(LPG)具有热值高、热效率高、燃烧充分、排气中一氧化碳、碳氢化合物和硫化物含量低等优点,以压缩天然气或液化石油气为燃料的出租汽车和公共汽车在我国城市中已获得推广应用,如图 7-10 所示。

2. 燃氢发动机汽车

氢气来源广泛,可通过水电解制氢的方法制取,或从煤气、天然气、轻质油或重油等矿物燃料制取,也可通过生物原料气化和微生物方法制氢。

氢气密度很低,液化温度低,需要克服高压、绝热和低温运输、存储等技术难题。传统的储氢方式一是将液态氢储存于-253℃的低温罐内;二是将氢气储存于高压绝缘罐中。但前者要消耗较多能量,而后者占用空间仍然较大。先进的储氢方式是金属氢化物低压固态储氢技术和碳纳米管储氢技术。

德国 BMW 公司是开发氢气发动机轿车最早的公司,1979 年生产了第一辆液氢轿车。尽管氢燃料电池电动汽车是未来汽车的发展方向,但由于成本和技术等原因,真正商业化还要有较长的时间。BMW 公司在 2000 年汉诺威世博会上,推出的 15 辆 BMW750hL,采用 5LV12 燃氢发动机,令人耳目一新。

3. 甲醇汽车、乙醇汽车和液体混合燃料汽车

1979 年两伊战争引发第二次石油危机,甲醇、乙醇代用燃料的研究开发又得到普遍的重视 20 世纪 70 年代,德国就推出了甲醇汽车,美国重点开发了 M85,M100 专用甲醇燃料汽车。20 世纪 90 年代,美国福特公司还成功开发了可使用甲醇与汽油以任意比例混合燃料的灵活燃料汽车(FFV),这种汽车由燃料传感器识别成分,通过电脑提供发动机最佳运行参数。由于醇类、乙醇本身还可从植物中获得,在未来也许会成为真正的"绿色燃料"。

二甲醚作为绿色新能源燃料,其自身含氧,能够充分燃烧,不析碳、无残液,是一种理想的清洁燃料。二甲醚具有较高的十六烷值、可燃性好、液化压力低、燃烧值高、无毒性等优点,是柴油发动机的理想的代用燃料。

4. 煤液态燃料和阳光燃油

合成燃料通常是指以化学方式将煤、天然气、生物质制成的燃料。燃料首先转化为合成气体,然后转化为液态合成燃料。利用煤合成生产的煤液态燃料称为 CTL(Coal to Liquid),利用天然气合成生产的天然气液态燃料称为 GTL(Gas to Liquid)利用生物质合成生产的生物质液态燃料称为 BTL(Biomass to Liquid)。

阳光燃油(Sun Fuel)又称为生物质液态燃料,可分为生物柴油、生物汽油等。生物柴油是以大豆、油菜籽等油料作物,林木及其果实,藻类水生植物以及动物油脂等原料制成的生物液态燃料,采用费-托(Fisher-Topsch)合成工艺阳光燃油。德国奔驰、宝马、大众和奥迪等汽车公司均生产使用生物柴油的汽车,德国对生物柴油实行免税政策。

阳光燃油是人类利用太阳能的一种重要方式。汽车使用的阳光燃油燃烧时排出的 CO,在阳光的照射下经过光合作用被植物吸收,转化为有机物储存能量并释放出氧气。阳光燃油是清洁的可循环利用的绿色能源。

二、电动汽车、混合动力汽车和燃料电池汽车

1881 年 8~11 月,在法国巴黎国际电器博览会上,法国电气工程师古斯塔夫,特鲁夫(Guslave Trouve)展出了第一辆电动三轮车,他第一次把可多次充电的铅酸蓄电池和直流电动机应用于车辆,车速为 12km/h。古斯塔夫·特鲁夫被公认为电动汽车之父。

1. 电动汽车(EV-Electric Vehicle)

电动汽车的特点有以下 5 个方面:

1)环境污染小

这是电动汽车最突出的优点。电动汽车使用过程中不会产生废气，与传统汽车相比根本不存在大气污染的问题。

2）无噪声

这是电动汽车最直观的优点。电动汽车在行驶、运行中基本是宁静的，特别适合在需要降低噪声污染的城市道路行驶。

3）高效率

这是电动汽车能源利用方面最显著的特点。在城市中，道路上车辆行驶较多而且经常遇到红绿灯，车辆必须不断的停车和启动。电动汽车，减速停车时，可以将车辆的动能通过磁电效应，"再生"地转化为电能并储存在蓄电池或其他储能器中。这样在停车时，就不必让电机空转，可以大大提高能源的使用效率，减少空气污染。

4）结构简单，使用维修方便，经久耐用

这是电动汽车运行成本方面的最大亮点。与传统燃油汽车相比，电动汽车容易操纵、结构简单，运转传动部件相较对少，无须更换机油、油泵、消声装置等也无须添加冷却水。维护工作量少。

5）使用范围广，不受环境影响

这是电动汽车另一优势所在。在特殊场合，比如不通风、冬天低温场所或者高海拔缺氧的地方均可使用，内燃机车要么不能工作，要么效率降低，而电动车则完全不受影响。雷诺电动汽车如图7-11所示。

2. 混合动力汽车（HEV-Hybrid Electric Vehicle）

在燃料电池技术由于成本过高还不能完全商业化之前，混合动力电动汽车是率先实现商业化的新型车型，HEV既是一种过渡型车型，又是一种独立型车型。21世纪上半叶，HEV有可能成为汽车工业的主导产品。丰田混合动力汽车如图7-12所示。

图7-11　雷诺电动汽车

图7-12　丰田混合动力汽车

混合动力汽车是指装有内燃机与电动机两种动力的汽车。混合动力汽车就是在纯电动汽车上加装一套内燃机，其目的是减少汽车的污染，提高纯电动汽车的行驶里程。混合动力汽车有串联式和并联式两种结构形式。

混合动力汽车的特点有以下7个方面：

（1）采用复合动力后可按平均需用的功率确定内燃机的最大功率，此时处于油耗低、污染少的最优工况下工作。需要大功率内燃机功率不足时，由电池补充；负荷少时，富余的功率可给电池充电，由于内燃机可持续工作，电池又可以不断得到充电，故其行程和普通汽车一样。

（2）因为有了电池，可以十分方便地回收制动时、下坡时、怠速时的能量。

（3）在繁华市区，可关停内燃机，由电池单独驱动，实现零排放。

（4）有了内燃机可以十分方便地解决耗能大的空调、取暖、除霜等纯电动汽车遇到的难题。

（5）可以利用现有的加油站加油，不必再投资。

（6）可让电池保持在良好的工作状态，不发生过充、过放，延长其使用寿命，降低成本。

（7）有两套动力，再加上两套动力的管理控制系统，结构复杂，技术较难，价格较高。

3. 燃料电池汽车（FCEV-Fuel Cell Electric Vehicle）

燃料电池按电化学方式直接将化学能转化为电能，不经过热机过程，因此，不受仁诺循环的限制，能量转化效率理论上高达85%～90%，目前已达到45%～60%，几乎不排放氮的氧化物和硫的氧化物。燃料电池被公认为是21世纪首选的洁净、高效的发电技术。

三、太阳能汽车

太阳内部不断发生核聚变反应，释放出巨大的能量。太阳能是一切能源中最丰富、最清洁、可再生的取之不尽用之不竭的绿色能源。太阳能汽车一般由6个基本的部分组成，它们是驾驶控制系统、电器系统、传动机构、机械系统、车身和底盘、太阳能电池板，如图7-13所示。

太阳能汽车要真正走进大众生活还有很多难题需要解决。首先是太阳能电池板造价普遍过高，其次是太阳能转化为电能的效率太低。目前太阳能电池的光电转换率一般只能达到20%左右。为满足汽车高速行驶所需要的足够动力，通常需要$7～8m^2$的太阳能电池板，因而导致车身过大、转动不够灵活和内部空间过于狭小等。专家预计，太阳能汽车还需30年左右的时间才能真正实现商业化的目标。

图7-13　太阳能汽车

第四节　汽车新材料及应用

随着汽车技术的发展，汽车的功能日益完善，汽车的结构越来越复杂，传统的汽车通常由几千个零件组成，现代高级轿车有几万个零部件组成。为满足汽车节能、环保、安全、舒适的要求，实现轻量化、高强度、高性能的目标。构成汽车的材料也发生了巨大的变化。通常按照材料的成分，将汽车材料分为金属材料和非金属材料两大类。随着汽车技术的发展，未来汽车材料除金属材料、非金属材料外，复合材料和纳米材料也将获得广泛应用。

一、新型结构材料

1. 铝及其合金

铝合金已成为仅次于钢材的汽车用金属材料，能够为汽车制造提供各种铝合金铸件、冲压结构件和拉制的铝型材。铝合金主要用于制造发动机缸体、活塞、进气支管、汽缸盖、变速器壳体、轿车的骨架、车身、座椅支架、车轮等部件。

铝合金比重小、比强度高、工作性能好、散热性能好。铝合金的比重$2.7g/cm^3$，约为钢的1/3，铝合金铸造件整体刚度好。铝合金有优良的加工性能，切削速度可大大的高于其他金属，具有良好的散热性能。奥迪A8率先使用了全铝车身，不仅坚固耐用，抗锈蚀性更强，而且减轻了车身质量，为汽车带来更加强劲的动力性能和优越的经济性能。1991年在东京车展推出的奥迪 Avus Quattro 概念车,是世界首款采用铝合金车身的汽车。

2. 镁合金

镁在地壳中的含量丰富,在海水中也含有大量的镁,绝大多数的镁是以镁合金的形式应用,镁合金具有比重小、比强度高、刚性好、抗冲击和抗振动性能好、加工性能好、散热性能好和屏蔽性能好等优点。

镁合金的比重通常为 $1.74g/cm^3$,比铝合金轻 30%,镁合金的绝对强度接近于铝合金,镁合金的比强度高于铝合金和钢镁合金是未来汽车的理想材料。

镁合金在现代汽车上将得到广泛应用,镁合金是汽车的仪表板、转向盘、转向器导柱和座椅支架等的理想材料。

3. 钛合金

钛的比重为 $4.6g/cm^3$,仅是铁的 $1/2$,但强度和硬度超过了钢,且不易生锈,钛合金的主要成分为 6% 的铝、4% 的钒和 90% 的钛,用钛合金铸造的汽车发动机部件更轻、更坚固和更耐腐蚀,钛合金车身可以承受更大的作用力,钛还可以制造铌-钛超导合金和磁性材料等。

4. 工程塑料

工程塑料用于汽车可实现轻量化和节能,且可回收和循环利用。目前 6 大类的塑料,PP,PLR,PVC,ABS,PA 和 P1 在汽车上得到广泛的应用,通常用于制造车身覆盖件、车门门槛、车身内外装饰件和水箱面罩、保险杠和车轮护罩等。用彩色塑料制造的车身覆盖件,不需要再进行油漆喷涂节省了车身覆盖件的涂装设备涂装工艺。在彩色塑料制品上采取"上釉"的方法,可使彩色塑料具有闪亮的金属光泽。

5. 陶瓷材料

由于陶瓷本身具有的特殊力学性能以及对热、电、光等的物理性能,陶瓷材料特别是特种陶瓷在汽车上的应用日益受到人们的重视陶瓷轴承、发动机涡轮增压转子等零部件具有耐高温、耐腐蚀、高速运转离心力小、运转温升低等优良性能,可在高速、高温、腐蚀、无润滑等苛刻工况下正常运转,使用寿命大大延长。我国已成功研制钛酸铝陶瓷-铝合金复合排气管、氮化硅陶瓷柴油机涡轮增压转子和球轴承等汽车部件。

6. 复合材料

复合材料是种多相材料,是由有机高分子、无机作金属和金属等原材料复合而成。复合材料按照机体材料类型可分为聚合物基复合材料(如碳纤维-酚醛复合材料)、无机非金属基复合材料(如碳纤维-陶瓷复合材料)和金属基复合材料(如碳纤维-铝基复合材料)等,目前,玻璃纤维增强树脂复合材料和碳纤维增强树脂复合材料在汽车上已经获得成功的应用。

玻璃纤维增强树脂复合材料因其力学性能与钢相媲美,因此又称为玻璃钢按复合材料强度要求,在树脂中单向铺设玻璃纤维制成单向玻璃纤维增强树脂复合材料。在树脂中交叉方向铺设玻璃纤维织品双向树脂玻璃纤维增强树脂复合材料,玻璃纤维和玻璃纤维布的层数增加,玻璃纤维增强树脂复合材料的强度,也增加玻璃纤维增强树脂复合材料耐腐蚀、绝缘性好,特别是有良好的可塑性,对模具要求较低,对制造车身大型覆盖件的模具加工工艺较简易,生产周期短,成本较低。玻璃纤维增强树脂复合材料比强度高,有利于降低车辆的整备质量在轿车和客车上,采用玻璃纤维增强树脂复合材料制造的轿车车身覆盖件、客车前后围覆盖件和货车驾驶室等零部件。

1953 年,使用玻璃钢车身的"雪弗莱克尔维特"跑车问世,在当时被称为"太空时代的材料",并于 1984 推出了全玻璃钢车身雪弗莱子弹头-鲁米娜。现在复合材料已经在跑车、F1 赛车、EV、FCEV 和太阳能汽车上获得了广泛应用。

碳纤维增强树脂复合材料是强度最大的复合材料。碳纤维增强树脂复合材料耐腐蚀、绝缘性好、可塑性强、生产周期短。碳纤维增强树脂复合材料比强度高,有利于降低车辆的整备质量。可用于制造赛车的传动轴、制动盘、悬架系统、车身覆盖件等零部件。

二、新型功能材料

1. 车用稀土材料

中国稀土资源丰富,居世界前列。世界已探明的稀土储量为 $6.2 \times 10^7 t$,其中中国稀土资源工业储量为 $4.8 \times 10^7 t$,占世界已探明资源的 80%,为我国大力开发稀土材料提供了得天独厚的条件稀土永磁电动机、发电机比传统电励磁起动机、发电机的效率提高 10% ~ 20%。稀土永磁起动电机除了具有传统起动电机所具备的力学特性外,还具有体积小、质量轻、结构简单和运行可靠等优点,小功率稀土水磁发电机在车 RYA 上也获得了广泛的应用。

使用汽车废气净化催化剂是控制汽车废气排放、减少污染的最有效手段,按照国家总体规划,到 2010 年我国汽车废气排放控制应与国际接轨,达到国际水平。这就为开发稀土汽车废气净化催化剂材料,提供了很大的发展空间。

含稀土的汽车废气净化催化剂价格低、热稳定性好、活性较高,使用寿命长,引起了人们的广泛关注,国内外已成功开发了含少量贵重金属的稀土基汽车废气净化催化材料,特别是用于活性涂层的铈-锆稀土复合氧化物已成功用于汽车净化器上,使催化性能与使用寿命大大提高。

汽车废气净化稀土催化剂所用的稀土成分主要是氧化铈、氧化镧和氧化镨等用于汽车废气净化催化剂的载体通常为蜂窝陶瓷,稀土还可作为陶瓷载体的稳定剂以及活性涂层材料等。

2. 车用纳米材料

纳米科学技术(Nano-ST)是 20 世纪 80 年代末期诞生并正在崛起的新科技,纳米科技是研究尺寸在 0.1 ~ 100nm(10^{-10} ~ 10^{-7} m)的物质体系的运动规律、相互作用以及实际应用中的科学技术。

纳米技术将在汽车上的结构材料、节能、环保等方面获得广泛的应用。

纳米陶瓷材料的耐磨性和质量减小、稳定性增强。纳米陶瓷轴已经应用在奔驰等高级轿车上,使机械转速加快、质量减小、稳定性增强、使用寿命延长。

纳米汽油是一种利用现代最新纳米技术开发的汽油微乳化剂,纳米汽油可降低油耗 10% ~ 20%,可降低废气中有害气体含量 50% ~ 80%。

纳米润滑剂是采用纳米技术改善润滑油分子结构的石油产品,它不对任何润滑油添加剂、稳定剂、处理剂、发动机增润剂或减磨剂等产生不良作用,只是在零件金属表面自动形成纯烃类单个原子厚度的一层薄膜。由于这些微小的烃类分子间的相互吸附作用,能够完全填充金属表面的微孔,最大可能地减小金属与金属间微孔的摩擦。由于金属表面得到了保护,减小了汽车部件的磨损,使用寿命成倍增加。

纳米增强塑料是在塑料中填充经表面处理的纳米级无机材料蒙脱土、$CaCO_3$、SiO_2 等,这些材料对聚丙烯的分子结晶有明显的聚敛作用,可以使聚丙烯等塑料的抗拉强度、抗冲击韧性和弹性模量上升,使塑料的物理性能得到明显改善。增强增韧塑料可以代替金属材料,由于它们比重小,质量轻,因此广泛用于汽车上可以大幅度减轻汽车质量,达到节省燃料的目的,可以用于汽车上的保险杠、座椅、翼子板、顶篷盖、车门、发动机盖、行李舱盖以及变速器箱体、齿轮传动装置等一些重要部件。

纳米阻燃塑料是将纳米级无卤阻燃复合粉末阻燃剂添加到聚乙烯中制成的阻燃塑料。纳米阻燃塑料具有热稳定性高,阻燃持久、无毒性等优点,消除了普通无机阻燃剂由于添加量大对材料力学性能和加工材料污染环境带来的缺陷,可以取代有毒的嗅类、锑类阻燃材料,有利于环境保护。

抗紫外线老化塑料是将纳米级的 TiO_2、ZnO 等无机抗紫外线粉体混合填充到塑料基材中制成的塑料。这些填充粉体对紫外线具有极好的吸收能力和反射能力,因此这种塑料能够吸收和反射紫外线,比普通塑料的抗紫外线能力提高 20 倍以上,能有效延长其使用寿命。

抗菌塑料是将无机的纳米级抗菌剂利用纳米技术充分地分散于塑料制品中,可将附着在塑料上的细菌杀死或抑制生长。纳米级抗菌剂是以银、锌、铜等金属离子包裹纳米 TiO_2-$CaCO_3$,等制成。无机纳米抗菌塑料加工简单,广谱抗菌,24h 接触杀菌率达 90%,无副作用,可以用在车门把手、转向盘、座椅面料、储物盒等易污染部件。

第五节　未来汽车

我们的生活越来越离不开汽车了,急剧膨胀的市场需求给汽车制造商带来了丰厚的利润,也在同时带来了机遇和挑战。自 1886 年第一辆以内燃机为动力装置的汽车问世以来,汽车工业经历了百余年的发展过程。由于社会需求的不断增长和科学技术发展的推动,汽车设计日臻精巧,其运输生产率和各项性能都有很大的提高。尤其是 20 世纪 80 年代以来,借助于电子计算机和集成电路技术的飞速发展,世界汽车工业在产品技术和生产工艺方面有了长足空前的进步。随着汽车工业的不断壮大和发展,汽车技术也不断更新,早已由最初的经验设计过渡到如今的计算机辅助设计阶段,而汽车节能环保技术和安全技术已成为近年产品设计的主题。

图 7-14　奥迪未来汽车

综观汽车的发展历史让我们看到它一直是围绕"高速,安全,舒适"的理念进行设计的。也就是人类追求汽车性能不断提高的奋斗历史。

未来汽车的车型与今天的汽车不会有太大的区别,但在环保、技术、动感和个性上将更多地突出健康、方便、自我和美感。未来汽车最突出的概念就是:简单就是最好。语音驾驶、自动驾驶、车况报告等许多功能将得到延伸,信息化新概念将进一步融入汽车的功能中。奥迪未来汽车如图 7-14 所示。

一、未来汽车发展趋势

美国《汽车新闻》、《汽车工程》等杂志对每年生产的 5000 万辆汽车进行了统计分析,预测出未来汽车技术发展的 12 大趋势。

（1）乘用车柴油机化的比例将越来越高。

（2）电动汽车将进入实用阶段。

（3）汽车安全标准将会更加严格。

（4）降低油耗将成为各大汽车制造厂商制胜市场的首选课题。

（5）使用更多替代钢、铁的轻质材料,以降低车辆自重。铝合金、镁合金、工程塑料及碳素纤维等轻质材料在汽车制造上的应用将越来越多。

（6）各种电子、电控、智能装置将越来越多地应用在汽车上。如电子防盗门锁、电控可变技术、智能驾驶等,无所不有。

（7）前轮驱动汽车的比例将不断增加,发动机横置技术进一步发展。

（8）通信、网络技术在汽车,尤其是商用车上应用越来越普遍。

（9）重型载货汽车向大吨位发展。

（10）新能源汽车技术的发展方向仍将处在一段很长的"多选期":混合动力、纯电动、燃料电池等技术将多分天下。世界汽车工业正向环保节能方向发展。

环保节能型车主要有电动、天然气、混合动力和生物燃料（乙醇）等,主要特点是污染小甚至无污染。电动车在城市行驶没有任何排放污染,天然气车废气排放远低于汽油车混合动力车,在市区用电力驱动可减少市区空气污染,生物燃料车可减少废气排放80%。目前,世界各国都致力于开发更为先进的混合动力电动汽车。

（11）电子和信息技术的介入。在发动机管理、制动安全系统、控制悬架装置等方面的广泛应用,使新潮流的图文声讯汽车应运而生。德国奥迪推出装有自动导航功能全球定位系统的奥迪 A8,在车前方的中央控制板上有一块 5in（英寸）的彩色屏幕,这上面不仅能显示要去的酒店和许多景点的位置,按下一个按钮,一个十分友善的声音提示和地图上移动的箭头便会轻松地带你到达目的地。

（12）许多汽车生产商已开始研究更前卫的卫星定位系统。这种卫星定位系统,不仅可以更精确地导向,还可以防止车辆相撞。更多的系列功能还包括如何找到距离最近的医院、最近的餐馆、最近的加油站等。如果从这种意义上看,今后的汽车不仅只是交通工具,而且可以成为一个功能齐全的生活服务站。

二、未来汽车安全技术的发展趋势

近期,日本已研究发明 9 种安全技术,不久将陆续安装在汽车上。

1）瞌睡警告系统

当驾驶员疏忽造成不正常的驾驶,如打瞌睡时,自动制动系统会自动启动,故障灯闪烁。

2）紧急制动先期警告系统

该系统感应到紧急制动的先期动作后,会提前亮起制动灯,可提醒后方车主,以免追尾。

3）胎压监视系统

胎压不足时,主动提醒驾驶员及时充气。

4）障碍警告系统

利用前方和左、右后视镜的迷你摄影机监视并判别车辆与障碍物的相对距离、相对速度,并及时提醒驾驶员注意。

5）高适应性快速系统

该系统加装了前方路况感知器,可根据前方车辆车速与跟车的距离,自动减速或加速。

6）液动减速系统

该系统在驾驶员面对障碍物未采取足够的回避动作时自动启动,使冲撞速度降到最低。

7）夜间行人监视系统

可协助驾驶员避免夜间视觉死角误撞行人。

8）紧急事件自动通报系统

该系统包括碰撞感知器、车辆坐标器、车内乘员情况输入器以及无线电对讲机等,与基地电台保持密切联系。当发生意外事故时,基地便可立即为该车辆提供急救措施。

9)风窗玻璃细珠化表面处理系统

可降低下雨天水珠散布在风窗玻璃上所造成的视线不良。更有趣的是,美国推出了防醉汉汽车,这种汽车装有电脑,可向发动机的点火系统发出指令。如果驾驶员酒后体内的酒精含量超过规定范围,电脑则立即发出指令,使发动机的点火装置失效。

复习思考题

1. 试述汽车电子技术在汽车中的应用。
2. 简述汽油机电子控制系统的组成及作用。
3. 试述网络在汽车中的应用。
4. 试述智能汽车运输系统的内容及意义。
5. 试述新能源汽车的应用现状及未来。
6. 试述汽车新型材料的种类及应用。
7. 试构想你心中的未来汽车。

附录　汽车商标图

一、外国汽车品牌商标

阿尔法·罗米欧	阿斯顿·马丁	奥迪	宝马	保时捷	奔驰	本田	标致	别克	宾利
布加迪	大发	大众	道奇	法拉利	菲亚特	丰田	福特	悍马	吉普
捷豹	精灵smart	凯迪拉克	柯尼塞格	克莱斯勒	兰博基尼	劳斯莱斯	雷克萨斯	雷诺	路特斯
林肯	铃木	路虎	马自达	玛莎拉蒂	迈巴赫	MINI	讴歌	欧宝	帕加尼
起亚	日产	萨博	三菱	世爵	双龙汽车	斯巴鲁	斯柯达	威兹曼	沃尔沃
西雅特	现代	雪佛兰	雪铁龙	英菲尼迪	GMC	KTM	光冈汽车		

二、合资汽车品牌商标

一汽奥迪	华晨宝马	北京奔驰	东风本田	广汽本田	东风标致	通用别克	上海大众	一汽-大众	郑州日产
南京菲亚特	广汽丰田	一汽丰田	长安福特	北京吉普	通用凯迪拉克	北京克莱斯勒	莲花汽车	长安铃木	昌河铃木
长安马自达	一汽马自达	东风悦达起亚	东风日产	上海大众斯柯达	长安沃尔沃	上汽通用五菱	北京现代	通用雪佛兰	东风雪铁龙
四川丰田	众泰汽车	福建戴姆勒	南京依维柯						

三、自主汽车品牌商标

北京汽车	一汽森雅	比亚迪	昌河汽车	长安汽车	长城汽车	长丰汽车	一汽吉林	东南汽车	吉利汽车
BJC		BYD 比亚迪汽车 BYD AUTO		长安汽车			一汽吉林汽车		

东风汽车	风行汽车	永源	东风渝安	福田汽车	广汽集团	哈飞汽车	海马汽车	一汽红旗	华普汽车
DFM	东风风行	JONWAY 永源汽车 JONWAY AUTOMOBILES	东风渝安		GAC GROUP 广汽集团		Hama 海马汽车		

华泰汽车	曙光汽车	吉奥汽车	江淮汽车	华晨金杯	重庆力帆	陆风汽车	上海汽车	奇瑞汽车	双环汽车
		吉奥汽车 GONOW	JAC				SAIC 上汽集团	CHERY	

天津一汽	华晨中华	中兴汽车	四川汽车	开瑞汽车	福迪汽车	东风风神	英伦	帝豪	全球鹰
				Karry		东风风神	英伦汽车 Englon Automobile		全球鹰 GLEAGLE

荣威汽车	MG	威麟汽车	瑞麒汽车	江铃	东风裕隆	一汽欧朗	海马郑州		
	MG	RELY 威麟		JMC 江铃汽车股份有限公司	LUXGEN	一汽 欧朗 FAW Oley	海马汽车		

参 考 文 献

[1] 安军.汽车文化[M].重庆:重庆大学出版社,2009.

[2] 高寒,赵春园.汽车文化[M].北京:中国铁道出版社,2011.

[3] 李青,刘新江.汽车文化[M].北京:人民交通出版社,2010.

[4] 屠卫星.汽车文化[M].北京:人民交通出版社,2005.

[5] 周建平.汽车电气设备构造与维修[M].北京:人民交通出版社,2005.

[6] 车上重要装置 图解内燃机诞生[EB/OL].http://www.chinabuses.com.

[7] 童有好.全球汽车产业发展现状与趋势[J].汽车维修与保养,2007(10).

[8] 顾洪建,李景升.国外主要发达国家汽车产业在国民经济中的地位与作用[J/OL].汽车工业研究,2012(8)[2012 - 08 - 10].http://www.sinosure.com.cn/sinosure/xwzx/rdzt/ckyj/ckdt/xyzt/qcxy/152340.html.